U0566480

乔启明文选

SSAP 社会科学文献出版社
SOCIAL SCIENCES ACADEMIC PRESS (CHINA)

目　录

编者导言：乔启明的中国农村研究及其开创意义

张玉林
（南京大学社会学系）

在20世纪前期的中国农村社会学和农村研究领域，乔启明堪称主要的开创者，也是代表性人物。但是由于多种原因，他在中国社会学重建以来并没有受到应有的关注，甚至可以说遭到了冷遇[①]。

这里所说的多种原因应该包括以下三点。第一，他本人较早地中断了学术生涯，也未能有幸熬过十年浩劫，从而难以在"社会学的春天"里再度发声，自然也容易被忘却。第二，与此相关，他没有留下社会学领域的弟子，而在当代与现代之间严重断裂、学术传承主要依靠弟子和再传弟子的中国，缺少弟子就意味着失传的可能性增大。第三，他的学术生涯主要是在金陵大学农业经济系期间度过，这使他容易被那里的另一位大家卜凯的光环笼罩。而他自己的角色又比较复杂：是农村社会学家，同时也是农村经济学家和农业推广专家，多重角色容易模糊他作为农村社会学家的突出贡献。

值此《乔启明文选》的编辑出版列入议事日程之际，作为具体的承担者，本人在负责文献的查找[②]、筛选和校阅的过程中，多次阅读了他的主要篇章，从而对其学术脉络和所论主旨有了初步了解，也因此可以在这方面有所呈现。但正因为阅读的有限，本文所述自然难免疏漏，甚或有误读之处。

---

① 在孙本文1948年出版的《当代中国社会学》中，乔是与杨开道并肩的农村社会学家。但是在由今人撰述的多种中国社会学史文献中，他最多只是被附带性地提及；关于其学术思想的研究，也只有两篇纪念性的短论（朱甸余，2005；行龙、常利兵，2007）。与杨开道、李景汉、吴景超等人受到的重视相比，乔启明确属遭到了当今社会学界的冷落。

② 胡炼刚先生对此提供了重要帮助，在此深表感谢。

因此，对这位开拓者的系统阅读和准确解读，还有待于后来者。

一 生平事略：学术历程和乡村建设实践

乔启明，字映东，1897 年 12 月 28 日生于山西省猗氏县（今临猗县）太候村。他幼年丧父、家境贫寒，后来由长兄乔褉亭[①]资助，得以进入运城河东书院读书，毕业后考入山西大学预科。因学业优异，1921 年他由阎锡山主政的山西省政府保送到金陵大学农业经济系[②]，时年已 24 岁。

在乔启明入学的那一年，金陵大学农经系[③]刚刚草创，还不具有后来的那种卓越影响。按照其创始人卜凯（John Lossing Buck，1890 - 1975）的记述，当时该系包括他这位系主任在内只有两人。而仅具本科学历、属于"半路出家"[④] 的卜凯却要同时讲授四门课程，包括农业经济学、农场管理学、农村社会学和农业工程学，所用的教科书又大都是美国的，其中的事例往往来自美国大农场的经验，以致"试验两学期后觉得很不适合"（卜凯，1991）。由此可见，这家中国最早的农业经济学教学和研究机构的力量其实非常薄弱，作为首届学生的乔启明及其同窗在一定程度上成了"试验品"。

不过，乔启明其实非常幸运，因为他从入学伊始就参与了中国现代史上一个著名的学术共同体——中国农村经济研究的"技术学派"的创建，并很快成长为其中的一名主将。这当然得益于金陵大学农学院的学术氛围，以及卜凯这位优秀的导师和"学科带头人"。

众所周知，近现代中国的教会大学都与美国有着密切联系，而金陵大学

---

① 乔褉亭系清末的附生，山西大学堂毕业后曾留学日本，并于其间加入了同盟会，民国 3 年曾任洪洞县知事。

② 乔启明的这一机遇显然受到了阎锡山推行的"农本政治"的影响。据卜凯（1991）记述，金陵大学农林科成立后，阎锡山和张謇等人都曾选派学生前往学农，其中山西共选派了 14 名公费生，成绩优良者毕业后留下任教，包括王绶、徐澄、孙文郁和乔启明。王、孙二人后来分别成为著名的育种学家和农业经济学家，徐则在 1922 年受华洋义赈救灾总会的委托在南京丰润门试办中国首家信用合作社，并于 1928 年草拟了第一部农村合作社法——《江苏省农村合作社暂行条例》。

③ 初期称为"农业经济与农场管理系"，1928 年曾冠名"农业经济农场管理乡村社会系"，30 年代则一度改为"农业经济乡村社会系"。

④ 作为美国基督教长老会农业使团的一员，卜凯于 1915 年来华，初期在南京学习汉语，翌年开始在安徽宿州地区从事农业推广，1920 年应金陵大学农林科长芮思娄（J. H. Rcisner）之邀筹办农经系。

农学院直接受到康奈尔大学的办学支持，并吸收了康奈尔的农学传统。这一传统奠基于著名农学家、美国乡村生活运动的领袖贝利（Liberty Bailey，1858－1954），主要表现为将农学的教学、科研和推广相结合。贝利曾主张：农学院的使命应当是超越学术领域的公共服务，它要教育农民，影响乡村的日常生活，促进乡村的文明进程；农学院应该是整个农业的心脏，从这里流出的血液（农业科技知识）通过血管（农业技术推广站）输送到身体的各个部位（农场）。而同样毕业于康奈尔农学院的卜凯，具有农业布道者的抱负，以及这种抱负在皖北遭遇挫折后转而希望在大学里实现的强烈志向。他强调，对那些立志贡献于中国农村的青年来说，“要改进它，必先了解它；要了解它，只有调查研究它”。[①] 他在农经系成立后就注重乡村社会经济调查，制订出多种调查表，由另一位教师华伯雄在南京乡村试行。而为了弥补教学不适应中国实情的缺点，在征得校方同意后，他从1922年开始发动学生到各自的家乡从事调查，凡调查满100户者给予学分（卜凯，1991）。这项改革产生了当时中国农业经济学最有效的教学方法，并为“技术学派”的诞生奠定了基础。

金陵大学农经系的农村调查最早为陶延桥在1922年对安徽芜湖102个农户的调查[②]，随后有崔毓俊的河北盐山调查、郝钦铭的山西武乡调查等。到1925年，已经取得了7省17个地区2866户农家的详细资料，从而汇聚为中国第一项较大规模的农村社会调查（陶诚，1990）。卜凯在此基础上编著的《中国农家经济》（*Chinese Farm Economy*）于1930年由太平洋国际学会中国分会出资付梓[③]，被评价为当时国内唯一的中国农村经济研究专著、分析农耕技术的代表性作品（殷晓岚，2002）。而在这部成名作的形成过程中，于1924年夏天留校任教的乔启明协助卜凯进行了关于耕地所有权及佃农、农家与人口、生活程度和粮食消费共四章的分析工作（卜凯，1991）。因此，这部作品应该看做由卜凯主持、包括乔启明在内的农经系师生的集体成果。

留校后的乔启明接替卜凯从事乡村社会学和乡村组织学的教学与研究。

---

① 崔泽春：《家父崔毓俊与卜凯和塞珍珠》，见南京农业大学“卜凯学派与中国农情研究网”。

② 由卜凯据此写成《芜湖附近一百零二农家之经济及社会的调查》，经徐澄翻译发表于《安徽实业杂志》1925年第1～2号，另见金陵大学农林丛刊第42号，1928年。

③ 该书也成为卜凯1933年向康奈尔大学提交的博士学位论文，中文版则由张履鸾翻译、商务印书馆1936年出版。

从现有的资料来看，他应该是最早讲授乡村社会学课程的本土学者①。而从本书附录的并不完整的“乔启明著述一览”可以看出，在步入学术生涯的最初几年间，他已经表现出广泛的兴趣和广阔的视野：1930 年之前发表的 20 种著述涵盖了租佃制度、乡村人口、乡村社会区划、乡村组织、农民生活，以及农村社会调查方法等多个方面。其中奠定其学术影响的是关于亟待改良却少受重视的租佃制度研究。这项调查于他就任伊始实施，一年内遍历苏皖两省三县，成果以《江苏昆山南通安徽宿县农佃制度之比较以及改良农佃问题之建议》为题，由金陵大学 1926 年 5 月刊行。其调查之周详、描述之细致、分析之透彻，表明已近而立之年的作者具备了丰富的调查经验和卓越的研究能力。据卜凯（1991）介绍，这项“甚为广博”的研究“激发了从南方来的革命军对此问题的重视”，“索阅者众，立法院用作草拟农佃法的根据，浙江租佃事务委员会用作参政资料”。②

随后，乔启明和他的同事们一道启动了一项近代中国农村研究的重大工程，也即中国土地利用调查及其附属的人口和食物消费调查。这项调查属于美国洛氏基金会的委托项目，1928 年开始酝酿，经过一年多的筹划，1930 年正式实施，1936 年完成③。调查取得的资料包括 191 份县域调查表、223 份地方调查表、22 省 16878 份农家调查表、21 省 2727 份农家粮食调查表，以及 16 省 46601 户农家人口调查表（卜凯，1991），最后成书三卷，由商务印书馆出版，分别为论文集、地图集和统计资料集。基于对中国农业分区的首次系统划分，以及对土地利用状况和产出、农家人口和经济、农民生活状况等进行的客观、系统的描述和分析，这项成果“为就人地关系剖析我国土地利用实况之空前巨著”，联合国教科文组织将其列为永久藏书（金陵大

① 据杨开道（1930）介绍，直至 1930 年，在中国的大学里，开设农村社会学课程的屈指可数，除乔启明在金陵大学讲授外，杨开道本人 1927 年回国后曾在中央大学、大夏大学、北平大学和燕京大学讲授。此前虽已有顾复（1894～1979）编撰的中国首部《农村社会学》教科书于 1924 年问世，但该书只是其 1920 年自日本留学回国后偶然出产的“副业”，此后即专心于育种学研究（於红：《水稻育种专家顾复档案解读》，《档案与建设》2005 年第 4 期），这也是他在中国社会学史上仅以此书偶现的原因。

② 另据罗俊（1991）记述，在他 1935 年留学日本九州帝国大学期间，该校教授泽村康博干曾向他推荐这一研究，说是一本实地调查的好书。而罗在回国后与乔建立了密切关系，并在 40 年代向周恩来推荐。

③ 卜凯曾回忆，虽然在多数地区的调查进行顺利，但有 8～10 起劫掠事件发生，其中一次为行李、衣服及全部调查表损失。而乔启明在率队赴陕西等地调查期间也曾遭遇土匪劫车，所幸安全脱险（卜凯，1991；朱甸余，1991）。

学农经系在宁校友联谊会，1991）。虽然也受到了“中国农村派”的强烈批评（侯建新，2000），但以卜凯为首的团队由此成为中国农村社会经济研究中备受关注的主要学术流派。而在这项浩大的工程中，乔启明除了与卜凯一道缜密规划外，还担任人口与生命统计调查部主任和分区调查主任，以及撰稿人①。

在中国土地利用调查按计划实施之后，乔启明和卜凯一道于1932年6月前往康奈尔大学深造，翌年秋天获得硕士学位后回国。在1935年冬卜凯返美任职之后，乔启明出任农经系主任，直至1941年。其间抗战爆发，南京沦陷，他组织农经系师生随金陵大学先后迁往武汉、重庆和成都。在主事农经系期间，他秉承卜凯开创的学术传统，采取兼容并包的办学方针（如邀请对该系的调查研究和乡村改良实验持批判态度的中国农村经济研究会成员千家驹等人前往座谈），同时利用已经形成的影响，主持开展了更广泛的调查研究和以农业推广为中心的乡村建设实验（金陵大学农经系在宁校友联谊会，1991）。

乡村建设实验与乔启明的学术活动密不可分。更确切地说，由于其调查研究的目的始终在于服务乡村社会、增进农民福祉，他的学术研究属于乡村建设活动的一部分。而他前期的乡村建设活动也是金陵大学农学院农业推广活动的一部分。众所周知，在1937年日本全面侵华之前的十年间，面对农业经济凋敝、农民生活困苦、农村社会动荡的局面，众多的人士和机构以不同形式发起了改造乡村社会的实验，借此探求民族复兴的道路，汇聚成波澜壮阔的乡村建设运动。而在总计600多家机构创建的1000多处实验区（郑大华，2000）中，金陵大学兴办的乌江实验区属于最早、成效也较为突出的一个②。早在1920年，当时的金陵大学农林科即设立了棉作推广部，1924年改称推广部，扩展为广泛的农业技术推广，并在安徽和县乌江镇设

① 卜凯（1991）列示的撰稿人共9人，除乔启明、孙文郁之外，其他皆为外籍学者，包括贾普明（B. B. Chapman）、路易斯（A. B. Lewis）、罗伯安、罗汉生（J. Hanson-Lowe）、梅纳德（L. A. Maynard）、诺斯坦（F. A. Notestein）、索波（J. Tnorp）。值得注意的是，卜凯本人不在其中。

② 关于乌江实验区的活动见蒋杰编著，孙文郁、乔启明校订的《乌江乡村建设研究》，正中书局，1935。除乌江之外，该校还在南京燕子矶和秣陵关创办了乡村建设实验区和农业推广示范区。作为改进社区活动的一部分，农经系和农业教育系合作建立了两个文娱中心，以改善农民的娱乐休闲需求。而乔启明会在每个周末的下午到当地带领儿童玩游戏，或放幻灯片、电影供成人观赏。逢新年假期，由农民自己表演节目，由于准备费时，使得农民减少了赌博和其他不良消遣（卜凯，1991）。

立了乡村建设实验区。与河北定县、山东邹平及河南镇平等地采取的教育、自卫或政治的方式不同，乌江实验区选取了“生产的方式”，也即通过将改良品种、防除病虫害等农业技术推广到一般农民，利用科学方法谋求增加生产、改善生活。在这一过程中，乔启明和其同事徐澄等人一道在当地组织农会，建立信用及农产运销合作社，创办小学和诊所等，此外还在和县的香泉、张家集、濮家集三地实验以农会为中心推进乡村建设（乔启明，1947a：442）。天津《大公报》“乡村建设”专刊1936年元旦载文评价说：“综观乌江乡村建设工作，系以农业推广为出发点，以农业生产之增加为基础，而期达到整个乡村建设之完成。故其于农业推广之中心工作外，更努力于政治、经济、教育、卫生各方面之实施准备，其着眼之深远，而着手之切实，诚足为国内一般从事乡建事业者之取法。”

在西迁成都之后，金陵大学农学院又先后在四川的温江、仁寿和新都三县设立了农业推广实验区。作为农经系主任兼国民政府农产促进委员会技术组主任的乔启明，联合两个组织的力量在温江进行县单位推广制度的实验，由农经系会同温江县政府及地方社团，联合组成乡村建设委员会，从组织农会入手推广农业技术、设立小型工厂、开办农民学校及夜校、建立信用合作社业务，以图发展农业和农村经济，增进农民智识，改善农民生活，并由此“创立新的农村社会”（乔启明，1947a：441）。在全国大部分地区的乡建实验因战争影响停办之后，温江实验区所代表的四川乡建运动堪称一时之盛。

1941年，乔启明经历了其人生道路的一次重大转折。应经济部农产促进委员会（1943年改为农林部农业推广委员会）主任、民族实业家穆藕初之邀，他辞去了金陵大学的教职，前往重庆担任该会的副主任委员，兼任中国农民银行总行农贷处处长，开始把主要精力放在国统区的农业和手工业的技术推广、农村信用合作和金融事业上。两年后穆氏去世，他接任主任委员。基于乌江和温江两地实验所取得的经验，他将农业推广看做“广义的农民教育”（乔启明，1944），在后方省区主持建立了农业推广体系，并在四川璧山、广西临桂、贵州遵义、陕西汉中、甘肃天水和湖北恩施等地建立了实验县。在这一框架内，他特别强调从辅导建立农会入手，以乡农会作为基层组织，依靠农民自身的力量推广农业技术，建立产销合作组织，以使生产、生活和文化建设共同推进。此外，他还借助国民政府将农业金融业务集中于中国农民银行统管的有利条件，积极推进农业贷款，以使农业金融与农业技术推广相结合。

在主持农促会和农业推广委员会期间，乔启明继续扮演着一个学者的角色。基于指导实践的需要，他撰写了大量的关于农业推广的文章，这些论述汇编成4卷本的《农业推广论集》。另外，他于1944年完成了对金陵大学时期的授课讲义《中国农村社会经济学》[①] 的补充和修正，翌年由商务印书馆在重庆出版。这部集大成之作共分6编19章，除总论之外，包括人口、经济（土地）、文化、农民生活和农村组织五个部分，付列121张图表，约44万字。它以学说原理为经，以对经验资料的分析为纬，旨在以客观态度和科学方法解剖中国农村的社会经济结构，达到对中国农村问题之现状、症结和解决途径有确切的认识。他认为，农村社会的建立与发展有三大基础，也即人口、土地和文化，“我国农村社会经济衰弱不振之原因，固属多端，而人口、土地与文化三者之失调，实为针血之所在。……唯有三者得其调剂、相辅相成、合理发展，才能使农村社会问题得以解决”。其立论的中心在于，“冀就个人观察研究之所得，彻底分析我国农村土地、人口之基础，进而论述组训农民提高农民生活程度之道”（乔启明，1947a：5）。这种较为独到的把握方式“明显地有别于一般的乡村社会学理论”（朱甸余，1996）[②]。

到40年代前期，乔启明已经具有较大的社会影响，但他似乎无意于高官厚禄，曾对国民政府的农林部次长、立法委员等官职坚辞不就（朱甸余等，1999）。另有记述说，他在当“官”以后逐步认识到当时政权的反动性，“对自己的改良主义主张产生了怀疑”，开始向革命靠拢[③]。他曾在抗战后期加入许德珩领导的“民主与科学社”，后来还参加了中共领导的秘密组织“反蒋大同盟”。据说周恩来曾经表示：“乔是正派学者，有爱国民主思想，应该团结争取。”（罗俊，1991）

这样一种背景也就决定了他在1949年革命胜利前夜的抉择：他决定迎接新的制度（正如当时的绝大部分社会学家一样），拒绝随中国农民银行撤

---

① 该讲义曾于1937年11月以“四川省农村合作指导人员训练所编印”的形式刊行，进而又由金陵大学农经系于1938年5月在成都出版。

② 不过，在孙本文看来，“乔氏此书，与其称为农村社会经济学，毋宁称为农村社会学，因其讨论范围实已包括农村社会的各方面状况，不过特别偏重农村社会经济现象罢了”。而针对乔关于农村社会学与农村社会经济学的区分，他又说：“此种区别虽甚妥当，但事实上对于农村社会学的界限，尚无一致的见解。故此书即称为‘农村社会学’亦无不可。”（孙本文，1948）

③ 见山西省政协文史资料研究委员会编《山西文史资料》1987年第一辑所载“山西侨界科技名人乔启明”。

往台湾，并劝那些信得过的同事坚守岗位。尽管与他相敬如宾的夫人已经被迫先去了广州，他亦不为所动（朱甸余，2005）。上海解放后，他应召进京，就任中国人民银行总行农业金融管理局副局长。

与孙本文等民国时期的许多著名社会学家在1949年之后的境遇相比，乔启明算是受到了相称的礼遇。表面上看，新的角色与他在旧政权下推进的事业直接相关，可以发挥其专长。但是，作为旧制度下走来的“学者型官员”，在新的权力系统超出经验和想象的牢固结构中，他实际上是一个陪衬，不再可能有什么特别建树。他的一位同事回忆道，他所就任的“事实上是个闲职”，“在这十年间，乔老虽每日上下班，但实际无工作可做，与人交谈的机会也不多。生活上孤寂，情绪上当然日趋消沉”（孙叔璠，1991）。[①] 当然，“领导干部”的身份决定了他彻底告别学术界，告别农村社会学、农业经济学和中国农村研究，也意味着他不再属于“知识分子”，从而也就免却了对于“知识分子的春天”的期待和“春天”短暂来临后的轻举妄动。据说他在执政党号召的“鸣放”运动中“一言不发，从而平安地度过了反右危机”（孙叔璠，1991）。

到1958年，乔启明又一次接受了组织的安排。为发展农业高等教育，山西省政府邀请山西籍农学家王绶和乔启明分别出任山西农学院的正副院长。返晋之后，他还被委任为九三学社太原分社主委和山西省主委，并担任山西省政协第二届、第三届副主席。在任职农学院期间，他似乎能够在执政党的教育路线的指引下发挥一些实际影响，如“提倡校内师生相结合，校外与科学研究机关、农民群众相结合的方针”，并曾组织近千名师生下乡调查，从而在“短期内总结出农业生产经验1240项，专题论文报告914篇”（刘海伦，2007）。至于他本人，则与当时几乎所有的学者一样，再没有任何可圈可点的学术著述。而当“文化大革命”爆发，他终于未能躲过劫难，遭到“造反派”的冲击。在夫人去世、女儿又都不在身边的情况下，这位以忍耐和宽恕为处世之道、以严谨而又温厚著称的老人迎来了孤独的晚年（朱甸余，1996），直到1970年辞世，享年73岁。

当然，值得欣慰的是，他曾经奔走呼号、倾力推进的农会和农业推广事

① 另据朱甸余（1996）介绍，任职北京期间，乔读完了《联共党史》和10卷本的《干部必读》，在《毛泽东选集》出版后更是反复阅读。其间他曾建议设立农业合作银行，以满足土地改革后农民的短期贷款需求，但基于意见分歧和精简机构等原因，一度筹办的农业合作银行被迫停办。

业，此时在海峡的对岸已经开花结果①。

二 寻求人地关系和租佃关系的协调

> 中国目前重大之问题，莫如人口问题。而人口问题之重心，端在人民之早婚繁育。以早婚繁育，致无良民质；无良民质，致无良政治；无良政治，致无良国家。（乔启明，1937a）

尽管中国的人口压力在18世纪末和19世纪初就引起了洪亮吉、包世臣和龚自珍等少数先觉者的警醒，甚至有后来汪士铎的惊世骇俗之言（何炳棣，2000：317～322），但作为社会问题引起广泛重视是在进入20世纪之后。当时的社会舆论固然多认为人口过剩并加剧了中国的危机，但由于缺少精确的人口统计和以此为基础的科学研究，对具体的人口数量及增减状况并不清楚。比如直至20年代末，学界的估计数量从3.5亿至4.7亿不等。甚至有人认为中国人口在减少，而面对帝国主义的侵略，有人主张应像德国和日本那样奖励生育，以免民族绝灭（乔启明，1937a）。

为了彻底了解"人口问题的真相"，批驳种种"徒凭臆断，游谈失据"的现象（乔启明，1932a，1937a），乔启明重点围绕乡村人口问题进行了系列调查和研究。相关成果包括1924～1925年对苏鲁豫晋4省11县镇4216农家的人口调查；1926～1928年对山西省清源县西谷村的标本调查；1929～1931年对11省22处"标准地方"12456农家的调查；以及利用民国8～12年的人口统计资料和中央农业实验所农情报告员的上报数据，对1873～1933年人口增长状况的分析。

系列调查结果显示，中国乡村的高出生率和高死亡率异常明显。20世纪20年代中期4省11处农村人口的平均生育率为42.2‰，死亡率为27.9‰，自然增长率14.3‰，与国际联盟报告的25个国家的数据相比，显示出较高的人口增长速度。对11省的更大样本调查则表明，1930年前后的生育率为35.7‰，死亡率为25.0‰，自然增长率为10.7‰（其中华北为13.3‰，华南为8.6‰），意味着全国每年增加400万～450万人，静态地看，63年便翻一番。而对1873年以降60年间全国人口增减趋势的推算则

---

① 关于台湾的农业推广制度及其效果的介绍，见王希贤《台湾农业推广的演变》，《中国农史》1987年第2期；程振琇《台湾农业推广及其体制特点》，《台湾农业情况》1992年第2期。

显示，总人口共增加30%，其中1913～1933年增加12%；虽少数省份因特殊情形有所减少，但全国总人口有增无减，从而否定了“悲观派”的人口减少说（乔启明，1928，1934a，1935）。

乔启明认为，中国乡村人口高出生率的原因在于早婚和繁育。在山西省，15岁以下女子出嫁的占15.2%，16～20岁出嫁的达60%；11省调查表明，结婚年龄在20岁以下的男女分别占45.1%和72.2%，其中华北14岁以下结婚者分别达10.9%和9.4%。而综合1929～1934年对99处36632农家的调查资料发现，平均结婚年龄男子为20岁，女子为17.7岁，均较欧美各国早7～8岁（乔启明，1930a，1935，1937a）。女子结婚既早，其生育期随之拉长，与多子多福观念相连，生育率也就自然增高，以至于“父母尚未成立，儿女或已成群。累己累人，兼累社会，民族之忧，国家之害也”（乔启明，1930a）。

在经济落后和医药卫生条件低劣的状况下，早婚繁育必然引起多重的人口和社会后果。“然生育繁多，殊易斫损产母体格之健康，并造成产母死亡之机会，而早婚每以经济能力薄弱，育儿知识缺乏，医药设备幼稚，形成生而不育、育而不存之悲惨现象”（乔启明，1937a）。首先是高死亡率。当时中国的人口死亡率较英美国家高出两倍多，人口初生时的平均预期寿命只有35岁，较英美短二三十岁，较日本短八九岁。尤其突出的是婴儿和产妇的死亡率。前者在4省11处的调查中显示为129‰，已属世界最高行列；在11省22处的调查结果则为157‰（其中华北为186‰）。另据后来推算，全国的婴儿死亡率高达200‰，每年出生婴儿1773万人，死亡354.6万人，“为数之巨，至足惊人”（乔启明，1928，1935，1937a）。

人口问题的另一个表现是男女比例失衡：山西省高达128.1；全国5～19岁年龄组为109，10～14岁年龄组也达128。这种失衡除了受到出生时的生物学因素和女孩漏报现象较多影响外，主要与两个因素有关。一是重男轻女观念导致对女婴的养育不甚注意，女婴生存机会更少，一些地区的溺女恶习更导致其死亡率加大，因此会有山西的0～9岁男女比高达135∶100的现象，“此种极大不平衡可证明女子在此阶段内一定遭遇了某种大死亡”；二是卫生观念和医疗条件落后，导致女性在产儿期死亡较多，20～49岁年龄段男多于女即因此故（乔启明，1928，1930a，1935）。而“一个地方若是男女数不十分相称，当然就会有许多社会罪恶发生”。其中之一便是目前的学者们所说的“婚姻市场挤压”。乔启明对此进行了具体分析：清源女子平均结婚年龄为16岁（出嫁最早者仅12岁，14岁出嫁最为常见），成婚期间长度仅13年，而男子为26.2岁，成婚期间有26年，故此造成“女子已变成了货品，虽出高价亦不易得”。他进而指出，“该处女子早婚之风，实因女子过少所致。所以形成一种女子未及成年即行出嫁，男子反多老而未娶的恶俗。此种特殊社会情形，对于生理健康、社会罪恶及社会治安上不无影响”（乔启明，1932a）。

在人口繁殖无穷而耕地开辟有限的情况下，人口过剩导致的后果是综合性的。乔启明认为，中国人口的增加“不啻增加每个家庭与社会的忧痛”。“中国今日农村凋敝，祸乱相寻，考其症结所在，固非一端，而农村人口压力之严重可无疑义。盖人口端赖食料之供养，若人口之蕃殖速于食料之供给，则一但人口与食料失调，势必构成人口问题或粮食问题，因而促起其他一切社会、政治、经济等问题。”而若要免去人口问题引发的“种种罪恶”，使中国避免成为马尔萨斯所说的“天然限制实验之场”，乃至于达到救亡图存、“国治民福”，治本的方法是采取人口限制政策，均衡人口年龄结构和性别比例。其中的关键又在于实行迟婚节育，这是最为和平、安全和经济的办法，不但可以减少生母的痛苦，免除多生多死现象，还可“增加健全的国民”“改良人口品质”。而提倡迟婚必须由政府举办，规定最低结婚年龄，实行严格的婚姻登记。至于节育，虽因民众的多子多福观念而不易实施，但若由政府设立节育机关、宣传节育之重要、指导节育方法、授以节育知识，或予以节育器具，“则亦不难渐收宏效也”（乔启明，1928，1930a，1935，1937a）。

尽管乔启明并不以人口学家著称，但从上所介绍可见，他在这方面的系统调查和研究贡献卓著。一是既关注人口数量及其演变，又重视人口的年龄结构和性别结构，以探求“人口内部是否健全”。二是将人口问题与家庭问题的研究，人口分析与社会经济结构和社会生态的分析相结合，重视引发人口“高出生—高死亡”的家庭制度、婚姻形式和生育模式，以及巨大的人口数量和扭曲的人口结构引发的多重后果，内容之广远远超出了人口学领域。三是通过以大量翔实数据为基础的国内外比较研究，不仅凸显了中国与欧美国家的巨大差距，也显示了国内不同地区间的较大差异，从而揭示了中国人口问题的严峻性和复杂性。

如果说乔启明的人口问题研究在于寻求人地关系的协调，那么，他的土地问题研究则在于探索地主与佃农关系的协调。针对农村日益严重的经济凋敝和社会动荡，乔启明认为，农村问题已经与都市问题互为表里，“都市问题，以资本家与劳动者为中心。农村问题，以地主与佃户为焦点”（乔启明，1929）。而围绕后一焦点的研究包括苏皖两省三县租佃制度调查、他与卜凯共同撰写的关于纳租问题的评价、与应廉耕合作实施的对豫皖鄂赣四省14个地区330名地主的系列调查，以及和蒋杰一道利用12省206县调查数据所做的地权变动研究。系列研究呈现了复杂的农村租佃关系和社会经济结构。

地权的分配及变动是乔启明首先关注的。对苏皖三县的研究展示了1905～1924年的田产权分布状况，自耕农和地主直接经营的土地面积减少，而佃农比例上升，这又导致佃户之间的租佃竞争，中下等土地的价格和租金上涨明显，佃农预交押租的比率也大幅度上升，地主也随意解除租约（乔启明，1926a）。而据后来对12省206个县的调查，1937～1941年各类农户中自耕农占30.2%，佃农占26.4%，半自耕农占21.6%，地主兼自耕农占15.3%，地主占6.5%。与此相对，土地占有的比例为自耕农占25%，佃农占17%，地主兼自耕农占18%，乡间地主占21%，城市地主占18%。这固然不同于后来流行的“占农村人口不足10%的地主和富农却占有农村土地的80%”之类的说法，但当然意味着社会不平等：“国内农民，佃农居其泰半，多数农业土地集于地主之手，耕者无其田，农民辛劳所得，多供地主不劳之获。”（乔启明、蒋杰，1942）这种不平等表现在各阶层的生活状况和发展机会。在对苏皖两省三县的调查分析中，他注意到各阶层之间在住房、教育和婚姻状况方面的差异，如宿县的地主和自耕农的已婚率为99.5%，半自耕农为79.8%，而佃农只有65.7%；南通则相应的为100%、92.1%和69.7%。也即两地都有30%以上的佃户没有婚姻生活（乔启明，1926a）。

进一步的调查表明，地主拥有的田产绝大多数来自祖传，其中昆山和南通两地均超过85%，而宿县占93%，“从此可知我国之遗产制度，为社会上造不平等之阶级最甚，且佃户存在问题，亦即遗产制度之产生物也”（乔启明，1926a）。十年后对4省330名地主的调查显示，土地分配不均源于继承制的因素稍低一些：源自祖传者占68%，自身购买者占1/4；而祖传部分以湖北最多，占82.2%，安徽仅占45.3%，其中桐城只有25%（乔启明、应廉耕，1937a）。

正如继承因素的影响程度不同，作为阶级的地主内部也存在较大差异。

基于大量的实地考察，乔启明认为，由于受到自然历史状况、土地质量、交通条件、工商业发育程度，以及治安状况等多种因素的影响，各地的土地集中状况和租佃情形（包括佃户的比例、租佃方式和租金高低等）、地主与佃户和乡村社会的关系并不相同。大致说来，北方为土壤质量和气候等因素所限，田地获利较少，少见大地主，租佃问题不太突出；而长江以南的江苏、广东等省，因土地肥美、人口密集，围绕土地的竞争更加激烈，土地集中程度更高，佃农处于不利地位，而地主也容易抬高地租、高压佃户，租佃问题更为严重（乔启明，1926a，1929）。就土地出租规模和拥有佃户的数量来看，四省330名地主平均出租耕地为47.1亩，其中江西仅7.7亩，河南则达88.7亩，在地区层次则从江西吉安的3.8亩到安徽滁县的189.8亩；地主平均拥有佃户8名，其中河南仅2名，安徽达18名，而芜湖的地主平均拥有65名，个别地主甚至拥有数百名之多（乔启明、应廉耕，1937a）。

要注意的是，地主的大小与其居住地点有较大关联。居外地主的比例在南通为15.8%，宿县为27.4%，昆山则达65.9%，而昆山和宿县的居外地主多为大地主。12省调查则显示，地主城居者占27.4%，其中贵州达45.6%，西康达63.3%，浙江更高达93.7%。而地主居住地的不同意味着他们与佃户和乡村社会的关系不同。居乡地主虽本人不事耕耘，但因久处乡间，熟习农事，比较热心于公益，对佃户之耕作和生活状况也多有关心。城居地主则大都在城市另有职业，难以顾及田场管理，对乡间的公益事业和佃农疾苦漠不关心，却世代依赖田租，将当地金钱输往城市。他们通常仅于收租时下乡，也有终年不下乡而委派代理人收租者，甚或假手催甲、虐待佃户。他列举吴江震泽的例子说："农人几全为佃户，地主对于佃户之苛刻，实有不可言喻者，触目感怀不能不令人投笔三叹也。地主田业公会，为佃户无上之官厅，押佃所为征服佃户之地狱，显然为中古奴隶制之遗风。地主宛如贵族，佃户即其奴隶。"在相邻的昆山，地主的威力也异常突出，往往通过田业公会对佃农施压，而"押佃所即为地主征服佃户之场所焉"，如该县押佃所共关押15人，其中女性5人，而所欠租额不过30元上下。地主的苛刻反过来导致佃户以作弊和偷窃对付，或以抗阻、罢佃反抗（乔启明，1926a，1929；乔启明、蒋杰，1942）。

虽然租佃问题在各处表现不同，也有一些地区如南京和南通一带主佃关系比较融洽（乔启明，1929，1930b），但普遍状况是两者关系紧张。他为此呼吁："是以深望地主与佃户两方，有彻底之觉悟，咸能秉其公正无私之心，以经营田场，而使两方统有相当之报酬，藉使农村社会之经济治安两方，咸有裨益。”而官厅“应当主持公道，切毋帮助地主而压迫佃户，应予实际上援助，使两方义务权利平均、公允，不至互有侵夺之弊”（乔启明，1926a）。

国民政府定都南京之后，对租佃问题的严重性有所认识，将“农民解放”写入了政纲，于浙江实行二五减租，江苏亦规定租率不得超过37.5%。但在乔启明看来，租佃问题非常复杂，“非简单方式所能立断”，“若站在科学的立场上去观察”，各地的情形不同，实行减租不能一律按平均数推行，否则会使相关规定徒具形式，农民并不能真正获益（乔启明，1930b）。他和他的合作者认为，租佃问题中最重要的是租金问题，而测验租金公允与否的原则在于，“对于地主方面，希望他能根据自己土地房屋的投资，得到相当的利率；对于佃农方面，希望他能藉自己的劳力，得到相当的报酬。……我们的基本主张是：地主与佃农两方所分配的农场总收入的多寡，应按着他们两方总支出的多寡成正比例”（卜凯、乔启明，1928）。

当然，仅有基于经济学原理的公允田租（Fair rent）的原则还远远不够，必须进行具体的测算。测算要以完备的经济社会调查和簿记制度为前提，而在缺少这种基础条件的情况下，他和他的同伴们进行了具体探索。依据金大农经系9处501户佃农调查资料的测算，他们发现，应在现行租额的基础上减少22.1%方显公允，但各地情形不同，浙江镇海的佃户应少交37.4%，江苏江宁淳化镇的佃农则应多交39.8%（卜凯、乔启明，1928）；而四省调查分析显示，现行契约田租额平均应减去28.3%，应减比例从河南的13.3%到湖北的45.3%，其中湖北江陵的地主投资甚少而收租甚高，应减去56.9%；而信阳地区佃农所占利益较多，应增加4.6%。此外，他们还具体测算了经济田租（Economic rent）和地主的投资收益等，总体结论是：地主收益较大，而佃农所获甚微，甚至亏损，从理论上说应转谋他业，唯因时事艰难而难以选择（乔启明、应廉耕，1937b，1937c）。

从上述系列研究可以看出，虽然乔启明也关注人口压力下的土地短缺和占有的不平等，但作为深受卜凯影响的“技术学派”的中坚和改良主义者，他更重视土地利用的方式、效率和租佃关系。他的租佃制度研究的出发点和结论，不在谋求土地的再分配或革命，而是在承认分配不平等的基础上探究租佃双方的利益均衡问题，并以和平方式实现“耕者有其田”。他和他的合作者认为，消除业佃纠纷必须注意三点：一是予地主公正之田租（酌量确保其土地投资收益）；二是予佃农以平稳的生活；三是需要助长佃农储蓄之能力，俾有余资购买耕地，不至于永为佃农（乔启明、应廉耕，1937b）。至于佃农上升为自耕农，则需要依靠地主减租，并由政府或私人贷款援助来实现。这在当时的“中国农村派”等马克思主义学者们的眼里，当然属于理想主义，幼稚而且“反动”。但是，正如后来的土地革命实践及其归结显示的那样，土地问题的解决并非“土地革命”所能一网打尽，当解放了的农民仍然要面对国家这个超级地主的高强度汲取，围绕租佃关系的改良主义主张并非没有价值。而日本、韩国和中国台湾地区的经验则证明，改良的方法也并非不可能。

三　共同的生活和事业：乡村社会研究

> 吾人现今若欲窥察一个乡村社会的真相，作为将来改良人群事业的根据，我们不得不寻出一个乡村社会到底是什么？它的范围有多大，其中的居民，在共同生活事业上，有什么互相的关系？（乔启明，1926b）

在民国时期的中国社会科学界，农村研究应属聚集学者最多、取得成果最大的领域，其中农村社区研究备受今天的学者们关注。较普遍的看法是，这种研究由吴文藻作为“社会学中国化”的方法加以提倡，由费孝通等人实施和繁荣，并因此形成了马林诺夫斯基赞誉的“社会学的中国学派”，乃至部分国内学者所说的“燕京学派”。而吴门师徒的提倡和研究，主要是受到派克（R. E. Park）和布朗（Radcliffe-Brown）的影响。他们将芝加哥学派的人文区位理论和人类学的结构—功能主义理论结合到一起，研究“当代文明社会”，代表性成果是费孝通的《江村经济》（韩明谟，1997；李培林、渠敬东，2009；阎明，2010：172～177；朱安新，2010）。

的确，作为中国社会学的一个重要概念，“社区”一词是由费孝通或其同门所创译[①]。但是如果将它还原为其母语 Community，则会发现，中国最早的社区研究可以追溯到美籍学者葛学溥（Daniel Kulp）1918 年在广东凤

---

① 费孝通（1948/1999）曾提到：community 最初被译成“地方社会”，但在面对 Park 的 community 和 society 两个不同概念时，感到“地方社会”的不当，大家谈到如何找一个贴切的翻法，偶然间我想到了“社区”两个字，后来慢慢流行。而据阎明（2010：173）考证，“社区”一词最早是由燕京大学社会学系学生黄兆临于 1934 年翻译发表。

凰村的家族调查，只因作者是“业余人类学家”，其成果的学术反响不大（卢晖临，2005）。而在本土的乡村社会学家当中，乔启明最早于 20 世纪 20 年代前期就开始了相关研究，尽管他早期使用的名称并非“社区”，而是“乡村社会”或“农村社会”[①]。

乔启明的乡村社会研究最早见于 1924 年用英文发表的 *Mapping the Rural Community of Yao Hua Men*[②]，这是他亲手完成的四个“社区制图”之一。卜凯认为，此项研究“意在激励乡村领袖和牧师、教师等利用社区制图便于了解为人民提供更好的服务”，文中对尧化门宗教区域农民宗教生活的描述，“显示了中国农民平等待人的基本性格”。朱甸余则认为，这项工作在中国的社区研究中是开创性的（卜凯，1991；朱甸余，2005）。到 1934 年发表关于江宁淳化镇的研究，乔启明先后在 7 篇文章中论述了认识和区划乡村社会的目的、重要性和方法。

作为金陵大学乡村社会学课程的主讲人，乔启明面对的首要问题当然是从学理上阐述何为“乡村社会”。但更重要的是，他把社区制图和区划乡村社会当做认识和服务乡村社会的起点，旨在准确理解乡村社会的共同生活、事业和利益，以改良乡村组织，提升农民生活。他强调：“吾人对于一个乡村社会，必须先将他内部的各种事业明了以后，方能根据事实发生见解，日后着手改革时方能措施裕如，程序方面不致弄误。无论是经济，教育，宗教，社交，政治各方面，都得须知道他的背景方可下手，这就是我们研究乡村社会事业的目的。”（乔启明，1934b）

那么如何认识乡村社会呢？在写于 1926 年的《怎样区划乡村社会》中，他引用康奈尔大学乡村社会学教授施特生（Dwight Sanderson）的定义说，乡村社会是指一处的居民居住在一块农业土地上，他们的各种共同生活和事业都聚集到一个中心点上去合作。虽然中国乡村的聚集形态与美国乡村

---

① 进一步看，不应将社区研究看做“社会学中国化”的判定标准，“社会学的中国学派”的美誉也值得商榷。因为在中国之外，对应 rural community 的“村落共同体”或“村落社会”研究在日本更加盛行，日本社会学界 20 世纪 60 年代之前对其关注甚多，成果也甚丰硕，但不能据此说有“社会学的日本学派”。类似的过誉也出现在林顿（Ralph Linton）1945 年为杨懋春的《一个中国村庄：山东台头》英文版撰写的序言中，他称该研究“代表了社区研究的本土人类学时代的来临”。

② 朱甸余（1996）将其译为“江苏江宁县尧化门社区制图”，并提及“金陵大学农学院又重印为第四号小册子并译为中文”。但笔者未能查阅到其中文版本，因此无法确认其中文版所用译词。

的散居状态不同，但他认为仍可借鉴这种视角考察中国乡村。“惟各种共同生活和事业，都是关于经济、宗教、教育、交际，和政治这几种事业，区划的根据也应按这几个项目分类出来。”其中他特别重视作为交易中心的市场或市镇的辐射范围，认为它代表着乡村共同生活和事业的范围，而强调不应单纯地用政治或行政标准理解乡村社会，因为政治区域的划分专为官厅收取赋税的便利，与农民共同的生活和事业的范围不同。以尧化门区域为例，它被分为三个乡，“而人民的共同生活倒是一体”，如尧化门市镇属江乘乡，但北固乡的居民也前去赶集，而前往尧化门做买卖的村庄总计有 70 多个；新式小学位于北固乡的边界，但江乘乡的学生也多往就学。

> 盖因政治范围是人造的，不是按一处人民的共同生活范围来规定的。故其区划，每多牵强。我国乡村社会不发达的缘故，这也是其中之一大原因。盖人民自然的团体生活，是发达乡村社会事业的根据。因政治区域牵强之故，往往引起纷争，人民自动的生活事业组织，每每受其牵制而不能举，这又何怪乡村社会之不发达呢？（乔启明，1926b）

在 1932 年发表的《乡村服务者应认识自己所在的乡村社会》一文中，他进一步辨析了共同的生活和事业范围的不同层次：“人民生活上结合的单位有三，即单独村庄，联合村庄，和乡村社会。”联合村庄是指多个单独村庄基于共同的生活和利益需求（如祭祀、学校建设和治安防卫）而联合在一起的单位；乡村社会则包括单独村庄与联合村庄，范围较大，因人民的生活需要在单独或联合村庄里得不到满足，就聚集到一个中心点（市镇）上合作，这个中心点也是乡村社会的中心，周围所有到此合作事业、共享利益的村庄都属于其范围。“所以简单点说，乡村社会就是一个以上的村庄，因为生活上的需要自然组成的一个适当圆满的合作单位。”

而关于江宁县淳化镇的研究，就是要通过实地调查来寻找中国大地上“乡村社会”的具体范围、内涵和特征。他概述说，“乡村社会”的英文表述 Rural Community 含有永久的、自然的和地方的性质，有时也可译为“地方共同社会”。他引用白特飞（K. L. Butterfield）的见解，“一个真正的社会，就是包含着那个社会里边全部人民的共同生活”，并与施特生的主张加以综合，主张从两个方面把握：一是有具体范围而非漫无界限的地理单位，日常话语中的乡村、乡里等宽泛名词都不是乡村社会；二是指居民的共同生活都能聚集到一起合作，含有“自然共同社会”的意思，区、乡、镇等行政区域不是乡村社会，因为它未能兼顾居民的共同利益。至于具体的研究步骤，则分为两个阶段，一是利用区划法确定具体范围和中心点，把其自然范围和团体生活的范围画在图上，以代表该处居民的共同生活、事业和利益聚集到一个中心点合作的倾向；二是对不能以绘图法表示的风俗民情、日常生活、每种组织的性质和活动状况等用询问法详加记载，以补充该自然社会区域的质的方面的研究。这样，当地农民的一般组织状况和团体生活的情形就能清晰地呈现。

调查发现，淳化镇的乡村社会范围要比最低行政层级的乡镇大出许多，其中人口约比一个乡大6倍[①]。区域内共有单独村庄56个，祠堂63座，寺观庵庙46座，土地庙33座，碾坊39个，私塾34家，杂货店30个，公井24口，茶馆21个，官立小学4所。表明宗教和经济组织最为繁盛，其中拥有土地庙、寺观、私塾、祠堂及碾坊的村庄超过50%，拥有茶馆、公井、杂货店的超过20%。在乔启明看来，各种组织的多寡反映了乡民对该组织的需要程度，同时也与人口的多寡有密切关系，大村的经济社会生活需要多些，容易办理多种事业，而小村因人口较少、组织不经济，许多事业便附属到邻接的大村。

在此基础上，乔启明探讨了调查区域的经济、教育、宗教、社交和政治生活。他结合乌江兴办水利成功和尧化门附近建立学校失败的例子说明，要改良乡村社会，必须充分注意所在区域的自然和人文环境因素，以免贸然改革造成农民的利益不增反减。他指出，影响改良乡村事业的基本条件有二，第一须看组织地理范围的大小，第二须看每种组织人口的数目。而就当时的"模范县"江宁县划分的乡镇自治单位而论，似乎太小，不合乎"适当人口"及"适宜土地"两项条件。在举办经济、教育、宗教等服务事业时，必须注重乡村的共同生活，改变政治区域与农民共同生活的自然区域不吻合的状况。进而，由于乡村社会共同生活的范围以市镇商业范围影响最大，所以其领域应以商业范围为准，这样便能使商业、教育、宗教和行政的范围相互交融、连为一体（乔启明，1934b）。

值得注意的是，到1937年发表《中国乡村建设问题的过去与将来》一

---

① 乔启明在江宁县尧化门和西善桥两处所做的调查也同样显示这一倾向：尧化门自然区域内有12个乡镇，西善桥有6个乡镇。总之，在江宁县区划的"三个自然乡村社会"，面积都在10方里~15方里，户数约有2000~3500，人口10000~18000（乔启明，1934b）。

文时，乔启明开始使用加了引号的“乡村社区”概念，而在《中国农村社会经济学》总论中则完全接受了“社区”的用法，认为“农村社会”一词“以称农村社区较为确当”，并界定了社会与社区的差异：普通所谓社会，乃是一种较抽象和概括的名称，系指人类社群，不仅为人类的集合，还包括文化、经济及组织等基础；社区则较具体实在，是一定区域的人口居住较为密接，其日常生活具有密切联系。“故社区者，社会也，而社会者，未必皆为社区也。社会不含地域观念，仅代表具有交互作用与共同关系和表现交互与共同行为的一群人……一人更可同时隶属于数个社会，但仅能属于一个社区；盖社区之特质，一在有共同的地理区域，二在有共同的生活活动。”他进而强调，“社区实含有永久性、自然性及地方性”（乔启明，1947a：2）。

将乔启明与费孝通进行比较可以发现，虽然同为 Rural Community 的研究，但两者的理解和分析重点明显不同。首先，乔启明眼中的“乡村社会”范围更大，属于“适当圆满的合作单位”。这当然是受到了美国乡村社会学的影响①，而后来在中国农村社会经济研究领域产生很大影响的施坚雅的“市场圈”理论与之相同。与此相对，从 20 世纪 30 年代的“江村”到 40 年代的“云南三村”研究都表明，费孝通等人把社区看做一个单独的村庄，而这与日本农村社会学界的把握方式相同②。其次，与此相关，乔启明主要是从如何服务乡村社会这种功能的角度去研究，而费孝通关心的是“结构”。例如费孝通在《乡土中国》后记中写道：社区分析的初步工作是在一定的时空坐落中描画一个地方人民赖以生活的社会结构；第二步是比较研究，在比较不同社区的社会结构时，发现各有其配合的原则，原则不同，表现结构的形式也不一样，这样就产生了“格式”（模式）的概念（费孝通，1948/1985）。

当然，不应将两者的差异对立起来。无论关注的是乡村“社会”还是

---

① 这种把握方式肇始于嘉尔宾（C. J. Galpin）。这位威斯康星大学的前牧师对 1910 年美国乡村生活委员会的调查报告不以为然，在与泰勒（Henry C. Tayer）的切磋中另辟蹊径，于 1915 年发表了研究报告 *The Social Anatomy of An Agricultural Community*，提出了分析农业社区的社会生态学模式，认为经常到集镇交易的村民居住点构成的交易圈便是农村社区的边界。该研究不仅为施特生和白特飞等乡村社会学家广泛应用，也影响到派克等城市社会学家。泰勒评价说：“嘉尔宾的研究完全来自于他的独创，不是他走向了社会学，而是社会学家走向了他所开创的乡村生活研究。”他也因此成为该校的教授并执掌农经系（森岡清美，1956；吴文藻，1935）。

② 但是到 60 年代，随着城市化的突飞猛进，村庄的流动性和对外依赖性加强，“村落”的功能萎缩，日本农村社会学开始强调“地域社会学”（莲见音彦，2007）。

“社区”，他们的研究都有着更加重要的共同指向：挽救危机中的中国农村，改变中国农民的命运。背后当然是那个时代的社会学家共同拥有的一种紧迫感，甚至焦虑。而这种紧迫感或焦虑在乔启明关于乡村组织的研究中更加突出。

四 乡村组织研究：为什么是“农会”？

> 当人类的生存发生问题，如一人能力不足，势必群策群力，以谋解决或适应之道。人类社会组织即因此而产生，社会文化亦因此而演进。普通所谓组织，即多人的结合以企求其事业的完成者。社会若有优良的组织，即易于进步，否则即不免呈现停滞之状态，散漫无归。（乔启明，1947：423）

考虑到严复将 Sociology 翻译为“群学”，而孙中山痛感中国人“一盘散沙”并将其看做中国积贫积弱的原因，“组织问题”可以说是社会学的核心和中国社会的要害。在民国时代的社会学界，关注这一问题的学者并不鲜见，如许仕廉、吴达、费孝通等人都有论及，但进行了系统和深入研究的，似乎只有乔启明和杨开道[①]二人。而与杨开道主要发掘传统资源不同，乔启明更多的从乡村社会的现实需要出发，基于实地调查而展开。自 1925 年发表《我理想中的一个乡村组织是什么》，到 20 世纪 40 年代末其学术生涯结束，他关于乡村组织的论述总计二十余种，其中最系统的分析见于《中国农村社会经济学》第六编“农村组织”。上引文字即源自其中的开篇部分，它可以看做乔启明的组织观和社会观的理论基础。构成这一理论基础的还包括他对组织功能的如下归纳：增加社会力量，继承前人的经验，完成个人所不能办理的事业，促成社会观念，稳定人与人的关系（乔启明，1947a：426）。

不过，与人类社会基于生存需要的一般原则相对的，却是中国乡村组织的缺失及其加剧的农民的不幸。他写道：“今日我国农民生活状况低于水准，此固由于农村人口与土地失调，文化落后，要亦由于农村社会缺乏组织

① 杨开道的相关著述集中于 20 世纪 30 年代初，主要包括《中国农村组织略史》（《社会学刊》1930 年第 4 期）、由世界书局 1930 年推出的《农村组织》和《农村自治》、《乡约制度的研究》（《社会学界》1931 年第 5 卷）及在此基础上扩展而成的《中国乡约制度》（山东省乡村服务人员训练处 1937 年刊印）。

所致。我国农民思想散漫，只知耕田而食，织布而衣，不知注重组织，因此农民个人生活状况既无从改进，而社会事业尤难推行。”“农民素如一盘散沙，缺乏粘性与组织。”继而，“我国农村无论在政治、经济、社会、文化方面均觉落伍。造成此种现象的原因固非一端，而农民本身缺乏组织乃为基本原因”（乔启明，1947a：423，425）。

这种判断当然源于他的乡村建设实践。他在1933年写道：“研究中国乡村问题者，莫不以改进乡村社会、发展乡村经济，为我国目前唯一之要务。但是环顾国内乡村各项事业，均无健全之组织，以致农业不振，生产落后，经济有破产之虞，社会呈不安之象，此所以不能不急图发展与改进也。”而在经过长期的农业推广之后，他又说：“从事农业推广工作，最感困难的是农村社会缺乏健全的组织，以至一切良好的计划、方法及材料，农民皆无从接受；因之，在推进工作的时候，往往费多效少，事倍功半。”（乔启明，1947b）

但是，“急图发展与改进”必须建立在对现实状况的真切把握之上。“乡村经济应如何发展，社会组织应如何改进，以何者定其标准，是则吾国乡村固有之组织，实有研究之必要。”基于此，他首先对全国乡村的组织现状进行了回顾（乔启明，1933），随后和姚颙一道于1934年夏天，在“青纱帐起，少数区域频闻匪警”的动荡中对安徽宿县进行了一个多月的实地调查，从而得以具体地描述当地各种组织的种类及分布、目的和功用、参加户数或人数、会员的经济地位、会费征收方式和组织运行状况，以及会员的评价和期望（乔启明、姚颙，1934）。调查发现，参加组织者多为自耕农和半自耕农，而地主和佃农很少参加，前者多移居城镇以避匪患，而后者缺少时间和金钱。除合作社之外，大部分组织皆为原有社会经济团体，旨在解决农民自身面临的各种问题。其名称虽与近代各国乡村组织不同，但意义和功用则颇多相似，如小范围的鸡蛋会、灶君会、火神会等，功用与消费合作无异，而老人会和棺材会可谓民间人寿保险组合。“会员虽多清寒，未受教育，而信义昭著，由来已久。若吾人在举办乡村经济建设之前，对于有关系之组织，稍加研究，从而整理之，充实之，不仅能化阻力为助力，而其结果，事半功倍，可预卜焉。”

与此同时，宿县面临的最大问题在于缺少应对匪患和水灾的组织。针对匪患，虽有联庄会、红枪会等起而自卫，但组织之间缺乏联络，“而大多数农家，每届青帐起时，日须勤苦耕作，夜必小心看家，不得安眠，诚堪怜悯”。灌溉组织的缺乏也为一大缺陷，“闻该县每遇旱涝，则相率仰屋咨嗟，而无善策，如何使河畅其流，地受润泽，似为今后该县农民应注意之事项”。此外，当地的原有组织极少关注公共卫生问题，“是以每遇瘟疫发生，男女老幼，惟借求神问卜以治疾病，或只束手以待毙，毫无预防与补救之组织与设备”。

在乔启明看来，“仅有家族组织，而无社会观念”的中国农村属于“散漫的社会”，这在自给自足经济时代尚可勉强维持，但自近世以来，农村的封守状态被打破，交通发达，农产品商品化，农民与外界接触日多，“则非有组织不可”。当然，正如宿县调查表明的那样，中国乡村也存在一些组织，但植根于传统生产方式的组织通常范围狭小，功效单一，“仅有对内作用而无对外能力”（乔启明，1947a：426～428）。总之，传统农村的散漫状态已经不能适应近世商业化的潮流，“中古式的”或“筋肉式的”农业生产方式与现代化的消费需求也相去太远，竞争不过欧美的资本主义农场式经营，因此导致小麦、大米和棉花等农产品入超日增、农村破产（乔启明，1937b）。“在现代的中国，要增进农民生活，必得先有良善的农村组织。”（乔启明，1934）到后来，他更加系统地论述了现代农村的组织需求：

> 盖现代农村已由自给自足经济状态，进而为城市经济状态。农民生产不仅为自己消费，且须寻求市场销售，其价格恒受世界求供状况的影响，而与货币价值的变动，亦有莫大关系。农产品质需要改进，始能在市场上竞争；农村教育需要改进，始能增进民智；他如农村卫生，农村娱乐等，无一不需改革，以谋适应现代生活。……譬如农民以前产品在市镇售予商贩，今予废除中间剥削，势必直接运销至大市场，农民焉有此种能力。再如农民以往向放债人借贷，现欲避免高利贷，必须向农民银行等告贷，但农民无组织，如何能与银行发生关系。其它种种事业亦莫不需要新兴组织，以为筹划与执行之机构。（乔启明，1947a：428）

那么“良善的农村组织”是什么，又如何推行，方可发挥其功能而造福农民？这是他始终关注的。如上所述，他认为中国固有的乡村组织范围狭小，功能单一，不足以应对农民的生产和生活所需；而各地实验区建起的一些近代性质的组织如合作社、医院、妇女团体等，功能也太单纯，工作限于某一方面，缺乏系统和连贯性。即便定县的同学会、邹平的村学、镇平的自卫团，也“不过是被动局部的组织，而不是自动全民的组织”。他主张建立农民自发主动的综合组织，以推动其他单一组织，避免组织之间的冲突，融合政治、经济、社会建设为一体。而“这样的组织应该是农会”，每一农村社区设一农会，联合各地的农会组织成一个总会（乔启明，1937b，1939a）。

说到“农会”，当然并不新鲜。自从蒋黼、罗振玉等人 1896 年首倡，不同形式的农会已在中国存在了三十余年，也广遭诟病，乔启明对此进行了具体论述。他将清末以降的农会统称为“冒牌农会”，分阶段指陈其弊端。前清之农会或务农会，主要是官吏和文人团体，至多算是农业研究组织。进入民国，农商部曾颁布农会规程，一时上行下效，但大多由官厅发起，“挂起农会招牌，毫无工作表现，地方如有恶劣士绅，常常操纵农会，压制乡民，假借名义，接近官宪，奉承上司，更强迫农民缴纳会款捐款等，以饱私囊。他如包揽诉讼，藉端敲诈，更为常见”。此类农会非但不能造福于农民，反为农民之害。北伐时代的农民协会声势浩大，做的完全是农民运动的工作，由中央农民部特派员到各地鼓动包办，虽有帮助农民反抗官绅的功用，但“掺杂土匪流氓，假名活动以危害农民者亦甚多”。至于 30 年代初经由农会法和“训政”促成、由各级党部指导成立的农会，虽数目可观，“仍然是上行下的方式，农民缺乏自动能力，工作不似协会时代之激进，而农事建设工作亦鲜有成就，他如土豪劣绅操纵之事仍然很多”。而过去的农会所以失败，除行政包办和少数人把持之外，指导人才缺乏也是重要原因。如创议者只知引用外国名称，而不注意具体的实施办法；举办者也未认清农会之目的在于改进农村生产和农民生活，又加以不谙农事，便只做政治工作，而不管改良生产、协助运销等建设事业（乔启明，1939a）。

但是“冒牌农会”的失败不足以成为反对建立真正的农会的理由。乔启明强调，他所提倡的农会乃是农村的全民组织，旨在集中农村各方面的力量，发展农村经济、增进农民知识、改善农民生活，并能成为“锻炼农民自治能力之熔炉，将来则是地方自治之基础”（乔启明，1939b）。农会必须由农民自己组织，脱离党部或行政的控制；组织系统应由下而上，下级组织单位应打破行政区划分割，以农村自然区域为范围；基于民主制体，由农民领袖管理，农业推广机构协助推行；办理切实的建设事业，谋求人力和财力的自给，以维持农民的信心。如此方能避免过去的积弊，使农会成为自有、自治、自享的农民团体（乔启明，1939a）。

作为“国内研究农会最有成绩的一个人”①，乔启明同时也是组建农会

① 语出《新经济》1939 年第 1 卷第 12 期“编辑后记”。

的积极实践者和推动者。如前文所述，他自20年代后期即在安徽和县从事这方面的实际探索，在后来主持农业推广委员会期间，则在各实验县推动建立更多的农会组织，号召举办短期训练班，以培养一批既具农事经验，又懂民众组织办法的农会辅导员，还亲自编写了简明易懂的《农会组织须知》，印行各地供参考。他在推进实践的过程中反对由外来者越俎代庖，而是强调农民的主动性，重视以农民本身的团结合作来谋求社会经济发展。针对各地乡村建设实验中不注重农民的训练和组织，因而导致人亡政息、不能持久的现象，他告诫说，“像我们这些人只可作为指导者，绝对不可以做工作的主角”（乔启明，1937b，1939a）。他的这些努力在当时受到了充分肯定。时人王达三（1947）在评价《中国农村社会经济学》一书时曾写道：“著者不仅是我国有数的农村经济学家，而且是位农村社会运动的领导与工作者。现行以农会为农村组织的农业推广制度建立，即赖著者之发动与经营甚大。”

不过，由于客观上缺少相应的社会环境和制度条件，直到乔启明的研究历程终结，他所孜孜以求的“良善的农民组织”依然稀少。他曾经开列的诸多组织和改进农会的建议，要到50年代以后的台湾才见实施。

五　乔启明的学术贡献及其当下意义

在二十多年的学术生涯中，乔启明总计留下了100多种、200多万字的研究著述。这些研究涵盖乡村人口问题、土地问题和租佃关系、乡村社区和组织、农民生活，以及乡村建设和农业推广等多个领域，其中的大多数篇章都以广泛而深入的实地调查资料为基础，从而有别于中国传统“读书人”的坐而论道，显示了“用脚做学问”的实证研究特征。虽然实证研究在民国时代深受西方社会科学影响的社会学家当中较为普遍，但乔启明（以及他所在的学术共同体）在这方面无疑更加突出，甚至可以说是开风气之先。

就其具体的研究内容来看，他在本文重点介绍的四个领域都属于中国启动最早、贡献突出、特征也非常鲜明的一人。这种贡献和特征包括其体系的完整性、内容的丰富性和系统性、由多层次性和区域差异构成的立体图景和复杂性，以及分析论证的严谨和深入，当然也包括持论之“中庸”，也即作为“技术学派”的一员所具有的改良主义倾向。从这个意义上说，他不仅是中国农村社会学的开创者和代表性人物，也是范围更广的中国农村研究的开创者和代表性人物。这也就意味着，当我们要发掘和借鉴民国时代的相关学术遗产时，乔启明的研究是不可或缺、不容回避的。

当然，回顾乔启明的中国农村研究，从其时显质朴，但的确宝贵而丰富的学术遗产中，能够吸取的不只是一般意义的认识价值。综合上述简略介绍，就浅见而言，他至少在如下三个方面给我们留下了较为深广的想象的空间和反思的空间。

第一，他的总体上甚为广博的研究，会大大拓展我们的视野，使我们对民国时期的乡村社会及其诸多问题有着更切实的了解与理解，从而扭转较为单一、静止、平面化的农村史观。

第二，他对乡村组织特别是“农会”问题的有关论述，使我们在面对目前因多重因素导致的乡村“治理危机”和因农民的“善分不善合”而加剧的诸多困境，探讨如何重建乡村政治、促进农民的合作问题时，能够确立更清晰的历史维度。

第三，他对乡村社会或“社区”的内在实质——共同的生活、事业和利益，以及“适当圆满的合作单位”的把握，会使我们醒悟：重建以来的中国社会学对于“社会”和“社区”的理解原来是那么空泛、抽象、缺少灵魂。而当我们更实在地领悟了“社区”的意义和价值，便会对今天处于解体过程的农村社区，以及陌生化、沙漠化的城市“社区”所存在的问题有着更透彻的理解，对“新农村建设”“社区建设”的实践方式及其已经或将要导致的问题保持足够的警觉，进而看到应有的努力方向。

参考文献

卜凯，1991，《金陵大学农业经济系之发展（1920～1946）》，卢良俊译，金陵大学农经系在宁校友联谊会编《金陵大学农学院农业经济系建系70周年纪念册》。

卜凯、乔启明，1928，《佃农纳租评议》，金陵大学农林丛刊第46号。

费孝通，1948/1999，《二十年来之中国社区研究》，《费孝通文集》第五卷，群言出版社。

——，1948/1985，《乡土中国》，三联书店。

韩明谟，1997，《中国社会学调查研究方法和方法论发展的三个里程碑》，《北京大学学报》第4期。

何炳棣，2000，《明初以降人口及其相关问题1368～1953》，葛剑雄译，三联书店。

胡炼刚，2011，《杨开道对社会建设的探索——从现代农村社区到现代农业国家》，未刊稿。

侯建新，2000，《二十世纪二三十年代中国农村经济调查与研究评述》，《史学月刊》第4期。

莲见音彦编，2007，《讲座社会学3村落と地域》，东京大学出版会。

李培林、渠敬东，2009，《20世纪上半叶中国社会学学术史》，载李培林、渠敬东、杨雅彬主编《中国社会学经典导读》（上册），社会科学文献出版社。

刘海伦，2007，《乔启明事略》，九三学社山西省委员会网站（2007年10月13日，http://www.sx93.gov.cn/Article/ShowInfo.asp? ID=145）。

卢晖临，2005，《社区研究：源起、问题与新生》，《开放时代》第4期。

罗俊，1991，《乔启明老师的一段经历》，金陵大学农经系在宁校友联谊会编《金陵大学农学院农业经济系建系70周年纪念册》。

乔启明，1926a，《江苏昆山南通安徽宿县农佃制度之比较以及改良农佃问题之建议》，金陵大学农林丛刊第30号。

——，1926b，《乡村社会区划的方法》，《农林新报》总第70~71期。

——，1928，《中国乡村人口问题之研究》，《东方杂志》第25卷第21号。

——，1929，《农佃问题纲领》，《农林新报》总第162~163期。

——，1930a，《山西人口问题的分析研究》，《社会学刊》第2卷第2期。

——，1930b，《租佃问题》，《农业周报》第47号。

——，1932a，《山西清源县一百四十三农家人口调查之研究》，中国社会学社编《中国人口问题》，世界书局。

——，1932b，《乡村服务者应认识自己所在的乡村社会》，《农林新报》第9卷第13~15期。

——，1933，《中国乡村经济组织及社会组织之概况》，《新农村》第5期。

——，1934a，《近六十年来中国农村人口增减之趋势》，《新农村》第13~14期。

——，1934b，《江宁县淳化镇乡村社会之研究》，金陵大学农学院。

——，1935，《中国农村人口之结构及其消长》，《东方杂志》第32卷第1号。

——，1937a，《中国今日应采之人口政策之商榷》，《现实生活》第1卷第1期。

——，1937b，《中国乡村建设问题的过去与将来》，《现代读物》一周年特大号。

——，1939a，《现阶段农会之认识与推行》，《新经济》第1卷第12期。

——，1939b，《农会与农业推广》，《农业推广通讯》第1卷第4期。

——，1944，《中国农村社会之文化基础》，《农业推广通讯》第6卷第9期。

——，1947a，《中国农村社会经济学》，（上海）商务印书馆/上海书店影印本。

——，1947b，《农业推广与农村组织》，《农业通讯》第1卷第7期。

乔启明、蒋杰主编，1942，《抗战以来各省地权变动概况》，农产促进委员会研究专刊第2号。

乔启明、姚颙，1934，《安徽宿县原有乡村组织之概况》，《实业统计》第2卷第5期。

乔启明、应廉耕，1937a，《豫鄂皖赣四省土地投资之报酬》，《农林新报》第14卷第13期。

——，1937b，《豫鄂皖赣四省之田租高度测验》，《农林新报》第14卷第7期。

——，1937c，《豫鄂皖赣四省十四地区之土地制度》，《农林新报》第14卷第19期。

森岡清美，1956，《アメリカ農村社会学におけるルーラル・コンミュニティ論の展開》，村落社会研究会编《村落共同体の構造分析》，（东京）時潮社。

盛邦跃，2008，《卜凯视野中的中国近代农业》，社会科学文献出版社。

施坚雅（G. William Skinner），1998，《中国农村的市场和社会结构》，史建云、徐秀丽译，中国社会科学出版社。

孙本文，1948，《当代中国社会学》，（上海）胜利出版公司。

孙叔璠，1991，《乔映东（启明）教授晚年的生活片段》，金陵大学农经系在宁校友联谊会编《金陵大学农学院农业经济系建系70周年纪念册》。

陶诚，1990，《30年代前后的中国农村调查》，《中国社会经济史研究》第3期。

王达三，1947，《书评　中国农村社会经济学》，《农业通讯》第1卷第1期。

吴文藻，1935，《西方社区研究的近今趋势》，《社会研究》第81期。

行龙、常利兵，2007，《中国社会学的一份珍贵遗产——乔启明及其农村社会学思想初探》，社会学视野网（http://www.sociologyol.org/yanjiubankuai/xuejierenwu/qiaoqiming/2007－03－26/930.html）。

阎明，2010，《中国社会学史：一门学科与一个时代》，清华大学出版社。

杨开道，1930，《农村社会学在中国大学的讲授》，《中国基督教教育季刊》第6卷第2期。

杨懋春，2001，《一个中国村庄：山东台头》，江苏人民出版社。

殷晓岚，2002，《卜凯与中国近代农业经济学的发展》，《南京农业大学学报》（社科版）第2期。

郑大华，2000，《民国乡村建设运动》，社会科学文献出版社。

朱安新，2010，《被遗忘的社区概念的维度——费孝通的社区研究》，《社会理论论丛》第5辑。

朱甸余，1991，《怀念我的老师乔启明先生》，金陵大学农经系在宁校友联谊会编《金陵大学农学院农业经济系建系70周年纪念册》。

——，1996，《乔启明》，《中国科学技术专家传略　农学编·综合卷Ⅰ》，中国农业科技出版社。

——，2005，《著名的农村社会学家乔启明》，光明网（http://www.gmw.cn/conet/2005－11/09/content_326586.htm）。

朱甸余、乔玉润、刘子钦，1999，《乔启明先生事略》，《山西文史资料》全编第4卷，《山西文史资料》编辑部。

第一编

乡村人口问题研究

中国乡村人口问题之研究*

一 叙言

人口问题，引起了世界上不少国家的注意。据马尔萨斯《人口论》上说：一个国家里的人口，若无战争病疫荒灾夭折的妨碍，二十五年，人口必增加一倍。人口的增加，是按着几何级数的（如1，2，4，8，16，32，…），食物的增加，是按着数学级数的（如1，2，3，4，…），几何级数增加快，数学级数增加慢，所以人口问题，若不想个相当节制的办法，一定要弄到民困国穷的地步。韩非子说："古者人民少而财有余，故民不争，是以厚赏不行，重罚不用，而民自治。今人有五子不为多，子又有五子，大父未死而二十五孙，是以人民众而货财寡，事力劳而供养薄，故民争，虽倍赏累罚而不免于乱。"这样看来，中国在战国的时候，已感觉着人口问题的重要，知道人口过多，是能引起国家的内乱的。若以全世界而论，人口增加问题，不但能影响自己的国家，还要引起世界的恐慌。德国与英国，在欧洲要算人口较多的国家，国内已无相当的面积扩充，所以她们就要想到国外去扩充殖民地，使国内一般人民，可以减轻生活上困难的压迫。因为有了这种大原因，结果就酿成了空前的欧洲大战争，断送了1000万青年的头颅，如德国战死了158万人，俄国350万人，法国120万人，英国658000人，其他的国家，死的还很多。若论到亚洲，现在也有一个同德国一样的国家，她的人口，近

* 原载《东方杂志》第25卷第21号，1928。

年增加甚速，同时也想到海外发展。这种问题，若处理不善，实足引起将来的东亚战争，因此世界上每一个国家，对于本国的人口增加问题，不可不早为筹策预防，以便减除马尔萨斯所谓各种不幸的妨碍及抑制。因为人口增加过多，能使一个国家文化不能发达，人民生活程度降低，这是不可免的趋势。

美国素有地大物博的称号，但是近数十年，人口骤增，一时就引起政府的注意。同时实行一种新的国家政策，限制国外来的移民。这种限制有两个意义：第一，就是看见自己国内人口骤增，恐怕将来受人口过多的苦处；第二，就是看见国外来的人民，多系工人及农人，生活程度太低，生育又繁，且艰苦耐劳，最易引起本国工人和农人的失业，及降低一般工人的生活程度。

我们中国现在究竟有多少人口，每年生产与死亡率各若干，以及人口增加之速率如何，这真是全世界各国人人所欲知的问题。但是我国迄今尚未实行人口调查，要明了人口问题与社会的关系极难。就日常观察而论，国内每年总要发生几处灾荒，不是兵燹匪患，就是水旱偏灾。灾民一无积蓄，大祸一来，只得流离失所，哪里能够谈到衣食饱暖的事情？论到教育，更是人人所知道的。现今目不识丁的人，却要占全国人口80%以上。谈到疾病，时疫到处流行，卫生无暇顾及，每年人民死于不当死的年龄的，又不知凡几。以上种种，都不能不说是人口太多的原故。但是当时国内有一班学者，多信中国近年的人口，不但没有增加，甚且还有减少。同时还主张中国人口应鼓励增加。这种原因，都是因为国家没有人口统计的原故。据陈长蘅先生在《东方杂志》所发表《中国近百八十余年来人口增加之徐速及今后之调剂方法》一文中，计算各时期人口增加之徐速：（一）由道光二十九年至民国十二年（即西历1849～1923年）74年之间，依其人口之增加率观之，须经859年，方可增加1倍。（二）由嘉庆五年至民国十二年（西历1800～1923年）123年之间，依其增加率观之，须经216年，人口方可增加1倍。（三）由乾隆六年至民国十二年（西历1741～1923年）182年之间，若依其增加率以为推算，则仅须123年，人口即可增加1倍。由此可以证明中国人口，向来是增加的。还有一点，在这182年的中间，好像计算之时间愈短，则依其增加率推算之人口加倍时间愈长。计算之时间愈长，则人口加倍时间愈短。其中原因，盖因短时间内，人口不免受特别的抑制和妨碍。在长时间内，人口增加的速率，近乎适中的标准，同时我们可以说：从前的统计，并不十分真确，若谓近三四十年来，人口并未增加，则事实俱在，殊难使人相信。惟人口研究，并不完全在求一个增加率，其余如死亡，年龄，婚嫁等，也应当都有一点的研究才好。

二 调查之目的及其范围

本篇的调查，其重要的目的，是在研究我国人口增加之徐速，以及他种相关之重要问题。但是这个问题太大，并且又是一个国家行政的问题。我们虽有一个小规模的研究，也是不能代表全国。所以我们就不得不选出一个标准的年度，又不得不寻出几个可以代表一般的地方，用调查农家以往一年的事实，作为一个研究人口的初步。虽不能代表全国，当略可知其一部。抛砖引玉，因此而能引起政府及国人之重视研究人口问题，这真是著者所盼望的。

调查手续，系先制定表格，表格分甲乙两种，乙种较甲种完备。不但对于生产数目已有记载，即年龄、性别、生产、死亡、嫁娶、迁移，及同居亲属之关系，亦皆一一包括在内。调查人皆用当地人，因为易于着手，例如河南调查，皆系当地中学的学生，又有亲戚朋友的互相介绍，误会全释，结果非常圆满，事实纯然可靠。山西调查，乃系著者本人自己着手，又是本乡，自信农人毫无猜忌心，回答无一不是真话。至于其他的地方，各调查员都深信错误甚少，十分满意。因为农家已经了解这是一种学校的研究性质，并无不利于自身，故都能诚恳见告。

本篇材料，系在1924与1925年两年内调查，期限为一年。范围包括安徽、河南、江苏、山西四省，地点选定11处，调查农家共4216家，总计人口22169人。平均每家人口为5.26人，其中15~44岁已成婚之妇人，为3287人，至于每处的详细情形，可参看第一表。

三 同居家属之关系

同居家属之关系，皆以与家长之称呼作标准。在此11处的调查中，已有8处得到完满的结果。这8处的农家户数，共有2927家。按他的同居代数分起来，共有6代。家长长辈的有两代，晚辈的有三代。若按每家有着特殊亲属的百分率计算之，有母亲的占26%，有父亲的占4%，有兄弟的

第一表 每处调查农家户口数目及自15~44岁之成婚女子数

省别	地点	农家户数	农家人口数	家庭平均人口	15~44岁已婚之妇人数
安徽	滁州	199	1002	5.04	213
	宿县（甲）	432	2737	6.33	
	宿县（乙）	400	2029	5.07	435
河南	郑县	229	1227	5.79	304
	睢县	374	2170	5.80	510
	永城	297	1590	5.35	356
	永城（附安徽亳县）	173	828	4.77	161
江苏	江宁迈高桥	199	1286	6.46	245
	江宁淳化镇	409	1886	4.61	
	江宁神策门	448	2198	4.91	
山西	猗氏	1056	5118	4.85	1063
总　数		4216	22169		3287
平　均				5.26	

占17%，有兄弟媳的占11%，有侄子的占8%，有侄女的占5%，已婚子占31%，未婚子占45%，女占37%，儿婚占28%，孙占16%，孙女占12%，惟姊妹仅占3%，其他亲属，如祖父母以至于曾孙，共不及3%。未婚妻占1.6%，男家长当中为鳏夫的多寡，最易证明，因家长之有妻者，仅占全体78%也，读者若愿得其详，请参看第二表。

第二表 我国8处2927农家同居亲属之关系

家长同居家属之世代	各种家属人口之总数	农家有此家属所占百分率	15~44岁已婚妇女之数目	家属平均之年龄
家长之世代				
家长自己	2857	97.6		43.8
妻	2331	78.4	1603	39.1
兄弟	662	16.7		29.7
姊妹	106	2.9	4	13.1
嫂弟妇	406	11.1	359	21.6
姊妹丈	2	0.1		24.0

续表

家长同居家属之世代	各种家属人口之总数	农家有此家属所占百分率	15～44岁已婚妇女之数目	家属平均之年龄
堂兄弟	2	0.1		11.5
家长童养媳	2	0.1		13.5
兄弟童养媳	9	0.3		11.4
家长前一世代				
母	751	25.6	96	58.9
舅母	1			68.0
父	116	4.0		59.6
伯父	13	0.4		52.2
婶母	25	0.8	3	58.6
姑母	3	0.1		45.7
家长前二世代				
祖母	26	1.2		69.3
外祖母	1			49.0
祖父	3	0.1		63.3
家长后一世代				
已婚子	1100	31.0		28.4
未婚子	2167	44.7		11.3
女	1478	37.4	4	8.6
子媳	1098	28.4	1055	26.1
女婿	3	0.1		26.0
侄	367	7.9		12.8
外甥	5	0.1		15.2
姨侄	1			17.0
侄女	204	4.8	1	6.7
侄媳	73	2.0	72	22.8
外甥女	3	0.1		9.3
童养媳（子）	30	1.0		12.0
童养侄媳	7	0.2		11.4
家长后二世代				
孙	825	16.2		8.2
外孙	2	0.1		8.5

续表

家长同居家属之世代	各种家属人口之总数	农家有此家属所占百分率	15～44 岁已婚妇女之数目	家属平均之年龄
孙女	515	11.8		6.1
孙媳	90	2.4	90	20.9
侄孙	33	0.9		6.2
侄孙女	16	0.4		8.3
童养孙媳	5	0.1		10.2
童养侄孙媳	1			6.0
家长后三世代				
曾孙	35	0.9		2.9
曾孙女	17	0.5		2.2

由上表比较，在男家长上一代内，他的亲属，要算母亲是顶多了。其中的原因有二个：一因我国为大家庭制，儿子虽已成婚，仍与其父母亲同居，故母亲多，是大家庭的一种特殊表现。第二若父亲早死，那儿子即为家长，但是母亲仍然是母亲，故母亲多。其次再看男家长晚一辈的百分数，儿子又算是顶高的了。这个原因，亦因我国的习惯，儿子成了婚以后，仍与其父母同居。至于女儿则大不相同，出嫁以后，即不算为家人，故儿子占全农家之百分率，与女子之百分率，大相悬殊，这就是大家庭制度所生的结果。

大家庭制度，与中国人口问题大有关系。因为大家庭的团结，始自祭祖，祭祖目的，首在重孝。孟子曰："不孝有三，无后为大。"人若没有子孙，即不能承继先志，所以大家庭制度，常有鼓励多生子的倾向。因此早婚、纳妾、重男轻女等等，多见于大家庭制度的下边，古人的出妻条件凡七，其中的第一条件，就是妻不生子，可以出妻，现今纳妾者，且多以不生子为借口。因此家庭女子，视多生子为荣乐，而不为苦痛。因为女子若不生子，在家庭则失其尊严，同时又为他人所轻视。因此旧家庭的女子，皆鼓励多生，而不注重教养。至于提倡早婚，这又是不可讳言的一件事。父业还未成就，儿女迄已成行，故中国家庭，每每发现生产者少而消费者多的弊病。我想大家可以公认吧。

四 人口增加之徐速

要知道任何地方人口增加的徐速，就不能不先想到与人口增加最有关系的因子，究是什么？就普通论，好像有两件问题是顶要紧的，并且是测验人口增加或减少不可脱离的确实根据。这两件问题，就是人口生产率（Birth rate）和人口死亡率（Death rate）。因为我们若知道这两个数目的相差，那就能知道人口的自然增加率或减少率了。但是单就人口生产率和死亡率的差数研究，还是不足以表征一处的人口动态的完全内容。谈到这里什么是生殖指数（Vital index），婴儿死亡率（Infant mortality），男女婚嫁率（Marriage rate），已婚女子产儿率（Fecundity），以及死产率（Still birth）等等，我们都得顾到，因为这些问题，确系测验一处人口增减的重要分子。要知道以上数目的来源，我们就不得不按统计的方法，将调查出来的各处人口生产死亡数，死产数，婴儿死亡数，以及男女婚嫁数，用数字表示出来，根据这个数目，我们才可以求出许多的事实，欲知详细，请参看下列第三第四两表。

第三表 我国11处之4216农家一年内（民国十三年至十四年）之生产死产死亡婚嫁数

地点		生产数（死产除外）	死产数	死亡数	婴儿死亡数	婚嫁数
安徽	滁州	33		12	2	6
	宿县（甲）	152	6	91		
	宿县（乙）	143	23	121	39	84
河南	郑县	27	3	26	5	30
	睢县	77		42	17	46
	永城	87	9	57	16	40
	永城（附安徽亳县）	44	1	54	16	18
江苏	江宁迈高桥	47		8	6	
	江宁淳化镇	81	5	32		
	江宁神策门	113	4	73		
山西	猗氏	131	9	102	20	80
总计		935	60	618	121	304

第四表　我国11处之4216农家一年内（民国十三年至十四年）之生产死亡自然增加率以及生殖指数

<table>
<tr><th colspan="2">类别
地点</th><th>生产率（千人中）</th><th>死产数（千人中）</th><th>自然增加率（千人中）</th><th>每年自然增加率</th><th>生殖指数</th></tr>
<tr><td rowspan="3">安徽</td><td>滁州</td><td>32.9</td><td>12.0</td><td>20.9</td><td>2.19</td><td>275</td></tr>
<tr><td>宿县（甲）</td><td>55.5</td><td>33.3</td><td>22.2</td><td>2.22</td><td>167</td></tr>
<tr><td>宿县（乙）</td><td>70.5</td><td>59.6</td><td>10.9</td><td>1.09</td><td>118.2</td></tr>
<tr><td rowspan="4">河南</td><td>郑县</td><td>20.3</td><td>19.6</td><td>0.8</td><td>0.08</td><td>103.8</td></tr>
<tr><td>睢县</td><td>35.5</td><td>19.4</td><td>16.1</td><td>1.61</td><td>183.3</td></tr>
<tr><td>永城</td><td>54.7</td><td>37.0</td><td>17.6</td><td>1.76</td><td>152.6</td></tr>
<tr><td>永城（附安徽亳县）</td><td>53.3</td><td>65.4</td><td>12.1</td><td>1.21</td><td>81.5</td></tr>
<tr><td rowspan="3">江苏</td><td>江宁迈高桥</td><td>36.5</td><td>6.2</td><td>30.4</td><td>3.05</td><td>587.5</td></tr>
<tr><td>江宁淳化镇</td><td>43.0</td><td>17.0</td><td>26.0</td><td>2.60</td><td>253.1</td></tr>
<tr><td>江宁神策门</td><td>51.4</td><td>33.2</td><td>18.2</td><td>1.82</td><td>154.8</td></tr>
<tr><td>山西</td><td>猗氏</td><td>25.6</td><td>19.9</td><td>5.7</td><td>5.7</td><td>128.4</td></tr>
<tr><td colspan="2">平　均</td><td>42.2</td><td>27.9</td><td>14.3</td><td>1.43</td><td>151.3</td></tr>
</table>

（一）生产死亡率

据第四表详细研究，知每千人中之生产率，最低为20.3，最高为70.5，各处的总平均，每千人中为42.2，这种生产率之高，几乎与生产率最高之苏维埃在1923年统计中之42.5相等。其他世界各国，也有发现最高生产率的几个国家，如埃及为41.6，保加利亚为40.3，智利49.7，及日本34.7。至于最低生产率的国家，如瑞士为19.7，法国20.2，瑞典为20.3。这样比较，如果中国人不是男子数目超过女子，恐怕他的生产率还更要大。至于论到我国每千人中之死亡率，最低为6.2，最高为65.4，各处之总平均为27.9。其他各国死亡率之最低者，如新西兰为9.1，南美洲10.4，澳洲亦为10.4。至于苏维埃则为22.7，但以我国与之相比，我国还比她高。这是我国人口极不健全的一个最明白的证据。

对于上面所指各处生产与死亡率高低的差别，研究者不必过于深切的考虑。因为每一处所代表之人口，皆为较少数。但因地方的情形不同，也足引起高低悬殊的一大原因。总之，吾人若用各处生产与死亡率之平均数，自觉较为更有价值，因为平均率是由多数的人口，和高低不同的情形，所得到适中的数目。

（二）自然增加率

以上所说的平均生产率与死亡率，吾人既然知道，那末，这个平均的自然增加率，也就容易知道了。因为两数相差，就是一处人口的自然增加率。按照本篇调查，我国的人口自然增加率，每千人中，是增加 14.3 人，若按百分计算法，即每年的人口自然增加率，是 1.43%。倘照上面所说的增加率计算，每过 70 年，我们所调查地方的人口，就能增加一倍了。除了我国以外，还有 5 个国家，她们的自然增加率比我们还高。就是保加利亚为 19.6，南美洲为 17.1，荷兰为 15.2，埃及为 15.0，及加拿大为 14.4。最低者莫如法国，每千人中仅为 2.6 人，余若澳洲之 4.0，格林兰之 5.1，与比利时之 6.5，尚其次焉者也。就普通而论，我们知道关于人口增减之原因有四：即生产，死亡，移出，移入是也。前二者系普通原因，后二者是特别原因，我国人口问题多偏于前者，对于后者颇不重要，故今单论前者。按照前两问题，亦可分为四项，讨论如下：第一，生产率大，死亡率小，故人口之增加大；第二，生产率大，死亡率亦大，故人口之增加小；第三，生产率小，死亡率亦小，故人口之减少小；第四，生产率小，死亡率大，故人口之减少大。第一第二两项，其结果皆为人口增加，然一利一害，显然不同；第三第四两项，同为人口减少，然第三尚可维持，第四则渐将灭种。兹就本篇调查所得之真相，而衡以上说，则生产死亡率均高，与第二项近似。群学家斯宾塞尔（H. Spenser）说："生物愈低少，生育愈多；愈高等，生育愈少。是故人类之生育，远少于下等动物之生育；文明人之生育，复少于野蛮人之生育。"这样看来，生产率愈高的国家，就是人民生活程度愈低的国家，也就是经济力薄弱、没有文化的国家。因此高死亡率，多见于高生产率的社会。我们中国，不幸就有这种现象发生，这是对于人民的精神上，国家的财力上，文化上，真受莫大的打击的。

（三）生殖指数

用着生产率和死亡率，去测验人口的自然增加，不过仅仅能知道一个生产数，是否能超过死亡数，或竟超过多少，对于当时人口生理的健康，无从证明。历年西洋多数人口学家，要想一个很好的方法，能够透彻明了这个问题。例如德国之生德博（Sundbarg），他是仅仅用死亡率来测验文化。其他如卜朗（Brorm），温乃克（Wernike），在 18 世纪末年，二人前后用死亡比

(B/D) 来研究欧洲人口问题，结果均未收什么成效。到了 1920 年，薄莱尔(Raymond，Pearl) 根据生产死亡比，发明了一个新名词，叫做生殖指数(Vital index)，他的公式是 100B/D，用着这个公式，就可以测验当时人口之生理健康程度，间接与国家文化也有相当的关系。据薄莱尔说：如果依照这个公式所得出来的比例数超过 100，那就是表明这个地方是人口增长和健康的。反是，那就是代表人口生理上不健康的现象。

按照上边所举的公式而推算之，我国各自人口调查平均的生殖指数是 151，好像是说得过去，因为 151 是超过 100 的。可是还有别的国家，比我们更要高些，例如南美洲是 264，新西兰是 253，澳洲是 237，荷兰是 233，加拿大是 232，等等都是。至于比我国较低的国家也有，例如法国为 115，格林兰亦为 115，奥国、锡兰、智利皆为 122，等皆是。其他国家的生殖指数，还有与我国高低相差不过百分之五六的，如比利时、埃及、日本，及瑞士等国皆是。下列第五表，即系表明各国之生殖指数的。

第五表 各国人口之生产死亡率自然增加率以及生殖指数比较表

类别国名	年度	生产率	死亡率	自然增加率	生殖指数
澳大利亚	1919～1924	24.6	10.4	14.2	237
奥国	1919～1923	21.9	17.9	4.0	122
比利时	1919～1924	20.5	14.0	6.5	146
保加利亚	1920～1921	40.3	21.7	18.6	186
加拿大	1920～1924	25.3	10.9	14.4	232
锡兰	1919～1923	38.6	31.6	7.0	122
中国	1924～1925	42.2	27.9	14.3	151
智利	1919～1924	39.7	32.6	7.1	122
丹麦	1919～1924	22.9	11.8	11.1	186
英国及威尔士	1919～1924	21.0	12.5	8.5	168
埃及	1919～1923	41.6	26.6	15.0	156
法国	1920～1924	20.0	17.4	1.6	115
德国	1919～1924	23.5	14.8	8.7	159
格林兰	1919～1922	38.7	33.6	5.1	115
荷兰	1919～1924	26.6	11.4	15.2	233
匈牙利	1919～1924	29.9	20.9	9.0	143
意大利	1919～1922	27.3	17.0	10.3	161
日本	1919～1922	34.7	23.6	11.1	147

续表

类别国名	年度	生产率	死亡率	自然增加率	生殖指数
新西兰	1919～1924	23.0	9.1	13.9	253
挪威	1919～1924	23.7	12.2	11.5	194
菲律宾	1921～1923	32.8	19.0	13.8	173
罗马尼亚	1919～1924	32.9	22.9	10.0	143
苏格兰	1919～1924	23.9	14.4	9.5	166
南非洲	1919～1924	27.5	10.4	17.1	264
西班牙	1919～1923	29.8	21.8	8.0	136
瑞典	1919～1924	20.3	12.8	7.5	158
瑞士	1919～1923	19.9	13.2	6.7	151
美国	1919～1923	23.8	12.7	11.1	180
乌拉圭	1919～1923	26.6	12.2	14.4	218

附注：本表除生殖指数与中国事实外皆系录自《大英百科全书》（*Encyclopedia Britannica*）。

（四）婴儿死亡率

现在已经把生产死亡率，及生殖指数等等谈过了。可是对于婴儿死亡率，已婚女子生产率，及男女婚嫁率，还没有谈到。现在我要根据调查来谈一下。本调查的结果，婴儿每千人中，死亡率是129，但是他又占全数死亡人数之19.6%。所以中国在世界上，也算得上一个婴儿高死亡率的国家。其他国家，虽最高还有俄国，在1909年竟为249，智利为266，日本在1924年亦为156。然而其余诸国，如新西兰（1925）为40，挪威（1923）为49，澳洲（1925）为53，瑞典（1923）为55，美国（1925）为72.1，英国及威尔士（1925）为75。其最高率亦仅及中国之半。这样看来，我国有了较高的婴儿死亡率，也就是阻止人口增加的一个大原因；也是人民文化太低的表示；尤其是中国女子的特病，只求多生，不求善养，由进化论观之，是与下等动物同轨。克东曰："大数死亡，是与大数生产并进。"又勾易雅曰："小儿最多的地方，就是人口死亡最多的地方。"因此我们知道人口动态的平行法则，也就是死亡率生产率的平行法则。

（五）男女婚嫁率

本调查的平均结果，是每千人中有13.7人结婚，拿这个数目与国际联盟会1927年5月出版之世界各国近二十五年来人口变动报告相比较，没有一个国家比我们的婚嫁率来得高的。虽然，俄国在 1923 年的结婚数目是最高的，但千人中亦仅有 13.0 人，尚较我国少 0.7。其他各国婚嫁率，高的如美国（1924）为 10.1，罗马尼亚（1923）为 9.9，及比利时（1925）为 9.6；低的如萨尔伐杜（Solvador）（1920）为 2.6，爱尔兰（1925）为 4.4，瑞典（1925）为 6.2，及挪威（1925）为 5.9。反复相较，足见我国家庭早婚之风甚炽，故其婚嫁率亦最高。但是我们要知道，婚嫁率越高的国家，就是生产率较高的国家，也就是文化较低，生活较简单的国家。所以我国人民，多无远大的志向，只求家庭的苟安，什么经济竞争，自身独立，都是完全讲不到的。依赖的生活，却系中国人的根性。

（六）已婚女子生产率

高婚嫁率，固可证明与高生产率有关，但亦须注意已婚女子在年龄15～44 岁间之生产率。若已婚女子生产率大，有高婚嫁率的国家，生产率更大。据本篇调查，我国每一千已婚之女子，年岁在 15～44 岁时，其中生产女子数是 285。与各国比较，这也是很高的。例如其他各国女子生产数之高者，保加利亚（1908～1911）为 280，爱尔兰（1908～1911）为 250，及荷兰（1905～1914）为 233，然皆不及我国之高。其他如法国（1910～1911）之 114，比利时（1908～1913）之 161，英国与威尔士（1906～1915）之 171，及瑞士（1906～1915）之 184，其相差更无论矣。至于我国女子的生产率，能比各国都高的理由，一定不是因为中国女子比各国女子强壮善产，不过因为我们有早婚的风俗，得到生产的机会甚早。尝见乡间女子，年未及笄，却已怀抱婴儿，踯躅于路，由此以往，至 40 余岁，尚可生育，其生育之期既长，其生产率自然增高了。

不仅如此，据潘光旦最近所著之《中国家庭问题》第 164 页，所引英产科专家滕更（Mathew Duncan）之说，谓就其接生之经验，深知各年龄期限不同之女子，其平均生产率，相差甚巨。大约自 15～19 岁，其平均产儿数为 9.12，20～24 岁，其平均生产数为 7.93，25～29 岁，其平均数为 6.30，30～34 岁，其平均数为 4.60，足证女子之年龄愈大，其生产率愈小，结婚年龄愈早，其生产率愈大。中国之女子，适为早婚；故其生产率，自然较迟婚者为多了。由这一点看来，早婚之风，却是我国人口问题的一大危机。婴儿因先天不足而夭折的，暂不必说。每年女子死于难产上的，却已是一大可惊人的事件。据山西民国十二年份人口死亡统计，由 15～44 岁死亡之女子，共有 21647 人。假设此女子数皆已成婚（因无统计，故假定），都是有生产的可能。看她因生产而致命的，每千人中到底有多少，按山西统计，本年女子死于生产的数目，有 4725 人，若按千分数计算，每生产的千人中，倒要有 218 人，死在生产上面，你说可怕不可怕？不过这个数目，一定还是太低，因为以上能生产的女子，未必皆已出嫁，亦未必个个都能生产。所以我说：若能得着自 15～44 岁年龄的女子，已经出嫁的确数，再知道这确数之中，这一年有多少可曾生产的；再问因为生产而死的，又有多少？然后再按千分数计算出来，这才格外真确，而且一定要比每千个产妇倒有 218 个死亡的数目，还要高的多。大家看看这种损失，又是多么大？

以上六项，都是对于人口的增加极有关系的。下列第六表，即指示普通一般情形，可与本文互相参证。

第六表　我国 4216 农家之婴儿死亡率死产率男女婚嫁率及妇女产儿率

地点		婴儿死亡率（千人中）	婴儿死亡与全死亡之百分比	婚嫁率（千人中）	15～44 岁已嫁妇人之产儿率（千人中）	生产与死产百分比
安徽	滁州	60.6	16.7	6.0	154.9	
	宿县（甲）					3.9
	宿县（乙）	272.7	32.2	41.4	328.7	16.1
河南	郑县	185.2	19.2	22.6	88.8	11.1
	睢县	220.8	40.5	21.2	151.0	
	永城	183.9	28.1	25.2	244.4	10.3
	永城（附安徽亳县）	363.6	29.6	21.8	273.3	2.3
江苏	江宁迈高桥	127.7	75.0		191.8	
	江宁淳化镇					6.2
	江宁神策门					3.5
山西	猗氏	152.7	19.6	15.6	123.2	6.9
平　均		129.4	19.6	13.7	284.5	6.4

五　人口年龄之分配

人口年龄的分配，在研究人口问题中颇觉重要。因为从年级分配，可以测验人民寿命的长短，可以比较男女数目是否均衡。

（一）寿命长短的问题

在人口问题中，对于人的寿命长短问题是应当特别的注意。人之寿命长者，这是社会的福，因为凡寿命长的人，在社会上的贡献较多。譬如一个社会，造就出来一个很能协助社会进步的人，他还没有实行他的计划，就死了。你想，这是不是国家的损失？欧西诸国，人口平均的寿命逐渐增加，由18世纪末期到了现在，英国男子平均寿命增加14岁，女子16岁。法国男子10岁，女子11岁。德国男子25岁，女子29岁。至于我国，只恐有减无增，普通人说，“今人不若古人寿命长”。但是没有确实的证据。据本调查人口年级分配的结果，倒可以代表一部分的事实。我们知道现在世界上是算瑞典人口的统计最好，她的人口年级的分配，也最算适当。因为他们的人口，没有受过任何意外的变动。在她标准年级分配中，1岁以下人口，占全人口2.55%，1～19岁为39.8，20～39岁为26.96，40～59岁为19.23，60岁以上为11.46。再看我们是多少呢？我们1岁以下的人口，占全人口3.03%，1～19岁为37.74，20～39岁为31.98，40～59岁为20.63，60岁以上为6.62。若用我国人口年级分配与瑞典比较，至少有两点事实，可以立刻使我们注意：第一是1岁以下的婴儿，比瑞典为多。这是表明每年生产的多，也还有早婚的关系。第二，是活到60岁以上的人，我们较为少数，这是表明我国人民，身体不能锻炼，或不讲求卫生的缘故。

（二）男女人口的均衡问题

男女人口数目近于均衡，这是表示国家人口健全的现象。可是按着各国的统计，凡多事的国家，其人口总是女多于男。但是我们中国，却是例外。这里边各有一番道理。在欧美的国家，大半由于国内工业发达，通商海外，所以有一部分的男子，都移到海外去了。再如国家征兵，调往他处，大战发生，忽遭死亡。这也是很重要的一个因子。至于我国女少于男，也有相当的两个解释。第一，我国重男轻女，女子的养育，多不如男子的优良，所以生存的机会，也较男子为少。此外不仅待遇上不如男子，减少生存，山僻之区，还有溺女的恶习，尚未革除。第二，女子在产儿年龄期内，比男子死亡较多，故女少于男，在我国的现在，确是一件彰明的事实。我们参看下边的曲线图，就可以明白了。

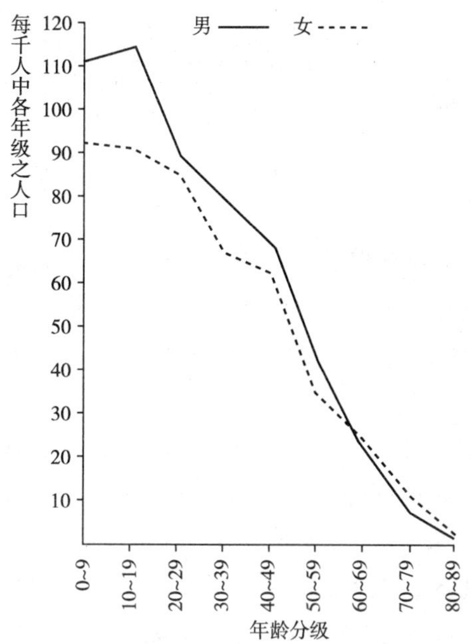

第一图　我国 8 处之 2927 农家男女各 10 人中每 10 岁所占之人数

（民国十二年—十四年）

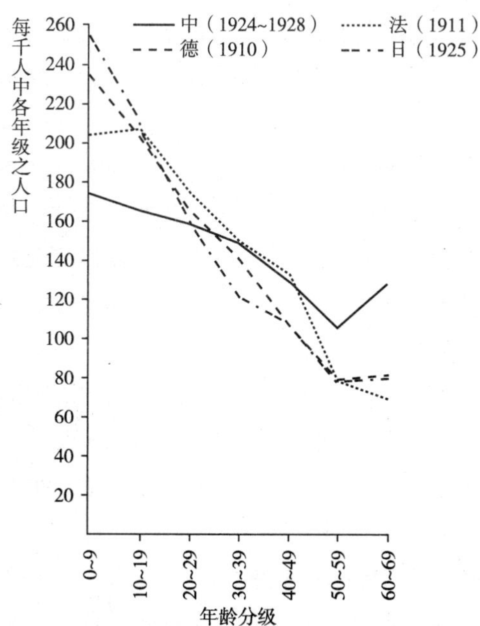

第二图　中法德日四国人口千人中每 10 岁所占之人数

在第一图里边，最令人首先重视的，就是在56岁以下的人，是男多于女，过了56岁以后，反而女多于男。男多于女的原因，已在上文说过，一因社会上有轻女溺女的习惯，二因生产期内的死亡。过了56岁以后，女多于男的原因，是因女子普通寿命较男子为长。这种情形，与世界各国相同。至对于轻女溺女的证明，就可由0~9岁看出。因为男数比女数每千人中要多19人。再看女子由20~49岁，曲线渐又减低，且不能做一个平滑无曲的表现。这个降低的原因，恐怕是因为女子生产而死的很多的缘故。在男子方面，由19~49岁亦同时降低。这个理由，大半是因为男子多出外经商、当兵、工场做工，及往他处务农的缘故。

再看第二图里边，这是拿中国和法、日、德三国男女人口总数，作各年级的千分数的比较，在此图中，习知日本人口在20岁以前的，较图中任何国家为高，其人数占全人口46.6%。高的理由，是因为高生产率与低婴儿死亡率所致。若看法国，则与日本适大相反。因为法国社会风俗，女子多避妊不生，故幼年人口甚少，只占全人口33.9%。至于德国，好像现在是个人口适中的国家。她的20岁以前的人口，占全人口43.7%。可是看看我们中国，在图上好像是20岁以前的人口，还不如德国多。实则比起人口百分率来，却也占45.0%，反比德国高些。这个理由，因为别的国家，20岁以前的人口虽多少不同，但是她们每岁人口的分配总是很匀的。所以每条线都是按斜坡势渐渐平滑的降下来。我国则不然，由0~19岁那条线，不但是不能成个斜坡形，渐渐的向下，反而成了一个水平线，无甚差殊，若拿百分数来比较，是应该比德国还要高些。这个道理，决不是同法国一般，因为近年女子的避妊所致，实在就是因为高生产率和高死亡率的结果。

关于幼年的死亡原因，我国缺少统计，尚不能作充分的研究。兹就山西民国十二年死亡疾病统计研究之。由0~19岁，死亡最多的为赤痢、痘疮、疹热、白喉、先天弱五种病候。若将各种病候之死亡者，按年龄等级分配之，则在0~19岁之中，死于赤痢者却占赤痢全数死亡中52%。死于痘疮者，占痘疮全数死亡中97%。死于疹热者，占全数51%。死于白喉者，占全数70%。死于先天过弱者，占全数100%。足见此五种疾病，死亡时期多在幼年。若问每种疾病之死亡数，占全死亡数之百分率如何？则赤痢约占6%，痘疮占7%，疹热占16%，白喉占5%，先天弱占7%。虽以上引证，仅系山西一省之统计，但死于痘疮、疹热，及先天弱者，各处大约相同，而且此种死亡，未必年年发现，若有一年发生则自0~19岁中之人口，即能起绝大变动。换言之，就能使这个图上的代表线，显出不规则的样子来了。

六 结论

总观以上所述各节，便知我国现在的人口问题，不在鼓励多生，确在设施教养。我们眼看吾国社会的重重罪恶，什么是兵燹、匪患，什么是疾病、死亡，这都是因为鼓励多生，不想到后来的教养的缘故。现在一般人，还是迷信多生主义的。每说我国人口，不如欧美国家近年增加的快。若要恐怕灭种，我们就不得不鼓励多生主义了。实在这种理论，只是肤浅之说，若细究内容，实觉根本错误。要知一国人口增加的速率，恒与其人口的密度成反比例。即人口密度愈小，增加率愈大；人口密度愈大，则增加率愈小。这个理由，就是一处人口密度愈大，则其供养愈薄，人口供养愈薄，则疾病死亡之机会愈多。今后若要免去人口问题发生的种种罪恶，我们不得不想一个治标及治本的方法，俾可以增进人民的福利，及安乐。兹为简明计，逐一详释于后。

（一）在治标的方法中，可以调剂人口问题的，有三件事情：第一就是移民问题。移民的方法，是将人口过密、田地过狭地方的人口，移到人口较疏、田地较广的地方，例如我国的东三省、内蒙古、新疆等处，还有许多可耕种的土地没有开垦。但是没有确实的统计。据日人的估计，满洲还有三千万英亩的荒地可耕，约合我国一万万八千万亩。若按每人平均 10 亩地计算，还可容人口 1800 万。可是现在向东三省移民的问题，虽然政府没有正式提倡，但是每年由直隶、山东等省移去的，可也不少。据 1928 年 4 月份《远东时报》里边所载一篇《去满洲谋生活》的论文中，估计本年到东三省去的人口，约从 200 万 ~400 万之多。这也是足见内地人口，已满到极点了。又据美国农部经济学家贝克尔氏（O. E. Baker）估计蒙古新疆两处，约有 1 万万英亩可耕的荒地，合我国 6 万万亩。这也是很好的移民的地方。若就全国统计，据贝克尔说：我国大约共有 5 万万英亩的荒地，可资开垦的。约合我国 30 万万亩。虽其所悬揣的数目，或者失之过多，但我国之尚有巨大的荒地，却已毫无疑义。倘能用机器尽力开垦，很可增加我国的食粮。

虽然，过多的人口，固由内部移到边疆，而内部却仍然与从前一样，根本上还是没有什么大的补助。所以第二就得提倡实业。因为实业发达，工厂自然增多。工厂一多，那大部分过剩的农民，就可以被工厂吸收而去。贝克尔所著《中国土地与食粮》论文中，也说到要想中国富强，须要提倡实业。

若实业兴，同时还要使工厂吸收人口的能力，超过人口增加的速率才好。若这种理论，能成事实，农人与工人的工价，就可提高。每人工作的效力，也可加大。这样才可以解决中国眼前的人口问题。

第三，就是增加生产，惟欲知对于增加生产的方法，不可不先知其现状。据农商部民国六、七两年统计，平均每农场不过耕地 24 亩，若按人数计算，每人仅只摊 3 亩 4 分，平均每年两熟，仅可产粮食 4 石，不过只可糊口饱腹，哪里说得到什么宽裕的生活？再按金陵大学农林科农业经济乡村社会系所调查 2370 农家之生活费用，6 口之家，每年家用费为 288 元。食一方面，却占 65%，合成银洋，就是 187 元 2 角。农场之小，收入之微，真达极点。无怪我国农人，贫苦特甚。所以现在改良的方法，莫如从改良农具，增加资本，兴水利以资灌溉，便交通以广运输，改良肥料，预防病虫害等等大处下手。因为农具改良，工作效率方可以增加；资本增加，种种改良方便于施设。果能如此，产量自可增加，费用亦可减少，每亩获利，自必较厚，农民的生活，自然宽裕，程度自然增高了。

（二）在治本方法中，作者认为可以调剂人口问题的，就是迟婚与节育。此外再没有什么较好的方法。我们知道马尔萨斯说：人口的增加，恒速于食物的增加，一速一徐，终久必须演成人口的需要，远过于食物的供给的一日。到了那个时候，就不得不受那饥馑、战争、贫寡、疾病的死亡。因此我们可以看到天然人口的限制，是最酷而不仁的一件事。何若我们未雨绸缪，防患于未然呢？讲到这里，我们要限制人口，莫若迟婚节育，常使人口增加与食物均衡。生产率既可减少，同时死亡率亦可减少。因为迟婚节育，是在少生育，但是注重卫生，志在不死亡。如此不但可以减少生母多少的痛苦，国家还可以添了不少健全的国民，此外对于国家政治、经济，皆有相当的补益，岂不是很好么？

但是提倡迟婚，是谁的责任呢？我想非政府举办不可。不然，这种不是轻而易举的事情，决不易见诸实效的。政府举办的方法，最好先制定婚律，规定男女最低的结婚年龄，结婚时须由官厅登记，领取证明书，若有隐藏情事，须重罪其家长。至于节育一层，较难实行，惟一的方法，可作一种教育上的宣传，使人人了解生育须看家境之有无，以及父母的教养能力的大小为断。不应该专记着“不孝有三，无后为大”的一句废话。现在国穷民苦，也不能说与这句旧话毫无关系。所以我想不论一国一家的人口，须要量入为出；生活宽裕之人，可酌量多养子女，生活困难之人，可酌量少养子女。如此则贫穷者，不至受生计的困难。同时政府更须实行人口统计，每年或数年报告一次，作为学者的研究。所得结果，宣布社会，警告大众，如此或可收效于万一也。

参考书

（一）中文

1.《中国人口论》，陈长蘅著。
2.《中国近百八十余年来人口增加之徐速及今后之调剂方法》，陈长蘅著，《东方杂志》第24卷第18号，民国十六年。
3.《人口问题》，吴应图著。
4.《中国家庭问题》，潘光旦著。
5.《一千万之战死者》，《东方杂志》第16卷第3号，民国八年。
6.《山西第六次人口统计》。

（二）英文

1. *League of Nations.*
2. Whipple, G. C., *Vital Statistics.* John Welley & Sons, 1923.
3. Raymond Pearl, *Introduction to Medical Biometry & Statistics.* W. B. Saunders Company, 1923.
4. J. Shirley Sweeney, *The National Increase of Mankind.* The Williams & Wilkins Company, 1926.
5. O. E. Baker, "Land and food in China", *The Far Eastern Review.* Vol. XXIX, No. 3 Narch, 1928.

附录

本附录内，共载有六种表格，前四种为本篇已经分析成功之实录。对于本文，亦有关系。后两种为本调查所用之空白表格，特录于此，以便参证。

附录甲

（一）我国8处之2927农家男女每岁人口（注一）分配之数目

年岁	0岁		10岁		20岁		30岁		40岁		50岁		60岁		70岁		80岁	
	男	女	男	女	男	女	男	女	男	女	男	女	男	女	男	女	男	女
0	271	195	159	118	136	127	88	84	77	94	63	56	46	30	14	12	7	3
1	127	100	196	160	132	142	146	132	142	122	51	48	44	44	19	29	2	6
2	271	169	165	128	129	142	75	80	103	108	75	43	39	36	13	14	2	6

续表

年岁	0岁		10岁		20岁		30岁		40岁		50岁		60岁		70岁		80岁	
	男	女	男	女	男	女	男	女	男	女	男	女	男	女	男	女	男	女
3	167	159	144	134	178	157	113	87	88	106	75	61	36	46	14	21	1	3
4	154	131	172	131	129	143	128	109	146	114	59	60	43	38	16	19	2	5
5	158	151	169	102	130	128	123	111	129	114	65	60	22	24	11	28		3
6	146	103	188	116	100	96	102	78	86	76	47	36	25	33	4	16		2
7	220	174	208	175	156	127	155	134	105	88	77	63	40	53	7	10		1
8	117	103	175	179	125	92	122	87	80	55	52	48	16	36	8	9		
9	148	131	182	156	151	149	169	134	103	74	62	67	18	37	9	5		
总数	1705	1416	1758	1399	1366	1303	1221	1036	1059	951	626	542	329	369	115	163	14	29

男子共数 = 8193　　　　女子共数 = 7208

（注一）以上年岁，按每人减少一岁计算，因中国计岁法与西洋不同，如此方可与其他各国比较也。

（二）我国8处之2927农家每岁人口所占之百分率

年岁	0岁	10岁	20岁	30岁	40岁	50岁	60岁	70岁	80岁
0	3.0	1.8	1.7	1.1	1.1	0.8	0.5	0.2	0.1
1	1.5	2.3	1.8	1.8	1.8	0.6	0.6	0.2	
2	2.5	1.9	1.8	1.0	1.4	0.8	0.5	0.2	
3	2.1	1.8	2.2	1.3	1.3	0.9	0.5	0.2	
4	1.8	2.0	1.8	1.5	1.7	0.8	0.5	0.2	
5	2.0	1.8	1.7	1.5	1.6	0.8	0.3	0.3	
6	1.6	2.0	1.3	1.2	1.0	0.5	0.4	0.1	
7	2.4	2.5	1.8	1.9	1.3	0.9	0.6	0.1	
8	1.4	2.3	1.4	1.4	0.9	0.6	0.3	0.1	
9	1.8	2.2	1.9	2.0	1.1	0.8	0.4	0.1	
每10岁之百分率	20.3	20.5	17.4	14.6	13.0	7.6	4.5	1.8	

（三）我国8处之2927农家与英国及威尔士人口（百万标准）每5岁中所占之百分率及其比较

地 点	年龄分级																	
	0～4	5～9	10～14	15～19	20～24	25～29	30～34	35～39	40～44	45～49	50～54	55～59	60～64	65～69	70～74	75～79	80～84	85～89
安徽																		
滁州	11.2	10.9	12.4	9.8	8.4	9.7	7.7	7.9	6.1	6.2	4.5	3.2	1.0	0.1	0.4	0.2	0.1	
宿县（甲）																		
宿县（乙）	14.2	10.6	9.4	7.5	7.5	9.7	6.9	7.0	8.1	6.0	4.2	3.5	2.4	1.2	0.7	0.7	0.4	
河南																		
郑县	7.3	6.3	10.5	14.7	11.1	7.4	7.1	9.0	6.8	5.5	4.1	3.3	3.2	1.9	1.1	0.5	0.2	
睢县	12.3	10.1	9.7	13.9	10.5	7.5	6.4	7.4	5.3	5.3	3.1	2.8	2.6	1.4	1.1	0.4	0.1	0.1
永城	7.6	8.2	7.9	11.5	7.0	10.8	5.9	12.1	6.5	6.4	2.9	6.2	2.8	3.5	0.3	0.3	0.1	
永城（安徽亳县附）	11.7	9.5	10.0	9.8	9.1	7.5	9.6	7.3	5.2	6.4	4.8	6.0	1.7	0.4	0.5	0.4	0.1	
江苏																		
江宁迈高桥	11.4	10.3	12.2	13.0	9.2	7.6	6.2	6.5	5.0	6.6	5.3	3.1	2.1	0.8	0.4	0.2	0.1	
江宁淳化镇																		
江宁神策门																		
山西																		
猗氏县	10.9	9.0	9.2	9.1	9.6	7.0	6.5	7.3	8.8	5.8	3.6	3.5	3.0	2.9	2.0	1.3	0.4	0.1
总平均	11.0	9.3	9.8	10.7	9.2	8.2	6.8	7.9	7.1	5.9	3.8	3.7	2.6	1.9	1.1	0.7	0.3	
英格兰及威尔士（百万标准）	11.4	10.7	10.3	10.0	9.6	16.1	12.3	8.9	6.0	3.3	1.4							

（四）我国8处之2927农家与英国及威尔士人口（百万标准）每5岁内之女子100与男子之比较

地 点	0～4	5～9	10～14	15～19	20～24	25～29	30～34	35～39	40～44	45～49	50～54	55～59	60～64	65～69	70～74	75～79	80～84	85～89
安徽																		
滁县	117	112	116	175	113	113	169	91	88	110	105	60	150		100			
宿县（甲）																		
宿县（乙）	136	97	131	116	84	105	107	103	104	135	123	106	127	140	180	180	100	
河南																		
郑县	155	91	144	142	121	115	104	102	98	121	100	100	96	47	50	100	100	
睢县	133	109	120	116	83	106	87	98	86	93	135	94	144	107	71	115	100	

续表

地点	0～4	5～9	10～14	15～19	20～24	25～29	30～34	35～39	40～44	45～49	50～54	55～59	60～64	65～69	70～74	75～79	80～84	85～89
永城	140	100	114	203	105	107	75	134	100	128	100	98	114	67	300	67		
永城（附安徽亳县）	102	127	200	103	131	103	117	127	91	93	144	118	75	200		50		
江苏																		
江宁迈高桥	110	179	145	133	111	115	98	124	71	110	117	128	65	111	50	50		
江宁淳化镇																		
山西																		
猗氏县	116	126	110	105	96	120	139	160	117	151	129	139	103	65	66	38	47	
总平均	124	113	125	121	99	112	112	123	102	124	121	111	107	69	80	57	58	
英格兰及威尔士（百万标准）	100	99	100	98	89	90	90	94	94	93	93	88	88	80	80	71	71	71
男子人口数与女子人口数之比 = 114																		

附录乙（一）人口生产死亡调查表（二）人口调查表（略）

山西清源县一百四十三农家人口调查之研究*

一　导言

一个国家没有实行详确的人口清查以前，我们要了解一个地方人口问题的真相，就不得不实行一种小规模的标本调查。但是这种调查，究竟一次要调查几多农家？几年的期限？这种问题，是不是在此调查统计极幼稚的中国能够答复的？美国人口统计学专家赛得斯屈克（E. Sydenstucker）去岁来到首都，在金陵大学讲演选择标本调查方法时，他曾说："任何国家的统计调查，在创始的时候，都没有一个完全满意的，却是从渐次的经验中，知道一种统计，必需若干标本，才可以代表。"诚哉斯言，所以作者此次试作此项调查，也就是作为第一次的试验，所以贸贸然就调查了作者的本省清源县西谷村 143 农家人口的一点材料，代表的程度，能否影响该处多大的范围，一时也不敢妄加武断，但是自信可以代表该村的事实，那是无疑义的。本来该村住户是 147 家，因为其中 4 家，调查的有不完全的地方，就被作者整理材料的时候，将他删去，以重确实。

调查的时期，是包括三年，从 1926 年起，至 1928 年止。现在已是 1931 年了，计算起来，距调查完竣的时候，整有二年多了，分析发表得太晚，也是作者甚为抱歉的。为什么要调查三年呢？这是调查者自己对于方法上的一点试验，因为我们是调查过去的事实，诚恐一年的材料，有不能代表标准

* 原载中国社会学社编《中国人口问题》，世界书局，1932。

年度的毛病，尤其是生产率与死亡率，易有变动，故用三年的材料，以作比较，较为翔实。但是此篇材料，因为时间的关系，有的是用 1928 那年作根据，因为那年的一切事实，无有多大的变动。作者同时要深深感谢的，就是杨君蔚。他是金陵大学农学院已毕业的高材生，素喜调查研究，这个材料是受作者的指导，为义务的调查的，故自信此次调查材料十分翔实。杨君于调查竣事后，因种种原因，不克从事分析，故以全部材料见赠。适值去年冬月，中国社会学社，一届年会论文题目为“人口问题”，作者不揣冒昧，加以分析研究，草成此篇，藉作报告，并望读者诸君，加以指正。

二　家长同居之亲属

在此调查 143 农家家庭中，家长同居的亲属，有 29 种之多，这也是我国大家庭制度之特别表现。兹就有每一种亲属之家庭百分率计之，在1926 ~ 1928 三年中，虽无多大的差别，可是若把任何一年的那 29 种亲属在 143 家中所占的百分率翻起一看，霎时就给我们一种感想，就是中国家庭亲属种类虽多，其实最多的亲属，不过是家长自己同他的妻、子、女、母、兄弟、儿媳、孙、兄弟媳及侄，其他的亲属，都占在 10% 以下，都是很少的。其中最多的，实为家长自己同他的妻、子、女，但女子不如儿子为多。此种原因，因为女子出嫁，已不计算。至其家属中有母而无父的原因，这是因为我国习俗，父亲在世，家长当然属之于父，若父亲去世，则必属于子，故在此 29 种家属中，只见母而不见父。另有一点，实足使人注意者，即家长同居之亲属，最多者为其妻、子、女三种，除女子占全家庭中 45% 左右外，其妻与子均占 70% 以上，母与兄弟，仅占四分之一。显而易见这是大家庭制度逐渐崩溃，而小家庭制度日见发展的一个明证（参看第 1 表与第 1 图）。

第 1 表　山西清源县 143 农家家长同居亲属之百分率

项别 / 年份 / 家长同居之亲属	有家属之数目			百分率		
	1926	1927	1928	1926	1927	1928
家长	123	121	118	86.0	84.6	82.5
妻	115	113	112	80.4	79.0	78.3
子	104	104	104	72.7	72.7	72.7

续表

家长同居之亲属 \ 年份 \ 项别	有家属之数目			百分率		
	1926	1927	1928	1926	1927	1928
女	67	65	64	46.9	45.5	44.8
母	42	42	42	29.4	29.4	29.4
兄弟	30	32	32	21.0	22.4	22.4
子媳	33	30	29	23.1	21.0	20.3
孙	21	22	20	14.7	15.4	14.0
兄弟媳	20	22	23	14.0	15.4	16.1
侄	15	17	19	10.5	11.9	13.3
孙女	14	14	15	9.8	9.8	10.5
侄女	11	10	10	7.7	7.0	7.0
姊妹	4	5	7	2.8	3.5	4.9
侄媳	3	3	3	2.1	2.1	2.1
孙媳	3	3	3	2.1	2.1	2.1
祖母	2	2	2	1.4	1.4	1.4
侄孙女	1	2	2	0.7	1.4	1.4
岳母	2	2	1	1.4	1.4	0.7
曾孙女	1	1	2	0.7	0.7	1.4
甥	1	1	2	0.7	0.7	1.4
表兄弟	2	1	1	1.4	0.7	0.7
表姊妹	1	1	1	0.7	0.7	0.7
曾孙	1	1	1	0.7	0.7	0.7
姑母	1	1	1	0.7	0.7	0.7
姑丈	1	1	1	0.7	0.7	0.7
内侄	1	1	1	0.7	0.7	0.7
长工	1	1	1	0.7	0.7	0.7
表兄弟媳	1			0.7		
内兄弟			1			0.7

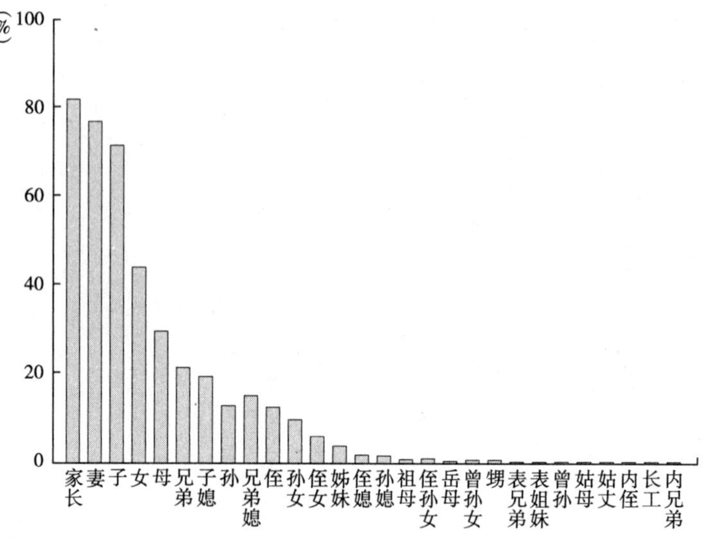

第1图　山西清源县143农家家长及同居亲属之百分率（1928）

三　家庭大小与田场大小之关系

在1926～1928三年中，把所有农家之田场，按公顷数的大小，分为小、中小、中、中大、大五组，每组将所有农家之人口，按男子成年单位计算之，证明田场愈大，人口愈多（参看第2与第3表）。或者因人口已经过多，所以需要较大的田场面积。这样看起来，这两个因素，是互为因果的。究竟哪一个是宾哪一个是主，现在也很难解释。再看三年的比较，每家的人口，成年的男子单位，逐渐增高，这有三个理由解释：第一，或者是人口自然增加渐快的表现；第二，是出外经商的人，又转回家中的缘故；第三，就是一部分幼年人口年龄又大了一年，恰好达到成年的地位，适逢其会，就增加了他的成年男子的单位了。另一方面，我们再看每一成年男子单位及每人所有田地的公顷，也是按着田场大小增加的，可是三年的比较，逐渐减少，这也是表示人口渐增，田场面积逐渐削小，所以田场的收入日渐低微了。若无其他收入从中补偿，农民生活水平自然要降低了。至于各组田场的面积，例如中数、众数与平均数等，参看第2表与第2图可以明了，兹不赘述。

第 2 表 山西清源县 143 农家之家庭大小①与田场大小②之关系

项别		年份 \ 按田场大小分组（公顷）	小组（0.91 以下）	中小组（0.92～1.83）	中组（1.84～2.75）	中大组（2.76～3.67）	大组（3.68 以上）	平均
农家数目		1926	24	42	29	15	33	143
		1927	23	44	29	15	32	143
		1928	26	40	31	15	31	143
家庭之大小	成年男子单位	1926	3.2	3.9	3.7	4.5	5.6	4.2
		1927	3.1	3.8	3.8	4.6	5.7	4.2
		1928	3.9	4.1	4.2	5.4	6.6	4.8
	家庭人口数	1926	4.2	5.6	5.0	6.1	8.1	5.9
		1927	4.0	5.4	5.2	6.3	8.1	5.8
		1928	4.2	5.4	5.3	6.5	8.2	5.9
田场之大小	平均数	1926	0.55	1.29	2.09	3.09	9.10	3.32
		1927	0.52	1.27	2.08	3.12	8.38	3.10
		1928	0.55	1.26	2.09	3.14	10.48	3.50
	中　数	1926	0.60	1.27	2.01	2.99	7.02	1.83
		1927	0.55	1.25	2.01	3.05	6.56	1.83
		1928	0.60	1.23	2.14	3.05	7.14	1.83
	众　数	1926	0.75	1.37	1.83	3.45	7.21	1.37
		1927	0.61	1.37	1.83	3.05	7.21	1.37
		1928	0.61	1.22	1.83	3.05	8.21	1.22
田场面积	成年男子单位	1926	0.17	0.33	0.57	0.68	1.64	0.79
		1927	0.16	0.34	0.55	0.68	1.47	0.74
		1928	0.14	0.31	0.49	0.59	1.58	0.73
	人	1926	0.13	0.23	0.42	0.50	1.12	0.57
		1927	0.13	0.24	0.40	0.49	1.03	0.53
		1928	0.13	0.24	0.39	0.48	1.28	0.60

此外又如家庭之大小，按人数多寡计算之，所谓五口之家，数目最多，我们一看第 3 图的曲线分配及第 3 表，就可以十分地明白了。但是他的平均

① 成年男子单位（Adultmale unit）

② 公顷（Hectare），一公顷等于 16.4 当地亩。

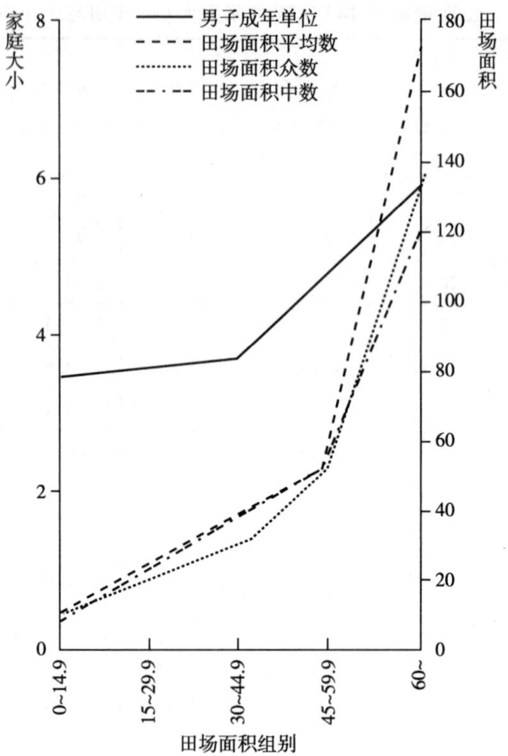

第 2 图　山西清源县 143 农家田场大小与人口多寡之关系（1928）

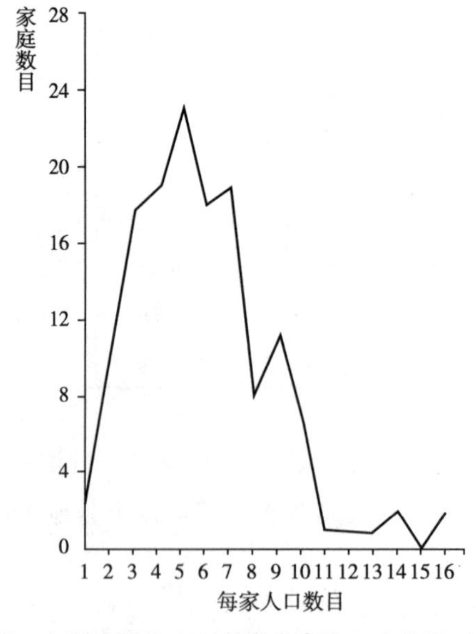

第 3 图　山西清源县 143 农家家庭人口之分配（1928）

第 3 表　山西清源县 143 农家家庭人口多寡次数之分配

家庭人口		1	2	3	4	5	6	7	8	9	10	11	12	13	14	15	16	总计
农家数目	1926	2	10	17	20	19	23	19	10	10	6	2	2		2	1		143
	1927	2	9	20	22	19	18	20	9	10	7	2	1		2	2		143
	1928	2	11	18	19	23	18	19	8	11	7	1	1	1	2		2	143

数，在 1928 年确是 5.89 人，以此数与金陵大学其他 2640 农家的调查，在北部八处的调查，平均每家为 5.78 人比较，似乎相差不甚远，若以与中东部之八处调查，平均每家 5.65 人比较，似乎略显太大了。本调查包括的 143 农家，三年的人口数目，在 1926 与 1928 两年均是 920 人，惟 1927 年为 903 人，但此种家庭，单指同居共食之家庭而言，常年出外者，均不计算。

四　人口年龄之分配

昔日研究人口问题者，多注意量的方面，例如某国人口数目与食粮的多寡，能否相称，多不注意质的方面。一处虽有如此的人口，但是它的内部是否健全，这却是很重要的一件事，研究此等问题往往从人口年龄分配与性比率方面着手，但是年龄分级的方法甚多，最普通者，有以五年分级的，有以十年分级的，但以作者的意见，还是牛学明（S. A. Newsholme）方法最佳。他将年龄分作 5 岁以下、5 ~ 14 岁、15 ~ 24 岁、25 ~ 44 岁与 45 岁以上（参看第 4 图与第 4 表）。同时再将人口总数在各年级所占之数，按千分法计算之，以作比较。他的意思，就是要知道一处幼年人与老年人之比较，同时测验一国有生产力人口之多寡。据本调查的分析，在 5 岁以下的人口占 164.5‰，要比德国、南非洲、法国与英国及威尔士四国均高。所以高的原因，就是因为他们的生产率，皆不如我国之高，尤其是法国与英国均受了生育节制的影响。但是在我国普通讲起来，总是高生产率、高死亡率。但是在本篇的调查，却不尽然。这是因为调查只有一村，范围小的缘故，再看我国其他八处之 2927 家的调查，确系很低的，他的生产率是 42.2‰，并不算低，何以 5 岁以下的人口如此之少，这当然是因为高死亡率所构成的结果。再看 25 ~ 44 岁，这个时期是人一生强壮的时期，也可说是充分工作的时期。一处此种分子之多寡，实与一国财富的发展有关，本篇调查材料，是较所举

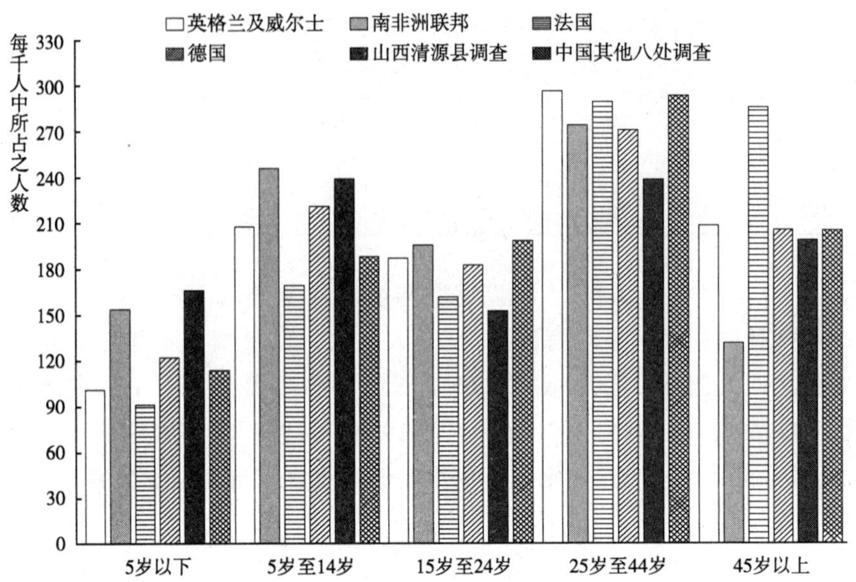

第 4 图　中英德法及南非洲联邦各年级每千人中所占之比率

任何国家为低。这是表明本处能做事的人太少，而要消费的人过多。我国其他八处的平均，还不算怎样的恶劣。所以我推测地说：凡是一个高生产率的地方，若无较大的死亡，他的幼年人口总是很多，结果能工作赚钱的人反就少了。若是一个工业发达的地方，也可说在一个时候，不会有工人过剩的危险。至于 15 ~ 24 岁这个时期，确是一生成就的时期，也可说是受高等教育的时期。到了 45 岁以上，可说是休息告老的时期。我国的人口比率与英格兰及威尔士、德国甚为相似，法国最高，而南非洲最低。法国所以高的原因，是因为有低生产率，所以幼年人口少，而老年人口多，又加上它的人口平均寿命均高，也是人口比率增高的原因。至于南非洲确是人口平均寿命太短，所以人口比率也就低了。

第 4 表　山西清源县 143 农家各年级人口每千人中所占之比率

年龄分级	5 岁以下	5 ~ 14 岁	15 ~ 24 岁	25 ~ 44 岁	45 岁以上	总计
每千人中所占之人数	164. 5	243. 1	152. 6	238. 4	201. 4	1000. 0

若以普通每十年的年龄分级，以与德、日、法及我国其他八处，以作比较（参看第 5 图），也是蛮有兴味的。法国是很显明的幼年人口甚少，而老年人口很多，这是他的女子节制生育的结果。至于德国同日本，相差无几，

但是表示日本幼年的人口稍比德国为高。但我国其他八处幼年人口更比德法为低，这完全是因为幼年的人口易遭死亡的原因。可是本篇清源 143 农家调查，幼年人口甚多，或者此处本年婴儿未遭很大的死亡，所以有此结果。

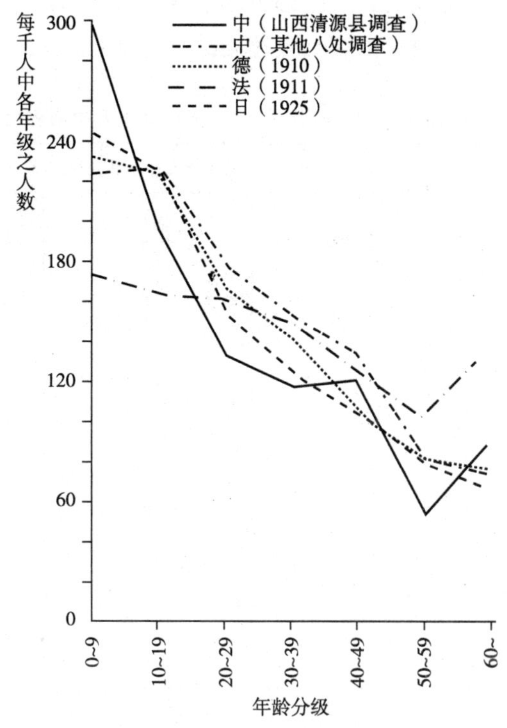

第 5 图　中法德日四国人口每千人中每十岁所占之人数

五　性比率

年龄分配在人口问题中，固然要紧，可是人口的性比率，确是也很重要。一个地方若是男女数不十分相称，当然就有许多社会罪恶发生。若是一处女子过少，一定这个社会犯奸淫的事件很多。另一方面，如果男女数目不大平衡，对于一处生产率方面也有很大的影响。兹将本调查按十年分级，作个比较。它的女子百人中，与应有男子数目相比，除 20～29 岁，与 70 以上两年级外，其他各年级均表示男子较女子为多（参看第 6、7 两图与第 5 表）。其中重要的理由，因为 20～29 岁的男子，出外经商的很多（参看第 7 图），这是山西很普通的一件事实，因为山西的人口，在外经商的比较多。

若是一处的人口没有什么出外的事实，我想在此年级内的女子，一定要更低了。因为生产而死亡，也是女子一件大不幸的事。此处若以全人口男女数目比较，其比率是每女子百人中，就有男子 119.0 人（参看第 6 表），此种事实，在山西是三件事造成的，即生理方面，男子生产的数目是比女子为高，女子为社会所轻视，有较大的死亡及溺女之风甚炽的缘故。

第 5 表　山西清源县 143 农家每十岁人口千人中所占之比率

年龄分级	每千人中所占之人数		
	男	女	总计
0～9 岁	158.5	139.5	298.0
10～19 岁	98.9	94.2	193.1
20～29 岁	51.3	82.2	133.5
30～39 岁	63.2	53.6	116.8
40～49 岁	72.7	46.5	119.2
50～59 岁	26.2	26.2	52.4
60～69 岁	26.2	21.5	47.7
70 岁以上	11.9	27.4	39.3
总　计	508.9	491.1	1000.0

第 6 表　山西清源县 143 农家每十岁女子百人中男子所占之比率

年龄分级	女子百人与男子比率
0～9 岁	113.7
10～19 岁	105.1
20～29 岁	62.3
30～39 岁	117.8
40～49 岁	156.4
50～59 岁	100.0
60～69 岁	122.2
70 岁以上	43.5
人口总计	119.0

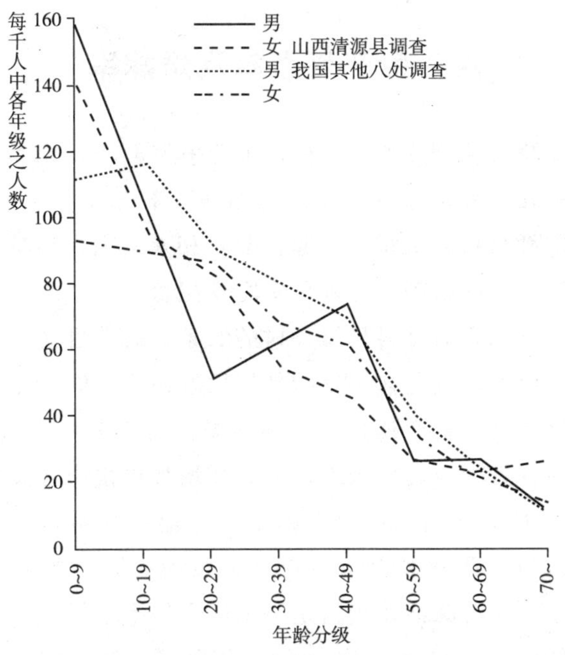

第 6 图　山西清源县 143 农家及我国其他八处 2927 农家男女每千人中每十岁所占之人数比较（以年终人数为标准）

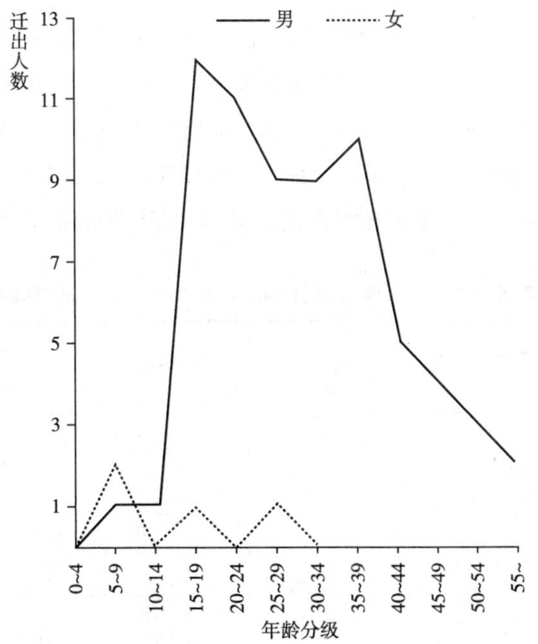

第 7 图　山西清源县 143 农家男女迁出年龄之分配

六　生产死亡率及婚嫁率

按1926～1928三年内之调查结果，生产率为37.2、21.5与15.5，三年的平均为24.8；死亡率为15.1、11.9与11.9，平均为13.0，故平均自然增加率为11.8，此种材料若从每年看起，数目相差甚大，同时看出此处生产率与死亡率逐渐降低的趋势。此种事实究竟能否属实，恐怕三年的调查还不足代表，因为本调查的材料只属一村的农家，而数目又不甚多，或者是因为标本太少的原因，可是拿三年的平均比较，反要好一点，最后再与我国其他八处来比起来，生产死亡率均属太低。可是其中也有相当的解释，因为山西在我国各省中，总算是人口不怎样增加得快，看拙著《山西人口的分析研究》（《社会学刊》第二卷第二期）就可以明了了。但是参看国外的生命统计，与本调查甚为相近者有意大利、保加利亚及塔斯马尼亚等，同时也可说山西清源县在我国是一个低生产率、低死亡率的区域。然而它的自然增加率却是11.8，人口经56年就可以增一倍。这种速度，差不多与1906～1911年度的荷兰、德国有点类似，也不能算很低吧（参看第7表甲、乙）。

婚嫁率固然是与生产率很有关系，但是本调查年度的婚嫁率，却不能影响到本年的生产率。婚嫁率三年的平均是72‰，与我国其他八处比较相差甚大，而与意大利、保加利亚及塔斯马尼亚比较，可说是完全相同。所以我敢说他们的生产率也几乎相同。但是以本调查分开三年的比较，1926年（婚嫁率）只有4.6‰，比较是很低的，或者1928年的低生产率，是受了它

第7表（甲）　山西清源县143农家之生产死亡及婚嫁率

项别＼年份		1926	1927	1928
生产	数　目	32	18	13
	千分率	37.2	21.5	15.5
死亡	数　目	13	10	10
	千分率	15.1	11.9	11.9
婚嫁	数　目	4	8	6
	千分率	4.6	9.6	7.2

第7表（乙） 山西清源县143农家三年来及我国其他八处2927农家与国外三地人口生产率、死亡率、自然增加率及婚嫁率之比较

区域＼项别		生产率	死亡率	自然增加率	婚嫁率
山西清源县	1926	37.2	15.1	22.1	4.6
	1927	21.5	11.9	9.6	9.6
	1928	15.5	11.9	3.6	7.2
	平均	24.8	13.0	11.8	7.1
我国其他八处		42.2	27.9	14.3	13.7
保加利亚		24.6	17.2	7.4	7.1
塔斯马尼亚		22.1	10.1	12.0	7.1
意大利		26.1	15.6	10.5	7.0

影响，因为1926年出嫁的女子，第一次的生产多在1928年，虽然1927年的下半年也可以生产，比较起来，数目总是很少。同时还有一个原因，山西清源的女子出嫁最早最普通的，即年龄14岁。诸位想想，14岁出嫁的女子，15岁能够生儿子的能有多少？我想最早也要到十六七岁以上。我们看看1926年的生产率，在三年中算它最高，当然前两三年一定有一次高婚嫁率发生，可惜未调查这么多的年份。再看1927年的婚嫁率，又比1926年高了一倍。我想该处1929～1930年的生产率或者又要增高，但是此种推测，不能在事实方面证明，因为1929年我们并未调查，这不过是凭一种统计的材料作一种预测罢了。

按上述情形，婚嫁率与生产率是很有关系的了，但同时亦须注意已婚女子在年龄15～44岁间每千人之生产率。此种生产率若是很高，虽有低婚嫁率，该处生产率还是可以高的，本篇调查1926～1928三年的结果，即188.2、100.0与75.9，若将三年平均，只得到88‰，与山西全省数目比较大致相等，这个数目确系很低。或者此种原因，系受了女子早婚的影响，或少有户外操作身体太弱所致。例如其他各国女子生产率之高者，系保加利亚（1908～1911）为380，爱尔兰（1908～1911）为250，荷兰（1905～1914）为233，低者如法国（1910～1911）之114，比利时（1908～1913）之161，英国与威尔士（1908～1915）之171，均比本调查为高。再与我国其他八处之285比较，亦相差甚远。如此看来，山西的人口有很大的危险，并非人口过剩的问题，实即逐渐消沉的问题（参看第8表）。

第 8 表　山西清源县 143 农家已婚女子产儿率

项别＼年份	1926	1927	1928
15～44 岁已婚女子	170	170	158
生产数	32	17	12
生产率	188.2	100.0	75.9

七　结婚之年龄

在此 143 农家中，男子已婚的数目为 95 人，女子为 94 人。男女结婚的年龄，最早的为 14 岁，最晚的 39 岁，而女子出嫁最早的为 12 岁，最晚的为 29 岁。男子结婚次数最多的为 27 岁，女子最多的为 14 岁，平均年龄男子为 26.2 岁，女子为 16.0 岁，男女年龄相差为 10.2 岁，此种情势，令人十分惊奇。男子成婚年龄，与世界各国比较，并不算迟，可是女子却太早，此中原因，固然是一处的风俗使然，但风俗的构成，是不能离开事实的。其中主要的因子，实在是因为山西女子过少，男子成婚已成了难题，女子已变成了货品，虽出高价亦不易得，故女子至可出嫁之年龄，多数即行出嫁，该处女子早婚之风，实因女子过少所致。我们看男女婚嫁年龄分配图更易明了，女子出嫁，多在 14 岁，出嫁在 14 岁以上者骤见降低。至于男子成婚时期，最长期限，共有 26 年之久，而女子只有 13 年，足见男子成婚之不易，所以形成一种女子未及成年即行出嫁，男子反多老而未娶的恶俗。此种特殊社会情形，对于生理健康、社会罪恶及社会治安上不无影响（参看第 9 表与第 8 图）。

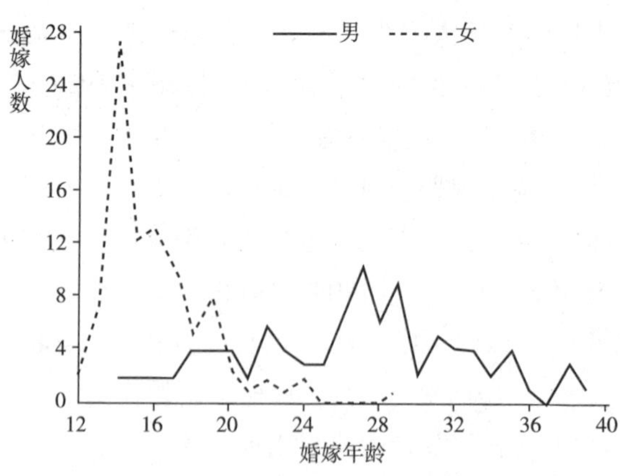

第 8 图　山西清源县 143 农家男女婚嫁年龄之分配

第9表 山西清源县143农家男女结婚年龄之分配

项别 年龄	男		女	
	人数	百分率	人数	百分率
12岁			2	2.1
13岁			7	7.4
14岁	2	2.1	27	28.7
15岁	2	2.1	12	12.8
16岁	2	2.1	13	13.8
17岁	2	2.1	10	10.7
18岁	4	4.2	5	5.3
19岁	4	4.2	8	8.5
20岁	4	4.2	3	3.3
21岁	2	2.1	1	1.0
22岁	6	6.3	2	2.2
23岁	4	4.2	1	1.0
24岁	3	3.2	2	2.2
25岁	3	3.2		
26岁	6	6.3		
27岁	10	10.5		
28岁	6	6.3		
29岁	9	9.4	1	1.0
30岁	2	2.1		
31岁	5	5.3		
32岁	4	4.2		
33岁	4	4.2		
34岁	2	2.1		
35岁	4	4.2		
36岁	1	1.1		
37岁				
38岁	3	3.2		
39岁	1	1.1		
总　计	95	100.0	94	100.0
年龄平均	26.2岁		16.0岁	

八 在外之家属及其职业

本处在外家属，按 1926～1928 三年统计之，其数目为 71 人、60 人与 71 人，若以每十年分级研究之，人数在三年中均表示由 10～39 岁为最多。因为在性比率中，男子曲线较女子极为不平。此种情形，实因男子多数在外之故。若将其在外之职业分别研究，其最多者为商业，三年均占 50% 以上，其次即专门业，如教员、医生等，至于其他职业，由表中可得其详细之比较（参看第 10、11 两表及第 7 图）。

第 10 表 山西清源县 143 农家在外家属性别年龄之分配

项别 / 年份 / 性别 / 年龄分级	在外家属数目								
	1926			1927			1928		
	男	女	总计	男	女	总计	男	女	总计
0～岁	1	3	4	0	1	1	1	2	3
10～19 岁	13	3	16	14	5	19	13	1	14
20～29 岁	18	1	19	10	1	11	20	1	21
30～39 岁	19	1	20	15	0	15	19	0	19
40～49 岁	8	0	8	7	1	8	9	0	9
50～59 岁	3	0	3	4	0	4	4	0	4
60 岁以上	1	0	1	2	0	2	1	0	1
总 计	63	8	71	52	8	60	67	4	71

第 11 表 山西清源县 143 农家迁出家属职业百分率

项别 / 年份 / 职业种类	各种职业之人数			各种职业所占之百分率		
	1926	1927	1928	1926	1927	1928
农 业	5	5	2	7.0	8.3	2.8
工 业	6	6	4	8.5	10.0	5.6
商 业	36	30	41	50.7	50.0	57.8
专门业	12	7	15	16.9	11.7	21.1
公务业	1	2	4	1.4	3.3	5.7
家事使用人	2	8	3	2.8	13.3	4.2
未 详	1	1	1	1.4	1.7	1.4
其 他[1]	8	1	1	11.3	1.7	1.4
总 计	71	60	71	100.0	100.0	100.0

附注 1：在 1926 年七岁以下无职业者 4 人，嫁出者 4 人，1927 与 1928 皆为七岁以下者。

九 同居家属之职业

本处职业，分作七大类，即农业、家事使用人、专门业、家庭工业、商业、工业及公务业。凡七岁以下之儿童，及职业未详者，又分作两类。按三年的比较，尚无大差异，不过其中职业（人数）最高者为家事使用人、农业、专门业以及七岁以下无职业之儿童。本处所指农业，即大部分时间在田间实际工作者，至于不工作之女子及儿童，均未包括在内。若就所谓乡村人口而论，不单指专门农业者，凡家事使用人、农业以及七岁以下之儿童，均应在内，那么乡村人口，以 1928 年计算已占在 72.3%，可说就是 70% 以上，与我们平常所估计者相差不远。据美国人口学教授汤姆生说：以他的观察，俄国与中国人口的情况，俄国要比中国更乡村化，但是俄国乡村人口，也不过占到 80%，中国当在 70% 左右。据本调查看来，或者近似。因为山西比起其他各省，是个交通不便、穷乡僻壤的地方，尚且乡村人口只能到 70% 左右，我想或者其他各省如浙江、江苏等，必比山西为低了。汤先生的话，或者可信吧（参看第 12 表）。

第 12 表 山西清源县 143 农家同居家属之职业百分率

职业种类 \ 年份 \ 项别	各种职业之人数			各种职业所占之百分率		
	1926	1927	1928	1926	1927	1928
家事使用人	239	249	247	26.0	27.6	26.8
农业	235	231	227	25.6	25.6	24.7
专门业	101	102	113	11.0	11.3	12.3
家庭工业	72	72	75	7.9	8.0	8.2
商业	46	32	48	5.0	3.5	5.2
工业	11	15	10	1.2	1.7	1.1
公务业	1	2	4	0.1	0.2	0.4
未详	2	4	5	0.2	0.4	0.5
其他[2]	212	196	191	23.0	21.7	20.8
总计	920	903	920	100.0	100.0	100.0

附注 2：附图材料概根据 1928 年的统计。

十 结论

本篇研究，不过是一种方法的研究，一部分的材料，只可说能代表所调查的一村。但是其中有些问题，如职业之分配、结婚之年龄、家庭人口之多寡以及田场面积之大小，均可代表较大的范围，甚至一种材料，也可代表山西全省。可是所谓生产率、死亡率与婚嫁率，据作者的意见，变动较大，除非选有稍大的标本，不足以代表其事实，同时证明每年与每年不同，高低之差甚大，所以此种调查，非有长时间之登记，不足以研究。固然统计方法上常讲到什么所谓标准年度，这是很不容易选择的一件事，就是说调查者怎样能知道何年为标准年度呢？依作者个人的意见，觉得人口问题中生产与死亡，婚嫁及疾病问题应逐年登记，比较询问法更为翔实。

据本调查研究所得，家庭大小与田场大小成正比例，即田场较大之农家，亦即人口较多之农家也。由此点观察，山西清源人口，虽在外营商者甚多，其实还不失以农为其本业，而商副之，邻村人口，约占 70% 左右也。再本处人口之性比率，不甚平衡，男多女少，因此在社会上将女子看作商品，更显居奇，而男子老而不娶者，亦不乏人，此种陋俗，实由社会重男轻女所构成，因此女子早婚之风甚炽。

此处生产率，似不甚高，然与金陵大学其他八处之调查比较，确是低生产率、低死亡率，同时其自然增加率反相差无几，结果人口增加的速率亦不算低，即 56 年可以增加一倍。再就该处三年的结果，生产死亡率逐渐降低。其中原因，或因女子数目过少，年龄分配不均，或其他因男女生理关系而减少生育均未可知，例如女子 15 ~ 44 岁之产儿率，三年平均为 88‰。如此的减退，实令人莫解，继续研究似有必要的价值吧。

山西人口问题的分析研究*

一　导言

社会中一切现象，与人口问题都有关系。所以人口问题，在现代社会问题中最关重要。我国因为文化较为落后，迄于现在，连人口总数尚无可靠的统计。有人说是四万万，有人说是三万万五千万，也有说是四万万七千万的。据乾隆时的统计，中国已有四万万人，若照第一说来讲，中国人口似无增加；照第二说，反而减少；若照第三说，中国人口之增加，亦殊有限。所以此种种的臆测，似仍有待于将来之统计的证明。不过这种尚系人口静态方面的调查，至若动态方面的调查，如人事登记等，别个国家，尽管年年进行，我们却因各种关系，整个的调查登记，至今未曾着手。最近二年，有些省份虽已个别的尽力做了些人口调查，可是其材料之是否真确，仍令人不能无疑。所以著者本平日的闻见，以为中国办理人口调查较有成绩者，仍不能不首推山西。

山西从民国元年，即从事本省的人口统计。民国八年，开始实行人事登记，闻至今未曾间断。现已将民国十二年的统计整理完毕。据发表的内容，似亦比较完善。本来统计资料，发表得愈快愈好；可是整理方面费时甚多，如美国1920的统计，至今亦尚未完全发表。所以本篇的研究材料，只得用民国十二年的《山西人口统计》作为蓝本。至于山西统计能进行顺利的原因，约有三种。

---

* 原载《社会学刊》1930年第2卷第2期。

一、十数年来未受政局的大影响，

二、村里制度比较严密而完善，

三、主持统计者识见较远。

以上为办理统计者最不可缺乏之条件，特附此以当参考。

研究人口问题的人，着眼处各有不同。第一，是注重人口静态的。他们的目标，是要知道历年来人口总数之变迁，以便研究他们的人口过剩与密度问题，土地利用及食粮的供给问题等等，这可说是偏重于经济方面的。第二，是注重人口动态的。他们要知道人口内部是否健全，有否畸形的发达。本篇研究，即属于后一种的。因为前种研究，不俟全国有了相当的统计，难以得到结论。后一种那就不同了，只要某处有真确的人事统计，就可作一标本调查的研究。故著者并非要用本篇的结论，来代表全国的事实；不过用他引起该问题的重要，与统计方法的应用。澎湃复兴的中国，想对于这种问题，不应该再行漠视的了。

二　户口总数

山西全省共计 105 县，民国十二年时，共有户数 239 万 1802 户，计男 662 万 5746 口，女 517 万 3363 口，共计男女 1179 万 9109 口。据最近内政部发表，民国十八年时，该省男女人口总数，为 1216 万 8941 口，比十二年人口总数，多 36 万 9832 口。若再与民元比较，则在此十八年中，计共增人口 108 万 7045。历年平均每户约有 5 人，全省面积计 129 万 7914 方里，每方里平均密度，约为 9 人。若以英里计算，则每方英里当为 81 人。以此数目与本部各省相较，实可为人口较疏之区；可是境内山岭绵延，土地硗瘠，耕种面积每不及各省之多，故若以耕种面积相较，则人口密度，当较此数为更大也。

三　人口年龄之分配及其关系

人口年龄分配，在研究人口问题中颇关重要。据人口学专家孙柏格（Sunbarg）氏之意见，以为年龄分配之是否平均，可以公式表示之。普通将全数人口分为三组，第一组自 0～14 岁，第二组自 15～49 岁，第三组则 50 岁以上的人，统行包括在内。在普通情形之下，第二组之人口，即中年人口，应占一半，若第二组人口百分率稳定，而第一第三组有变更时，则吾人依照其变更之数目，可以决定该处之人口情形。若第一组占 40%，第三组占 10%，则该处人口显有增进之象，因其生产率较高也。若第一组占 33%，第三组占 17%，则该处之人口情形，可称稳定。若第一组人口占 20%，而第三组却占 30%，则该处人口之生殖率甚低，吾人可谓之为减退。依此推算，山西人口之分配情形，看第一表中，第一组为 21.6%，第二组为 58.8%，第三组为 19.6%，显系非稳定人口。而且第二组所占百分率过多，又可称为余剩方式。据孙柏格氏之意，以为剩余方式之产生，由于中年外人之移进。实则在山西，情形却与相反。或因山西人在外经商的比较很多，大部分 10 岁以上的小孩及 50 岁以外之人，普通多不在家，小孩尚为学徒，老年人或已为掌柜，在家之中年人多为农夫，因此之故，第二组之百分率，比较的当然增多了。

再山西男女每千人中，其各年级之男女数目分配，亦极不平均。参看第二表中，可知由 0 ~9 岁内，男子占 153‰，而女子仅占 145。此种相差，除天然生产率男多于女外，即系溺女的结果。由 10 ~ 19 岁内，男子仅占 137‰，而女子则为 160。此中相差，并不是在此时期内男子死亡率多于女子，实因山西普通习尚，10 岁以上的男子每被父兄亲戚朋友等带到省外习商，因此影响到他们在千人中所占的比率了。可是在 20 ~ 29 岁之一组内，男女数目的比率，又几乎相等。这个缘故，也并非男子骤增，实因女子因为生产的缘故颇有死亡。故在千人中的比率，男女数目反而相等。及 40 岁以上，男子在千人中之比率，皆比女子为多。因为这个时期女子的特殊死亡率较高，无形中男子数目自然增多起来了。看以上各年级分布的情形，山西很与各处不同。这是完全因为他们有商业习性及女子寿短的缘故。所以人口的分布，也因之而变动了。

此外还有一点，我们亦应该注意。就是普通各国女子，寿命每较男子为长，可是山西就不是这样。这或者也是女少于男的一个原因。

四　各年级男女数目之分配

世界上的人口趋势，在某国或男多于女，在某国或女多于男，本不一定。我国据普通估计，男多于女，一方面固因地理环境的关系，影响到男女之分配。可是社会的制度，亦与之发生绝大关系。譬如数千年传下来的重男轻女的谬说，未尝不是减少女子数目的一个大原因。山西是一个交通不便、民智未开的山乡，对于女子的轻视，如溺女等等，更甚他省。参看第三表中，就可知山西男子128.1人中，女子方有百人。滑稽点说，山西若竟实行一夫一妻制，就有28个男人，竟至无妻可娶。虽在事实上不至如此，可是娶妻难的口号，固已布满了山西全省了。如视女子若财货，一女竟可应两家之聘，以致抢亲事件之发生，终年不绝；视娶亲为大事，儿女尚未长成，甚至尚未堕地，即将儿媳聘定，以致早婚之风，日甚一日，皆是女子少于男子的彰明昭著的证据。十八年绥远大灾，女子多被贩卖，据报载卖到山西的，实居多数，就是因为山西确有这样的需求。

至于女子过少的原因，除上述天然生产率男多于女，及溺女之风，对此皆有直接的关系外，下述二项，亦为重要原因。

一、女子幼年的死亡率较大　在第三表中，男女在0~9岁时，每女子百人，男子有135人，此种极大的不平衡，就可证明女子在此年级内，一定遭遇了某种大死亡。

二、女子在生产期内因为不讲卫生，死亡率亦甚大，自20~49岁时，男多于女，即因此故。

根据以上结果，故50以上男子数，更较女子数为多。

五　生产率与死亡率

关于山西人口的生产率和死亡率，自民国元年起至十二年止的记载，完全保存，这是很幸运的一件事。在此十二年中，生产率最高的，在民国六年，为62.5‰。最低的在民国八年，是12.3‰。死亡率最高的，在民国五年，为40.2‰。最低的在民国九年，为11.5‰。因此自然增加率最高的在民国六年，为40.8‰，最低的在民国八年，为-1.8‰。若平均计算，则在此十二年中，生产率为32.6‰，死亡率为18.9‰，自然增加率因此为13.7‰。

在此十二年中，山西人口之生产率及死亡率，皆有渐渐减低之趋势。就中以民国八年之突然降低，尤足惊人。民国七年之生产率本为55.7‰，死亡率为23.7‰，八年忽变为12.3‰与14.2‰，以致该年之人口增加率反为负数。以后四年，除民国十二年增加率增到3.7‰外，其余三年，皆不过1‰强。此种突变的生产与死亡，颇足令人莫解。岂在未曾实行人事登计以先，估计未免不确，民八以后，山西刷新政治，实行村制，据实报告，记载较为翔实欤？若谓民八以后，估计不精，或有以多报少之弊，则死亡率不应与生产率同时俱低。故民八以后，山西之生产率与死亡率，均较民八以前为低，或竟谓民八以后，山西之人口统计方较精确，皆为可能之事实也。

兹再以山西民国十二年之生产率及死亡率，与世界各国（1927～1928）一为比较（参看第四表）。生产率方面，埃及为50.6‰，占世界最高位，瑞典最低，为16.2‰，而山西仅为15.3‰。死亡率方面，埃及最高，为32.0‰，新西兰最低，为8.5‰，而山西则为11.9‰。故以生产率论，山西可谓与瑞典相似，以死亡率论，却与德国1928年相等。若再以自然增加率相比较，瑞典为4.2‰，德国为7.0‰，而山西则仅为3.7‰，较任何国家为少。故世人谓我国为高生产率与高死亡率，似未能适用于山西。

以上所举低生产率及低死亡率之事实，颇有人疑其不甚精确。实则就普通一般山西人的意见，及著者个人仔细的观察，很信其为事实。因为山西自遭光绪三年的大饥馑以后，各村为墟，到现在五十三年中，坠瓦残垣，尚可目睹，恢复原状，犹非其时。若就民国十二年之增加率计算，非有194年，人口不能增加一倍，与此种环境适相符合。若照马尔萨斯氏学说，则山西人口受着疾病灾荒的影响，实在不在少数了。

虽然，此种情形，不仅山西为然，即我国西北各省，亦无处不有同样之环境。自光绪三年大灾荒以来，民国七八年复有同样的灾荒，去年旱灾，犹属骇人听闻。六十年中，大荒三见，第一次损失尚未复原，第二第三次复接踵而至。此种情形，若不乘早预防，西北人民决不会一年一年的增多，或者相隔数十年，反有一次大减少。人人天天喊着移民西北的口号，或者反有南移的倾向。试观江南到处的客帮人，以及近年来大批的逃荒者，都不是由西北搬来的么？可惜这种研究，无从着手。若有比较的统计，恐决不是一个小小的问题吧。美国社会学家霍丁滕氏（Huntington），到中国观察以后，说北方人有一次天灾人祸，必有一部分较为精明强干的人民向南移动，颇近事实。

六　各级年龄人口之特殊死亡率

前节所论的死亡率，不过是一种普通的估计，只拿人口的全体来计算死亡的总数。什么年级、性别、疾病等等的关系，皆未分别清楚。若是我们要知道一种特殊的比较，例如各年级死亡数的多寡，以及男女的分别，那就不得不将各年级内之男女人口，及其死亡总数，来求出男女各年级之死亡率。据山西民国十二年的统计（参看第五表），至少有数点值得我们的注意。

第一，就是男女在 0～9 岁时的死亡率，皆比 10～49 岁时任何年级为高。这是显而易见的情形，幼年的儿童死亡率确乎过大，尤其是 0～4 岁的一组中。假使能再将 1 岁以下婴儿死亡数另行统计，我恐他的死亡率更足惊人。关于此点，我们可以知道我国的乡间妇女，对于保护婴儿的知识殊嫌幼稚，同时平民医院设施亦过形缺乏。注重乡村工作者，似应特别注意。

第二，女子由 15～44 岁各年级内其死亡率，每千人中共死 48.9 人，而同时男子共死 36.4 人。足见女子之死亡率，恒比男子为高，就中尤以 20～24 岁之一组中为尤甚。盖在此时期中，女子多为第一次的生产，其危险性自然较高也。

至于 60 岁以上的女子，死亡率仍较男子为高，亦堪注意。因为根据普通统计，女子的寿命，总比男子为长。换言之，在这个时期以内，男子死亡率应较女子为高。可是根据山西民国十二年的统计，却不如此。这个原因，我自己却没有经验来解释他。或者婚期过早，有以致之。

七　各种疾病的死亡率

吾人若再将死亡人数，按各种病源分类，在第六表中，详列每十万人中之死亡率。除老死而外，以肺痨与麻疹为最多，伤寒、痢疾、白喉等症次之。患肺痨而死者，每十万人中有 128 人，麻疹死者，有 183 人。若拿此两数与美国 1920 年之疾病统计比较，则美人患肺痨而死者，每十万人中仅有 114.2 人，患麻疹而死者仅有 8.8 人，与中国几差 20 倍。按麻疹之死亡，多在幼年时期。山西儿童死亡率之高，与此病实有大关系。若以全中国而论，恐亦不在百人以下。其他如伤寒病，美国死者，十万人中仅有 7.8 人，而山西为 992 人；白喉病，美国死者，十万人中仅有 15.3 人，而山西为 56.3 人；天花美国死者极少，而山西则十万人中须死 69.5 人，由此可知山西民间之医药尚未进步，卫生设施亦毫无准备也。欧美各国，对于医药卫生方面非常注意，近年以来，各种传染病日渐减少。例如肺痨一项，美国在 1900 年，每十万人中之死亡率为 201.9 人，1910 年为 160.3 人，及至 1920 年即已降至 114.2 人，二十年间减少一倍，足见其医药术进步之速。反观我国则何如，此种关系人民生死之大问题，殊不能永久漠视之也。

若再以男女分别而论，男子致死之疾病，多为麻疹、伤寒及肺痨。女子致死之疾病，多为麻疹、肺痨及生产。若比以人数，则女子患肺痨而死者，每十万人中为159人，而同时男子为104人，较女子为少。此种事实，或因女子多家居，甚少操劳之故。至于普通原因，则因晋省早寒，普通人家，每筑坑生火，以御寒冷，设备不完，屋中时满炭气，对于肺部，自易致疾也。瓦特尔氏（Wottal）在他的《印度之人口问题》一书中，以为早婚易生肺病及其他气管病与子宫病。山西早婚之风甚盛，或亦女子肺痨较多之一原因欤。患麻疹而死者，男女相差不多，惟生产一项，十万女子中，致命者竟有91.3人之多，亦足骇人。我国产科之不讲究，于此可见。

八 婚嫁率与男女成婚年龄之分配

婚嫁率的高低，与生产率有直接的关系。婚嫁率高的地方，它的生产率亦高，低的地方，生产率亦低。近年欧美各文明国家，对于生育的节制，有相当的提倡与实行。如美之纽约、芝加哥诸大城，都有生育节制的医院，受到训练者日见其多。同时又觉得此种提倡，不过是治标办法。治本方法，还是实行迟婚与独身。据1915年各国婚嫁率的统计，较以前都无增加，且有减少之倾向。如法国每千人中5.1，爱尔兰为5.4，芬兰与瑞典为5.8，挪威与西班牙为6.5，奥国与荷兰为6.7，丹麦为6.9，意大利为7.1，匈牙利为7.2，苏格兰为7.4，德国为7.7，日本（1917）为7.9，英国与威尔士为8.0，罗马尼亚为8.5，同时金陵大学农业经济系2927农家之调查为19.7，而山西则为9.5。所以拿山西民国十二年的婚嫁率，与各国相较，固是最高，若与金大其他各处之调查平均比较，他却是最低的一个了。结婚率低，所以他的生产率亦低。普通国人每以为中国文化落后，人民生产率及死亡率均应很高。外国人局部的观察，如罗斯氏（E. A. Ross）等，更以为中国人之生产率应在50以上，死亡率约在30以上。这种结论，著者根本不能赞同。我们固可拿已有的理论，去依附事实，同时亦应拿明显的事实，去证明理论。统计报告的事实，虽不甚确，然较一时观察的结论，总要精确多多。故我以为山西自民国八年以后，村里制办理更善，而他的报告中，生产与死亡率忽骤然降低，这就是或者较为精确可信的证据。

至于民国八年以前的生产率，和死亡率，确是很高，依我个人的见解，大概当时因为人事统计，未曾开始，所有生产率和死亡率，大都由几处估计而得，以致与事实大相径庭。否则何以自精密调查以后，年年皆有低生产率和死亡率的发现？可是外国专家，他们每每不作如此想。此次美国人口统计专家赛特司屈克氏（Sydeustricker）与威尔考克氏（Wilcox）先后来宁，我曾将此种统计示给他们，据他们的意见，都断定自民国八年以后为不可靠，以为我国文化未臻极端，山西不应有此种低生产率和死亡率。此种成见，殊欠专家客观视察的态度。况且山西明明有很低的婚嫁率，与此种低生产和低死亡率，亦有很大的关系。所以一方面，我们固应该从事以后的精密统计，再来作有力的证明；一方面我们实不能不暂时认定山西人民之生产和死亡率，在中国比较起来实不甚高。

山西男女各年级的嫁婚百分比（参看第七表），男的方面，15 岁以下娶亲的只有 5.9，女子出嫁的却有 15.2。自 16～20 岁中，男子娶亲的为 35.1，女子出嫁的却有 60.0。自 21～30 岁的男子，娶亲的为 38.6，女子出嫁的则为 17.2。从此可以明了女子出嫁多在 16 岁与 20 岁之间，男子娶亲则自16～30 岁之间，恒占大部分。女子早婚的风俗，似乎较男子为甚。主要理由，一因普通人家，都不愿使女子年龄过大，因过大即不易出嫁，同时贞操方面，年轻亦较有把握。第二，山西男多于女，夫妻结婚年龄，每相差甚巨。有女子者，恒居为奇货，早出嫁则对于娘家既可减少消费，同时且可增加收入。因山西俗例，养女儿必须赚礼金也。所可怪者，女少于男，既为山西人所共晓，而溺女之风，至今尚未绝迹，此种矛盾见解，殊足使人抱无穷之隐忧耳。

九　出生婴儿父母之年龄

按出生婴儿父母，在某年级内所占百分率之高低，当与其结婚年龄之迟早大有关系。结婚早者，其生产年龄亦早，结婚迟者，其生产年龄亦迟。山西平均结婚年龄（参看第八、九表），男子为 24 岁，女子为 19 岁。澳洲 1929 年之统计，男子结婚年龄为 29 岁，女子结婚年龄为 25 岁。所以在山西有生产能力之女子中，生产数最高者为 21～25 岁，占全数 26.1%，同时父之年龄为 26～30 岁，占全数 22.7%。而在澳洲，有生产能力之女子中，则生产数最高者为 30～34 岁，占全数 30%，同时父之年龄为 35～39 岁，占全数 23%，皆较山西为迟。盖现在世界趋势，每以迟婚为较佳，普通男子，对于自身职业，若尚无建树时，决不思作温柔之梦，故结婚后之教养子女方面，恒较早婚者为优。山西早婚早产，已为社会通病，父母尚未成立，儿女或已成群。累己累人，兼累社会，民族之忧，国家之害也。故著者以为要补救山西人口问题之缺陷，对于早婚，实非取一相当之限制办法不可。

十 结论

本篇注重人口动态之研究，故对于年龄之分配，生产率和死亡率之高低，疾病之分析，与男女之关系，婚嫁率，及女子生产年龄之分析等，比较详细。惟因限于材料，未能多探讨，兼以仓捽成文，疏漏之处，定所难免，尚希阅者谅之。

惟著者尚有不能已于言者，即文中所述生产率和死亡率的高低，疾病的分析，婚嫁率以及女子生产年龄的分析等问题，在人口问题中皆极端的重要，尤其是今日中国人口的问题，在复杂混乱当中，尚难寻得其端绪，更不能随便放过。应如何节制高生产率而减少高死亡率，应如何预防特种疾病的发生，及其医治的方策，应如何规定一适当的婚嫁时期，俾不致有过早过迟的弊端，似皆为今日中国的重要问题。吾人须知国家大计，攸赖人民，人民不强，非国家之庥也。

参考书

1. 山西省第六次人口统计。
2. 《中国乡村人口问题之研究》，乔启明著，《东方杂志》第25卷第21号。
3. *Official yecr Book of the Commonwealth of Australia 1929.*
4. H. G. Duncan, *Race and population problems*, Ingmans, green and Co. 1929.
5. Whipple. G. C. , *Vital statistics*, John welly & sons, 1923.

表格附后

第一表 山西人口方式（民国十二年）

年龄分级	人口总数	各级所占之百分率
0～14	2534546	21.6
15～49	6915141	58.8
50～	2289503	19.6
总 计	11799109	100

第二表　山西人口在每千人中各年级男女之数目（民国十二年）

年龄分级	男		女		男女人口总数	千分率
	人口数目	千分率	人口数目	千分率		
0～9	1015926	153	751202	145	176712	150
10～19	911263	137	828023	160	1739286	147
20～29	175429	162	843667	163	1919096	163
30～39	1204009	182	1044334	202	2248343	191
40～49	1031118	156	744816	144	1775934	151
50～59	772908	117	565945	109	1338853	113
60～	574686	87	375964	73	950650	80
年龄未详	40407	6	19412	4	59819	5
总　数	6625746	1000	5173363	1000	11799109	1000

第三表　山西女子每百人与男子数之比（民国十二年）

年龄分级	人口总数		女子每百人与男子数之比
	男	女	
0～9	1015926	751202	135.2
10～19	911263	828023	110.1
20～29	1075429	843667	127.5
30～39	1204009	1044334	115.3
40～49	1031118	744816	138.4
50～59	772908	565945	136.6
60～69	447979	273848	163.6
70～79	100013	79525	125.8
80～89	23179	20291	114.2
90～99	3515	2300	152.8
年龄未详	40407	19412	208.2
总　计	6625746	5173363	128.1

第四表 山西人口生产死亡与自然增加率（民国元年至十二年）

年限	生产率		死亡率		自然增加率
	数目	千分率	数目	千分率	
1912	343015	34.0	218333	21.7	12.3
1913	327676	32.0	193791	18.9	13.1
1914	348684	33.4	142573	13.6	19.8
1915	448173	43.3	246534	23.8	19.5
1916	639988	60.8	421876	40.1	20.7
1917	708213	62.5	245506	21.7	40.8
1918	566153	55.7	242813	23.9	31.8
1919	145902	12.3	167374	14.1	-1.8
1920	153935	13.4	132090	11.5	1.9
1921	150410	12.9	134977	11.6	1.3
1922	176634	15.1	160808	13.7	1.4
1923	180369	15.3	130709	11.6	3.7
平均		32.6		18.9	13.7

第五表 山西各级年龄人口之特殊死亡率（民国十二年）

年龄分级	男			女			人口总数	死亡总数	千分率
	人口数	死亡数	千分率	人口数	死亡数	千分率			
0～4	570898	14743	25.8	408826	11295	27.9	979724	26038	26.6
5～9	445028	5009	11.3	342376	3553	10.4	787404	8562	10.9
10～14	384933	3028	7.9	382785	2482	6.5	767518	5510	7.2
15～19	526330	3002	5.7	445438	3751	8.4	971768	6753	6.9
20～24	508075	3137	6.1	418481	4166	10.0	926556	7303	7.9
25～29	567354	3156	5.6	425186	3885	9.1	992540	7041	7.1
30～34	53070	3137	5.7	471330	3401	7.2	1024400	6538	6.4
35～39	650939	3422	5.3	573004	3355	5.9	1223943	6777	5.5
40～44	479900	3824	8.0	378459	3129	8.3	858359	6953	8.1
45～49	551218	3354	6.1	366357	2647	7.2	917575	6001	6.5
50～54	437217	4443	10.2	288605	2926	10.1	725822	7369	10.2
55～59	335691	4740	14.1	277340	3287	11.9	613031	8027	13.1
60～64	266893	5108	19.1	218640	4297	19.7	485533	9405	19.4
65～69	181086	4506	24.9	55208	4002	72.5	236294	8508	36.0

续表

年龄分级	男			女			人口总数	死亡总数	千分率
	人口数	死亡数	千分率	人口数	死亡数	千分率			
70～74	62725	3788	60.4	44098	4049	91.8	106823	7837	73.4
75～79	37288	2199	59.0	35427	2521	71.2	72715	4720	64.9
80～84	15670	1038	66.2	14640	1501	102.5	30310	2539	83.8
85～89	7509	246	32.8	5651	426	75.4	13160	672	51.1
90～94	3485	34	9.8	2278	98	43.0	5763	132	22.9
95～	30	6	200.0	22	18	818.2	52	24	461.5

第六表　山西人口各种疾病死亡率（民国十二年）

疾病名称	男		女		死亡总数	十万分率
	死亡数	十万分率	死亡数	十万分率		
溺　死	99	1.5	20	0.4	119	1.0
火　伤	42	0.6	21	0.4	63	0.5
疟　疾	666	10.1	168	3.3	834	7.1
自　杀	398	6.0	386	7.5	784	6.6
霍　乱	1650	24.9	1082	20.9	2732	23.2
赤　痢	4559	68.8	3042	58.8	7691	64.4
伤　寒	6837	103.2	4853	93.8	11690	99.1
天　花	4807	72.6	3396	65.6	8203	69.5
麻　疹	12196	184.1	9429	182.3	21625	183.3
白　喉	3727	56.3	2920	56.4	6647	56.3
衰　弱	5748	86.7	4392	84.9	10140	85.9
老　衰	17243	260.2	16490	318.7	33733	285.9
肺　痨	6866	103.6	8242	159.3	15108	128.1
噎　食	1260	19.0	863	6.7	2123	18.0
生　产			4725	91.3	4725	40.0
偶　伤	26	0.4	8	0.2	34	0.3
其他疾病	5707	86.1	4741	91.6	10448	88.6
吸　烟	84	1.3	11	0.2	95	0.8
未　详	5	0.1			5	
总　计	71920		94789		136709	

第七表　山西年级男女婚嫁百分比（民国十二年）

年龄分级	男		女	
	数　目	百分数	数　目	百分数
15	3312	5.9	8539	15.2
16～20	19718	35.1	33716	60.0
21～30	21677	38.6	9659	17.2
31～40	8405	15.0	3159	5.6
41～50	2446	4.3	901	1.6
51～60	516	0.9	185	0.3
61～	109	0.2	24	0.1
总　数	56183	100	56183	100

第八表　山西出生婴儿父之年龄（民国十二年）

年龄分级	父	
	数　目	百分数
20	5697	3.2
21～25	30682	17.0
26～30	40929	22.7
31～35	38955	21.6
36～40	29617	16.4
41～45	18852	10.5
46～50	9941	5.6
51～55	4319	2.4
56～60	812	0.4
61～65	474	0.3
66～70	28	
71～	26	

第九表　山西出生婴儿母之年龄（民国十二年）

年龄分级	母	
	数　目	百分数
15	637	0.4
16～20	19469	10.8
21～25	47037	26.1

续表

年龄分级	母	
	数　目	百分数
26～30	45296	25.1
31～35	32862	18.2
36～40	22058	12.2
41～45	9465	5.2
46～50	3228	1.8
51～	280	0.2

中国农村人口之结构及其消长*

一 导言

中国人口的统计，迄今还没有一个公认的确数。1930 年，在日本举行的第 19 届国际统计学会中，美国人口专家威尔考克斯教授（Prof. W. F. Willcox）曾发表他所估计的中国人口，约为 350000000，而出席该会的中国人口专家陈长蘅先生则发表他所估计的中国人口，约为 480000000。两者相差，竟达 130000000 之多，使人有无从估定之感。然而我们稽考早年的中国人口估计，据前清户部在 1910 年的调查，为 342639000 人；在 1912 年的调查，为 377673423 人。又据 1923 年，中国邮局的估计，为 438372680 人；海关的估计，为 444968000 人。若照威氏的估计，自 1910 年以来，中国人口并未曾加。若照中国学者与政府的估计，自 1910 年以来，中国人口确在逐年增加之中。不过以上各类估计的数目，都缺少精确的性质。试问我们果将认定何者较为正确呢？这却是一个不易解答的问题了。现在我们如果折中各家的统计，中国人口至少当在 400000000 以上，是可无疑异的。中国既有如此众多的人口，则研究其人口的结构及其消长，实属当前一个最迫切，而又最重要的社会问题。

许多学者对于中国人口问题意见纷纭，莫衷一是。有的相信中国人口并不日见增加，甚有逐年减少的趋势；所以至少在中国荒芜区域，尤其在

* 原载《东方杂志》第 32 卷第 1 号，1935。

西北诸省未曾开发以前，中国实无所谓人口过剩的问题。还有一般我国民众以为世界其他民族的人口增加率较速于我国，所以我国现时亟宜提倡高生育率；不然，我国民族将有绝灭之虑。以上两种谬论的最大原因，根本由于中国向来缺乏正确的统计材料，可资引用。因此著者便有调查中国农村人口的工作，以研究中国农村人口之结构及其消长，藉供其他学者的参考。

本文的资料，系著者应用抽样调查方法，于民国十八年到二十年，调查中国 11 省内 22 处标准地方的 12456 农家的总结果。现在为精密起见，将调查的地方分为三个总数。第一个总数综集 22 处地方的调查，用“全国”两字为代表。第二个总数包括华北 9 处地方，用“华北”两字为代表。第三个总数包括华南 13 处地方，用“华南”两字为代表。本文所指的华北华南，系以淮河为界，因为淮河南北的气候、地势、土壤及作物，互相异殊，所以农村生活也迥乎不同，而人口的结构及其消长，当然也有许多的差别。兹将调查的地方、时期，及农家户数，列表如下（第一表）。

第一表　调查之省县与时期及农家户数表

调查省县		调查时期	调查户数
华北	河北省		
	沧　县	民国十八年正月至同年十二月	360
	南　宫	民国十九年正月至同年十二月	630
	山东省		
	潍　县	民国十八年二月至十九年正月	368
	历　城	民国十九年正月至同年十二月	597
	潍　县	民国十九年十月至十九年九月	784
	山西省		
	静　乐	民国十八年二月至十九年正月	259
	河南省		
	郑　县	民国十七年六月至十八年五月	1124
	临　漳	民国十八年十一月至十九年十月	458
	安徽省		
	宿　县	民国十八年十一月至十九年十月	598
	总　计		5178

续表

调查省县		调查时期	调查户数
华南	湖北省		
	汉　川	民国十八年十一月至十九年十月	603
	安徽省		
	怀　宁	民国十八年八月至十九年七月	379
	和　县	民国十九年六月至二十年五月	788
	江苏省		
	盐　城	民国十八年十一月至十九年十月	600
	泰　县	民国十八年十一月至十九年十月	588
	昆　山	民国十八年二月至十九年正月	609
	丹　徒	民国十九年六月至二十年五月	586
	江　阴	民国十九年六月至二十年五月	515
	昆　山	民国十九年六月至二十年五月	806
	浙江省		
	金　华	民国十八年正月至同年十二月	290
	德　清	民国十七年六月至十八年六月	500
	福建省		
	龙　溪	民国十九年二月至二十年二月	610
	广东省		
	揭　阳	民国十九年二月至二十年二月	404
	总　计		7278
全国总计			12456

二　家庭的组织

（一）家庭的分子

所谓“家庭”，系指一切同居同食的亲属而言。这个家庭，或是一个“联合家庭”，包括家长及其妻两人的近亲，如父母、兄弟、嫂侄等辈；或是一个“小家庭”，仅由家长及其妻子女组织而成。至于所谓“家属”，则指一切与家长常年同居同食的亲属而言。根据著者的调查，中国家庭的亲属，共有70余种之多，但是每个家庭却只能包括数种亲属。

为易于明了起见，家长的亲属可以分为三系：计为父母系、家长及其后裔系、兄弟及其后裔系（参看第二表）。在调查的人口中，属于父母系的人口，全国占4.9%，华北占4.7%，华南占5.0%。属于家长及其后裔的人口，全国占84.6%，华北占82.4%，华南占86.6%。属于兄弟及其后裔的人口，全国占8.5%，华北占10.6%，华南占6.7%。

第二表　中国12456农家家长及其亲属所占之百分率

家长的亲属关系		全　国	华　北	华　南
父母系	祖母	0.2	0.2	0.2
	父	0.6	0.4	0.7
	母	3.7	3.7	3.7
	继母	0.1	0.1	0.1
	岳母	0.1		0.1
	叔伯	0.1	0.1	0.1
	婶母	0.1	0.2	0.1
	共　计	4.9	4.7	5.0
家长及其后裔系	家长	17.2	16.1	18.1
	妻	15.6	14.4	16.6
	妾	0.1	0.2	0.1
	子	22.5	21.5	23.5
	养子	0.3	0.2	0.4
	女	12.5	10.6	14.1
	养女	0.3	0.1	0.4
	媳	6.5	7.7	5.6
	童养媳	0.5	0.1	0.8
	孙	4.8	6.1	3.8
	孙女	3.6	4.5	2.9
	孙媳	0.4	0.6	0.2
	曾孙	0.2	0.3	0.1
	曾孙女	0.1	0.2	
	共　计	84.6	82.4	86.2

续表

家长的亲属关系		全　国	华　北	华　南
兄弟及其后裔系	兄弟	2.8	3.1	2.6
	姊妹	0.8	0.6	0.9
	兄嫂弟媳	1.6	2.1	1.2
	侄	1.6	2.3	1.1
	侄女	0.9	1.3	0.5
	侄媳	0.4	0.6	0.2
	侄孙	0.2	0.3	0.1
	侄孙女	0.2	0.3	0.1
	共　计	8.5	10.6	6.7
三系亲属共计		98.0	97.7	98.3
其他亲属		2.0	2.3	1.7
总　　计		100.0	100.0	100.0

试就全国而言，在父母系中，祖母占0.2%，父占0.6%，母占3.7%，其余各占0.1%。试问何以上述的百分率，母大于父呢？这是因为中国家庭历来的习惯，父死后，子继为家长，母则仍与子同居，所以母的百分率便多了。在家长及其后裔系中，男家长占17.2%，妻占15.6%，妾占0.1%，子占22.5%，养子占0.3%，女占12.5%，养女占0.3%，媳占6.5%，孙占4.8%，孙媳占0.4%，孙女占3.6%，曾孙占0.2%，曾孙女占0.1%。在兄弟及其后裔系中，兄弟占2.8%，姊妹占0.8%，兄嫂弟媳（妯娌）占1.6%，侄占1.6%，侄女占0.9%，侄孙与侄孙女各占0.2%。

如果我们将华北与华南家庭的分子两相比较，便可知道华南的男家长、妻、子、女所占的百分率较高，因为本系与其他系的亲属较少的原故。但在华南，女所占的百分率较高，因为女子结婚年龄比较稍迟。至于在华北家庭中，子孙、孙媳等所占的百分率都较华南为高的原因，厥为华北的结婚年龄较早，生育率较高，并且大家庭制度颇坚的关系。

中国自古传统的思想，以为不孝有三，无后为大。又以为子是继承父系的重要分子，况且慎终追远，一切全赖子嗣主持。所以如果一个人没有子嗣，便觉寝食不安。求子之心既切，纳妾之风遂行。我们查看妾的百分率，在华北占0.2，华南占0.1。因为华北的家庭观念，较为顽固，所以纳妾的人也就较华南倍增了。再据金陵大学在中国各省的调查，全国纳妾的人家，平均要占 6%，尤以西北诸省纳妾之风为更炽。

关于童养媳的风俗，在著者调查的 22 处地方，有 19 处是流行的，其流行的原因，大多由于经济的关系。就男家方面说，纳娶童养媳不用繁文缛节，甚为俭省，并且纳娶童养媳后，在家庭方面，无异增添一个劳工，或操作家事，或耕耘农田，所以纳娶童养媳是最经济的一件事。就女家方面说，正当生计窘迫、维持匪易的时候，减少一个人口，即减轻一分负担，所以出嫁童养媳，不啻是救济农家人口过剩问题的一个办法。童养媳的百分率，在全国为0.5，华北为0.1，华南为0.8。就华北而言，童养媳的百分率，最低者为河北沧县与山东历城的 0.1 弱，最高者为安徽宿县的 0.5；就华南而言，最低者为湖北汉川、江苏泰县与昆山的0.1，最高者为福建龙溪的 3.7。试问华南何以较华北为盛行呢？一部分由于南北固有的风俗，一部分由于经济的关系。因为在华南举行结婚所费不多，女家并不奢求礼金，所以只要经济稍微宽裕，就可纳聘媳妇。在华北的情形，就迥不相侔了。在华北举行结婚，所费浩繁，因为女家往往把女子居为奇货，非有善价不肯轻易出售。所以华北童养媳的风俗，远不及华南盛行，并有许多穷汉因为经济能力的薄弱，终其身以为旷夫。

（二）家庭的大小

中国家庭的习惯，男子结婚后，成立小家庭者绝少，大多偕其新妇与其父母继续同居。至其子结婚后，亦复依样同居，因此形成一个大家庭。往年，大家庭制度备受政府的奖励，与舆论的赞助，所以累世同居，传为美谈。然而近年以来，小家庭制度日渐盛行，其原因有二：（一）现在家庭的分子与外界接触的机会较多，他们的生活愈趋个人主义化，以致地方上原有的风俗遗教，渐失立场。（二）社会经济状况的变迁，使城市内的工商能够获得较高的收入，以供其小家庭的消费或积蓄，所以中国旧式家庭的经济伙用制度，便日就崩溃了。

中国农村家庭虽有日趋小家庭制度之势，但其人数却仍较别国为多，试与美国相较。在 1930 年，美国纽约州的农村家庭最多的是两个人数，计占 24.1%。其中数也不过 3.31 人。但是中国农村家庭的大小怎样呢？我们可用平均数与中数来表示。中国农村家庭的平均数根据著者的调查，全国为 5.25 人，华北为 5.55 人，华南为 5.03 人；其中数，全国为 4.48 人，华北为4.49人，华南为4.20人。试问美国农村家庭何以小于中国呢？其原因有四：（一）中国实行一种“联合家庭”制，已婚的子弟成立小家庭的寥寥无几，而美国已婚的子弟却多数组织新家庭。（二）美国工业发达，多数农民背离乡村，进入城市谋求生活；中国工业落后，农民舍固务农业外，并无他业可为，所以中国农民很多，约占总人口的80%，而美国在1930年，农民不过占总人口的24.6%而已。（三）美国科学进步，农业机器，时有发明，使农民觉得实有离弃乡村的必要，不若中国犹墨守原始时期的一种农业机器和耕作方法。（四）美国的生活程度日高，农民不得不节制生育，反观中国的生活程度固不甚高，但人民大多不知节制生育，所以家庭的人数当然要多了（参看第一图）。

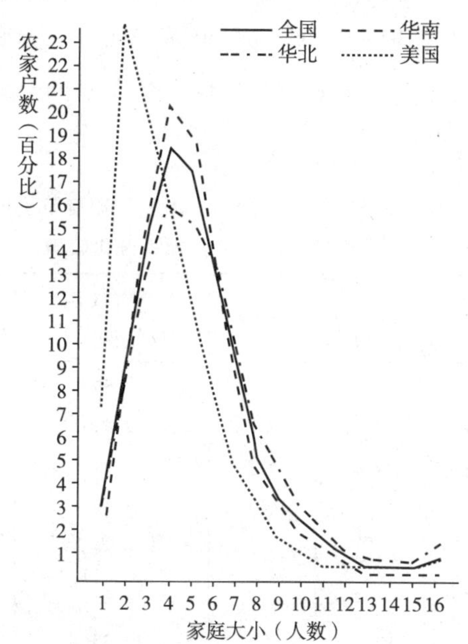

第一图　中国12456农家与美国纽约州农家家庭大小百分之比较

至于华北农村家庭的人数，多于华南的原故，因为华北的家庭较大。在华北最大的平均数，为山西静乐的7.07人。在华南最小的平均数，为江苏昆山的4.24人。静乐地面多山，交通梗阻，而昆山位于长江流域，肥沃平原，交通便利。这种自然环境的差别，我们已可想像山西农村家庭的人数，一定多于江苏。因为交通便利，最易与外界接触，感受个人主义潮流的薰陶，所以大家庭日渐衰减，而小家庭却就应运而生了。

三　年龄与性别分配

（一）年龄分配

人口的年龄分配，骤然看来，似不显示任何重要的意义，因为每个人口都有各种年龄分配。然而年龄分级的人数，每个人口各有不同。并且我们由年龄分配中，可以探知一个国家或社会的人口是增进的，还是减退的。

我们先将中国农村人口的年龄分配与澳国统计家倪勃斯（G. H. Knibbs）及韦根斯（C. H. Wickens）合著的1900年欧洲11国的人口年龄分配，作一个比较，便知双方相差无几。中国人口年龄分配百分率较低于欧洲的，计为10～14岁，15～19岁，20～24岁，及60岁以上。其余的年龄级，0岁，3岁，4岁，5岁以下，5～9岁，及35～39岁等等的百分率，都高于欧洲（参看第三表与第二图）。

第三表　中国12456农家与欧洲（11国）印度及美国之人口每五年年龄分配百分比较表

年龄分级	中国			欧洲（11国）（1900）	印度（1921）	美国（1930）
	全国	华北	华南			
0	3.2	3.3	3.2	2.46	2.9	2.1
1	2.4	2.6	2.2	2.43	1.4	
2	2.3	2.4	2.2	2.41	2.4	
3	3.1	2.8	3.3	2.38	2.9	
4	2.5	2.3	2.6	2.35	2.9	
0～4	13.5	13.4	13.5	12.03	12.5	11.1
5～9	11.9	10.8	12.7	11.35	14.7	12.5
10～14	9.9	9.4	10.2	10.61	11.7	12.4
15～19	9.2	8.8	9.5	9.82	8.3	11.3
20～24	8.8	8.8	8.7	8.98	8.3	8.1
25～29	8.4	8.0	8.7	8.12	8.8	6.0
30～34	6.9	6.4	7.3	7.25	8.3	5.5
35～39	6.9	6.8	6.9	6.40	6.0	11.4
40～44	5.6	6.1	5.1	5.57	6.2	
45～49	5.6	6.2	5.1	4.79	3.7	9.8

续表

年龄分级	中国			欧洲（11 国）(1900)	印度 (1921)	美国 (1930)
	全国	华北	华南			
50 ~ 54	4.0	4.2	3.9	4.04	4.4	
55 ~ 59	3.6	3.7	3.6	3.36	1.8	6.6
60 ~ 64	2.3	2.7	2.4	2.70	2.8	
65 ~ 69	1.6	2.2	1.2	2.08	0.8	3.7
70 ~ 74	0.9	1.3	0.6	1.46	1.7*	
75 ~ 79	0.5	0.7	0.3	0.89		1.5
80 ~ 84	0.2	0.3	0.1	0.41		
85 ~ 85 以上	0.1	0.1	0.1	0.14		
年龄未详	0.1	0.1	0.1			
总　　计	100.0	100.0	100.0	100.0	100.0	99.9

*70 岁与 70 岁以上

美国的年龄分级自 34 岁以上改以每 10 岁为一级

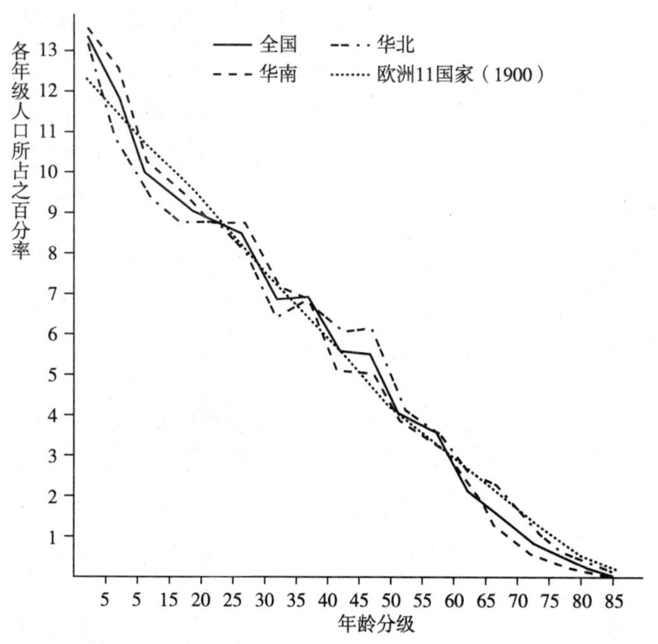

第二图　中国 12456 农家与欧洲 11 个国人口年龄分配百分之比较

在中国，由 0 ~ 4 岁年级的人口，所以参差不齐的主因，一则由于儿童的漏报，一则由于儿童患天花、白喉及麻疹等传染病所致的死亡。中国由 0 ~ 4 岁年级的人口百分率较高的原因，由于中国的生育率较高于多数欧洲国家。但是中国由10～14岁，15～19岁，及20～24岁诸年级的人口百分率却是较低，大概因为男子的移殖，及女子的漏报，尤其是10～19岁的女子。至于中国60岁以上各年级的人口百分率较低的原因，不过由于中国人的寿命平均较短的关系罢了。

现在我们如果把华北华南的年龄分配两相比较，便显示华北由5～39岁诸年级的人口百分率，除20～24岁年级的人口百分率较高于华南十分之一外，其余均较低于华南。但是超过39岁，除80岁以上相等外，华北其余年级的人口百分率却一律较高。其主要原因，大概由于华北中年人口移殖到东三省去的较多，以及某种年龄人口的漏报。例如在民国十三年到十五年之间，自河北、山东、河南诸省，移殖到东三省去的，计有613709人。然而我们可以断定，在这时期的前后移殖去的，更仆难数。至于华北由5～9岁年级的人口百分率较低的原因，或者由于其婴儿死亡率较高所致。

我们再将按每10岁分级的中国人口与外国人口两相比较（参看第四表）。10岁以下年级的人口百分率，最高者为中国的25.4，最低者为法国的13.9。这是因为中国的生育率较高于法国，所以幼年的人口成分较多。由10～19岁年级的人口百分率，最高者为德国的20.4，最低者为法国的17.7，中国为19.1，较高于美、法、英及威尔斯，但是较低于德与瑞典两国。然而德国由10～19岁的人口百分率，何以较高于其10岁以下的人口百分率呢？其主要的原因，显然由于德国在欧战的时候，受了低生育率的影响。在20～49岁诸年级的人口百分率，除瑞典的最低数40.4，与德国的最高数45.0外，其余各国的数目都大致相同。

第四表　中国12456农家人口每十年年龄分配百分率与其他诸国比较表

年　龄	全国	华北	华南	英及威尔士（1921）	法国（1921）	德国（1925）	瑞典（1920）	美国（1930）
10岁以下	25.4	24.3	26.3	18.1	13.9	15.8	19.3	22.6
10～19	19.1	18.3	19.7	18.9	17.7	20.4	19.5	18.7
20～29	17.2	16.8	17.4	16.1	15.1	18.3	16.3	17.4
30～39	13.7	13.2	14.2	14.6	14.3	14.2	13.3	13.7
40～49	11.1	12.2	10.2	13.2	13.8	12.5	10.8	11.6
50～50以上	13.4	15.1	12.1	19.1	25.2	18.8	20.9	16.0
年龄未详	0.1	0.1	0.1					
总　计	100.0	100.0	100.0	100.0	100.0	100.0	100.0	100.0

（二）性别分配

研究性别分配的方法，计有两种：其一，采用男女年龄分配的百分率；其二，采用各年级中每百女子对于男子的比率。关于男女年龄分配的方法，系从 0 ~4 岁，每一岁为一年级；从 4 岁以上，每 5 岁为一年级（参看第五表，与第三图）。我们如果细阅第五表，便可知道由 10 ~34 岁的男子为数较少。其主要的原因，大概由于男子多有向外移殖的，然而女子也有相同的缺少，是甚么原因呢？这或者由于在 20 岁以下的女子，多有遗漏，没有列入报告的；或者由于在 20 岁以上出嫁的女子，在生育时期，因医药不精，保护不周，多有死亡。至于由 30 ~34 岁的男子与女子，为数俱少的原因，大概由于天灾人祸，频年不已，因而人民颠沛流离，死亡失所的，也不在少数。

第五表　中国 12456 农家人口每五年年龄性别分配百分比较表

年龄分级	全国		华北		华南	
	男	女	男	女	男	女
0	3.3	3.1	3.4	3.0	3.2	3.2
1	2.3	2.5	2.6	2.6	2.1	2.3
2	2.4	2.3	2.4	2.4	2.3	2.2
3	3.1	3.1	3.0	2.7	3.2	3.5
4	2.4	2.5	2.3	2.4	2.5	2.6
0 ~4	13.5	13.5	13.7	13.1	13.3	13.8
5 ~9	12.2	11.5	11.5	10.2	12.6	12.5
10 ~14	10.6	9.0	9.9	8.9	11.2	9.1
15 ~19	9.6	8.9	8.9	8.8	10.0	8.9
20 ~24	8.7	8.8	8.8	9.0	8.7	8.7
25 ~29	8.3	8.5	7.9	8.1	8.7	8.7
30 ~34	7.0	6.7	6.7	6.2	7.4	7.2
35 ~39	7.0	6.7	6.8	6.7	7.1	6.8
40 ~44	5.5	5.6	6.2	5.9	4.9	5.4
45 ~49	5.4	5.8	5.9	6.5	4.9	5.3
50 ~54	4.0	4.1	4.3	4.1	3.8	4.0
55 ~59	3.2	4.1	3.2	4.2	3.2	4.0

续表

年龄分级	全国		华北		华南	
	男	女	男	女	男	女
60~64	2.3	2.8	2.5	2.8	2.2	2.7
65~69	1.3	1.9	1.8	2.5	1.0	1.4
70~74	0.7	1.1	1.0	1.6	0.4	0.7
75~79	0.4	0.6	0.6	0.9	0.2	0.4
80~84	0.2	0.3	0.2	0.3	0.1	0.2
85~85以上		0.1		0.2		0.1
年龄未详	0.1		0.1		0.1	0.1
总　　计	100.0	100.0	100.0	100.0	100.0	100.0

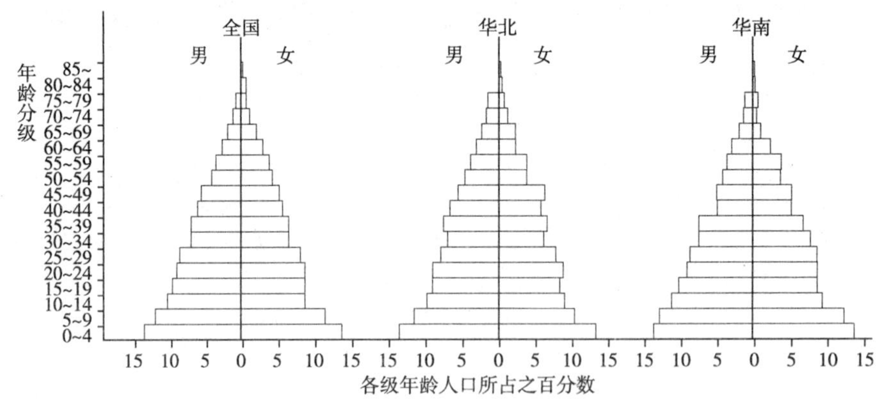

第三图　中国12456农家各年级男女人口分配百分之比较

现在我们复将华北华南的性别分配，略略比较一下。我们知道由10~34岁的男子，华北较少于华南，因为华北向外移殖的男子恒多于华南。我们又知道女子的分配，华北由5~34岁，华南由10~24岁，都形缺少。这大抵因为华南的年龄与性别分配较华北为善，而华北迭经灾荒、战争、移殖等事，其年龄与性别分配，自不免要受影响了（参看第三图）。

复次，我们研究每百女子对于男子的比率，究竟呈着甚么现象。由第六表，与第四图，我们可以探知全国、华北与华南三者的平均数，都是109。这就是说，男女的比率，每有100个女子，就有109个男子，证明男子是多于女子。我们试用正负两号来表示各年级对于平均数的高低。这种高低的差别，不是生理上的原因，却是其他外界的原因。我们仔细检视全国0岁及2岁的比数很大，而1岁、3岁及4岁的比数很小。倘若我们再仔细检视华北与华南的情形，其差别更觉令人骇异。所以著者敢大胆断定中国婴儿的漏报与夭折，女孩实在较多于男孩。因为中国社会历来的恶习，重男轻女，所以女子在社会上的地位低于男子。因此一般父母，对于女孩的保养，当然不加充分的注意了。

第六表　中国 12456 农家每百女子对于男子之比率

年龄分级	全　国		华　北		华　南	
	比　率	总比差	比率	总比差	比率	总比差
0	114	+5	122	+13	107	-2
1	103	-6	110	+1	97	-12
2	114	+5	113	+4	115	+6
3	107	-2	119	+10	99	-10
4	105	-4	103	-6	106	-3
0~4	109	0	114	+5	104	-5
5~9	116	+7	123	+14	112	+3
10~14	128	+19	122	+13	132	+23
15~19	118	+9	111	+2	123	+14
20~24	108	-1	107	-2	108	-1
25~29	107	-2	106	-3	108	-1
30~34	114	+5	118	+9	111	+2
35~39	113	+4	112	+3	113	+3
40~44	107	-2	115	+6	100	-9
45~49	100	-9	98	-11	102	-7
50~54	107	-2	114	+5	102	-7
55~59	86	-23	85	-24	87	-22
60~64	91	-18	98	-11	86	-23
65~69	78	-31	78	-31	78	-31
70~74	66	-43	70	-39	61	-48
75~79	66	-43	66	-43	65	-44
80~84	64	-45	80	-29	46	-63
85~85 以上	25	-84	24	-85	27	-82
年龄未详	238	+129	283	+174	200	+91
各级人口总比率	109	0	109	0	109	0

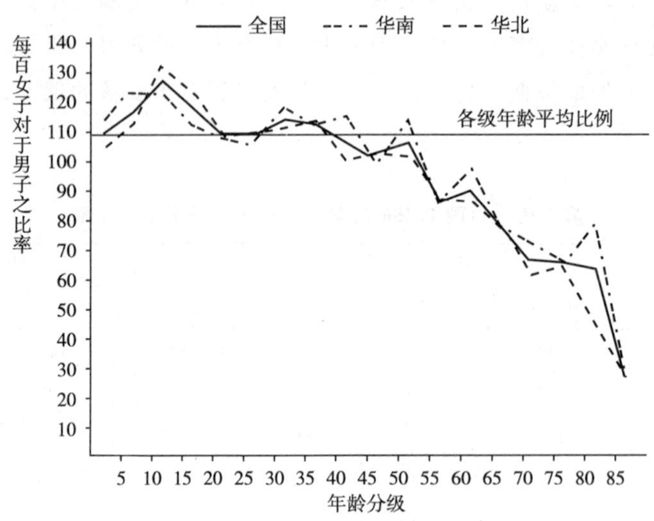

第四图　中国 12456 农家各年级每百女子对于男子之比率

如果我们再细察全国的男子分配，就可知道由 5～19 岁的人数过多。最高的比率，为 10～14 岁年级的 128，与平均数 109 的差数为 +19。由此可证，在这年级的男子较多于女子。其原因大别有三：（一）新妇与未婚的成年女子每有漏报的，因为社会上的习惯，往往不愿报告女子。（二）灾荒区域的女子，每有被卖到外方去作人家妻妾或童养媳的。（三）已婚的女子，因为生育以后保养不周，每有死亡的；又有一般女子因为备受家庭、社会、经济的种种压迫，或忧郁病亡，或愤而自杀的，也不在少数。这种情形，华北华南大致相同。论到由 20～29 岁的性别分配，男子与女子间的比率保持着均势，其原因一则为男子的向外移殖，一则为女子在生育时期的死亡。至于 30～39 岁的女子缺少的原故，厥为女子在此时期死亡的与向外移殖的较多。在 50 岁以上年级的女子较多于男子的原因，纯是一种自然的趋势，就是男子的寿命平均较短于女子的关系。

我们倘使将中国的性别分配，与其他诸国互相比较，更觉有趣。我们参看第七表，可知中美两国是男子多于女子，其余各国则女子多于男子，这或是由于当欧战时期，除瑞典国外，男子在战场捐躯的很多，或是由于生理的不同。至于每百女子对于男子的比率，中国为 109，美国为 104。瑞典为 96，德国为 94，英及威尔斯及法国均为 91。

第七表　中国 12456 农家与其他诸国性别分配比较表

国　别	年　度	男	女	每百女子对于男子之比率
中　国	1929～1931	52.3	47.7	109
美　国	1920	51.0	49.0	104
英及威尔士	1920	47.7	52.3	91
法　国	1920	47.5	52.5	91
德　国	1920	48.4	51.6	94
瑞　典	1920	49.1	50.9	96

四　婚姻状况

（一）结婚年龄的分配

在著者调查的年间，10832 农家中，结婚的男女共计 1158 人。我们可将男女的结婚年龄，按每 5 岁为一级分配起来（参看第八表）。在 14 岁以下结婚的，男子占 4.8%，女子占 5.4%。由 15～19 岁的，男子占 40.3%，女子占 66.8%。由此可见中国女子年届双十而不结婚者，殊不多觏，因为社会的习惯，青春一逝，出嫁就不易了。由 20～24 岁的，男子占 39.4%，女子占 25.4%。由 25～29 岁的，男子占 10.1%，女子占 2.3%。由 30 岁以上的，男子仅占 5.4%，女子仅占 0.1%。由此可知男子结婚的时期，普通

第八表　中国 12456 农家人口结婚年龄分配百分比较表

年龄分级	全国		华北		华南	
	男	女	男	女	男	女
14 岁以下	4.8	5.4	10.9	9.4	1.6	2.8
15～19	40.3	66.8	41.3	70.2	39.8	64.7
20～24	39.4	25.4	29.7	17.7	44.3	30.1
25～29	10.1	2.3	7.7	2.7	11.3	2.1
30～34	3.0		6.5		1.3	
35～39	1.5	0.1	2.6		1.0	0.3
40～40 以上	0.9		1.3		0.7	
总　计	100.0	100.0	100.0	100.0	100.0	100.0

较迟于女子。其主要的原因，大概是男子生理发育较迟，更以需要负担家庭经济供给的缘故。又以社会重男轻女的恶习，造成女子少于男子的事实，转使一般父母把女子居为奇货，因此男子非有重礼，不易聘娶。

我们如果再把华北华南的结婚年龄分配，两相比较，更觉有趣，华北盛行早婚，所以在14岁以下结婚的，男子占10.9%，女子占9.4%；但是华南同年级的，男子仅占1.6%，女子仅占2.8%。由15~19岁的，华北男子占41.3%，女子占70.2%；华南男子占44.3%，女子占30.1%。由25~29岁的，华北与华南女子所占的结婚百分率，相差无几。但是双方男子所占的结婚百分率，相差悬殊，计华南为11.3%，华北为7.7%。迨到30岁以上，华南男子结婚的，只占3.0%，而华北男子结婚的，尚占10.4%。由此可知华北男子结婚的，固然多数早于华南，仍有许多男子因为经济的困难，不能及时结婚，只得蹉跎青春，坐待良缘。

女子结婚年龄的迟早，与一国的生育率直接有关。我们试把中国与各国女子结婚年龄分配百分率比较一下（参看第九表），便可证实。在20岁以下结婚的，中国为72.2%，要算最高；瑞典及德国为7.5%，要算最低。意国为21.3%，高于欧洲任何国家，而低于中国。由20~24岁结婚的最低率为中国的25.4%，最高率为德国的46.3%。由25~29岁结婚的最高率为瑞典的29.3%，最低率为中国的2.3%。由30~39岁，以及40~49岁，各国的百分率，大约在15~20之间。不过在此时期，中国女子结婚的百分率，仅有0.1。由此可以想见中国女子的早婚，远非他国所能企及，中国女子结婚既早，其生育期亦随之而早，即其生育率也就随之而高了。

第九表　各国女子结婚年龄分配百分比较表

国　别	年　度	20岁以下	20~24岁	25~29岁	30~39岁	40~49岁	总计
中　　国	1929~1931	72.2	25.4	2.3	0.1		100.0
英及威尔士	1920	8.3	45.4	27.3	14.9	4.1	100.0
法　　国	1920	12.2	41.5	25.2	16.7	4.4	100.0
德　　国	1925	7.3	46.2	28.4	14.6	3.5	100.0
意 大 利	1920	21.3	39.3	26.6	10.7	2.1	100.0
瑞　　典	1920	7.3	40.6	29.3	18.7	4.1	100.0
奥　　国	1920	12.4	42.2	26.8	15.1	3.6	100.1

（二）结婚的平均年龄

论到中国结婚的平均年龄，男子为 20.78 岁，女子为 18.47 岁。平均起来，夫大于妻 2.31 岁。至于结婚年龄的最多数，男子为 20 岁，女子为 17 岁，两者相差为 3 岁。我们试把华北华南结婚的平均年龄，比较一下。在华北，男子为 20.77 岁，女子为 17.82 岁；在华南，男子为 17.58 岁，女子为 18.47 岁。但就众数结婚年龄而言，华北男子为 18 岁，华南为 20 岁；华北女子为 17 岁，华南为 19 岁。试问华北男子众数结婚的年龄，何以反而小于华南？这是因为华北有许多男子因为经济的关系，不能及时结婚，因此就把结婚的平均年龄增高了。所以我们采用平均数，不如采用众数，较为妥确（参看第五图）。

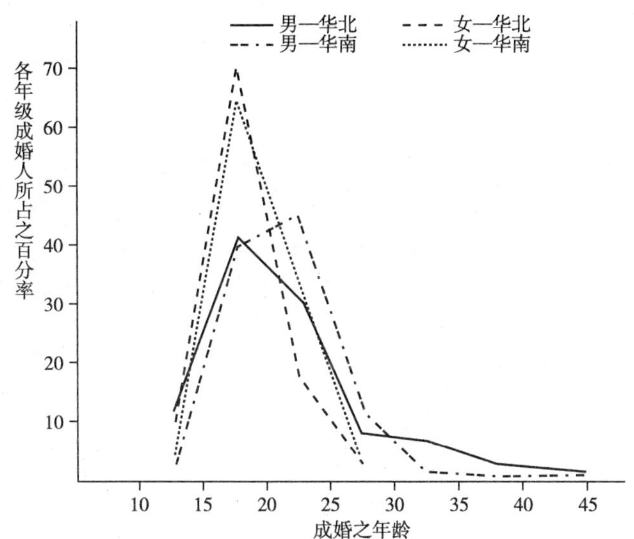

第五图　中国 12456 农家男女结婚年龄分配百分之比较

中国盛行早婚，所以其结婚年龄在欧美各国为最低，计为 18.47 岁。瑞典的结婚年龄为最高，计为 26.59 岁，美国为 21.4 岁，在西洋诸国中为最低（参看第十表）。

（三）结婚率

根据著者的调查，全国的结婚率为 9.97‰，华北为 8.65，华南为 11.01。如果我们将中国的结婚率与外国相较，则大不列颠及爱尔兰的比率为最低，计为 7.5‰；苏俄为最高，计为 10.6‰。中国为 10.0，几与美国的

10.1相等。日本、瑞典、英及威尔斯均为7.9、德国为8.7、法国为8.3（参看第十一表）。中国既有如此高的结婚率，自必有相当高的生育率，当于下节证实之。

第十表　中国与外国女子结婚平均年龄比较表

国　别	年　度	结婚平均年龄
中　　国	1929～1931	18.47
美　　国	1910	21.4
法　　国	1911～1920	23.67
意　大　利	1921	24.33
澳　　洲	1930	25.49
英及威尔士	1921	25.52
瑞　　典	1921	26.59

第十一表　各国结婚率比较表

国　别	年　度	结婚千分率
中国	1929～1931	10.0*
苏俄	1929	10.6
美国	1929	10.0
德国	1930	8.7
法国	1930	8.3
英及威尔士	1930	7.9
日本	1929	7.9
瑞典	1929	7.9
大不列颠及爱尔兰	1929	7.5

* 按原数为9.97，因各国均取一位小数故进而成为10.0。

五　生育率

（一）普通生育率

普通生育率虽不是推测未来人口增长的好方法，因为普通生育率最易感受人口中其他原因，如年龄分配、性比率等等的影响，但是普通生育率指示在某年度中，某个国家或社会的人口生育率的高低，不特意义明显，更觉计算简易。所以比较各社会的生育率，大多采用普通生育率，其求法系以某个社会每千人中每年的生育数计算而得的。

根据著者的调查，全国的普通生育率为 35.7，华北为 37.0，华南为 34.7。再就每百女孩对于男孩的生育率而论，华北为 115，华南为 107。由此可见华北对于女孩的漏报，更甚于华南。至于外国的普通生育率，最高者为苏俄（1927 年）与印度（1901 年）的 44.4，最低者为英及威尔斯（1930 年）的 16.3。日本（1930 年）为 33.0，适低于中国（1929 ~ 1931 年）的 35.7。美国（1929 年）为 18.9，较法国（1930 年）的 18.1，高出 0.8。德国（1930 年）为 17.5，高于瑞典（1929 年）的 15.3，及大不列颠及爱尔兰（1930 年）的 16.9。各国相较之下，似乎中国的普通生育率，还较苏俄与印度为低。其实在中国举行调查的漏报，确是一个要素。据著者由各方的推测，中国的普通生育率当在 40 左右。

（二）已婚女子生育率

普通生育率的性质浮泛，不足广用，因为对于各个人口的实际生育率，只能供给一个极疏略的概念。如果要得各社会可资比较的生育率，那就必须依照人口的结构，以正确其生育率。普通的方法，系以由 15 ~ 44 岁的已婚女子每千人中每年的生育数计算而得。这种方法，当然比较普通生育率要精确得多了。

我们先以华北与华南的普通生育率来做一个例证。华北的普通生育率为 37.0，华南为 34.7；华北较华南超出 6.6%。若是我们就每千女子的生育来表示华北与华南的差别，可知华北为 79.3，华南为 74.5；质言之，华北较华南超出 6.4%。倘使我们要得精确的比例，以 15 ~ 44 岁的女子每千人中的生育率为根据，则华北为 179，华南为 165，两者相差 8.5%。但是我们仍可更进一步，以求精确的统计，以 15 ~ 44 岁的已婚女子每千人中的生育率为根据，则华北的生育率为 209，华南为 197，两者相差 6.1%。由此足证应用已婚女子生育率，要比普通生育率精确得多了。

世界各国的已婚女子生育率，日本最高，计为 245.5。中国次之，计为 201.6。英及威尔斯为 179.1，瑞典为 196.8，德国为 162.2。法国最低，计为 149.3。或者有人要问：欧美已婚女子生育率何以低于亚洲呢？第一，因为欧美一般女子的教育程度甚高，不愿生育繁衍，增加负担，所以实行节制生育的，实繁有徒。第二，因为欧美工业发达，都市繁荣，一般女子为了职业的关系，也就不得不迟婚节育了。

六　死亡率

（一）普通死亡率

普通死亡率只可用以推测在某年度中每千人中的死亡数，但是并不能指示一个人口在生理方面有何优劣。所以研究人口死亡率，不可忘记人口结构的差异。例如法国数十年来，在实际上其人口并没有若何变动，因此各年龄分级的普通死亡率转反很低，而美国在最近的数年，曾有一度高生育率与众多的移民。

就普通死亡率而论，全国为25.0，华北为23.7，华南为26.1。华南死亡率较高的原故，因为华南的饮水多取诸河川沼泽，不甚清洁，最易致疾，而华北的饮水，则多取汲于井，并且土地干燥，传染疾病的媒介甚少，所以死亡率就较低了。若以男女分别研究，则华北女子的死亡率较高，因为华北女子在社会上的地位大多逊于华南，就是在生育前后的医药与保养，也远不及华南精密周备，因此华北女子的死亡率当然要高了。

各国普通死亡率的比较，以印度（1901年）为最高，计为38.4。中国次之，为25.0。其次日本（1929年）为20.0；苏俄（1930年）为18.8；法国（1930年）为15.7；瑞典（1929年）为12.2；美国（1929年）为11.9；大不列颠及爱尔兰（1930年）为11.8；英及威尔斯（1930年）为11.4；德国（1930年）为最低，计为11.1。由此我们可断定，凡是生育率高的国家，其死亡率亦高。但是仍有例外。譬如法国的普通生育率低，而其普通死亡率反高。因为法国数十年来，人口固定，所以法国在50岁以上的人口成分比较任何各国为多，而老年人的死亡率也就较高了。

（二）婴儿死亡率

婴儿死亡率足以测知一个社会的经济与卫生状况。所谓婴儿，系指不满1岁的儿童而言。普通所谓婴儿死亡率，系以每年度中婴儿的生育数，除同年度中婴儿的死亡数，再以1000乘之。根据著者的调查，全国的婴儿死亡率为157，华北为186，华南为132（参看第十二表）。华北的婴儿死亡率显然高于华南。倘若我们分别男女，两相比较，则华北女婴的死亡率显然又高于华南。华南每百女婴对于男婴死亡的比率，似乎很合常则，因为生理上的关系，男婴的死亡率普通是高于女婴。然则华北女婴的死亡率何以较高呢？大概因为华北重男轻女的恶俗较深，对于女婴的保养不甚注意，所以女婴的夭折当然要多了。我们试再研究婴儿死亡所占总死亡的百分率，则华北为29.1%，华南为17.5%，显明华北仍较华南超出11.6。由此足证上述的普通死亡率华南较高于华北的主因，大概由于华南1岁以上所死亡的人数较多的缘故。

第十二表　中国12456农家婴儿死亡率与婴儿死亡所占总死亡百分率表

区　域	婴儿死亡率（每千婴儿中之死亡数）			婴儿死亡所占总死亡百分率
	男女	男	女	
全　国	157	144	170	22.4
华　北	186	158	218	29.1
华　南	132	131	132	17.5

就婴儿死亡率而论，中国为最高，计为157。英及威尔斯（1930年）及瑞典（1929年）为最低，同为60。美国（1929年）为68，日本（1929年）为142，低于中国而高于其他各国。德国（1930年）为84，法国（1930年）为79，大不列颠与爱尔兰（1929年）同为76（参看第十三表）。

第十三表　各国婴儿死亡率与普通死亡率比较表

国　别	年　度	每千婴儿中之死亡数	普通死亡率（1930年）
中国	1929～1931	157	35.7
日本	1929	142	33.0
美国	1929	68	18.9
大不列颠及爱尔兰	1929	76	16.8
英及威尔士	1930	60	16.3
法国	1930	79	17.7
德国	1930	84	17.5
瑞典	1929	60	15.2

七　自然增加率与将来人口的趋势

（一）每年人口的增加

每年人口的增加，普通以“自然增加率”表示之。计算的方法，系由生育率减去死亡率，即得自然增加率。根据著者的调查，全国的自然增加率为10.7‰，或1.07%。华北的自然增加率为13.3，华南为8.6。华北的自然增加率较高于华南的原因，厥为华北的生育率较高，与死亡率较低的结果。

世界各国的自然增加率，最高者为苏俄的25.6。日本次之，中国又次之。最低者为法国的2.4。美国为7.0，高于欧洲各国，大概因为美国是一个新兴的国家，民族复杂，所以其人口的自然增加率也就高了（参看第十四表）。

第十四表　各国人口自然增加率比较表

国　别	年　度	千人中之自然增加率	百人中之自然增加率	人口加倍之年数
中国	1929~1931	10.7	1.07	63
日本	1929~1930	13.0	1.30	54
美国	1929	7.0	0.70	99
大不列颠及爱尔兰	1930	5.1	0.51	136
英及威尔士	1930	4.9	0.49	142
法国	1930	2.4	0.24	289
德国	1930	6.4	0.64	116
瑞典	1929	3.0	0.30	232
苏俄	1927	25.6	2.5	627

回想我国的人口自然增加率为10.7，对于我国人口问题的关系，是何等的重大。衡以上述我国人口的自然增加率，每年的增加，大约在400~450万之谱。质言之，如此众多的人口，只要63年，便可增加一倍。若就华北而言，其增加率更速，只要53年，华南的增加率较缓，但亦不过77年。然而我们考察欧美主要国家人口自然增加率的缓速情形如何。美国的人

口需要 99 年始能增加一倍，德国需要 116 年，英及威尔斯需要 142 年，瑞典需要 232 年，法国需要 289 年。

（二）人口的积极限制

我国如果依照上述的比率增加，似乎只要 63 年就可增加一倍。但是在事实方面，则并不尽然。因为有时人口不免要受天灾人祸的限制。但是人口确是年年增加的。如果人口日见增加，耕地面积不见增加，则每人所有的耕地面积，当然要有逐年减少的趋势了。在 1766 年的统计，每人的耕地为 3. 8 亩，在 1812 年为 3. 4 亩，最近调查（1932 年）为 2. 98 亩。我们试想一想，一个地大物博的国家，每人只有耕地 2. 98 亩，而其耕耘的方法，又复如此幼稚，并且每年所播种的作物，往往又要受水旱两灾的摧残。在这种恶劣情形之下，多数农民没有充足的田地，出产充足的粮食积聚起来，以防灾荒。所以大祸一来，必定有许多农民荡析离居，有的转乎沟壑，有的甚至铤而走险。因此我国社会经济政治各项问题，都是由于人口过剩所造成的。我们读了白来特教授（Prof. J. O. P. Bland）在他所著的《中国舟居生活》中的一段，更觉信实。

“一个人观察中国的一个乡村及其群集的儿童，不能不感觉到东方重要的人口问题。这个问题的迫切与严重，犹如恶梦盘据人心一般。这个景象，全国一致。林立的城市与乡村不可胜数，山谷间的小村庄，更觉栉比，其中每片田地，早已养活较各国（除印度以外）为多的人民。但三分之一的农民，虽明知绝望，却仍在努力奋斗，继续生育一批命定挨饿的子女。他们没有新出路。海外未耕种的土地，他们休想插足，但是无论如何，他们必得想出一线生活的曙光；否则，只有一条死路。……终于那残忍不仁的自然法律，对于他们发出一个无情的解决，使他们趋于灭亡的一途。可怜这些数以千百万计的过剩人口，反倒肥沃了不能维持他们生命的土地。全部可悲可痛的惨剧，一一表演在我们的眼前：溺婴、叛逆、病痛、灾荒等等的急性死亡，或饥馑的慢性死亡。”

这段记述，对于我国人口问题的真象，描写无遗，使我们憬悟到我国每年人口的增加，不啻增加每个家庭与社会的忧痛。所以我国增加不已的人口，实有积极限制的必要。我国有一句俗话，“三十年一小灾，五十年一大难。”这就是说，人口增加了三五十年，一定要发生灾难来减耗人口。这在过去数十年中，很多显著的事实足资证明。黎世衡先生在所他著的《历代户口通论》中，关于洪杨之乱死亡人数的统计，有一段说：“洪杨之役，遍于九省，持续十有三年。人口死亡者，不下三千余万。繁庶城邑，圯为丘墟。1894～1895年，甘肃回匪之党，惨杀者约25万人，益以饥馑，当倍其数。又据《东华录》，1810年（嘉庆十五年），1811年（嘉庆十六年），1846年（道光二十六年），1849年（道光二十九年），俱大饥馑，人口减耗，不下4500万云。其次1877年（光绪三年）并1878年，饥馑亘于四省，人民死亡者，殆950余万。1888年（光绪十四年）黄河溃堤，河南各省泛滥，人命殆绝。据疆吏奏报，溺死者约200万人。1892～1894年（光绪十八至二十年）山西陕西直隶及内蒙古大旱，死者藉比。”

自从民国成立以来，天灾人祸，连年不绝。如果估计死亡的人数，至少当在350万左右。以上种种灾难的发生，推原其故，可以说一句，就是我国人口的过剩。所以假便我国不限制其人口，要享治平，直犹缘木求鱼，煮沙成饭，是不可能的。

（三）将来的趋势

中国人口将来的趋势，不是简单几句话可以解答详尽的，因为包涵的原因异常复杂。汤泼森博士（Dr. W. S. Thompson）在他所著的《人口问题》中曾有一段论及：“关于中国在下半世纪的发展，我们只能冒着险去猜哑谜。中国似乎可向满洲与内蒙古发展。或许在五十年以后，满蒙的居民要较现在增多二三百万。但是谁能确说中国内战将在何时止息？谁能确说中国的交通将在何时发展，能以运输粮食，救济灾荒？谁能确说中国工业的进化，与城市的发展，将要如何迅速？谁能确说中国工业的发达，能以减低生育率，有如西方一样？谁能确说中国人民能以安居乐业起来，或者困心衡虑，振作强盛起来，利用那地球上一部分荒地，为其已增加人口的安居之所？谁能确说中国的医学与卫生的设备，还要多少时间才能改良，以控制人口的死亡率？谁能知道中国还有多少可供开辟的土地，足以利用新式农具？最后，谁能知道中国家庭制度抵抗工业主义的猛攻，还能有多少长久？”

“以上种种，固不是我们所要明了的中国全部的重要问题，但是已足使我们晓悟推测中国人口将来的，甚至最短时期的趋势，确是一件难事。大致中国除殖民满蒙外，在数十年以内，其人口没有何种变迁。”

假使汤泼森博士的意见是准确的，移殖满蒙确也是解决我国人口增加问题的一个办法。但自1931年后，满洲已为日本所占，成立一个伪国。所以我国向满洲移民，已成了问题。可见我国对于增加的人口，将来很难应付，除非修改“物竞天择，适者生存”的原则。在今日，甚么兵燹匪患，甚么水旱偏灾，以及甚么疫疠，似乎是减耗我国人口过剩的唯一办法。所以我国对于人口问题，如果不筹划相当的解决，要想保持和平，享受幸福，恐非易易。

八　结论

综观上述各节，中国农村人口的结构，极为复杂。向者，我国实行大家庭制度，家庭观念很深，往往倾向于鼓励生育子嗣，以谋其家族的繁衍，于是早婚纳妾，重男轻女等恶习，相继而生。近年以来，欧化东渐，小家庭制度逐渐盛行，但是这个小家庭的人数仍较欧美为多。

论到早婚的习惯，实是我国农村人口问题的一个绝大的危机。因为盛行早婚，女子的生育期，就早而且长，生育率也就随之而高。根据著者的调查，我国的生育率为35.7，确已超过欧美各国。但是我国的死亡率也很高，其原因固然是由于生育率与死亡率的互为因果，也是由于我国医学的不精，以及一般民众的缺乏卫生常识，遂致生而不育，育而不存。再看我国的人口自然增加率为10.7，每年增加的人口，大约有400余万。这样说来，我国的人口，只要63年便可增加一倍。足证我国人口逐年锐减，以及其他民族的人口增加率较我国为速之说，都是没有根据的，然而再据金陵大学对于我国二十年以内的人口调查，我国的人口自然增加率为5.0，与著者的调查，相差一倍有余。因为在二十年以内，不免有兵燹匪患，水旱偏灾，以及疫疠等等，死于非命的，约有所差之数。即就5.0而言，我国每年增加的人口，也有200余万之多。所以我国人口的过剩，已为不可讳的事实。著者以为我国的社会、政治、经济种种问题，全是我国的人口过剩所造成的。

我国目前的人口过剩问题，既然这样严重，为福国利民起见，实有筹划相当解决方法的必要。兹就著者管见所及，解决的方法，可分治标治本两种。

（一）治标方法

人口既已过剩，亟宜予以调剂，否则，社会便呈不安的现象。调剂的方法，首在鼓励移民，就是将人口过密、田地过狭地方的人口，移殖到人口较疏、田地较广的地方去。我国西北诸省，土地广博，人烟稀少，或者可以移民。这样，不但可以解决我国人口的过剩问题，并且可以免除邻国觊觎之心。其次则为提倡实业，就是广设工厂，俾大部分过剩的农村人口，虽不能耕者有其田，工者有其事，亦可以投入工厂，从事生产，不致闲荡无业，增加消费。最后则为改良农业，就是利用新式农具，以利耕种；兴办水利，以资灌溉；开辟交通，以广运输；改良药剂，以防害虫；增加资本，以便设施。如果一个人的能力不足，则可举办合作社，群策群力，共同奋勉，果真能够这样，那么产量自然增加，获利自然丰厚了。

（二）治本方法

限制我国人口过剩问题的治本方法，莫善于迟婚与节育。往者，每见早婚的人家，女子年未及笄，却已儿女成行，终以保养难周，夭折迭见。至于做父亲的，或者因为经济的穷迫，没有能力教育，以致即有幸存的儿女，也无一技之长，足以在社会上谋生，徒然食息于天地之间，形成一些无用的过剩人口罢了。至于做母亲的，或者因为生育过繁，体力衰老，或者因为难产，多有死亡。所以现在我国亟宜提倡迟婚与节育。因为结婚稍迟，生育自少；生育既少，则精力有余，保养易周，而死亡也就自少了。这样，我们不但可以得到健全的国民，就是对于国家、社会、政治、经济、文化等等，莫不有相当的裨益。

我国的人口过剩问题，既然得了解决，那么，其他的一切问题，自然就不难迎刃而解了。

中国今日应采之人口政策之商榷*

一

中国今日农村凋敝，祸乱相寻，考其症结所在，固非一端，而农村人口压力之严重，可无疑义。盖人口端赖食料之供养，若人口之蕃殖速于食料之供给，则一但人口与食料失调，势必构成人口问题或粮食问题，因而促起其他一切社会、政治、经济等问题。

晚近中国人口问题，已渐引起国内多数学者之重视与讨论。综合各方意见，大抵不外人口膨胀政策及人口限制政策两派。前者以为人口乃战争之利器，生产之工具。战争之胜负，生产之多寡，靡不系于人口之大小。人口多，则战争可操左券，生产必然发达，否则反是。且近年以来，中国人口不但不见增进，甚有减退之势，故为应付国际战争，增加经济生产计，急宜奖励生育，以增加人口数量，而免中国民族有绝灭之虑。况在中国荒芜区域，尤其西北诸省，未曾开发之前，中国决无人口问题，即万一发生此项问题，夫以我国土地之广袤，亦不难利用科学，开发地利，以供人用。后者之意见则反是，以为中国人口将或已达饱和点，而可耕未耕之土地亦极有限，所以今日中国人口问题之重心，在于数量过多，致使人口与食料失调，土地分配狭小或不敷，每人所得微少，因此形成社会罪犯与苦痛之萌源，并为摧毁人口品质与健康之主因，而凡百建设事业亦无由推进。

---

* 原载《现实生活》1937 年第 1 卷第 1 期。

吾人细察主张人口膨胀政策者之理由，即知其根本舛误之所在。其一，人口为战争与生产之要素，乃古时代及中古时代之思想。盖自18世纪工业革命后，战争之胜负判于军器之利钝，生产之多寡决于机器之巧劣，而人口数量之大小无与焉。若谓人口数量为战争决胜之要键，则中国有四万万至四万五千万之人口，宜乎战无不胜，攻无不克，而印度有三万六千万之人口，亦宜富强，甲于天下矣。然而一则近百年来，战无不败，割地偿款，陷于次殖民地之境，一则任人宰割，惨遭亡国之痛，若谓人口数量为生产多寡之条件，则中国生产何以不足民用，而中国市场反为各国商品倾销之尾闾。可知人口非战争与生产之主要条件，彰彰明甚。其二，中国人口并非不见增加。试举一二具体之调查与统计，即可证明。金陵大学卜凯教授曾调查中国7省17区2866农家，依宋巴格（Sunbarg）进定退人口年龄百分率，证明中国农村人口之方式介乎增进与稳定两者之间。作者调查之中国16省8区101处38256农家，亦显示相同之结果，而无减退之现象。其三，奖励生育固能增加生育数量，增高生育率，然高生育率决非高自然增加率之谓。盖生育率与死亡率相伴，一国之生育率高者，其死亡率未有不高者。因之一国人口生育率虽高，然为其高死亡率所抵销，故其所得此自然增加率亦不大。然则奖励生育，可谓绝无裨于人口增加，徒形成多生多死之残酷现象而已。基此三点，可以断定主张人口膨胀政策者之失据与昧于事理。

作者对于人口问题，略具研究，当兹国人雄辩人口问题之际，两派理论可谓已发挥尽致，似无容置喙。顾以各方富于理论之阐述，而缺于数字之证实，为特搜集研究事实，统计数字，草成斯篇，以阐明根据今日中国国情，应采之人口政策。

二

吾人无论制定何种政策，必先缜密研究事实，不能徒凭臆断，游谈失据。譬如某地棉花运销合作社欲制定销售政策，必先研究当地、国内，甚或国外棉花作物之生产与需要。如生产少，而需要多，则制定之销售价格自可较高，并可于次年鼓励其社员增加生产；否则决不能强定过高之售价，更不能盲目鼓励社员增加生产，以致形成生产过剩之现象，一国制定人口政策亦然，必先研究其国内人口与土地之现象。盖以土地与人口关系之密切，固无人能加以否认。一国之地广人稀者，其采用之人口政策，自与一国之地狭人众者不同。中国素号地大物博，益以近世科学万能，采用人口膨胀政策，似无若何疑问。况际兹强邻压境，国际战争终不能免之秋，鼓励生育，增加人口，更无容疑。讵知事实大谬不然。请申论之。

中国人口数量，迄今虽尚无精确之统计，但如折衷各家之估计，约在四万万至四万五千万之间。中国土地数量亦无精确之统计，根据各家之估计，各省土地总面积约在 160 万万市亩左右（注一），而耕地面积则约在 12 万万市亩左右（注二）。故就耕地面积论，每人竟能摊得 3 市亩左右。假定已耕土地之漏报者达已知者三分之一，则每人亦不过仅摊得 4 市亩。复假定将来利用科学，能开辟西北西南许多可耕未耕之荒地，然据各家之估计，可耕指数亦竟在 6% 左右，可知每人摊得之亩数，充其量亦不过六七市亩，与英美各国相差远甚。且若人口不加以限制，则人口之繁殖无穷，而耕地之开辟有限，而每人摊得之亩数，似永无增加之一日。是故以中国今日如此庞大之人口，分配如此有限之耕地，而犹复汲汲于奖励生育，惟恐人后，名为人口膨胀政策，实无异自杀政策也。

第一表　中国农村人口普通生育率普通死亡率及自然增加率（1922～1933）

调查者	调查地点	调查年度	调查人数	生育		死亡		自然增加率
				婴儿数	千分率	人数	千分率	
卜　凯	河北盐山县	1922	687	40	58.2	25.5	37.1	21.1
乔启明	安徽等 4 省 11 处	1924～1925	22169	935	42.2	61.8	27.9	14.3
张履鸾	江苏江宁县杨柳村	1926	2634	53	20.1		24.3	-4.2
乔启明	山西清源县	1926	860	32	37.2	13	15.1	22.1
前　人	山西清源县	1927	838	18	21.5	10	11.9	9.6
前　人	山西清源县	1928	838	13	15.5	10	11.9	3.6
前　人	河北等 11 省 22 处	1929～1931	67643	2479	36.6	1736	25.7	10.9
前　人	河北等 16 省 101 处	1928～1933	202617	78913	38.9	55884	27.6	11.3
前　人	江苏江阴县	1931～1932	21864	1057	48.3	935	42.8	5.5
前　人	江苏江阴县	1932～1933	21486	947	44.1	776	36.1	8.0
前　人	江苏江阴县	1933～1934	21190	848	40.1	1101	52.0	-12.0
加权平均			362827	14313	39.4	108769	30.0	9.4

关于中国人口之生育率死亡率，及自然增加率，尚无完善材料足供引用。惟据金陵大学卜凯等调查中国农村人口之结果，得知中国农村人口之普

通生育率为39.4，普通死亡率为30.0，自然增加率为9.4（见第一表）。如以上述中国农村人口之普通生育率、普通死亡率，及自然增加，与世界各国相较，则中国人口不健全之现象，暴露靡遗，而使吾人凛知中国如欲救亡图存，自力更生，实不得不采取合理之人口限制政策。

根据最近调查，世界各国之普通生育率，除埃及之44.8与苏联之42.7外，即推中国之39.4为最高（见第二表）。知中国之普通生育率不谓不高，且不幸已占世界各国之第三位，然则今人倡言奖励生育，岂犹以中国生育过低，未占首席为不足耶！是诚咄咄怪事，百思不得其解者矣。

第二表 中国与世界各国普通生育率比较表（1）

国别	1908～1913	1932	国别	1908～1913	1932
埃及	43.6	44.8（2）	西澳大利亚	28.9	18.9
苏联	45.6	42.7	爱尔兰自由邦	23.1	18.9
中国		39.4（3）	苏格兰	26.2	18.6
锡兰	36.9	37.0	比利时	23.4	18.2（2）
印度	38.3	35.7（4）	丹麦	27.1	18.0（2）
罗马尼亚	43.1	33.3（2）	德意志	29.5	18.0（6）
日本	32.9	31.6（5）	昆士兰	28.2	17.9
葡萄牙	34.6	30.7	新南威尔斯	28.2	17.8
阿根廷	37.1	28.8（2）	美利坚	25.1	17.4
波兰	37.4	28.7	法兰西	19.5	17.3
西班牙	32.1	28.1	纽西兰	26.5	17.1
南非联邦（白种人）		24.3	澳大利亚	27.4	17.0
意大利	32.4	23.8	瑞士	24.7	16.7
坎拿大		22.4	挪威	26.0	16.3
荷兰	29.1	22.0	大不列颠及爱尔兰	24.6	15.8
捷克斯拉夫	31.1	21.0	英格兰及威尔斯	24.9	15.3
芬兰	29.5	20.7（2）	维多利亚	25.3	15.2
塔斯马尼亚	29.6	20.3	南澳大利亚	29.5	18.0
北爱尔兰	23.1	20.0	瑞典	24.4	14.5

（1）本表材料大部分采用1933年澳大利亚年鉴第191页。（2）1931年统计。
（3）金陵大学农业经济系历年调查。（4）1933年统计。（5）1933年统计（见1935年日本年鉴）。
（6）1934年统计（见 Statisches Jahrbuchdes Deutschen Reichs und wirtschaft und Statiksli）。

中国普通生育率既如此之高，宜其人口自然增加率亦较世界各国为高矣。然以中国普通死亡率甚高，故其人口自然增加率并不若一般人理想高。考世界各国之普通死亡率，推中国之30.0为最高（见第三表）。此固由于中国人民卫生常识之缺少，医药设备之拙劣，政治、经济及文化之衰弱，要亦盛行早婚，与夫生育蕃衍之结果耳。盖实行早婚，则生育繁多，故女子往往年未及笄，即已儿女成行。然生育繁多，殊易斫损产母体格之健，并造成产母死亡之机会，而一般实行早婚事每以经济能力之薄弱，育儿知识之缺乏，医药设备之幼稚，大多对于婴儿之保养不周，甚有溺婴之举，即重男轻女之习惯亦因此产生；形成生而不育，育而不存之悲惨现象，此中国婴儿死亡率之所以较世界各国为高也（见第四表）。兹姑假定中国人口总数为450000000，生育率为39.4‰，婴儿死亡率为200‰（第四表载明为156，然以漏报种种原因，据各方之推测，至少为200），则全国每年生育婴儿17730000而死亡竟达3546000之多，为数之巨，至足惊人。据有人估计，此项婴儿死亡在经济上之损失，以之抵补中国每年之入超，绰绰有余。

第三表　中国与世界各国普通死亡率比较表（1）

国　别	1908～1913	1932	国　别	1908～1913	1932
纽西兰	9.3	8.0	阿根廷	17.5	12.5（2）
昆士兰	10.3	8.1	比利时	15.7	13.2（2）
新南威尔斯	10.3	8.4	苏格兰	15.5	13.5
南澳大利亚	10.7	8.5	芬兰	16.4	14.1
澳大利亚西	10.7	8.7	北爱尔兰	16.9	14.2
澳大利亚	10.3	8.8	捷克斯拉夫	21.0	14.4
荷兰	13.9	9.0	爱尔兰自由邦	16.9	14.4
塔斯马尼亚	10.7	9.1	意大利	20.4	14.6
维多利亚	11.7	9.3	波兰	21.0	15.0
南非联邦（白种人）		9.9	法兰西	28.6	15.8
坎拿大(包括魁北克)		10.1（2）	西班牙	22.8	16.3
挪威	13.6	10.7	日本	10.5	17.8（2）
德意志	16.5	10.8	苏联	28.9	18.8（4）
美利坚（3）		10.8	锡兰	31.4	20.5
丹麦	13.2	11.4	罗马尼亚	24.7	20.8（2）

续表

国　别	1908～1913	1932	国　别	1908～1913	1932
英格兰及威尔斯	14.1	12.0	印度	25.8	24.9（5）
瑞士	15.2	12.1	埃及		26.8（2）
大不列颠及爱尔兰	14.5	12.3	中国		30.0（6）
瑞典	14.0	12.5（2）			

（1）本表大部分材料采用1933年澳大利亚年鉴第821页。（2）1931年统计。（3）人事登记处。（4）1928年统计。（5）1934年统计。（6）金陵大学农业经济系历年调查。

夫吾人主张采行人口限制政策，在一方面，固因中国将或已步入人口过剩阶段，发生人口与食料失调之危机，致不得不仰赖残酷而危险之积极限制，如水旱、疠疫等天灾，及战争、匪患、堕胎、溺婴等人祸，以增高死亡率。在另一方面，正因中国惨遭人口之积极限制，故主张效法欧美各国采用预防限制，如迟婚节育等道德之限制。此种限制之目的，在少生少死，以期生而即育，育而即存。其结果不仅足以改进人口品质与健康，且足以增高人口自然增加率。然则与其多生多死，伤害人口品质与健康，而减低人口自然增加率，孰若少生少死，改进人口品质与健康，而增高人口自然增加率。其得失利弊彰彰甚明，虽三尺童子亦知，固无空喋喋也。

或谓“据上所述，中国今日如欲改进人口品质，建设国民经济，惟有迟婚节育，以降低生育率，同时降低死亡率，使人口获得相当之自然增加率，然德意日等国何以仍积极奖励生育，岂不虑人口与食料失调乎”？是则不然。各国情形不同，故采取之人口政策自异。且德意日等国奖励生育，仅为政府领袖所欲采行之政策，以偿其侵略异国之野心；或因其本国人口过少，邻国之自然增加率较其本国为速，故不得不汲汲于事前奖励生育，以为之备。然观诸事实，世界各国普通生育率均呈降低之趋势。试就日本而论，其生育率自1908～1913年为32.9（见第二表），自1924～1932年为33.5，而1933年则降低为31.60（注三）。意大利固亦号称奖励生育者，然其生育率亦自1908～1913年之32.4，降至1932年之23.80，德意志亦然，其生育率自1908～1913年为29.5，自1925～1933年为17.6，而1934年亦仅18.0（注四）。盖以各国人民深知生育频繁，既无益于国家之富强，而有害于个人之福利，故无不多方节制生育，其愿遵从政府之奖励，努力生育者，可谓绝无仅有。惟经济文化落后之民族，如印度、埃及、锡兰，与中国，仍醉生梦死，不知节育生育为何事也。

第四表　中国与世界各国婴儿死亡率比较表（1）

国　别	1906～1915	1932	国　别	1906～1915	1932
纽西兰	61	31	坎拿大(包括魁北克)		63
南澳大利亚	68	37	法兰西	122	76
昆士兰	68	40	德意志	168	79
澳大利亚	74	41	丹麦	108	81（2）
新南威尔斯	74	41	北爱尔兰	92	82（2）
塔斯马尼亚	77	41	比利时	139	82（2）
维多利亚	76	43	苏格兰	113	86
西澳大利亚	81	45	意大利	144	106
挪威	68	46（2）	西班牙	156	111
荷兰	115	46	日本	151	132（2）
瑞士	108	51	捷克斯拉夫		138
瑞典	74	51	苏联	279（4）	141（5）
美利坚		58	中国		156（6）
英格兰及威尔斯	113	65	埃及		160（2）
大不列颠及爱尔兰		68	锡兰		162
南非联邦（白种人）		79	罗马尼亚		176（3）
爱尔兰自由邦	92	71	匈牙利	205	186

（1）本表大部分材料采用1933年澳大利亚年鉴第813页。（2）1931年统计。（3）1930年统计。（4）1931年统计（见Handbook of the Soviet union，1936，p.455）。（5）1930年统计。（6）1929～1934年，金陵大学农业经济系历年调查，如假定中国为200，则中国又占最高率。

三

高生育率及高死亡率之结果，匪特使人口年龄分配不均，且降低人口自然增加率。根据中国历年通常年农村人口调查，以如此高超之中国生育率，所得之自然增加率亦仅9.4（见第一表），似较欧西主要各国之千分率为高（见第五表），但上述自然增加仅系代表并无天灾人祸之处，人口应有之增加率。若就事实立论，频年以来中国天灾人祸，绵连不绝，人口之减耗至多。试观作者为中央农业实验所整理之近六十年中国农村人口增减之趋势（见第六表），得知中国人口自然增加率，每年平均仅0.5左右。推其原因，不外中国各处现将或已达饱和状态，致使生活资料不足维持其全体滋生之人口，结果每年实际人口自然增加率仅及通常二分之一，其余二分之一，类供自然限制之消耗。此处更有一重要点足堪吾人深切注意者，即世界文化发达之国家，能以较远中国为低之生育率及死亡率，获得与中国相同之自然增加率。假定中国人口自然增加率为0.5，则与英美各国之数字不相上下，然英美各国之生育率大抵在15.0左右，低于中国两倍有余，而中国之死亡率则较英美各国高出两倍有余。此中一消一长，于人口品质及社会经济之关系，至为重大。中国多生多死，不独糟蹋无量数之生命，且消耗至宝贵之财力，更从而斫伤产母之健康，促短产母之寿命，其愚孰甚。然则今人奖励生育，实无异奖励耗费生命，其残暴为何如！此吾人之所以提倡迟婚节育，采行人口限制政策也。

第五表　各国人口自然增加率（1）

国　别	生育率	死亡率	自然增加率	国　别	生育率	死亡率	自然增加率
苏俄	42.7	18.8	23.9	纽西兰	17.1	8.0	8.1
埃及	44.8	26.8	18.0	捷克斯拉夫	21.0	14.4	6.6
锡兰	37.0	20.5	16.5	芬兰	20.7	14.1	6.6
阿根廷	28.8	12.5	16.3	丹麦	18.0	11.4	6.6
南非联邦（白种人）	24.3	9.9	14.4	美利坚	17.4	10.8	6.6
日本	31.6	19.8	13.8	南澳大利亚	14.5	8.5	6.0
波兰	28.7	15.0	13.7	维多利亚	15.2	9.3	5.9
荷兰	22.0	9.0	13.0	北爱尔兰	20.0	14.2	5.8
罗马尼亚	33.3	20.8	12.5	挪威	16.3	10.7	5.6
坎拿大	22.4	10.1	12.3	苏格兰	18.6	13.5	5.1
西班牙	28.1	16.3	11.8	比利时	18.2	13.2	5.0
塔斯马尼亚	20.3	9.1	11.2	瑞士	16.7	12.1	4.6
印度	35.7	24.9	10.8	爱尔兰自由邦	18.9	14.4	4.5
西澳大利亚	18.9	8.8	10.1	德意志	15.1	10.8	4.3
昆斯兰	17.9	8.1	9.8	大不列颠及爱尔兰	15.8	12.3	3.5
新南威尔斯	17.8	8.4	9.4	英格兰及威尔斯	15.3	12.0	3.3
中国	39.4	30.0	9.4	瑞典	14.5	12.5	2.0
意大利	23.8	14.6	9.2	法兰西	17.3	15.8	1.5
澳大利亚	17.0	8.7	8.3				

（1）本表根据第二表生育率与第三表死亡率编成。

第六表　近六十年中国农村人口增减之趋势（1）

省	报告份数	人口指数—固定基年（同治十二年100）				人口指数—移动基年		
		同治十二年（六十年前）	光绪十九年（四十年前）	民国二年（二十年前）	民国二十二年（去年）	光绪十九年（同治十二年=100）	民国二年（光绪十九年=100）	民国二十二年（民国二年=100）
察哈尔	8	100	114	144	160	114	126	111
绥　远	14	100	139	172	175	139	124	102
宁　夏	5	100	143	101	88	143	70	87
青　海	10	100	167	161	172	167	96	106
甘　肃	24	100	115	192	117	115	113	90
陕　西	67	100	94	99	96	97	106	95
山　西	146	100	77	82	88	77	107	107
河　北	390	100	112	122	140	112	108	114
山　东	106	100	119	122	128	119	103	105
江　苏	133	100	108	128	150	108	119	117
安　徽	67	100	122	146	166	122	109	114
河　南	119	100	104	110	104	104	106	105
湖　北	34	100	105	116	145	105	110	125
四　川	103	100	118	135	157	118	114	116
云　南	35	100	135	179	237	135	132	133
贵　州	33	100	106	118	128	106	111	108
湖　南	56	100	118	129	144	118	109	112
江　西	44	100	100	100	93	100	100	94
浙　江	71	100	102	107	123	102	104	115
福　建	29	100	92	93	88	92	101	94
广　东	62	100	123	142	157	123	115	110
广　西	66	100	109	149	164	109	136	109
总计(2)	1622	100	108	117	131	108	108	112

（1）见农业部中央农业实验，民国二十三年实情报告汇编，第48页。

（2）本栏人口指数，系由各时期22省人口总数计算而得。

四

中国普通生育率与死亡率既如上述，可知中国人口之年龄分配至不均衡（见第七表）。若按牛学明（S. A. Newshlome）年龄分组法，则知5岁以下之人口过少，占132.3‰，足证婴儿死亡率之高大。25～44岁为人一生强壮时期，亦可谓充分工作时期，其为数之多寡，实与一国财富之荣枯有关。中国此种人口竟占279.3‰。夫以仅占全体四分之一弱之强壮人口之生产，供养全体人口之消费，欲其国民经济状况富裕，生活程度高上，社会文化进步，诚无异缘木求鱼，煮沙成饭，其不可能也明甚。自15～24岁为人一生成就时期，亦可谓受高等教育或学习经验时期。至25岁，一人由大学毕业，或学得实用技术经验，开始服务社会，从事生产。但中国人口初生时希望寿数已均仅35岁，较英美约短二三十岁，即较日本亦短八九岁（见第八表）。此种损失之大，莫与比伦。此固由于医药设备及经济方面之关系，更为高生育率及高死亡率所构成之结果。

第七表　中国各处农村人口各年组人口每千人所占之比率

年龄组	安徽等7省16处（1）		安徽等4省11处（2）		河北定县（3）		河北等11省22处（4）		河北等16省101处（4）		各处合计	
	人口数	千分率	人口数	千分率	人口数	千分率	人口数	千分率	人口数	千分率	人口数	千分率
5以下	1.788	119.6	1.690	109.7	3.802	124.1	9.131	135.0	27.419	135.3	43.830	132.3
5～14	3.418	228.6	2.938	190.8	6.338	206.8	14.699	217.3	43.205	213.3	70.598	213.1
15～24	2.662	178.0	3.065	199.0	5.187	169.3	12.188	180.2	36.333	179.3	59.435	179.4
25～44	4.398	294.1	4.611	299.4	8.336	272.0	18.727	276.8	56.426	278.5	92.498	279.3
44以下	2.686	179.7	3.097	201.1	6.979	227.8	12.854	190.0	39.049	192.7	64.665	195.2
年龄未详							44	0.7	185	0.9	229	0.7
总　计	14.952	1000.0	15.401	1000.0	30.642	1000.0	67.643	1000.0	202.617	1000.0	331.255	1000.0

第八表　中国农村人口与世界数国初生婴儿希望寿数比较表（1）

国　别	年　度	出生后希望寿命整数年限	
		男	女
纽西兰	1931	65.04	67.88
美利坚	1929～1931	59.31	62.83
坎拿大	1930	58.90	61.05
英格兰	1921	55.62	59.58
荷　兰	1910～1920	55.10	57.10
苏联（2）	1935	42.00	47.00
日　本	1921～1925	42.06	43.20
中国农村	1929～1931	34.85	34.63
印　度	1931	26.91	26.56

（1）本表材料大部分采自 Harry E. Seifert，“Life Tables for Chinese Farmers”，*The milbank memorial Fund quarterly*，Vol. XIII，No. 3，July，1935，p. 233；

（2）*Handbook of the Soviet Union*，p. 456.

五

综合以上各点，可知中国目前重大之问题，莫如人口问题，而人口问题之重心，端在人民之早婚繁育，以早婚繁育，致无良民质，无良民质，致无良政治；无良政治，致无良国家。故今欲国治民福，惟有采行人口限制政策，以限制人口数量，均衡人口年龄分配与性比例，并使人口与食料得其调剂，则基本问题一经解决，其他社会、政治、经济诸问题，不难一一迎刃而解矣。

吾人更应了解者，人口限制政策之目的，在限制不健全人口之增加，而促进健全人口之增加，故一般人以为迟婚节育，减少人口之增加者，实属大谬。盖迟婚节育之功能在降低生育率及死亡率，同时增高自然增加率，而并不致人口减少也。

最近国内有少数学者，自诩中国地大物博，以为决无人口问题，即有问题，其重心亦不在生齿之过繁，而在文化之落后，或分布之不均，所以极端赞成人口膨胀政策，奖励生育，且以为中国所以能屹立地球，具五千年炳耀之历史而不衰者，即因此生生不已之繁殖力，故如能利用科学，一方面改良耕地，一方面开荒地，何患人口过剩问题之不能解决。讵知中国可供利用之土地已属有限，即国人一致认为可供移殖之西北及西南，或以气候、地势、地质等自然环境，开发之可能性绝少（注五）。况若一面开垦荒地，一面孳生人口，则土地之开发有限，而人口之孳生无穷，是国内食料永无充足之一日，即人口问题永无解决之可期。

由是观之，今中国如欲解决人口问题，首应采取人口限制政策，效法英美各国调节与统制生育。第一，厉行迟婚，由法律规定男女结婚年龄。据作者民国一八至二三年（调查），中国 8 区 99 处 36632 农家，平均结婚年龄，男子为 20.0 岁，女子为 17.7 岁，均较欧美各国早七八岁。复据作者民国二十至二十三年江阴人事登记区调查，江阴人口结婚年龄在最近五十年，鲜有变更。江阴北滨长江，南邻苏锡，交通便利，较易接近新文化潮流，而其结婚状况尚复如此固定不变，则其他内地结婚状况之积重难返，概可想见。故今日惟有由政府以法律规定结婚年龄，男子结婚须具充足生产技能，而女子则须具发育完全之体格，及良妻贤母之条件，男子结婚年龄至少为 25 岁，女子为 20 岁。如此，或能痛革早婚之积习，而降低生育率也。

其次为厉行节育，以期改良人口品质，减轻父母对子女之经济负担，更免除多生多死、乱生乱死之矛盾现象。同时注意医药设备，灌输医药知识，降低婴儿及普通死亡率，而增长希望寿数，使人口现象日趋健全，则国富民裕可计日而待之矣。惟以中国教育之幼稚，文化之落后，且普通人民数千年来，深受古代学者对于人口方面思想之薰陶，如孔子“慎终追远”之礼教，以及孟子“不孝有三，无后为大”之宗法社会思想，故于无形中莫不希冀“多子多孙”，造成“子孙满堂”之现象。况一般农民更视子女为财富，盖迨子女长成之后，即可使操农场之生产工作，故无不抱“早养儿子早得力”之心理。今一旦欲人民实行节育，当非易易，然如由政府设立节育机关，一方面宣传节育之重要，一方面指导节育之方法；凡人民之生育频繁，因身体或经济种种原因，而感觉非实行节育不可者，节育机关即授以节育知识，或予以节育器具，则亦不难渐收宏效也。

总之，根据今日中国人口之消长，与土地之垦殖，中国现应采取人口限制政策，而限制人口之方法，莫如迟婚节育最为和平，最为安全，最为经济。在今日情形之下，若中国盲从少数与中国情形不同之国家，奖励生育，采行人口膨胀政策，则中国必为马尔萨斯所谓天然限制实验之场。

注一

1. 据曾世英估计为16760266845市亩；参谋本部陆地测量局曾发表相同材料。
2. 美国农部专家贝克尔（O. E. Baker）估计为14817608940市亩。
3. 美国锡雷寇斯大学地质及地理学院院长葛雷塞氏（G. B. Gressey）推算为16617155100市亩。
4. 陈长蘅氏估计为16539626668市亩。
5. 内政部统计司统计为17412290427市亩。
6. 国民政府主计处统计员张心一氏估计为11104136294市亩（外蒙古、西藏、青海、西康、广西五省除外）。

注二

1. 贝克尔氏估计为1056000市亩。
2. 张心一氏估计为1150877000市亩。
3. 葛雷塞氏估计为1274765615市亩。
4. 陈长蘅估计为1166265719市亩。

注三

1935 年日本年鉴。

注四

Statiscnes Jahrbuch des Deutschen Rcichs Und Wirtschaft und Statistik.

注五

Pacific Affairs, Volume No. 4, Dec. 1935.

如何健全人地间之合理关系*

一 引言

人与地均为立国之要素，国无地不存，无人不立，此为浅显易见之理，人资地以为生，地因人而用显，其间关系亦属彰著简明，无待赘述。故在某种文化程度之下，人地二者调适与否，实为民生丰啬国族隆替所仰系。其在地旷人稀之处，劳力每感不足，地利有所未尽，人民生活自不能臻于安适康乐之境，但若土地少而人口众多，则生产又感不敷消费，于是人民生活艰困，社会纷乱随起。调整之道，厥在健全人与地间之合理关系，俾一国土地富源，适度维持某一数量之人口。果如斯，则芸芸众生皆可获得其所需要之生活资料，享受最大最高之幸福，从而社会安乐有望，国泰可期。就实际情形言之，一国适度人口辄因时因地而变更，长保维持，殊非易事，但吾人实不能不悬此为迈进之理想目标，研究此种适度人口之可能及其限度。

我国系一农业国家，乡居人口约占90%，农业人口计占75%左右，故人与地之关系尤为綦切，二者调适与否，影响于民生国计者尤巨。今请一观事实呈现于吾人目前者为何如？言人口，则林林总总，贫弱愚昧，人既未尽其才，于是地亦不尽其利，物亦不尽其用。言土地，则面积虽大，但资以给养人口之土地并不多，故食之者众，而生之者寡。此种人地失调现象，早为

* 原载《时事类编》1941年第66期。

有识人士所共睹。爰撰本文，略申斯说，并述如何可以健全人地合理关系之道。

二 我国土地与人口之真貌

（一）自然环境

研究人地关系，首应注意自然环境。盖天时地利之厚与不厚，在土地方面足以影响其经济的可能利用程度，在人口方面足以左右其地理上的分布状况。虽曰人力可以胜天，但实际上人类活动莫不受制于自然，我国人地问题之所以严重者，即坐于天赋之不厚。自然环境之中，推地势土壤气候三者为最要，就地势言，我国为世界高地最多之国。0～500公尺之平原地带，为最适于人文发展之区域，仅当全国总面积14%。次为500～1000公尺之丘陵地，全国计有18%。其在1000公尺以上之高原高山，绝少适宜于农事经营者，反居全国2/3。方诸面积相近之欧洲大陆，其地势在500公尺以下者达82%，孰优孰劣，概可想见。

地势不利如此，敢问气候若何？吾人则又不得不承认国内干旱区域之广，温度差异之大。我国长江流域以南，雨量均在1000粍以上，随地势高下而呈多寡之别，长江流域以北，降雨量向北及西北递减甚速，除沿海一带，全年平均雨量皆不及500粍，而西北部则仅250粍，且有更少者。夫农事经营与雨量之关系至密，必须全年雨量在500粍以上，始可与言农艺稼穑之发展；若在500粍以下，除人工灌溉区域而外，农事即大感困难，若再不及250粍，则为干旱不毛之地矣。兹就全国面积加以统计，则雨量在500粍以上者仅35%，而不足500粍者则占65%，其在250粍以下者，竟占40%，此种自然缺陷实非人力所可左右。或谓有关华南雨量降于夏季者占全年总雨量二分之一，降于冬季者约为7%，余则春秋各半，其季节分布甚佳。华北情形虽较华南为差，但降于夏季之雨量约占三分之二，适当农时，其于作物生长裨益至巨。惟吾人于此更须注意雨量之变率，如某地某年雨量增减达25%，作物即受伤害，如达40%，即将无收获可言，今全国雨量变率，在扬子流域中部为10%，可谓影响农事较少，至华北则达25%～30%，至西北则达35%，此华北天灾之所以频起，西北农事之所以成败莫测也。

我国温度变迁一如雨量，自东南至西北递减。据竺可桢氏研究，华南年平均温度系在摄氏 25 ~ 20 度之间，长江流域 20 ~ 15 度，华北 15 ~ 10 度，南满西藏南部及新疆 10 ~ 5 度，北满蒙古北部与西藏大部均在 5 度以下。各地温度高低既属参差甚大，因之作物生长季节遂亦长短攸别。据金大农业经济系中国土地利用调查，水稻地带平均为 326 日，小麦地带为 230 日。八大农业区域中，以水稻两获区为最高，计 365 日，春麦区为最低，仅 131 日，相差共达 234 日之多。一地温度低而生长季节短者，农事经营如栽培作物种类，收获次数等等，均遭限制，自无待言。

言及全国土壤，其中质地肥美者固广，但天然贫瘠亦多。大体言之，长江黄河珠江淮河四大水道所成之冲积平原，均为土壤肥沃之区，满州平原、内蒙古草地及黄土高原虽亦肥美，然为地形雨量温度等等所限制，此种天赋之利，已非人可尽有。北满蒙古及西藏等地，土壤均属强度灰化，作物生长不易，新疆蒙古之灰色漠境土，土质更属瘠薄，自难利用。至于沿海一带，东北三省，华北平原以及漠境区域之盐咸土，欲期裨益农事，则非有浩大之水利工程不为功。总计此等天赋不厚，与夫天赋虽厚，唯因其他自然因子所限，致难尽利之土壤，其所占面积当近全国面积 1/2，斯为吾人所应认识者也。而我国各地土地利用失宜，童山遍立，原有森林滥伐殆尽，其增辟土垠侵蚀者必巨，惜乏精确材料可资引用，否则更将令人感叹无已。

综观我国自然环境，可知本部十八省与满州平原大部地势平夷，土壤肥美，雨量丰足，气候适宜，为我国重要农垦养民之区。西北诸省则几全为高原高山，又苦寒冷干燥，以视天时地利之尽美东南，相差远甚。前者计占全国面积 43%，后者占 57%。

（二）土地面积

我国土地计有 46250329 方市里，当亚洲面积 1/4，世界面积 1/13，寰球除英俄而外，无有再大于我者。惟人类社会幸福之增进，就土地方面言，并非建立于其面积之广狭，而在其经济价值之高低，故虽有石田万顷，山岩星布，斯又何裨益于人生？我国因天时地利所赋不厚，土地面积诚大，而可用之地并不甚多，观乎已垦及可垦未垦之数字可以证之。

关于我国已垦土地面积，大规模之估计及推算颇多，前后有贝克尔（O. E. Beker）、刘大钧、张心一、葛雷塞（G. B. Crcssey）、唐启宇及陈长蘅诸氏。据葛氏估计，全国除外蒙西藏已垦面积不详外，其垦殖指数为

10.5%，陈长蘅氏估计，除外蒙西藏西康已垦数字从缺外，全国计为7.65%，惟如在土地总面积中除去此三省之面积，则垦殖指数提高至10.45，与葛氏估计极为相近。唐启宇氏所占地域与陈氏同，如将蒙藏康三区缺乏耕地数字者除外，则垦殖指数增至11.12（原为8.15）。据此可知我国27省垦殖指数当在10%左右，耕地面积约在12～13万万市亩之间。至于本部18省垦殖指数，据张氏估计约为17.5%。葛氏如在农业区域中除去满洲平原区及满东山岭区，所得结果为24.2%，陈氏为18.1%。金陵大学农业经济系曾将张氏所据各县报告材料加以订正，结果为22%，又该系土地利用调查为27%。然则本部18省之垦殖指数当在22%左右，似可无疑。

研究人地关系，在土地面积方面，除须注意已垦面积之多寡，复应考查可垦之土地尚有若干，盖二者同为决定人口容量之重要因素也。著者于二十三年为中央农业实验所主持规划近六十年中国耕地面积增减趋势之调查时，曾就有开荒地及可垦荒地问题加以研究。据22省分析结果，荒地占土地总面积19.1%，可垦荒地占荒地总面积33.3%，占土地总面积6.36%。此数与次年唐启宇氏根据土地委员会调查所估计6.47%，不期而合，足证可资凭信。陈长蘅氏曾就全国可垦未垦地予以估计，得1407000000～1591000000市亩，为已垦地之一倍。果此等土地皆可利用开发，自必为将来厚生裕民之要图，然试一考其分布，则知大部系在边区，受自然环境之限制甚严，故将来如何利用，与夫利用以后，不违经济原则，殊堪置疑也。

（三）人口

我国土地未经清丈，人口亦无普查，故二者确实之数字均不可求。据二十六年内政部就各省市汇报户口总数统计结果，全国人口共为479084651人。各省人口之多寡，至为分布不匀。著者曾将前引之内政部人口与土地材料加以核计，得每方公里人口密度在300人以上者为江苏，300～200者为鲁豫冀浙，200～100者为皖粤湘鄂川，100～50者为闽赣晋桂黔陕辽宁，其余各省均在50以下，而蒙古宁夏西藏西康新疆青海每方公里尚不足4人。胡焕庸氏曾依据地理背景研究我国人口分布，氏自黑龙江之爱珲至云南之腾冲作一直线，将全国分为两部，则东南半壁面积仅占全国面积36%，而人口竟占全国人口96%，西北半壁面积计占64%，而人口反仅有4%，至于两大半壁内各地域之差异，亦属多寡悬殊。此种因自然环境限制而造成之人口现象，不惟指示全国人口分布未能得其均衡，尤足征证本部诸省人口已呈过多之现象。试再一观我国耕地人口密度更为了然。据金陵大学农业经济系22省土地利用调查，八大农业区域中每方公里之耕地人口密度，以西南水稻区为最高，达1018人，水稻两获区（800）及水稻茶区（690）次之，四川水稻区（622），扬子水稻小麦区（525），冬麦小米区（476）及冬麦高粱区（450）又次之，最低者为春麦一区，计331人。按世界各国耕地人口密度，除日本（1102）稍高于西南水稻区外，即以人口稠密著闻之比利时（660）言，亦不及水稻两获区之高。而德（313），意（305），法（186），美（85）诸国，更不及春麦区之高。夫欧美国家工商发达，技术进步，其每单位耕地面积所供养之人口如此，我国工商固甚幼稚，文化亦复落后，而每单位所需维持之人口反远过之，是非人浮于地而何？况我国人口业农者达75%，此等农民舍争食于土地而外，别无他途可以谋生，则人口中之农村人口更非过剩而何？

研究人口密度为静态人口探讨之一，兹再剖视我国人口动态之真相如何。所谓人口动态者，系指生育死亡与迁徙而言。迁徙姑不论，言及生死，则我国实为多生多死之国家。据著者就历年各种调查综合研究之结果，得知我国农村人口普通生育率达39.4‰，此数除埃及（1931～1935年为43）、墨西哥（1931～1935年为42）等落后国家或殖民地而外，鲜有再出其右者。查近代欧美文明国家之生育率，大多在19与15之间，而我国竟高逾一倍以上，生齿之繁，概可想见。或谓普通生育率未能顾及人口之性别与年龄组织，则请就已婚女子生育率言之，据1929～1934年金大中国八区101处38256农家调查，全国15～44岁已婚女子生育率为204，华南为209，华北为197，此数虽较意（1920～1922为255，以下所引数字年代均同）、日（246）、荷兰（238）等国为低，但仍较瑞典（197）、英格兰与威尔士（179）及德（162）、法（149）等国为高。且我国农村调查，匿报未满1岁（尤为女孩）与死产之婴孩，几为常事，故真实之已婚女子生育率恐犹不及此数也。凡生育率高者，其死亡率亦高，此语证之我国情形亦无不合。著者曾综合历年各地之调查，求得我国农村人口普通死亡率为30‰，位列世界第一。以视文明国家大多在15与11之间者，又高一倍以上，至于婴儿死亡率亦然。据101处38256农家调查，每千生育婴儿中每年死亡者达156人，如与印度、罗马利亚、埃及相较，虽属不及，但与欧美文明国家之在100以下者比美，则又深感远不若焉。

三 人口与土地之失调

我国人口与土地之实际情况已如上述，兹拟讨论者，即为二者之既成关系又复何若？用举数则，以示人地比率之失调。

（一）每人摊得耕地不足

一国人口少而土地多，则每人所资以生活之凭藉必富，若耕地有限生齿过度，则其资以生活之凭藉必少，一丰一啬，影响于国民生计者极巨，此点在今日各国竞求自给自足之时代尤为重要。我国虽云地大，然因自然环境之种种限制，其中平原沃野并不甚多。据前估计，已垦土地不过占总面积10%，约合12~13万万市亩，而人口密度则属过稠，以至每人所摊耕地全国平均仅约3市亩，本部18省2.5市亩。世界除日（指本部）荷而外，无有再少于我者，如与美国之49市亩比拟，相差几及廿倍。再就农民言，东北区每家农户可得田地52市亩，西北区30市亩，北方平原20市亩，长江下游14市亩，西南区18市亩，而东南区仅有12市亩。据李树青氏推算，华北农民至少需要田地25亩，华南15亩，方可维持其最低之生活程度，不及此标准者，非有为他副业收入借资挹注，即为贫苦不堪近于逃亡。由此可知我国农民因所摊耕地不足，生活凭借不丰，而挣扎于贫穷线下者，实居泰半。地狭人稠，其状如此。

（二）农场面积狭小

以农户数除耕地面积所求得之每户可得田地，似为人地关系理论上之说明，今如考诸实际，则理论与事实两相契合。请以金大土地利用调查为例：据该调查，我国农场面积之中位数为20.1市亩，作物面积为14.4市亩，小麦地带农场较水稻地带（13.8）大7.8市亩。各区之中，以春麦区为最大（30.0），西南水稻区为最小（0.96），其余依顺排列则为冬麦小米区、冬麦高粱区、扬子水稻小麦区、水稻两获区、四川水稻区，及水稻茶区。中央农业实验所于二十三年亦曾作此种研究，据其22省分析结果，我国农场面积在20亩以下者占总农户五分之三，人浮于地，竞耕竞食，于此益征。耕地面积狭小者，则土地劳力资本均不能为最经济之利用，因是农场利润低微，农家生活艰困。

（三）土地使用失宜

土地能否尽利，胥视人类利用是否得宜，苟用非所宜，地利固不能尽，或反致将来无穷之祸害，我国正患此弊。试观各省山地（尤为西北）人口繁众之区，本身压力过重，生活维持匪易，故凡地之可以暂获小利者，几乎无不加以利用，种植五谷，而不问其地势如何，对于水土保持之后果何若。其范围最广影响最著之事实，即推纵火烧山垦殖山坡一举，此等山地土壤初甚肥沃，产量亦丰；然为用未久，则渐成废墟，按诸山西土人经验，普通山坡开垦仅可耕种 3～10 年，坡度稍平者，至多亦不过 15 年而已。山坡土垠既被冲刷殆尽以后，则石骨暴露，雨水恣其四游，湍流挟沙，河床为之淤塞，于是一遇淫雨，山洪暴发，上游不能控制水源，下游不能宣泄通畅，结果巨灾迭见，防治末由。此种因人口过庶而造成之土地误用，因土地误用而造成之天灾人祸，循环呈现于史迹者不胜列举，非吾人敢过言也。

（四）人民生活程度低下

我国农人普遍贫穷已为不可否认之事实，推考其因，经纬万端，如帝国主义之经济侵略也，如土劣军阀之敲诈剥削也，惟其中最重要者，则为人口过稠，土地不敷分配，农民供给过多，生产技术难于改进。是以农民冒寒暑，勤耕作，而生产不丰，上焉者仅足以云温饱，下焉者并此温饱犹不可得。试一检讨农场用途实际分配状况，作物面积计占 90%，而牧地仅及 1%（美国农场前者占 42%，后者占 47%），当知我国农民为欲维持其一家五口之贫苦生活，乃不得不以其整个农场从事于作物之生产，盖就每单位面积所可供养之人口数量言，以牧草饲养牲畜而后供人食用，实不若直接以作物供人食用之为众多也。基此原因，我国农民遂亦以终年素食驰闻，如从农民生活费用观察，亦可证明其家庭人口负担之綦重，据著者综合各地生活费用调查之研究，农家每年支出平均用于衣食住燃料四项者计达 82%（食物一项占 60%），用于生活改进及杂项者仅为 18%。夫生活程度愈高，前四项所占之百分率应愈低，后二项即愈增。今我国农民各项生活费用之分配如此，实不啻说明其终年除困于衣食以外，所有医药卫生教育娱乐等等均无能力可以顾及，则一般生活程度之低下，于兹可见。

四 人口与土地之调整方案

前已言之，人口为一切社会政治经济变迁之枢纽，而土地为资生养民之工具，苟人口过庶，土地不足以养民，则民生必困，社会必乱，文化不振，国族亦危，是为千古不灭之至理。我国人地关系，早呈失调状态，降及近年愈益增剧，若不急起防治、预为绸缪，其势必至贻将来无穷之祸患而不止。是故今后治国之要图，厥在调整人地间之合理关系，俾二者得以常保平衡。

欲谋调整人地关系，吾人首应回顾中国之土地现状。据前所述，目下已耕土地仅约 12 万万市亩有奇，可垦未垦土地尚存 6% 左右，充其极，至多不过为现有耕地之一倍，是以全国面积虽大，而真能为用之地，并不甚多。且在上列数字之中，可垦土地大部分布于边区诸省，按一般实地考察结果，其他自然环境限制殊甚，或则雨量过少，或则温度太低，或则地力不厚，在在足以影响土地利用程度，而左右人口容量之多寡。故此等土地之经济价值远不能与一般已垦土地比美，是可断言，若论耕地，凡土地之应耕都固已加以耕种，其不应耕者亦多被开垦，因是侵蚀作用愈演愈烈，水土保持至非易事。今后果欲维持地利以造福万年，自非对于目下土地使用状况彻底予以调整不可，则现有耕地势须改为牧地林地者为数当不在少。准斯以观，若谓中国可垦土地尚有一倍之多，而人口亦可再容一倍，此种见解未免所抱过奢。更有进者，吾人鉴现在人多地少，耕地狭小，以致生计贫困，愚昧昏庸，实宁愿我国所可增加之耕地，用以扩大农场面积，增裕家庭收入，提高生活程度，而不期望其再多维持林林总总无养无教之众生。

欲国内维持更大量之人口既非得策，然则向外移民可乎？应者曰，斯又难能。今日世界上所可殖民之土地早为列强瓜分殆尽，焉有尺土尚留待吾人插足染指。以前东北四省曾为国内大量移民之所，惜自沈阳事起，此路亦断，是则有需于吾人之急起收复耳。由是观之，扩充土地面积，除有小量之可垦土地足资利用外，实乏其他良策可为无米之炊。故言调整人地关系，惟在土地方面，促进土地利用，以期地尽其利，实施土地合理分配，以保障人民生存，而在人口方面，则为发展工商以疏散农村人口，迟婚节育以维持一适度之人口，并期改良其品质，兹为分论如后。

（一）人口方面

（甲）发展工商以疏散农村人口 我国系一农业国家，工商企业至为幼稚，人民谋生之道惟赖土地，是以地狭人稠，所稠者尤在农村。发展工商，虽不能对于农村人口过剩问题为釜底抽薪之解决，但用以减轻农村人口压力则无不可。缘一国工商发达以后，全国人口职业分配必起极大之变动，举凡制造交通运输金融商业等等莫不需要吸收大量之人口，于是原有农业人口即为相对或绝对之减少。例如苏俄在 1928 年农民计占 76%，实行工业化后，至 1937 年已减至 61%。美国农民在 1880 年为 44%，至 1930 即减至 25%。我国工商前途正是方兴未艾，如能切实扶植助长，自必一若俄美等国。在此情形之下，农业人口减少，农场面积可以扩大，农业机械可以应用，农业生产可以增加，而工商亦同时并茂，其造福于社会国家者，良非浅鲜。

（乙）迟婚节育以降低生育率 一国人口政策究应采取静止、缓增、速增，甚或渐减之方针，此则必须缜密审视其本身之人口与所有富源若何，其在新辟地带如澳洲、加拿大、居民稀少，而物质丰饶，人口增加自属必需，其在人口停滞趋于渐减之国家如法兰西，人口增加亦属必需。若我国者，目下已有人浮于地之患，而国内垦殖又多限制，向外移民更感无力无路，实以维持静止乃至缓增之人口为是，欲则达此目的，吾人即须提倡迟婚节育。

普通人士闻言节育以为即是减少人口总量，大有谈虎色变之势，此实谬见。夫节育之真旨乃在降低生育率，不独足以改进人口品质，减少人口压力，减轻父母经济负担，更足以降低死亡率，而增长人寿。况人口之增减，并非悉系于生育率之高低，且须视死亡率之高下以为断。前已言之，我国系一多生多死之国家，每年所实得之自然增加率为 9.4‰，此数在 1932 年有新南威尔士与之相同，但其生育率为 17.8，死亡率为 8.4。又 1933 年意大利人口自然增加率为 10.0，但生育率为 23.7，死亡率为 13.7。是故多生多死与少生少死所增加之速率可以无分轩轾，则与其生而不育，育而不存，糟蹋无量数生命，耗费至宝贵财力，危害产母健康，孰若实行迟婚节育，讲求医药卫生，以降低生育率与死亡率，从而增长人寿，改进人口品质。

或有以为我国抗战四载，依然屹立，系因有众多之人口为后盾，遂乃主张奖励生育，大事增殖人口者，此见亦殊非是。中国抗战之能持久，人多固然，但尤得利于土地广漠，经济基础在农村。如全国面积仅为河北或江苏一省，则战不数月，恐即屈辱。如经济基础不在农村，则都市一失，恐即败亡。果因人口数量关系，敢问我国人口较诸日本约多6倍有奇（1937年日本本土人口为7100万），何以为时四载，犹未能将其逐回三岛？至就欧洲战事而论，德国人口共有6700万，然而战末两年，征服国家一十有四，人口逾17900万。是民质优越，科学发达之功欤，抑人口数量多寡之关系欤，于此当可了然于怀。故曰：国族之盛衰强弱，实系于民质之优劣，民力之厚薄，而人数多寡乃次焉者。

更有根据差别生育率之研究，以论我国智识阶级应被奖励生育者，此语又似是而实非。吾人基于优生学理，当不能使一般优秀分子日趋减少，而任愚昧昏庸者流孳生繁衍，但我国知识阶级在人口总量中究属有限，知识阶级之实行节育者更如沧海之粟。今若绝大多数之人口不予以有效之解决，则虽知识分子生育有若瓜果绵连，其不能发生若何重大作用，斯可断言。是以今日反优生之差别生育率，并非由于知识阶级之节育，而在绝大多数愚昧昏庸之农村人口未能节育。

总之，今日之人口政策，应在根据国家富源维持一适度之人口，俾每一生命能育能存，有养有教，而以改善民质，培厚民力为迈进之最高目标。

（二）土地方面

土地生产能力之高低，足以影响人口容量之多寡，是故如言调整人地关系，须就人地二者同时并进。普通研究土地问题概分两类，一为利用，一为分配，利用所以直接增加生产，分配如果得宜，亦能间接影响生产，彼此为状虽异，而旨趣则一。

（甲）促进土地利用以期地尽其利 我国农业生产，一般言之，已甚集约，但另一方面，则因土地使用诸多失周失宜之故，而生产效率并不甚高，是以如何促进土地利用，实为当务之急。促进土地利用，可从四方面入手，一为对于全国土地利用方式应摈弃以往之放任政策，妥筹周详计划，宜林者造林，宜牧者牲畜，宜农者开垦，其有误用乱用者，须一律纠正调整。按诸我国今日土地利用形态，依据其他之自然环境，当知必有若干耕地，若果用以饲牲畜、植树木，反为有利，同时亦有若干牧地林地，若果用以耕种作物，则更较合适。二为开垦荒地，垦荒为扩张土地利用以调节人口之一法。我国尚有可垦土地6%左右，自以从速开垦为是，边荒可实行公营，招募农民或移民屯垦，创设自农户。内地民荒可由政府资助或鼓励人民垦种，并兼行耕者有其田之政策，内地官荒可由政府经营，实行乡镇造产。三为消除现有土地利用之障碍，俾土地得以经济使用。缘我国农场不惟面积狭小，而且块丘琐碎众多，东离西散，田地距离农舍遥远，以致耕作管理均感不便，工作效率降低，农业生产减少。今后改革之道，一在规定耕地最小面积，禁止土地任意分割，一在倡行土地重划，集小为大，化零为整。其耕地中建有坟墓者，亦须倡导迁移，营葬于不可垦地。据金大土地利用调查，全国坟墓计占作物面积12%，约有1500万市亩。果此种土地悉能重加耕种，不论其用以扩大农场面积，或为增多供养农民户数，厥功决非浅鲜。四为发展农业技术，以增加农业生产。其法不外兴修水利，引换改良品种，防治病害虫害，应用新式农具，施用优良肥料等等，务期土地得以精密使用，人尽其力，地尽其利。

（乙）实施土地合理分配以保障人民生存 土地生产与分配同为解决人民生存资料之重要因素，如生产增加，而分配未得其平，则土地养人之资料将为豪右所掠夺，一般人民生活仍无改进可能。故生产以外必须注重土地合理分配，以防既富犹患不均。关于土地分配问题，总理早有昭示，为创平均地权之说，而于农村土地，更倡耕者须有其田，然总理主张耕者有其田，仅为原则上之讨论，未尝拟具如何实行之道。吾人依据本国情况，参酌欧美实施方式，以为实现耕者能有其田，应有下列三途可循：（一）保障佃权、限制租额，俾现有佃农得能逐渐发展，本诸自身力量，益以外界协助，进升为自耕农户。（二）对于现有自耕农，由政府在经济与技术方面，予以扶助提携，使其不致丧失土地，沦为佃农。（三）创立自耕农，或以照价课税办法，迫使地主不得不转让土地于耕者，或为利用荒地，创设自耕农场。此种积极之建树与消极之防止，如能切实并进并行，则土地权利既为人所共有，土地收益遂亦为人所共享。生产既足，分配亦均，则人人可得其应有之生活资料，人地调和，民安国富，实利赖之。

本文参考资料

1.《中国经济年鉴》
2. 竺可桢、卢鋈：《中国气候之要素》，《地理学报》2卷12期（二四年三六月）
3. 胡焕庸：《我国地大物博人稠之真相》，《地理教育》创刊号（二五年四月）
4. 竺可桢著，李良骥译：《华北之干旱及其前因后果》，《地理学报》1卷2期（二三年十二月）

5. 内政部统计处:《全国行政区划及土地面积统计》(二十七年)
6. 陈长衡:《我国土地与人口问题之初步比较研究及国民经济建设之政策商权》,《地理学报》2卷4期(二十四年十二月)
7. 唐启宇:《我国土地之垦殖指数与可耕地指数》,《实业部月刊》1卷4期
8. 国府主计处:《统计月报》农业专号(二十一年一二月合刊)
9. 内政部统计处:《户口统计》(二十七年)
10. 胡焕庸:《中国人口之分布》,《地理学报》2卷2期(二十四年六月)
11. 乔启明:《中国农村社会经济学》(金大农业经济系印行,初版)第四章,第八章及第十七章
12. 李树青:《耕者有其田与地尽其利》,《新经济半月刊》2卷12期(二十八年十二月)
13. 中央农业实验所:《农情报告》3卷4期(二四年四月)
14. 郑震宇:《我国战后土地政策管见》,《中国土地政策》(地政学会第五届文集)
15. J. L. Buck, *Land Utilization*, Chap. 4, 6, 8 and 9.
16. G. B. Cressey, *China's Geographic Foundation.*
17. E. B. Reuter, *Population Problems*, Chap. 4.
18. W. S. Thompson, *Population Problems*, Chap. 6.

近六十年来中国农村人口增减之趋势*

世界文明的国家，多数都举行定期人口清查，与人事登记，所以一国的人口数量与增减的快慢，均可合理的计算出来。这种材料，不但国家可以拿他作为行政上推进的一种标准，就是在学术方面也有他最大的贡献。例如在政府方面，有了详确的人口统计，什么选举、征兵、教育、卫生的设施，及财政整理的计划，均有相当的根据。在学术方面，并可研究人口增减的徐速，与其质的优劣，以作将来改造社会的基础。反观我国从未有详确的人口清查，至于人事登记，更谈不到，故国家建设无所依赖。

近年以来，空气陡变，我国朝野人士，颇有觉人口为立国之本，国家兴亡，确维系于此。因此国人注意研究人口问题者，日见其多，但研究最大的困难，是没有稍微可靠的统计，所以有许多人有片面的观察，下肯定的断语。有的人说：中国地大物博，人口问题，并不十分严重，用不着作过虑之谈。又有人说：中国人口日形减少，民族沦亡危在旦夕。我们听了这两种论调，真使人莫识所从了。金陵大学农业经济系，为破除现在我国人口统计迷，故历年用种种方法调查研究，但以前的工作多为标本调查，选择的年度，均为平常年限，故论及人口增加或减少，只能代表一个平常年限，也就是说在那年不受什么水、旱、兵、瘟各灾的影响，若单根据这种材料推测，我国人口每年自然增加约为千分之十，也就是说每年增加人数约在 400 万与 500 万之间。但按实际情形而论，恐怕我国人口增加不能如此的快，因为我国各种天灾人祸不时的发生，固然在平常年限，可以有大量的增加，若按长

* 原载陈长蘅编《统计论丛》，上海黎明书局，1934。

期趋势观察，亦未必增加如此之快。著者为证明此点，特拟定农村人口增减趋势调查表，利用中央农业实验所分散全国之农情报告员，作一自己村庄之调查与估计，此项材料，虽不能说十分真确，然在统计上所谓大量观察，也不致有离事实过远的批评。兹将此次调查结果，编为人口指数，列入下表，以观吾国各省人口历年增减之趋势。

省别	报告数目	人口指数						
		固定基期（1873等于100）				移动基期（1873，1893，1913，各等于100）		
		同治十二年(1873)	光绪十九年(1893)	民国二年(1913)	民国廿二年(1933)	光绪十九年(1893)	民国二年(1913)	民国廿二年(1933)
察哈尔	8	100	114	144	160	114	126	111
绥远	14	100	139	172	175	139	124	102
宁夏	5	100	143	101	88	143	70	87
青海	10	100	167	161	172	167	96	106
甘肃	24	100	115	129	117	115	113	90
陕西	67	100	94	99	96	94	106	95
山西	146	100	77	82	88	77	107	107
河北	390	100	112	122	140	112	108	114
山东	106	100	119	122	128	119	103	105
河南	119	100	104	110	104	104	106	105
江苏	133	100	108	128	150	108	119	117
安徽	67	100	122	146	166	122	109	114
湖北	34	100	105	116	145	105	110	125
湖南	56	100	118	129	144	118	109	112
江西	44	100	100	100	93	100	100	94
四川	103	100	118	135	157	118	114	116
云南	35	100	135	179	237	135	132	133
贵州	33	100	106	118	128	106	111	108
浙江	71	100	102	107	123	102	104	115
福建	29	100	92	93	88	92	101	94
广东	62	100	123	142	157	123	115	110
广西	66	100	109	149	164	109	136	109
总计	1622	100	108	117	131	108	108	112

根据上表吾人即可明了我国最近六十年来农村人口增减之趋势，例如以同治十二年西历 1873 年为固定基期，在人口指数项下全国之人口总指数在民国廿二年为 131，即在此过去六十年中全国人口共增加 30%。如按几何级数计算之，即每年全国人口增加 4.4‰稍强，再按移动人口指数计算之，更可明悉在过去一时期与其他一时期人口增减之比较，例如在移动人口指数项下，同治十二年至光绪十九年，其全国人口总指数为 108，其意乃表示由同治十二年到了光绪十九年的廿年中，人口共增加 8%，其次例如民国廿二年之指数 112 乃表示由民国二年到了民国廿二年的廿年内人口共增加 12%。

按全国人口总指数而论，我国人口在过去六十年中是有增无减，并不若现在我国一般人口悲观派，深信我国人口在近数十年内日形减少的臆说，因大多数省份，均有增无减也。吾人若再按省区而研究之，不免其中有数省反呈人口减少的现象，考其中主要原因，亦不外受水、旱、匪、　各灾的关系。例如宁夏、陕西、甘肃、江西、福建五省，于近廿年内，其人口移动指数，皆呈人口减少现象，查宁、陕、甘三省，位于西北，常苦干旱，尤以受民国十八年至民国廿年的大旱，人口死亡迁移的为数至多，至于江西在最近数年，因　　为患，人口减少即其重要原因，再福建沿海一带，居民多去南洋经商，故历年人口移出甚多，人口的减少，理所宜然。

再据人口固定指数加以研究，更能明了各时期之人口与六十年前比较之趋势，类如宁夏、陕西、山西、江西、福建五省，现在之人口与同治十二年比较，皆有减无增，但其减少时期，均各不相同，宁夏减少系由光绪十九年以后起。陕西、山西两省自同治十二年以后，人口至今从未复原，其主要的关系，因光绪三年及民国十八年的大旱，居民死亡及迁移，是很显明的事实，至于江西人口由同治十二年以后，历年稳定，惟因最近　　关系，在近数年内人口减少 7%，福建由同治十二年起，人口逐年减少，但其主要原因，因历年沿海各县，居民赴海外经商的缘故。

惟根据以上观察，就全国而论，仍系不断的增加。内中除少数省份，因有种种特殊的情形，反形减少人口，亦事实所不免。总之，此项研究最可使吾人注意者为吾国人口过去六十年中，经过各种天灾人祸的障碍，人口的增加，虽不如在平常年度之速，然仍系徐徐增加，并不若社一部分人士认为吾国人口呈减少的见解，据著者推测现在中央政府，正用全力复兴农村，什么交通、水利、卫生等事业，逐渐发展，将来人口的膨胀，是在所不免的。

第二编

土地问题和租佃制度

江苏昆山南通安徽宿县农佃制度之比较以及改良农佃问题之建议*

第一章 概论

一 叙言

我国以农立国，垂5000年，各种社会问题，莫不以农村为根源。虽近年来工业发达，都市社会问题，亦渐趋于复杂。然都市社会问题，固莫不与农村社会问题相表里者也。夫农村问题以佃户与地主为焦点，我国农佃制度，相沿日久，都人士不知细察农村社会中此等问题之既重且大，直接致碍农家经济生产之效力，间接则陷社会于衰微之状况。欧美各国，深察农佃问题有关于国家之存亡、社会之进步，故对于此等问题，多加考虑，以求补救之方策。我国号称古农国，为环球所瞻仰，然对于此等问题，从未稍加考虑，殊为憾事。著者有感于此，故对于此等问题，时加注意，博访广咨，深觉我国农佃问题，尚未尽善，颇有急须改良之必要。例如江苏吴江之震泽，农人几全为佃户，地主对于佃户之苛刻，实有不可以言喻者，触目感怀诚不得不令人投笔三叹也。地主田业公会，为佃户无上之官厅，押佃所为征服佃户之地狱，显然为中古奴隶制之遗风。地主宛如贵族，佃户即其奴隶。噫！农村社会中，有如是之现象，欲求国家之进步，其可得乎！再细察南京附近，佃户与地主之欵，与以上情形，相隔不啻天壤。著者于民国十三年夏，

* 原载金陵大学农林科《农林丛刊》第三十号，1926年5月初版。

从事考察此等问题，一年之内，遍历江苏之昆山、南通，安徽之宿县等三县境。谨就所得，编集成册，以供国内留心社会问题人士之参考。如荷不吝赐教，或以改良之建议施之实行，则不惟鄙人之所欣盼，抑亦国家之幸也。

二　调查之方法

（一）地点之选择

未调查之前，选定适当之地点，为第一要务。选择之要点有二：第一，所选之地点，应以能否代表此问题为标的。第二，选定之处，其情形以颇近似为宜。不能相差太远，致使将来结果失真。初次调查，不能包括范围太大，所选地点三处，皆合此意。昆山可以代表长江以南土地肥美、交通便利之区，南通代表沿江临海实业发达之区，宿县代表江北土地瘠瘦之区。三处所占地利不同，农佃情形，亦因之而异，故举此三处，以概观我国农佃问题之一斑。

（二）地势之说明

昆山位于江苏省之东部，沿沪宁路线，南北长 120 华里，东西广 60 华里，面积 2645 方里有奇。境内地多平坦，土性肥沃，惟县北微山，有土瘠民贫之叹。南通昔名通州，亦属江苏省，位于扬子江口。东及东北皆滨海，南及西南滨扬子江，全县面积为 7435 方里有奇。内部土地颇佳，沿海各处，昔为荒滩，现已召佃开垦，利用地力，藉裕农民。宿县属安徽省，位于该省极北，与江苏境毗连。津浦铁路过焉，全境面积约 2700 方里。北部多山，境内地面起伏不平，夏多水患，农民常受其害。

（三）调查之手续

调查进行之手续凡三：第一，将调查之问题，先行设问造表，以求调查之便利及记载之真确，不至有混乱错杂之处。第二，欲查之各点，虽行选定，然调查者对于该处，人地生疏，非特不易进行，反多滋生误会，故如能得人介绍，或作书访问，藉以获得当地人士之赞助，则不仅进行较易，农人不致误会，且可免记载失实之弊。第三，吾人虽在已选定之一县内调查，决不能将全县一一查过，故于未查之先，务须于该县内，选择适宜于调查之地点数处，俾可代表该县之一般情形。例如昆山全县共选 11 处，南通 20 处，宿县 21 处。每处所代表之范围，并非只指一村一镇之农业状况，实包括一情形相同之大面积而言。盖一县分为 10 处调查，则 10 处调查之结果，可包括全县，平均之即可得全县之情形也。又每处调查，一人所答，决不能作为标准，必需询之数人，互相印证，方能精确。故此次调查，所接谈之老农，每处多至十余人，少亦七八人，当地之乡绅地保，亦间得其赞助焉。

三 名词之界说

（一）“场主”系指农人自己或其家属，在田场上经营工作之人。就田产权而言，可分为三种。

1. “田主”系指农人自己耕种自有之田产者而言。

2. “半田主”系指农人耕种自有之田产，而并租种他人之田产者而言。

3. “佃户”系指农人完全租种他人之田产者而言。

（二）“地主”与“田主”有别，盖田主系指耕种自己田地之场主。而地主乃指有田产而不耕种之业主，而将其田产租与他人耕种者。

（三）“田场”系指一场主所耕种之总面积而言，并非指其所有每段田地之面积也。

（四）“作物亩”乃指在同一田场内，每年所种各种作物次数合计之亩数。例如某场主有田 10 亩，上半年种豆，下半年种麦，则其作物亩为 20 亩。若该田每年可种 3 次，其作物亩则将为 30 亩也。

（五）“指数表”（Index number）在本篇中，系指利用简易明了之数学方法，以记载历年事物变迁之程度高下。造表方法，系将一物在一定时期，和一定地方之平均时价或数量，作为一百，而推算以后时期，及一定地方之平均时价或数量之百分比例数。表内作为一百之时期，名曰“标准年度”（Base period）。该年度一定地方之平均时价或数量，名曰“基数”（Base number）。例如昆山，光绪三十年上等地价之平均时价为 25.09 元，民国三年为 50 元，民国十三年为 87.73 元。若欲知此 30 年内地价增涨之变迁百分率，则可用光绪三十年之上等地价平均时价当作一百，而推算民国三年与十三年两时期之百分比例。其法即用光绪三十年之上等地价平均时价作为基数，以除民国三年及十三年上等地价平均时价之百分倍数而得之。其所得指数，如民国三年则为 199，民国十三年则为 350。若以此二指数与光绪三十年之一百比较之，则昆山上等地价增涨之速率，一目了然。本篇指数表内，皆以光绪三十年（1905 年）为标准年度。且将其一处不同时期之平均时价与数量一一举出，读者可随其所欲而阅之。

（六）“单总平均”（Weighted average）即在规定范围内，所记载之同一事实、数目、记载单位之一次总平均也，例如江苏全省地权调查，皆以每县作一单位进行。然每县面积之大小不同，所选定之地点多寡亦异，若全省调查告竣，吾人欲知全省之地权所占百分率，则可用全省各县所记载地点之和，除各县地点估计百分率之和即得之。

（七）“度量衡及币制”，各处均不相同，甚至同一县内，种类繁杂，不能一致。本篇中所用度量衡及币制单位，皆以前北京农商部规定数为标准。兹将三处调查所得度量衡及币制之单位，及前北京标准表列后以资对照。

（甲）前北京农商部权度标准（民国四年规定）

重　量	容　量	长　度	面　积
10丝等于1毫	10勺等于1合	10分等于1寸	10丝等于1毫
10毫等于1厘	10合等于1升 1.0354688公升	10寸等于1尺 （0.32公尺）	10毫等于1厘
10厘等于1分	10升等于1斗	10尺等于1丈 （3.2公尺）	10厘等于1分 （0.6144公亩）
10分等于1钱	5斗等于1斛	180丈等于1里 （576公尺）	10分等于1亩 （6.144公亩）
10钱等于1两	2斛等于1石		100亩等于1顷 （614.4公亩）
16两等于1斤 0.596816公斤			

（乙）昆山、南通、宿县与前北京农商部规定权度标准比较表

类别 地点	重　量	容　量	长度及面积
昆山	1斤（天平秤）与北京标准同（1斤司马秤），等于1.05标准斤	1斗（量米）等于1.18标准斗 1斗（量麦）等于1.13标准斗 1斗（量油菜子）等于0.93标准斗	1步等于5尺与标准同 1亩（240弓）与标准同
南通	1斤（天平秤）等于0.98222标准斤 1斤（司马秤）等于1.02206标准斤 1斤（重秤）等于1.02278标准斤	1斗（第1种）等于1.2标准斗 1斗（第2种）等于0.9标准斗	1步等于5尺与标准同 1亩（250弓）等于1.041标准亩

续表

地点＼类别	重 量	容 量	长度及面积
宿县	1 斤天平秤等于 1.0336 标准斤	1 斗（18.3 桶）等于 2.4375 标准斗 1 斗（16.3 桶）等于 2.0417 标准斗	1 步等于 5.3 标准尺（本处 1 尺即 0.355 公尺） 1 亩（240 弓）等于 1.1186 标准亩

（丙）币制兑换比较表

地点＼类别＼年度	光绪三十年（1905）银币 1 元可兑换			民国三年（1914）银币 1 元可兑换			民国十三年（1924）银币 1 元可兑换		
	铜圆	制钱	小洋	铜圆	制钱	小洋	铜圆	制钱	小洋
昆山	109.60	1096.00	10.46	131.90	1319.00	11.29	192.50	1925.50	12.62
南通	91.00	1001.10	10.30	127.10	1100.00	11.10	229.10	2280.00	13.20
宿县	82.48	824.76		126.86	1268.57		245.67	2456.67	

附注：南通、宿县两处，自光绪三十年至民国三年，每串制钱，多不足千文。南通于光绪三十年，每串制钱平均为 995.8 文，民国三年为 999.5 文。宿县于光绪三十年，每吊制钱为 991.71 文，民国三年为 997.52 文，就民国十三年而论，昆山、南通市面，皆用银币估计，惟宿县以铜币吊数估计，故欲折为银币，须按每吊铜币之实数估计之。

第二章 田产权之分布及其原因

田产权云者，系指农人所耕种之田地之所有权是也。按有耕种权之农人，总称场主，场主则分为田主、半田主与佃户三种。兹就调查所得三种场主在不同时期分布之百分率，列表以记之。

第一表 田产权分布比较表

种类＼年度＼地点	昆山			南通			宿县		
	光绪卅年（1905）	民国三年（1914）	民国十三年（1924）	光绪卅年（1905）	民国三年（1914）	民国十三年（1924）	光绪卅年（1905）	民国三年（1914）	民国十三年（1924）
田 主	26.7%	11.7%	8.4%	20.2%	15.8%	13.0%	59.5%	42.5%	44.0%
半田主	16.6%	16.6%	14.2%	22.9%	22.7%	22.6%	22.6%	30.6%	30.5%
佃 户	57.4%	71.7%	77.6%	56.9%	61.5%	64.4%	17.9%	26.9%	25.5%

就上表观之，三处之田主皆见减少，佃户逐渐增多，半田主增减甚微，其理由可解释如下：就昆山而言，佃户日见增加，其原因之最重要者，乃为人口增加。此处人口增加，有两大原因：一即天然之增加，二即客民之移进。他若田主、半田主减少而降为佃户，亦为佃户增加原因之一。田主日见减少，亦有多种原因：大概不外人口滋生繁多，家庭分产，生活程度日见增高，又加之以田主多习不良习惯，往往用非其当，更遇五谷歉登，则债台高筑，为势所迫，自不能不弃田主而降为佃户也。他若近年来工商业发达，田主多辍耕而置身其间，每由田主而变为地主，亦其原因之一。惟此种现象，欧美各国亦多有之。

昆山佃户之起源，询之乡间老人，略能得其一二。据称该县明朝初年，荒田甚多，因屡次水患，耕种无利。当时县内田地，有官田、民田之分，官田为公家所有，民田为人民私产，当时官田，由公家在外处召佃垦殖，乃为该县佃户发源之滥觞。自后生齿日繁，耕种有利，为佃户者，日见其多，加以公家变卖官田，以图便利，当地富翁，知土地之有利，而争购之，为佃户者，仍耕种其田地，由是富翁一变而为地主。明朝末年，满兵南下，该处居民，逃亡殆尽，田地之荒者，又不知凡几。满清初年，至免江南之赋，以鼓励移民耕种，佃户从此又行增加。迨至末叶，沪宁铁路造成，交通便利，商业发达，多数田主，咸弃耕而经商，田地出租，佃户自又增加矣。

南通佃户增加之原因，与昆山颇有类似处，其最重要者，亦为人口增加之故。此处人口，已达十分密度，田地多归大地主所有，为佃户者，虽勤苦终日，亦难购得少数田产，因此处无产出售也。基上原因，故无产之农民，日见增多。惟亦有例外者，如刘桥一区，则独见佃户减少，其最大原因，盖因该处为产棉最良之区，近年棉价腾贵，获利极厚，多数地主，皆退佃而自耕也。至于田主减少之理由，与昆山处处相同，不另述。

宿县与昆山、南通情形，完全不同，佃户由民国三年后，稍见减少，然考光绪三十年至民国三年，则增加甚速，其增加减少之因，略举其重要者如下：10 年之前，此处大祲，多数田主，受薄收重债之苦，而变卖田产者有之，典当田产者有之，弃田而不耕种者亦有之，于是田主日见衰落，而佃户逐渐增加。此外如人口之增加，获地之不易，亦为佃户逐渐增加原因之一。此种现象，多见于该县之东部。除以上两种情形而外，又有多数田主，弃耕改业，愿租田产于人，迨其后粮价昂贵，为佃者稍获其利，故为佃户者，日见其多。由民国三年至民国十三年，佃户略见减少，其原因以近年来生活程度日高，粮价昂贵，又加以大受农产物出境之影响，为农者稍觉有利，故多数农人，又赎回典当田产以自耕，地主退佃问题，亦因之而发现。佃户之升为半田主，亦或有之。田主减少之原因，除上述者外，因田主生活程度较高，嗜好不良，家庭人口过多，亦能致此，是故由田主而降为半田主，亦不乏人焉。

半田主之增减，三处皆无大变更。推其重要原因，盖此等农人，多尚勤俭，少嗜好，田场资本配置，较为得宜，不致有过与不及之弊也。

除以上三处田产权分布而外，我国其他出版物中，亦能觅得多处，其中有足代表全国者，有足代表一省者，有足代表数道或数县者，兹姑就平日所知者，附录于下，以飨阅者。

（一）据农商部发表民国八年中国各省田产权之分布，而知全国之单总平均，田主占 58.7%，佃户为 22.9%，而半田主则为 18.4% 也。

（二）据江苏农业调查录，已完全发表之金陵、苏常、沪海、淮扬四道之情形而言，关于佃种问题，亦甚详晰，其田产权百分数之单总平均，田主占 37.3%，半田主占 27.6%，佃户占 35.1%。

第三章　农佃之消长与其他要素之关系

与农佃之消长有密切之关系者，有如下列之四端。

一　田场之大小

按田场之大小，可以比较三种场主耕种亩数之多寡。就调查所得，现在佃户耕种亩数最多，半田主次之，田主最少，此种情形，略与美国相符。按美国 1914 年（民国十三年）调查云：牛加色省（New Jersey）各种田场，佃户耕种作物亩数，实超过田主。例如在莽莫思（Monmouth）县马铃薯田场中，佃户平均耕种 86.7 作物英亩，田主平均 73 作物英亩。在索色开思（Sussex）县，酪农田场中，佃户平均耕种 91 作物英亩，田主耕种 69 作物英亩。在美国其他各省之田场，亦多此种情形。佃户耕种亩数较多之原因，中美同理，因佃户供给家庭生活，常多于田主，田场较小，耕种无利，故不若选较大之田场，藉较高之劳工，与效率高大之农具，而增加其收入焉。

据本篇调查三处在各不同年度所得田场面积大小之结果，按指数法与实数并列于第二表中。

第二表　逐年田场面积之大小比较表

种类＼年度＼地点		昆山			南通			宿县		
		光绪卅年（1905）	民国三年（1914）	民国十三年（1924）	光绪卅年（1905）	民国三年（1914）	民国十三年（1924）	光绪卅年（1905）	民国三年（1914）	民国十三年（1924）
指数	田　主	100	63	41	100	77	60	100	71	63
	半田主	100	88	72	100	76	59	100	76	77
	佃　户	100	99	94	100	79	62	100	90	76
实数	田　主	22.1 亩	14.5 亩	9.4 亩	16.6 亩	12.8 亩	10.0 亩	53.4 亩	37.7 亩	33 亩
	半田主	23.4	20.5	16.9	18.8	14.2	11.0	62.6	47.8	47.9
	佃　户	24.6	24.3	23.2	19.0	15.0	11.8	29.2	106.7	90.3

详阅上表，可觇知二要点，其一即佃户所耕之亩数，多于田主，其二田场之面积，逐年减小。其减小之原因，据各处农人普通所答，谓人口增加，土地有限，且田产多归少数地主所有，所滋生之农民，又舍耘田而无他途可归，此佃户之所以日多，而田场之所以渐小也。

除以上主要原因而外，其他原因之稍重要者，亦略录之如下：就昆山而言，10 年之前，农产腾贵，多数荒田，从事开垦，完全招佃，故佃户与半田主耕种亩数较昔为多。南通于此 20 年内无甚巨变，虽人口之密度，将达于饱和点，而江岸田地，复侵冲削小，然有东海岸垦牧公司之设，从中调剂。故过密之农民，多赴垦牧之乡，颇能使内地田场之大小，无甚变更。加以工厂林立，亦能吸收一部分过剩之乡民。美国经济家之言曰：“人口增加无限，土地有限，以有限之土地，供无限之人口，决非可能，其暂时解决之方，惟多设工厂而已。”南通盖即其实例也。宿县情形，略有不同，除人口增加问题之外，其荦荦大者，即水旱灾是也。灾荒与三种场主田场面积之增减，有直接关系。该处 10 年前，曾受水旱灾之影响，多数田主，因此损失而一蹶不振，田地或租或典或卖，多归佃户耕种。此为佃户耕种亩数多于田主之一原因也。再因该处田地欠肥，若耕种过少，入不敷出，且为佃户者，家多养牛，作揽种之条件，故多耕乃当然之事。该处佃户平均约耕百亩，否则即难维持生活，纳租方法，多系对半粮食分租法，是佃户耕地百亩，所收仅及田主之半，故不得不有较大之田场。

二　人口之多寡

人口多寡与佃户增加关系，已见于前，盖土地有限，而人口增加无穷，除提倡实业以容纳无田地之农民外，余者概属佃户，故人口增加，即增加佃户之一大原因也，就三处之估计，在最近20年内人口增加平均之百分率而论，昆山为25.9%，南通为35.8%，宿县为41.2%是也。各处人口每方哩密度，除南通因该县户口调查未竣尚难计算外，昆山每方里有688.11人，宿县有531.8人，昆山每人平均耕地4.8亩，宿县为5.4亩。

三　地价之高低

通常视田地价值之高低，以测土地之肥瘠，由土地之肥瘠，可度农佃问题之消长。据美国历来调查之结果，农佃户数，皆以田地肥沃价值高昂之处为最多，此种情况与本篇所调查者，亦颇相合。按此次三处调查所得，佃户之多寡，与田地之肥瘠，及田价之高低成正比例。扬子江沿岸为我国田地肥美之区，田价昂贵，而佃户众多。宿县为田地瘠瘦之区，田价低贱，佃户之百分率，亦不如昆山、南通之高，然迩来该处田价日增，而佃户之数，亦日多矣。兹据所得三县在不同年度每亩田地之价值，按指数法与实数列于第三表中。

第三表　三县田价比较表

类别 \ 地点/年度		昆山			南通			宿县		
		光绪卅年（1905）	民国三年（1914）	民国十三年（1924）	光绪卅年（1905）	民国三年（1914）	民国十三年（1924）	光绪卅年（1905）	民国三年（1914）	民国十三年（1924）
指数	上等	100	199	350	100	152	250	100	115	183
	中等	100	189	369	100	140	242	100	121	222
	下等	100	213	464	100	147	255	100	132	255
实数	上等	25.09元	50.00元	87.73元	39.28元	59.76元	98.09元	20.21元	23.18元	37.00元
	中等	16.36	30.91	60.45	28.06	39.24	67.96	9.67	2.70	21.47
	下等	8.09	17.27	37.55	19.32	28.48	49.23	3.75	4.94	9.58

综上表现之，田地价值增高之速，至为可惊。其主要原因，如人口繁多、农产物腾贵、市场销售与交通便利之影响等等，与上述三处莫不有关。其他之不同者，仅如昆山、南通，因发现公司购地，而田地微贵，宿县因受水灾影响，而田地微贱耳。至若中下等田地，其价值之增加率，较上等为尤速者，则因地价较廉，买卖交易较多，而佃户亦多愿租此种田地耕种也。

第四表为调查各种农产物逐年所增加之价值，以指数与实数列表比较之。

第四表　农产物价值比较表

种类	种类	昆山 光绪卅年（1905）	昆山 民国三年（1914）	昆山 民国十三年（1924）	南通 光绪卅年（1905）	南通 民国三年（1914）	南通 民国十三年（1924）	宿县 光绪卅年（1905）	宿县 民国三年（1914）	宿县 民国十三年（1924）
指数	小麦	100	164	281				100	148	224
	黄豆				100	145	160	100	145	263
	高粱							100	164	264
	芝麻							100	173	231
	白米	100	157	296	100	140	228			
	籽花				100	187	352			
	皮花				100	156	296			
	裸麦				100	146	223			
	油菜	100	164	287						
实数	小麦	2.00元	3.28元	5.61元				2.27元	3.36元	5.08元
	黄豆				3.50元	5.08元	7.36元	1.55	2.25	4.08
	高粱							1.18	1.94	3.12
	芝麻							3.73	6.45	8.60
	白米	2.84	4.45	8.42	4.80	6.72	10.94			
	籽花				6.77	12.65	23.82			
	皮花				19.07	29.76	56.37			
	裸麦				2.98	4.34	6.65			
	油菜	2.90	4.76	8.33						

四　土地之耕种权

土地耕种权问题，乃讨论一处田地之为田主耕种者，与佃户耕种者各占若干亩。此种调查，非有详密之统计，不易精确，故普通调查，势难深求及此。然就当地有经验农人之估计，再加以数村庄之实际调查，其结果虽不足代表全部状况，然亦可略觇实际之一斑也。就宿县言，经估计之地点共12处，其面积共计6.573万亩，其中为田主种者为2.11万亩，佃户种者为3.6万亩。按百分率计之，田主耕种亩数，占全数32.1%，而佃户竟占56.3%。由此言之，宿县为三县中佃户最少之区，而其耕种面积犹占大部分，至若南通、昆山两县，佃户既较宿县为多，其耕种面积之比例，自更较巨矣。

第五表　宿县三村农家调查之内容

类别 / 地点	农家户数	耕种亩数	场主所占家数		
			田主	半田主	佃户
竹园子	30	1791 亩	23 家	3 家	4 家
罗　庄	32	532	14	8	10
高　庄	22	1762	3	13	6
总　计	84	4085	40	24	20

由上表以百分数计之，田主占 47.6%，半田主占 28.6%，佃户占 23.8%，以此与田产权内三种场主户数多寡之百分率相较，则知相差不远也。

第四章　纳租制之类别与其环境之适应

据本篇调查所得，关于纳租制之类别可分为纳租金法、纳租谷法、粮食分租法、帮工佃种法，其户数之百分比较及地主之供给物等，详见第六表中。

第六表　纳租制度表

情形 / 地点 / 种类	百分率			除田地外地主所供给之物		
	昆山	南通	宿县	昆山	南通	宿县
纳租金法		81.8	2.3		草棚、水车、石碾居少数，大半除田地外无他	无
纳租谷法	100	8	7.2	无	同上	无
粮食分租法		8.7	90.5		草棚、石碾、水车与肥料，居少数	种子、肥料与牲畜，但各处情形不同，办法各异，详后
帮工佃种法	1.5			·	除人工外任何物皆由地主供给	

纳租金法者，佃户每年每亩田地纳一定之金额于地主，以偿其使用田地之租税也。纳租谷法者，佃户每年于每亩田地，纳一定之租谷量于地主也。粮食分租法者，即佃户耕种地主田地，将所收获之农产物，与地主按成数相分者也。帮工佃种法者，佃户只供一己之劳力，所有耕种资本，皆为地主供

给，迨收获后，佃户可得一部分农产物是也。又第四法与雇工之性质有异，因租田之管理，归佃户负责也。兹将此四种租制，分别详论之。

一 纳租金法

纳租金法，三县中惟南通、宿县有之，南通极多，而宿县甚少。按纳租金制百分率之多寡，与本境田地之肥瘠、田价之高低有连带之关系。凡租金制盛行之处，田地多较肥，而田价亦较昂，其故因田地肥沃，则出产丰富，入足偿出，又不易受水旱灾荒之影响，故地价昂。而为地主者，多愿每年收入一定之租金，盖其法有利而且甚便也。美国经济学教授安普（Frank App）曰："自精密农作（Intensive Farming）实行后，纳租金法，多见于田地价值较高之区。"诚属不谬。盖精密农作者，即耕种在力，且于每亩田地多加人工资本以增加其产量之谓也。精密农业之实行，多因该处人口稠密，田地有限，无向外扩充之机，则惟有实行此法，以增加每亩之产量。细察南通农家情形，已呈此种现象，故纳租金法亦特多。宿县则反是，农业粗放，土地价值较低，且水旱频仍，收获不定，故纳租金法，势不易行。所能行者，惟环城附近，田地较高，水患较少，出产蔬菜之区，其面积仅占全县百分之二或三而已。兹就南通、宿县两处调查每亩须纳金额之多寡，在不同之年度，以指数法与实数列于第七表中。

第七表 逐年每亩所纳租金额数比较表

种类 \ 年度 \ 地点		南通			宿县		
		光绪卅年（1905）	民国三年（1914）	民国十三年（1924）	光绪卅年（1905）	民国三年（1914）	民国十三年（1924）
指数	上等	100	147	229	100	81	148
	中等	100	157	240	100	96	169
	下等	100	174	255	100	64	160
实数	上等	1.79元	2.63元	4.10元	1.64元	1.33元	2.43元
	中等	1.31	2.06	3.14	0.83	0.80	1.40
	下等	0.88	1.53	2.24	0.47	0.30	0.75

综观上表，两地每亩田地所纳租金额皆日见增高，其主要原因，一由人口增加而欲为佃者多，二因农产物销路广而地价渐高。惟宿县增加率较缓，其原因亦与土地之肥美、地价，与出产量之高低有关，宿县瘠地甚多，地价

亦低，而产量亦较少，故租金额之增高，乃较他处为缓也。该县于民国三年（1914）租额不见增而反减，盖因当时水灾为患，多数田地荒芜，无人耕作，甚至减租，亦难觅得佃户也。至于民国十三年中，中下等田地租金增加率，较上等田地为速者，则因此等地价增加较速，而为佃者多也。

（一）地主之供给

在此种制度之内，有时地主于田地外，尚须供给佃户他种物件。惟因租金数目之不同、租约条件之差异，故地主供给物件之多寡及种类，亦多殊异。就三处调查所得，昆山、宿县之地主，除供给田地外，别无供给。南通则不然，如草棚（田间放置水车之处）、水车、石碾与肥料等，常为地主所供给者。惟此种情形，并非普行全县，北乡之刘桥、石港、西亭等处，行之者较多。盖此一部分之田地，肥沃稍逊，地主如无供给，以作佃户之补助资本，则地主与佃户间之利益，不克平均也。

（二）纳租金法对于佃户地主之利益

纳租金法，与地主佃户两方，均有利益。兹先就地主所得之利，益举其要者如下。

1. 租法便利，地主无需监督佃户，或恐有分租不均之弊。
2. 能使地主引招最良之佃户。
3. 收租便利，不至有缴纳低劣租粮，致起争执。
4. 地主方面，不致常受劣等佃户之影响而发生损失。
5. 地主供给佃户之资本较少。

对于佃户方面，亦有利益，如下之数端。

1. 纳租金法，对于良好佃户，有一最大利益，即其额外之勤劳进益，可全归已有。
2. 佃户可自由管理田场，计划亦可随意，不受地主支配。
3. 佃户可随意栽种各类作物，不受地主限制。

二　纳租谷法

按纳租谷法，三县均有之，惟昆山较多，南通、宿县较少。

在昆山，若就租约之语意观之，则完全系纳租谷法，惟就实际而言，地主多任择钱米两项。米价昂贵则要钱，米价低贱则要米。交钱办法，即地主将每亩租米量，按市上高价合作钱数，以迫佃户纳钱。此种情形，全县实占71.8%。实行纳租谷者，盖仅占28.2%而已。

此种纳租谷法之通行与否，对于地主环境，甚有关系。按该租法于环境之适应，与租金法略同。农业经济学中，亦有时将纳租谷法列入租金制内。地主选此法之原因，或因家中有仓廪含蓄，以候高价，或收谷租以充食用。惟此种地主，多限于家居者或小地主，至居外处之大地主，则多选纳租金法，以其较便利也。昆山因居外之大地主较多，故纳租谷法稍有变迁。兹就三处平均每亩上中下田地所纳租谷之石数（棉花以斤数计）列于第八表中。

第八表　每亩田地所纳租谷种类量数表

地名 \ 纳租种类及量数 \ 田地		上等					中等					下等				
		糙米	麦	棉	黄豆	高粱	糙米	麦	棉	黄豆	高粱	糙米	麦	棉	黄豆	高粱
昆山		1.10石					0.90石					0.60石				
南通	第一种	1.00					0.50					0.46				
	第二种	0.64	0.33石				0.44	0.24石				0.34	0.22石			
	第三种		1.63	15.48斤				1.32	2.56斤				0.30	7.84斤		
宿县	第一种												0.15			
	第二种		0.40		0.30石			0.30		0.30石			0.10		0.10石	
	第三种		0.40			0.40石		0.30			0.30石		0.30			0.20石

综观上列第八表，知各处因所产之作物不同，所纳租谷之种类及量数亦异。在昆山以糙米交租，在南通与宿县交租，所用谷类不一。就本篇所得，约各有三种交租法。在南通，第一种交租法，系完全以糙米交租，第二种系以糙米与麦合交，第三种系以麦、棉合交。此种交租法，多随佃户所耕种之作物而定。宿县第一种交租法，系以小麦与黄豆合交，第二种系以小麦与高粱，第三种系以小麦，惟只限于下等田地耳。交租不同之理由，与南通同，皆随佃户所种之作物而定。意即佃户春秋二季所种作物，以何种为主，即以何种作物交租也。

在此种租法内，地主多不供给佃户资本、农具与牲畜等，惟南通则稍有之。所供给者，与前租金法相同。

三 粮食分租法

粮食分租法，惟南通、宿县有之，宿县最多，占全县90.5%，南通则仅占8.7%而已。此种分租法，亦随田地之肥沃与否，与地位环境之关系而异。大半粮食分租法，多行于土地瘠瘦、水旱不均、人工价廉之区。盖惟如此，佃户始不至受大危险与荒年之损失也。粮食分租法，种类甚多，如对半分租法、四六分租法等等，不待尽述。各种分租比例，亦随田地之良窳，与地主资本供给之多寡而转移，今将粮食分租法，分三部论之：（一）地主资本之供给；（二）地主之收入；（三）粮食分租法对于地主佃户之利益。

（一）地主资本之供给

行粮食分租法，地主供给资本，南通、宿县均有之。在南通，地主所供给佃户者，与前二种纳租法相同，即除田地之外，尚须供给草棚、水车、石碾与肥料等是也，惟亦只限于县北数处。宿县除土地之供给外，其他供给之项数甚杂，最著者如种子、肥料与牲畜等。然因各处土地肥瘠之不同，所供给之方法，亦因之而稍异。例如一处地主供给种子，收获以后，佃户仍须将种子还于地主，而他处亦有不还者。地主供给肥料之处，有须佃户与地主均分其值者，然亦有佃户不出其值者。现就宿县境内21处之调查，知地主供给佃户种子，迨打落后，佃户须交还其种子者，约占66.7%，不交还者，占33.3%。地主供给牛力者占11.3%，供给肥料，以后与佃户均分其值者，占38%。大致地主供给种子、肥料与牛者，多见于该县西部，因该处土地稍佳，地势稍高，不易受水灾，故地主愿意投资，藉图最高之收入，而所用之种子与肥料，由地主与佃户均摊。东部与北部，土地瘠瘦，地面起伏不平，且易遭水患，故地主只供给种子，佃户用后，皆不偿还。至肥料与牲畜两项，地主完全不给，因该处作物收获不定，故所入多不敷所出也。

（二）地主之收入

地主收入之多寡，随地不同。南通分租法有二，即四六分法与对半分法。四六分法，即地主得收获之四成或六成，佃户得六成或四成。按最普通者，佃户得六成，而地主则得四成。对半分法，则地主与佃户，平均分派。作物分派时，不仅限于正产，即秸秆等物，亦须按成均分。宿县分租法，只有对半分一种。凡田场所种植之作物及其秸秆等，亦均须按成对分。惟有一种例外条件，即凡秸草等能为牲畜食料者，地主多不分之，例如麦秸、红芋蔓，及一部分之大麦，皆不分也。

（三）粮食分租法对于地主佃户之利益

粮食分租法，亦与地主佃户两方均有利益。兹先就地主之利益，述之如下。

1. 地主管理田场自由，随时有督促佃户维持地力之权，例如增加肥料，与牲畜饲养数目，均有限制。

2. 地主对于佃户耕种田地有发言权。

3. 年岁丰登，粮价昂贵之时，地主收入增大。

4. 地主易于收租，免却欠租之弊。

对于佃户之利益，亦有数端，兹更述之如下。

1. 年岁荒歉，五谷薄登，佃户可减少危险与损失。

2. 佃户需较少之资本，因地主有所供给，故初为佃者，多喜此法以求增进。

3. 地主多愿投资改良，佃户亦能增加其收入。

4. 地主能帮助佃户经济与食粮之不足，以鼓励其耕种，不至中途辍耕。

除以上所述者外，在此粮食分租法中，地主与佃户所注意之点，略有不同。地主所注意者，即佃户经营勤劳，资本充实，使每亩之产量增加，俾一己方面之收入更多。佃户所注意者，不在每亩之产量增高，而在田场之面积增大。盖如此乃可由多耕取利，而自身劳动上，亦觉稍逸，且又不至损己身之汗血，徒博地主之欢。改良农佃问题者，于此特点，须当留意。

四　帮工佃种法

帮工佃种法，惟南通一处有之，平均占全县1.5%。此种佃户，多见田地极瘠薄之区，该县泸泾港沿岸多有之。帮工佃户，不需资本，只供给劳力，所获作物，与地主按成分配。此处只有一种分租法，即四六分租。地主分四成，佃户分六成也。宿县近年来，已无此种佃户，多年以前，该县北部曾多有之，俗名曰“拔牛腿”。因此种佃户，恒以其全力为地主耕种，乡民多讽之为牛也。

除本篇调查三处而外，敝科卜凯教授，由我国各处随时调查纳租之种类，共有30处之多，就所得结果，亦无不与以上三处有比较之价值。在此30处中，纳租金者占21处，纳租谷者占9处，粮食分租者占20处，帮工佃种法占4处。若按地位环境而论，纳租金与租谷者，多见于我国之南部，而粮食分租法，与帮工佃种法，则多见于我国之北部。由此以观，纳租制之分配，似莫不与田地之肥沃、出产量之高低相表里者也。

第五章　地主收租之多寡与标准租率之比较

地主收租之多寡，多以佃户所纳之租额，与标准租率相比较。标准租率者，即以地价10%之数值取租为衡，若租额超过地价10%则为高，不及则为低。兹按调查各处纳租法与田地等级之不同，分类核算，所得百分数之结果，见第九表中。

第九表　地主收租多寡比较表

种类＼田地类别＼地点	昆山			南通			宿县		
	上等地	中等地	下等地	上等地	中等地	下等地	上等地	中等地	下等地
纳租金法				4.2%	4.6%	4.6%	6.6%	7.0%	7.8%
纳租谷法	10.6%	12.6%	13.4%	12.0	11.5	9.5	7.5	11.2	11.5
粮食分租法				10.3	11.3	10.0	9.0	12.5	15.0

由上表详细研究，其中可注意之点甚多。按表内纳租金项下之百分率，南通、宿县有之，察其数，均未超过地价10%。纳租谷项下百分率，三处皆有，未超过10%者，仅南通之下等地，与宿县之上等地。粮食分租法，南通、宿县均有之，地主之收入更大。不论田地等级，南通多为四六分法，宿县均按对半分法，故下等田地，佃户耕种勤劳，而损失又大也。按地主方面，对于纳租金法，显然知其不若纳租谷法与粮食分租法收入之高，但因其他关系，则有不得不然者。南通纳租金法最多，而地主之收入颇低。其重要原因，为受作物种类之限制，该处作物多棉，虽利益最巨，然较他种作物为易受损失，气候稍有不适，产量或致减少数倍，故佃户纳租金须较低，藉以平衡其意外之损失。又该处近来工厂发达，工资颇高，若佃种无利，佃户可入工厂谋生，加以该处地主田产甚大，设佃户因租昂而以罢种相要挟，则地主之损失，将不知凡几。凡此种种，皆为造成低廉地租之原因。在宿县行纳租金法者甚少，因该处易受水旱灾之影响，故收获无定，不得纳一定之租金，若地主每年有一定之租金收入，则佃户之损失，或将不赀。纳租谷法，在昆山甚多，南通、宿县较少。若比较地主之收入，各处皆不为低。南通、宿县多不采取纳租谷法者，其原因已见前篇。第九表内，尚有一点，可令人

注意者，即各处田地等级不同，其田租在地价中所占之百分数，亦因之而异。按各处比较，地主所收入，按田价百分率计算，田租之高低，与田地价值之高低，成反比例。易言之，即田地等级渐低，地主收入之田租，在地价中所占之百分率乃渐高也。考其原因，次等田地，多为佃户租种，而竞争者多，地主收租因之以高。又次等田地之田价，地主估计，失于公平，不能按上等田地作则，故下等田地之田租，按地价之百分率而言，乃较高于上等田地也。

兹就江苏农业调查录中，地主收租之多寡与标准租率之比较，亦莫不与本篇三处之所调查者相同。按之金陵、苏常、沪海与淮扬四道单总平均结果言之，高地（下等地）每亩值 37.03 元，中常地（上等地）50.93 元，低地（中等地）值 34.51 元。每亩总平均所纳租金，高地 2.99 元，中常地 3.82 元，低地 3.02 元。若按租金额与地价百分之比，则得高地为 8.1%，中常地为 7.5%，低地为 8.8%。按四道佃户纳租金之处，其总平均数，约占 38.4% 也。

第六章　收租法

一　收租之方法

按各处所得，收租方法，可分为两种。即地主收租与佃户送租是也。地主收租，又可分为二种，即地主亲自出外或派人收租。佃户交租亦有两种，即佃户送至地主家中，与送至租栈之不同。按收租法，各处乡俗不同，且随各种纳租法而异。兹就本篇调查所得，分别述之。

昆山之收租情形，以上所述各法均有之。就调查所得，地主自收者，占 41.4%，佃户交租者，占 58.6%。亲自收租与派人收租，多用之纳租谷法，间或有因佃户不交租，而地主往收者。佃户交租法，就该处习惯，送至地主家中者，不如送至租栈为多，按该县风俗，行纳租金法者，多系送租，行纳租谷法者，多系地主自收。

在南通所行收租法，完全由佃户送至地主家中，不论何种纳租法，均为送租，可谓简单矣。

宿县收租方法，亦分地主自收与佃户送租二种。然亦因各种纳租法之不同，其收租法亦因之而稍异。就纳租金与纳租谷两法而论，亦有地主自收者，亦有佃户送租者。惟此两种收租法，多寡无大分别，亦不甚重要，因实行纳租金法与纳租谷法者，尚不及全县 10% 也。粮食分租法在该处占 90.5%，收租方法，系地主自己，或派人前往，迨庄稼将收获之时，地主方面所派遣之人，居于佃户田场，以监视佃户有无偷窃之弊。地主多在田场上建筑房屋数间，名曰“仓房”，专为收获之时，地主派遣人所居住者。每次打落后所分之粮食，即堆放在内，迨打落完毕，佃户乃将粮食晒干，径送至地主家中。惟以上情形，系指居外之大地主而言，若居家地主，其住处距田场较近时，则佃户除每次粮食打落后即须送至地主家中外，其余如豆秸、高粱秆等之副产品，亦须分送，惟可稍迟几日。每年九十月间，农夫闲暇之时，双套牛车之送柴物者，络绎于道，盖即佃户送纳地主者也。

二　收租之时期

收租时期有春租与秋租之别，春租多在五六月间，秋租多在九十月间。所以选定此时收租者，盖因佃户收获已完，仓廪皆实，地主登门，易于交付也。昆山佃户，用糙米交纳，则为秋租。南通春租用元麦（即裸麦），秋租用糙米或棉花，此皆指纳租谷法，若夫纳租金法，则只有秋租，而无春租。南通习惯，多按节气，如春租在端阳节后，秋租则在冬至或霜降前后。宿县多系分租，亦按春秋二季收交。春租多系小麦、豌豆，秋季则以高粱、黄豆为多。此按粮食分租与纳租谷法而言，纳租金者，则因收租便利起见，或亦按春秋二季收获完毕而后收租，即五六月与九十月间也。

三　荒歉收租办法

丰年地主收租，理之当然。若遇荒年，地主仍坚持收租，佃户则多反抗，往往有争执发生。以上情形，概指佃户每年纳一定之租金或租谷者而言。就昆山而论，地主免租，均按县内赋税免征而定。若赋税免征，则佃户之租亦免，然往往地主苛刻，或者县内免征数甚高，而地主免租数较低。例如赋税每亩少征 20%，地主则免租 15%，此即地主苛待佃户之处也。昆山正仪一处，稍有特别情形。若庄稼收获不丰，佃户可邀地主在田内察看，估计收成若何，以定减租标准。若地主始终不察，则佃户亦不能自行收割，盖一行收割，佃户即需交全租也。故遇此情形，佃户往往不收，以致庄稼尽毁，而租亦不交。若县内赋税不免，地主对于佃户之地租，当然亦不肯免，故往往有因此而生纠葛者。就实际而言，多数佃户，实无力纳租，故地主亦有允许缓交者，惟佃户须写一字据与地主，批明佃户某某，曾借地主某某洋若干元，月息几分，迨何时交还，决不食言等情。此种字据，俗名曰“期票”，盖地主所许缓交之地租，至此时已变成借款，并须付息按期交还矣。

南通地主与佃户感情融洽，任事均可通融办理。荒歉则免租，缓交期限亦甚宽，甚至有三四年可缓者，绝无苛待之处。惟纳租金法，仅占全县5.3%，纳租谷法仅占全县2.9%，为数实甚少耳。

宿县多系粮食分租法，荒年免租，决不成问题。因多收则多分，少收则少分，地主与佃户，所谓苦乐相共者也。纳租金法与纳租谷法，荒歉之时，亦可免租，然所占亦不过21%而已。

四　地主租栈之组织

租栈制度，惟见于昆山一县，其他二县，均无此种组织。此种组织之主要人物，多为大地主或居外地主，其主要目的，专为收租与出立承揽（承揽即承租之约据）便利起见。租栈多设城内或市镇间，以便佃户交租。租栈又名曰账房，即管理收租账目之谓也。每一账房内，有大账（正管理）1，小账（副管理）1，大账每年俸金约200元，小费在外，例如承揽费、过账费（中金）等。其职务乃管理一切账目及收租事宜，财政出入，亦悉操之其手中。小账体金每年百余元，亦有小费可得，职务专管出外收租或催租等事。

五　取租者与佃户舞弊之情形

地主过大，对于收租事宜，全权多归收租者。收租者与佃户乘地主之不问，遂舞种种弊端。兹就各处舞弊中之最显著者，略述一二，使阅者得明此中之真相。

昆山收租舞弊情形，可分账房与佃户两种。兹先述账房所舞之弊如下。

（一）账房收入钱租，暂不入账，移作自用。

（二）账房将好佃户之姓名，改作歹佃户姓名。因此可以从中取利，因好佃户照额还租，歹佃户则否。诬好为歹，则好佃户所交之租，可移一部分作为己用，而将其余交还地主，且说明佃户各种苦情，以致不能全数交清，地主至此无可如何，只得听之。此种情形，大概发现于小租栈内。账房之所以能发财者，即以此也。

（三）在买田时，田内若有良好者，则账房将好田私自买下，而将次田分给地主，如是，账房可至异日，再托人名义而卖与地主，以便从中取利焉。惟此种情况，大概账房必与催甲（即催租用人）互相作弊，方可成事。

佃户对于地主之舞弊，亦有数种。兹就其要者，述之如下。

（一）佃户将租田转让与他佃户耕种，按理第二佃户，应赴租栈出立承揽，但有时并不如此，而仍用原佃户之名义，其理如下：

1. 佃户恐租栈再要加租。

2. 佃户可省承揽费。

3. 第二佃户再可转让于第三佃户，而仍用第一佃户之名义。因此则第二佃户，可脱离关系而得渔利。

（二）有时佃户因加租关系，私将原种田亩假名让与失信用之佃户，实则仍为自己耕种，以图欺瞒。有时第二佃户，仍假让于第三佃户，转之再转，以致地主不得收好租。此种弊病，大抵因地主远在他乡，不明此中情形，而致受欺。惟此种田土，亦大抵以劣田为多，好田少有发现此种情形者。

（三）佃户交租米，不交好租，随意参加杂物，以增容积或重量，更有将租米加水，而使谷粒增胀，增加重量与容积者。

南通地主与佃户感情颇佳，交租多送至地主家中。粮食交租，则虽不免有加杂他物之弊，然地主亦防之甚严，惟并无苛待佃户情事，除非佃户有意欺地主外，多无争执。

宿县收租者，对于地主舞弊，多与佃户合作。所偷谷物，佃户普通得十分之二，收租者得十分之八。佃户对于收租者，招待殷勤，烟酒茶饭，时有预备，以免有退租之虞。除此而外，佃户往往所得较多于地主，例如地主所分之高粱秆、豆秸等，少于佃户，而地主亦无可如何。当地农谚曰“佃户不偷，五谷不收”，亦可想见当地佃户舞弊之甚矣。

第七章　地主

一　地主居住之分别

地主可按其居处之不同，而分为居乡地主与居外地主。居乡者系指地主家居乡间，与其所有田产，相离不远者而言。居外地主，系指地主家居城市，或离其田产较远者而言。兹就三处调查所得此两种地主所占之百分率，列入第十表中。

第十表 居乡与居外地主多寡比较表

种类／地点	居乡地主之百分率	居外地主之百分率
昆　山	34.1	65.9
南　通	84.2	15.8
宿　县	72.6	27.4

其居乡或居外之原因，则多因祖居相传，不便迁居，别无他故。惟近年土匪猖獗，或亦有因此不能安居乡里而迁居城市者，或亦有慕城市之豪侈，而不愿久居乡里者，但为数极少耳。就昆山、宿县而论，居外地主，多世居于外，且为当地之大地主，南通则反之。

二　地主之职业

地主有居乡居外之别，所事职业，当亦有异。兹就本篇三处调查所得，情形大略相同，故合而论之。居乡地主，为农者居大多数，除此而外，亦有为教员、村长、乡绅、校董、作小生意（小杂货店）及无业者。居外地主之职业，多系经商，及不事职业者，余如邑绅及教员等，亦间有之。

三　居乡与居外地主之利弊

考欧美农佃问题，知居乡地主每年之所收入，率较优于居外地主。因居乡者，离田场稍近，易于管理，佃户不至有耕种疏懈、地力消耗等弊。居外地主，身在异乡，对于田地，势难顾及。佃户耕种废弛，在所不免，且地主多以每年有一定之收入为快，地方公益，毫不参加，当地金钱，往往费之外乡。此所以一般农人，对于居外地主，恒有所不满意也。回察我国情形，亦无大别。居乡地主，管理尽善，不弃耕作，待佃农亦较忠厚，热心公益。而居外地主，虐待佃户，在所不惜，对于田场，号称管理，实则不能顾及，公益不知提倡，惟世世仰给于田租，以博一家一身之快，且假手催甲，催甲则狐假虎威、鱼肉乡里。居外地主之流弊，由此可见一斑矣。

四　两种地主田产多寡之比较

两种地主，因贫富悬殊，所有田产亩数，多寡亦不相同。兹将各种地主田产亩数之多寡，按大中小列于第十一表中。

第十一表　居乡与居外地主田产面积百分比较表

单位：亩，%

种类/地点/地主之大小	居乡地主						居外地主					
	昆山		南通		宿县		昆山		南通		宿县	
	面积	百分数	面积	百分数	面积	百分数	面积	百分数	面积	百分数	面积	百分数
大地主	372.7	30.4	166803.3	98.1	551.4	77.2	854.5	69.6	3311.7	1.9	163.2	22.8
中地主	220.9	32.7	12847.9	98.2	287.6	23.2	454.5	67.3	393.6	1.8	954.1	76.8
小地主	140.9	38.6	239.1	56.7	165.0	25.6	224.5	61.4	182.8	43.3	478.9	74.4

由上表观之，昆山、宿县居乡地主所有田产，不如居外地主之多，而南通独反。以普通论，大半居外地主，皆为大地主，较居乡地主为富，故其田产亦多。南通则不然，凡富豪具有最多田产者，则居乡无事，家虽耕种，亦皆雇用长工。而居外者，则多务商。例如刘桥一区，田产几为数家地主所有，实为罕见。

就地主所有田产，分为自购与祖遗者。按调查所得，祖遗者居大多数。从此可知我国之遗产制度，为社会上造不平等之阶级最甚，且佃户存在问题，亦即遗产制度之产生物也。兹据三处所得之百分率，列入第十二表中。

第十二表　地主自购与祖遗田产多寡之比较表

种类/地点	自购田产之百分率	祖遗田产之百分率
昆　山	14.8	85.2
南　通	13.5	86.5
宿　县	7.0	93.0

五　地主选租之种类

地主对于纳租法之选择，随其居住地而异。就普通论之，居乡者多选谷租，因地点较近，运送便利，家有仓廪，可以贮藏。而居外地主，则终觉以租金为便。惟居近城市之地主，不论乡居外居，则皆多选租金，因交通便利，经济流通，现金应用，似较租谷为便也。然亦不能以为绝对不变，有时粮食昂贵，居外地主有仓廪储藏，则选谷租，以抬高市价，而小地主，则又常喜选谷租，以充食用。

第八章　佃户

一　佃户之籍贯

研究农佃问题者，关于佃户籍贯，颇觉重要。就美国而论，大半佃户移动无定，多系移民，租约期短，即为其一大原因。其中固然有利，而害处较多，盖短期则佃户耕种田地，多存五日京兆之心。而对于田场上之工作及设备，与肥力之维持等，皆不肯尽力也，故此等问题，国家认为至要。按本篇调查三处而论，则情形有别，除南通垦牧乡，完全行招佃制度外，佃户多系本乡居民，来自外处者，仅百之一二。兹就调查三处本乡佃户所占之百分率，记录于下：昆山为86.8%，南通为95.9%，宿县为99.9%。故就以上状况而言，佃户荒业及耗地力等问题，在我国似不如在美国之重要，因佃户多在本乡，又多为长期租约，一二年更换者甚鲜，即就地主方面而言，亦多愿本乡居民为佃，因本乡佃户，对于当地情形较为熟悉。土性气候，多有经验，作物结果，当可较优，且属本乡佃户，则其家庭状况，亦为地主所悉，日后之误会、冲突、纠葛等等，自可减少也。

客民为佃，昆山、南通有之，大多数皆承垦牧公司之招，所耕田地，多为本乡佃户所不愿种之下等田地，聊借客帮贫民，艰苦耐劳从事开垦，以图后利。良好田地，概不愿给耕种，因客民多无产业下落，有时或弃田携租脱逃，则地主必受损失，故客帮佃户，多为当地人所不喜也。

二　佃户承揽方法

农民为佃，须出承揽，其中必须经过介绍之手续，无人介绍之佃户，地主不愿将田地租给之，故凡愿为佃者，多求亲友为之介绍，其事方克成立。近来农产物昂贵，田地价值增高，故为佃更不易。田地较好者，佃户须出押租，且此等佃户，逐年增加，在昆山、南通多有之。宿县因田地不良，又多粮食分租法，故无押租。南通又有名为预租者，系佃户预先出租一年，每年如是，以防佃户欠租。然此仅见于田地较劣之处，如该县之三乐乡，即有此情形也。兹按本篇调查，在不同之年期，行押租者百分率之多寡，列入第十三表中。

第十三表 最近20年行押租佃户之百分比较表

种类 / 年度 / 地点	佃户有押租之百分率			佃户无押租之百分率		
	光绪三十年（1905）	民国三年（1914）	民国十三年（1924）	光绪三十年（1905）	民国三年（1914）	民国十三年（1924）
昆山	25.5	40.9	61.8	74.5	59.1	38.1
南通	72.9	76.7	88.1	27.1	23.3	11.9

除以上情形而外，佃户租田方法，尚有一特殊之例。即佃户租田，有田面田底之分，田底者即地主所有之土地权也，田面者，即佃户之耕种权也。此等情形，昆山稍多，南通次之。然亦只限于县之一隅，不尽到处皆有之，且以行之于上等田地者较多。按田底田面所以必须分者，即因佃户欲满足其要求所谓佃户之租种权也，大意谓田底皆为地主所有，田面为佃户所有。平常买卖田者，系指田底而言，田底为地主之产业，佃户之所以交租于地主者，即以此故，并非因田面故也。地主可任意买卖田底，而佃户亦可买卖田面。若有某农，欲租田耕种，则先须与耕种该田之佃户，商量田面之价，若已商定，然后再赴业主处，出立承揽据而耕种。若该田户不愿将其田面让人，则某农虽得业主之许可，而亦无所用。惟若原佃户因拖租不交，而其租价已超过田面之价时，则地主可将田面收回，如是则该佃户遂不能耕种。照以上所说，地主有收回田面之权，而不令佃户耕种。通常田面之价值愈高，即田租亦更易收而愈佳也。是故用田面田底之法，一则地主可藉此而收租较易且佳，再则田少人多，有此或亦可稍免争夺于一时也。

三 佃户所需之资本

佃户耕种田地，须有相当之资本方可，若资本不充，为佃决不能有利。兹按调查各处佃户田地之多寡分为大中小三种，各种佃户每户平均之资本，列表比较如下。

第十四表 佃户资本多寡比较表

地点 / 种类	昆山（元）	南通（元）	宿县（元）
大佃户	556.36	1850.00	397.37
中佃户	371.82	725.30	248.10
小佃户	222.72	312.50	122.12

由第十四表中，观察佃户所需资本之多寡，可以知该处之农作为粗放，或为精密，大概粗放农所用之资本较少，精密农则较多，因精密农所费之劳力、肥料皆为最多也。吾人又知耕种作物之不同，亦与资本之多寡有关。棉稻可谓精密农作物，豆麦、高粱可谓粗放农作物，因棉稻栽培收获，皆需劳工较多，而麦、豆、高粱等则较少也，故资本之多寡，亦随之而升降。南通为产棉之区，所需肥料（豆饼居多）及人工甚多，故佃户之资本较大。昆山植稻最多，故资本居中。宿县则仅植小麦、高粱、绿豆等作物，所需肥料与人工皆较少，故其资本亦最少也。

佃户之资本，完全属诸已有者甚少，多借他人之资本，以补不足。昆山、宿县之佃户，皆借自地主，而在南通者，则多借自富翁。地主之贷款佃户者甚少。昆山佃户，由地主方面借债者，殆占 66.4%，宿县占 41.1%。平均每年利息，昆山约二分半，宿县地主，大半不取利息，南通佃户借自富翁者，年利亦为二分左右。

第九章　地主对于佃户之态度及其两者间之关系

农佃问题中，最可使人注意者，莫若地主对佃户之态度及其关系，因此等问题，足以观察推测该处农佃问题，是否与社会之治安兴隆，及永久农业之维持有关。故研究农村问题时，多注意佃户与地主之感情，及其互助上之疏密，以判断该处农村社会进步之趋向。盖若地主不设想佃户之困苦，而强行无理之压迫，则佃户不免有团体之结合，以造成一种群众之运动。著者见民国十四年 11 月 22 日新闻报纸专电中，载有江苏吴县之角直、陈墓、车防三乡农民发生抗租风潮，水警派队驰往弹压，拘获 3 人，已平息等语。又 12 月 13 日《大陆报》中，载无锡北乡，有留学生周君，援助乡民组织团体 (The Farmer's Self-Protection Society)，反抗地主，乃有抗租霸种情形。由此以观，足见中国之佃户团结，以反抗地主之势，现已逐渐暴露。地方当道，若不急起以图改良，藉平一般佃户及地主间之纠葛，则将来社会之治安亦颇堪虑也。

一　地主对于佃户之态度

地主对于佃户之态度，有善有恶，随地不同，其中最足使人注意者，莫如交租所生之纠葛。兹就调查所得，述之于后。

（一）地主收租之威力

地主之有威力，以昆山为最甚，南通、宿县次之。在南通大半地主与佃户感情融洽，事实上无可足述者。昆山则不然，地主与佃户间之纠葛，时常发生。地主恒用种种方法以压迫佃户。就账房收租而论，即可知地主之威权。账房收租，每年宽限佃户 3 次，以完纳租谷或租金。头限自秋收至十月初一，二限至十月初十，三限至十月二十。若再有不还租之佃户，则大账派小账出外催租，若再不还，小账则赴地保处，请其帮助，佃户若仍抗拒，则大账请催甲前往该佃户住宅催索，若佃户仍不听命，则地主可令租差携带“切脚”前往佃户住宅，将其拘入押佃所，若拘押以后，仍不能还，甚至受追租委员之审问笞打。地主对佃户之威，于此可见，兹录切脚款式如下：

切脚

仰某某地保将顽佃某某抗租不交立即提案严办

昆山县知事某

中华民国　　年　　月　　日示

顽佃住某区某图承种某区某图某字圩田　亩　分

（二）田业公会之组织

昆山全县各地主组织田业公会，呈请县署委派追租委员，设立追租局。委员系警察署员充任，薪水由各地主摊派。遇佃户欠租事宜，则可由该局直接审理以追交之。

（三）押佃所

押佃所为完全处罚过期不交租之佃户而设，昆山城市乡镇多见之。著者调查时，得县公署之允许，曾参观署内之押佃所。所内共拘押 15 人，男子 10 人，女子 5 人。所欠之租，最多不过 30 元上下。女子被押，皆由丈夫潜逃，无从捉拿，故将其妻拘留。此种苛酷之行为，县署与地主皆能为之。佃户不但受地主虐待，而被拘留，甚至押佃所内之看守者，亦刻薄寡恩，欺凌佃户，有彰明昭著者，述之于后。

1. 佃户押在所中，看守该所之人，得强卖饭食与佃户，其价每碗饭较市上约高 3 倍，且饭费须先付后食。如家人送饭至所中，每被阻止。

2. 佃户在所中，须出押费，否则佃户必受苦痛。

3. 有钱佃户，若因顽强而不纳租，押入所内，则需给钱物与贫穷佃户，以免受欺。

二　地主与佃户之关系

地主与佃户之关系，皆应以两方合作与互助为之，例如借债、还债、改良土地、维持地力、交换工作，与保护佃户等，皆为两方之有关系者。兹就所得，分述之。

（一）地主为佃户之债权人

佃户资本，多非完全出自本人，大半借之地主。按调查所得，佃户之向地主借款者，在昆山占66.4%，宿县占41.2%，南通占3.3%。地主放债招佃，佃户资本充实，故对于耕种尽力，收获多佳，地主收租，因之亦不困难。按佃户惟与地主相近，他处不易借贷，故不得不开口于地主之前。佃户借贷方法，分现金与粮食两种。现金作农业资本或付债之用，粮食充作食用。佃户还债用现金者，昆山占92.7%，南通占98.7%，宿县占66.2%；用粮食者，昆山占7.3%，南通占1.3%，宿县占33.8%。

（二）地主及佃户对于土地之改良情形

地主助佃户改良土地者甚少，昆山全无，南通稍佳。如地主帮助佃户筑堤、造桥、挑沟等，颇常见之。宿县地主，更有时帮助肥料与牲畜，以维持其地力。佃户对于地力维持，亦多敷衍，普通方法，昆山、南通，多用塘泥、水草、豆饼、厩粪与人粪等，宿县多用厩粪，然皆不充足。就三处而比较之，则以宿县为最劣，因该处土地瘠薄，水患频仍，虽肥料甚丰，亦仍不能必其定有收获。故多数农人，对于肥料一层，多不注意，盖亦势所使然也。

（三）佃户帮助地主之工作方法

地主雇佃户作工，各处皆有，所做事项，多数为婚嫁丧葬等事，代作农工者甚少。感情融洽者多不给工资，间亦有付者，仅大洋一角数分耳。

第十章　佃种之年限

一　佃种年限之种类

佃种年限，至关重要。期限长短，与田场经理，颇有密切关系，然亦需察其地位之环境，并其纳租法之异同而定。欧美佃种年限之比较，美国最短，大多1年为期，英国多长期租约。然就二国地位环境风俗而论，美国期限较短之原因，由佃户纳租，多系粮食分租法，佃户能力之优劣，与地主之收入有关，租约短期，即两方之退揽方便，不致受租约年限之拘束，又美国地主最易更换，故长期颇不相宜。英国地主不常更换，佃户又多纳租金，故佃户之优劣，地主多不顾及而期限较长。按上述情形，与本篇三处之调查，略有异同。盖调查结果，三处都系永久租约，似乎咸与英国制相同，因三处地主多不管理田场，且亦久不更换，而又多行纳租金法。惟宿县与英美两国情形不合，该处因土地瘠瘦，水患频仍，收获无定，不论佃户优劣，其收获多无标准，故虽亦为粮食分租法，而年限则长期，反与英国相同也。

二　长短租约之利弊

租约期之长短，均有利弊，盖即视租约之初次规定，完备与否耳。兹就其利弊之所在，胪举如下。

（一）长期租约之利

1. 长期租约，能使佃户不存五日京兆之心，且引起佃户耕种与改良之兴趣，不致有耕种废弛、地力消耗等情。

2. 佃户生活改良之机会较多，且对于社会感情，亦易趋融洽。社会经济及公益方面，关系较易密切。

（二）短期租约之弊

1. 期限过短，佃户无心改良耕种。栽培作物，多无轮栽次序。

2. 短期租约佃户当之，多不易维持生活，遑论休养生息，故对于社会公益，多不加入。

第十一章　佃种租约

一　租约程式

佃户承租耕种，有具租约者，亦有不具租约者。昆山、南通，多具租约，宿县则只限于纳租金及租谷二种。昆山、南通，亦有地主与佃户两方各出租约为凭，宿县佃户之有租约者，名曰“批帖佃户”，该种佃户，多不如无租约之佃户自由，愿耕则耕，不愿则罢。批帖佃户多世袭，只许地主退佃，不许佃户退种，甚至佃户积有财产，田地甚多，亦宁出租己田于人，而自己终不能不作佃户。间或受地主之压迫，因亦不得自由退佃，其为束缚也，甚为显见。然至困难之时，地主亦每多有救恤，以脱其危，故贫者亦多乐就之。各处租约式样，无大分别。昆山南通形式类似，宿县虽时有不同，然亦皆在辞句之间，其作用固相同也。兹录昆山、宿县租约程式于下。

（一）昆山租约程式

1. 租田券

立承揽某某为因耕种今揽到某某租栈某区某图某字圩田几亩几分同中言明每年将干洁好米〇石〇斗送至租栈决不拖欠恐后无凭立此承揽为据

中华民国　　年　　月　　日　　　佃户某某（押）
保租某某（押）

2. 退田券

立退田券某某今因无力耕种今将某区某图某字圩田几亩几分情愿退还某某租栈决不把种如有把种情形情愿按法严究恐后无凭立此退田据存照

中华民国　　年　　月　　日　　　佃户某某（押）
立退佃证人某某（押）

（二）宿县租约程式

1. 租田契（租金法）

立承租佃人某某为因耕种今租到某某堂名下地几亩几分同中言明每年每亩交租金〇元〇角水旱不除恐后无凭立此租田契为证

中华民国　　年　　月　　日　　　承租者某某（押）
中人某某（押）

2. 租田契（租谷法）

立承租人某某为因耕种今租到某某堂名下地几亩几分坐落某处同中言明每年春秋两季纳交干洁好租〇斗〇升恐后无凭立此租据为证

计开　春租纳麦
秋租纳高粱或黄豆

中华民国　　年　　月　　日　　　租种人某某（押）
中人某某（押）
（押）

二 租约之批评

租约内容，贵乎详细实用，各种弊端，均宜明白指示，严厉杜绝。欧美诸国，租约程式，详细实用，多为地方政府规定。我国租约，多无详细规定，对于两方应尽职务，多不言明，只书明佃户纳租多寡。因此佃户只知纳租，地主只知收租，其他弊端，概不提及。湖南之长沙，佃种问题，时有纠葛，故县公署规定租约以杜其弊，内容颇详。此即湖南省政府最近之革新也。兹略举旧式租约之弊如下，并附录湖南长沙县暂行佃种规约于后，以便阅者。

（一）租约形式简单，字句含糊，地主田产权，多不述明，往往弊端百出，时生纠纷。

（二）佃户耕种状况、作物种类栽培，多无条件限制，于是对于维持地力，多有害而无利。例如宿县佃户，每喜多栽红芋，以增加其食粮，而地主则多反对，盖此等农产物，地主非特不易贮藏，且亦多耗地方，甚非地主之所愿也。

（三）佃户对于地主田地、房屋，多不注意，重要原因，因地主对于佃户所投之资本，既无保障，又无偿补之责。例如佃户投资修理房屋、增加肥料、掘井灌溉等事，地主到期退佃，应酌量偿补佃户所已投之资本。今既不知偿补，则佃户耕种田地，最末数年，自有剥夺地力之弊，而再不顾及地主之利益矣。

（四）地主田产租出，多不书明地主有随时观察佃户租种管理权，故地主习以为常，有永不干预佃户情事。除非佃户不按期纳租，决不过问。

附录 湖南长沙县暂行佃种规则

第一条 地主与佃户之行为，以租约定之。

第二条 租约至短，以 3 年为限，至久亦不得过 30 年。以双方同意，得续定之。在租约期内，非发生意外事故，不得变更其内容。

第三条 佃户如不得已时，在租约期内，可要求解除其租约。如有下列事项之一者，地主亦得解除其租约，但须扣至当年收获期为止。

1. 地租无故迟纳至 3 个月以上，或尾欠不清逾 1 年者。

2. 违背租约所规定，有荒废土地事实者。

3. 损坏屋宇，及毁败山场竹木者。

4. 佃户受破产或禁治产之宣告，及种种不法行为者。

5. 地主须自行耕种者。

第四条 地主与佃户订立租约，均应载明下列各项事件：

1. 土地面积；2. 押租金额；

3. 耕种年限；4. 土地租额——谷物或钱币；

5. 纳租时期；6. 房舍山场及其他附属物之是否贷与，并须注明其种类。

第五条 押租金之多寡，由地主与佃户自定之。惟至多不得过地租价额之2倍，其有特别情形者，不在此限。

第六条 租约期中，如遇灾害，减少收获，佃户须于灾害发生时，报告地主，履勘轻重，或得双方同意，另请鉴定人，公同履勘，酌减地租。如有特别规定者不在此限。

第七条 地主之屋宇、山场竹木以及各种附属物各贷与之，佃户应负管理之责。如有损坏原状情事，地主除照第三条退佃外，其损失应由佃户赔偿之。

第八条 耕地认为改良之必要，如筑堤、凿井、修治塘坝等项，其劳力费用，应双方估计价额，工竣清算，由地主照给。其通常小工作，应由佃户修缮之。

第九条 地主在租约期中，将土地典卖与人，新地主对于原佃户，必承认其租约之效力，更换租约。如新地主认为必须解约时，在成立典卖契约以前，即须声明。若佃户受有解约之损害，由旧地主按照通常损害酌量赔偿之。

第十条 佃户不得以贷耕之地，转佃与人，但经地主许可者，不在此限。

第十一条 租约期满时，如未得地主继续同意，及关于第三条之规定，应解除租约者，佃户不得整理田地，及投次年之种料，如故意违反者，工料费用，概不得索还。

第十二条 佃户有代地主垦殖之责，有垦殖办法，另以合约规定之。

第十三条 垦殖费用，应由地主备给，如地主实无资力，佃户得代垫之。其代垫之费，应由双方规定期限、利率，由地主偿还。

第十四条 凡油蜡果树，及其他每年可获利者，地主若贷与佃户，其租额由双方认定。在未收效期间之管理费，或劳力、肥料费，均以租约规定之。

第十五条 各镇乡旧日东佃间之良好习惯法，与本规则不相抵触者，亦得适用之。

第十六条 本规则如有未尽事宜，得随时修改之。

第十七条 本规则自公布之日施行。

第十二章 佃种与作物产量及田场管理之关系

一 佃种与产量之效果

农人第一欲望，即增加每亩产量。然产量之增加与否，多视耕种者之尽力与否而定。就社会普通舆论而言，佃户产量，常不如田主之丰，然未能得确实之记载，仅能估计佃户与田主何者之收获量为高。昆山佃户每亩产量，高于田主，因佃户耕作尽力，勤苦耐劳，大半家庭人口过多，不得不勤劳，以谋生计。南通、宿县田主每亩产量，又较高于佃户，因田主耕种自由，投资丰富，且多耕种精密，不至如佃户之粗放也。然则昆山与南通、宿县二县又何以相反，是亦有故。盖昆山地主，多系居外，不务耕种田地，多租于佃户。田主田场较小，资本运用，或不经济。南通、宿县，居乡地主甚多，且多耕种己田之一部分，而列入田主项内。田场大小合宜，资本较佃户丰富，故其收获量亦较高也。以上理由系当地少数人士所告知，是否能代表全县，著者尚不敢断言。

二 场主管理田场勤劳之比较

据三处所得，昆山半田主管理田场最善，南通、宿县则田主管理最善，其原因与上节大抵相同。

第十三章 佣工儿童升为场主之程序与年岁

据美国而论，佃户为佣工儿童升为田主之先步。因少数农人，多无充实资本与完满经验，故为佃青年，一方为积蓄资本与学得经验，以谋将来升进田主之地位。故该国佣工升进次序，系先由佣工而佃户、半田主，及田主，由下而上，顺次而升。若就此种情形而论，佃种实为青年儿童学得经验并得田产之捷径，似于社会，无大妨害。按本篇三处调查，亦与美国稍有类似。惟此项由佃户而能升为田主之农人甚少，所占不过百之二三。因田地多为大地主所有，为佃者难以致富，只能糊口，故多世袭为佃，而全无发展之可能。以此而论，我国农佃问题，实将为一重要之社会经济问题。多数农民，皆无田产，汲汲终日，无非耘人之田，农业是否能兴，生活是否能给，实为人人所急欲知悉者也。兹就本篇三处调查平均所得佣工升进之年岁，列入第十五表中，藉觇一斑。

第十五表　佣工儿童升进场主之年岁

项目 / 地点 / 种类	佣工儿童升进各种场主之程度及其年岁		
	昆山	南　通	宿　县
佃　户（岁）	26.8	24.3	32.0
半田主（岁）	36.8	36.7	45.1
田　主（岁）	49.5	48.3	55.5

第十四章　田主与佃户农具、牲畜之比较

农具、牲畜，亦系农人资本项内要目。就普通而论，若供给多寡适于田场，不惟节省劳力，产量亦丰。兹据所得列入第十六表中。

第十六表　有农具与牲畜之田主与佃户多寡之比较表

种类 / 项目 / 地点	有牲畜、农具之田主所占之百分率		有牲畜、农具之佃户所占之百分率	
	有足用良好农具者	有足用良好牲畜者	有足用良好农具者	有足用良好牲畜者
昆山	69.5	69.1	40.0	43.6
南通	65.3	24.2	56.8	21.8
宿县	60.5	78.1	45.2	90.0

由上表观之，农具项内，三处田主，皆优于佃户。盖设备用以耕种己田，可谋长久用之，故肯购置良者。其他原因，则多数较好农具，盖皆为祖先所遗留者。牲畜项内，昆山、南通，田主较多于佃户。佃户有时数家合用一牛，因其资本不充足也。宿县则反是，佃户有牛，较田主居多。盖因该处地瘠民贫，佃户所种又多劣田，故耕种之亩数，皆多于他处，为佃户者，不能不多需良好之牲畜，以耕种较大之田场，而维持其生活。又按栽植作物之种类而论，与牲畜需用之多寡，亦有关系。昆山多稻，南通多棉，宿县多麦、豆、高粱。稻棉田场，需用牲畜较少，麦、豆、高粱田场，需用牲畜较多。此所以宿县田主佃户两种田场所有牲畜之百分率，又皆高于昆山、南通两处也。

第十五章 农佃问题与社会问题之关系

农佃问题，不但影响于经济问题，即与社会问题，亦有关系。美国乡村社会学家佛特曾将该国之佃户与田主种种社会问题相比较，觉其大相悬殊。例如房屋之设备、儿童之教育，以及婚姻问题等，佃户皆不及田主之佳。故社会学家，多以佃种问题，非为社会增幸福、国家造富强，乃系逼迫一般生活较低、受经济束缚之国民，而使社会有堕落之现象也。按我国农村生活，固然甚低，再加多数农民，无田产以自给，而不得不仰给于地主权力之下。此种生活，是否能有发展机会，而获得较圆满之生活，使大多数农民，除耕田而外，再有他种环境上之娱乐，及社交上之快慰，亦一大问题也。兹按调查所得，就其关于社会问题者，述之于后。

一 田主与佃户房屋之比较

房屋之设备，佃户皆不如田主。田主房屋，三处虽多系草屋，间或有瓦造者，然皆建筑阔大，窗户明朗，光线充足，陈设完善，迥非佃户所可比拟。屋内地基，有土、砖、木三种，而土者居多数。夜多燃有罩之煤油灯，每家房屋数目，平均计之，昆山为8.3间，南通为7.1间，宿县为7.4间。佃户房屋，则皆为草屋，建筑简陋，房屋低狭，窗牖微小，光线不足，屋基全为土制。室内陈设杂乱，夜多无灯，间或有之，且多无罩。房屋间数平均，昆山为4.3间，南通为4.4间，宿县为8.7间，宿县佃户房屋较多之原因，多因田场较大，所需房屋亦较多耳。南通佃户所住房屋，大半为本人建造，屋基即在地主之田内。昆山、宿县，则多为地主所供给。兹就南通、宿县二处之平均，每家场主房屋价值总数，列比较表于下，以供参考，昆山之结果未详，故不列。

第十七表 场主房屋价值之比较

种类＼地点	南通（元）	宿县（元）
田　主	521.58	120.49
半田主	325.26	70.55
佃　户	153.00	78.50

二　儿童教育之设施

儿童教育之设施，田主与佃户比较，皆以百分数估计。所调查之小学教育，以南通为最佳，昆山次之，宿县最劣。所得比较，田主皆优于佃户。兹将详细情形，列表如下。

第十八表　田主佃户受教育之儿童百分比较表

地点 \ 项目		儿童入初级小学之百分率	儿童入初级小学之年岁	儿童升入高级小学百分率	儿童升入中学之百分率	入大学校之百分率
昆山	田主	38.6	7.5	7.8	1.3	0.2
	佃户	7.7	9.2	1.6	0.1	
南通	田主	64.6	7.8	19.8	5.3	0.4
	佃户	29.0	8.3	4.8	0.3	0.1
宿县	田主	28.2	7.6	3.4	0.4	
	佃户	7.5	9.9	0.4		

三　婚姻问题

农佃问题，对于婚姻问题，亦莫不有直接关系。兹据调查南通、宿县两处婚姻问题之内容，分为四项，即婚姻之年龄、已婚者之百分率、休妻情形，及儿童之数目，列入第十九表中，昆山未详，故不列。

第十九表　婚姻问题比较表

地点 \ 场主别 \ 项目		婚姻之年岁	已婚之百分率	休妻情形	儿童数目
宿县	田　主	17.8	99.5	有	2.4
	半田主	19.0	79.8	无	3.2
	佃　户	21.0	65.7	无	4.2
南通	田　主	20.4	100.0	无	2.4
	半田主	20.5	92.1	无	3.2
	佃　户	22.1	69.7	无	4.9

第十六章 结论

一、就本篇之调查，详细分析，则所得之各种紧要情形，与欧美诸国相同者甚多。如农佃问题，其关于经济社会方面之各种影响，多数与欧美符合。间有不同者，亦必有他种要素相关。例如田地之价值、田场之大小，及纳租制之分布等，皆与欧美农业科学原理相同。

二、在调查年度中，农人田产权之分布，颇有变迁，以光绪三十年与民国十三年相比较，三处显然佃户增加，田主减少，半田主则无甚变动。若就民国三年与民国十三年比较，则昆山、南通之佃户，仍见增加，而宿县则反减少。各处佃户增加之重要原因，则为农民人口生聚繁多，舍佃而无他法。田主减少之原因，则因耕种之田场狭小，不敷所用，往往债台高筑，以致变卖田产，改为佃户或无业矣。

尚有其他情形之能影响农户者，如昆山近年工商发达，交通便利，致多数田主，咸弃耕而投身工商。南通人口之密，几达饱和。田地多归大地主所有，农人觅耕之难，日甚一日。金沙一区，每人派田不足 1 亩，故其耕种，不足维持生活，必须兼营纺织，始可敷用。此种现象，与英国工业未发达以前之农业景象相似。南通近今号称模范县，实则以实业发达名。因该处若不设工厂，则不足以位置一般无田产之农民也。宿县于民国三年水泛为灾，耕种无利，因之农民负债者众，多数田主，不得不卖田当产，故佃户日多而田主日少。近年来粮价腾贵，佃农稍觉有利。多数农人，因之又多赎回田产以自耕，此所以近年来之田主，又较多于民国三四年也。

三、视田场之大小，可以测佃种农趋势之消长。试就本调查而论，田主田场较小，佃户最大，半田主居中。由农人耕种权之百分率及其田场之亩数，略能断定一处佃种农之盛衰。佃户耕种亩数较多之故，因其供给本人及一家之生活外，尚须交租于地主，故不得不耕种较大之田场，以谋得充量之收入。就美国情形而论，与我国亦无不同。半田主田场大小适中，投资经济，较之佃户则更佳矣。

四、地价之高低、土质之肥瘠，多与佃种农之多寡成正比例。昆山、南通为地价较高土质较肥之区，故其佃户之百分率亦较他处为高。宿县地价较低，土质较瘠，故其佃户之百分数，亦较低也。其原因以田地之价值、土质之肥瘠，多与出产量之多寡及市价之高低有关。土质愈肥，则出产量与市价愈高，而田价亦愈大。田价愈大，则多为巨富垄断，寻常农人，原难蓄资以购田地，故多数皆只能耘人之田而已。

五、纳租方法，各处不同。昆山、南通纳租金法居多，租谷次之，宿县几全为粮食分租法。按纳租金法，亦多实现于田价较高、人口过多、粮食昂贵之区。美国经济学教授安普（Frank App）曰："自精密农业实行，纳租金法，多见于田地价值较高之区。"就本篇调查，地价日见增高，而租金额亦日见增涨，颇足证明其说。民国十三年时，三处上中下田，每亩租金之指数，皆增加甚速。昆山南通，皆增至200与300之间，宿县亦增至100与200之间，而终不及二处之速者，则因其地价增涨迟慢之故也。至于上等田地租金，不及中下等田地增涨之速者，一则因中下等田地，佃户争种者多，二则因地主估价，或失之过高也。纳租谷法，理与租金同，但多限于居乡与小地主。因此项地主家中，类多备有仓廪，或贮藏以候高价，或收集以充食用也。粮食分租法少见于田地肥美之区。宿县地主为环境所限，不得不采取此法，因其地水患频仍，田地不良，其他租法，皆不适用，惟有分租方法，稍觉平允，不致使荒年损失，独归佃户负担也。

六、地主之投资多寡，与其上中下等田地收入之百分数比较，昆山为地主收入最高之区，其值皆超过地价10%，南通最低。地主收入，以纳租金法而论，往往不及应得之半，宿县则较南通稍高，地主可收入其应得之三分之二。按南通收入较低原因，因该处多植棉，此等作物，易受气候影响之损失，又加工厂甚多，农人为佃，若不足以谋生，即可舍佃而入工厂。宿县多分租法，纳金谷者甚少，然此种租法，多不除水旱损失。每年地主有一定之收入，以地位而比较之，地主之收入，亦不为少矣。

七、佃户舞弊处处有之。然舞弊之程度，咸随地主对待佃户之好坏而定。若地主待佃苛刻，佃户亦暗自设法以谋对付。如昆山地主，用押佃所及种种方法以虐待佃户，而佃户则亦想种种方法以欺骗地主。南通稍佳，因地主看利甚轻，与佃户比较融洽。宿县佃户，多与仓廪收租者，通同作弊。该处农人有"佃户不偷，五谷不收"之农谚，亦足觇其景象矣。农村社会中呈此不良现状，亟须改良。是以深望地主与佃户两方，有彻底之觉悟，咸能秉其公正无私之心，以经营田场，而使两方统有相当之报酬，藉使农村社会之经济治安两方，咸有裨益，岂不懿欤。

农村社会中，地主与佃户间所发生之重要问题，即为佃户或对于地主要求荒年租谷或租金之减轻。倘地主方面不肯承认，仍以守旧之手段，压迫佃户，则一乡之中，佃户聚居者较多，既有其共同之关系，自必团结一致，而或举行其所谓群众运动以反抗地主，则其势必不可侮。此等情形，我国现已开其端绪，例如民国十四年吴县之角直、陈墓、车坊三乡农民，有抗租风潮发生，即其明证。盖昔日受专制余毒，一般佃户，咸视地主为至尊且严，虽地主十分苛待，亦敢怒而不敢言，消极抵制，惟有舞弊之一法。今则民智已开，渐知固结团体之必要。既不愿伈伈伣伣，俯服于地主之前，亦不至愤急走险，以一身而尝试地主之焰。是故，此种问题，若不从事预为调洽，以谋解决，则其有害于社会之治安，非浅鲜也。

八、地主分居乡、居外两种。在佃种问题中，居外地主实有害无利，因其对于田场，概不管理，而当地金钱，多为其输之外乡，又常虐待佃户，且世世仰给于租。故据昆山而论，居外地主最多，竟占全县地主中之65.9%，而该县之佃户，亦最受苦，南通占15.8%，宿县占27.4%。地主职业，居家者多务农，亦或有不事生产者。居外者多为商人，间亦有无职业者。两种地主田产之多寡，昆山、宿县以居外地主为多，南通则相反。地主大半田产，三处皆以祖遗者为多，约各占80%以上，是故遗产制度，对于农佃问题，亦有密切之关系也。

九、租约年限，本篇所调查之三县，皆为永久租约，似乎利多而害少，然多不合乎当地之纳租情形，故两方常发生争执。例如昆山租约皆书谷租，而所交又非全为租谷。收租谷者，因地价高而农产物之价值亦日高，于地主毫无所损，不似收租金者，因粮价之高低而损益不定也。收租金者，因近年工商发达，交通便利，居外之大地主，大多投资工商，恒觉租金之利便。惟不愿受粮价之损失，故欲按市价而折钱，于是地主与佃户间，往往因此争执。盖地主往往不按约行事，明明永久租约，而租金租谷，惟其意之所欲，对于永久二字，毫不措意也。南通多钱租，租约亦多永久，故地主加钱，佃户往往反抗。此二种租约，皆可称为不合当地情形者。国内明达，有欲改良农佃制度者乎，曷于此加意焉。

十、佃种与作物产量，大有关系。南通、宿县田主每亩产量，皆较多于佃户，昆山则反是。田主产量之高，因其耕种自由，投资丰富，作工尽力之故。昆山则不然，田主田场较小，资本亦多不充足，所以每亩之产量，亦因之而减少也。惟以南通而论，佃种总不如自种之为佳。农佃制度，对于农业进步与农民生计上，安得谓为无影响乎。

十一、农佃问题，不独与经济问题有关，即与社会问题，亦有密切之关系。例如房屋之设备、儿童之教育，以及婚姻问题等等，佃种农皆不如自种农为佳。故佃种制度，实有降低人民之生活程度，以及减少儿童受教育机会之可能。至宜如何增加其程度，发挥其本能，是在明达诸君子有以绸缪之也。

第十七章　改良农佃问题之建议

农佃问题之改良，实为农村社会中最困难之问题。盖一乡佃户之多，皆由大地主所促成，地主田产益大，则佃户之数亦日多，而种种佃户问题，自然因之而亦发生。故吾人欲改良此等问题，不得不想一根本解决之方法，使各种弊端，咸能从此灭绝。社会藉以安定，而农业亦庶几乎可以进步矣。兹就愚见所及，将改良农佃问题中之觉为重要者，胪陈于下。

一　官厅应当主持公道

佃户问题发生，普通人士，多认为私人问题，不知其与社会问题，有直接关系。例如地主与佃户因利益之冲突，往往诉讼相连。行政当局，应当主持公道，切毋帮助地主而压迫佃户，应予实际上援助，使两方义务权利平均、公允，不至互有侵夺之弊。例如县署应规定租约，以杜弊端，交租多寡，应按诸土地之价值及其肥瘠，地主不得无故加租，佃户亦不能无理抗租。果能如此，则地主自可放手投资，佃户亦愿尽力耕种，两方争执，或可从此减少矣。

二　组织地主及佃户公会

地主及佃户公会之设，目的在使地主与佃户间互相了解，藉以解决两方之困难及应尽之义务，以促进双方之自觉，而谋永久之融洽。然后根据实地状况，规定详章，以革除各种不公平之待遇。会务可由两方自行主持，会议可由两方各派代表。果能根据公正之主张，得解决于无事，其为农村造福，岂浅鲜哉。

三　佃户借贷之问题

佃之为佃，多因无资本购买田产，势不得不为佃户。若能有相当资本，可以借贷补助，俾佃户亦可购入土地，不至永为佃种农，则佃户自然逐渐减少。佃户借贷办法，由地方政府或私人投资，皆可办理，只须能按信用借贷原则实行耳。如俄国、印度、日本皆行此法而著有成效者。我国若能追随其后，则佃种问题，或可渐有根本解决之望。

四 施行农垦移民政策

佃户与资本之关系，只能限于人口未臻极密之区而言。若一处人口已达饱和，则虽有资本，亦仍难购土地。故惟一良法，即使人口过剩之佃户移居荒地。从事垦殖，由公家给以相当之资本，藉事补助，则自种农当可从此日增。

五 保存永久租约

永久租约，为我国佃种问题中最佳之一点，吾人宜加意保存。虽有时或因环境与纳租制之关系，而使永久租约，多有不适之处。例如纳租金法，往往因地主加租而起争端。昆山租约，本为纳租谷法，而多数地主，则又折为租金等等。然此皆因徒知守永久租约之名，而未得其实所致。盖永久租约并非指租约内所载租额永久不变，或佃户得世袭耕种而言，仅表示地主不愿轻易更换佃户。迨规定适当租约期限完满后，果系良好佃户，仍得有续租机会耳。是故吾人只宜咎使用此种租约者之未得其当，而不宜咎及租约之本身。各处农家，若能将其稍加修改，以靳适宜于各处之环境而实行之，则其有裨于农佃问题，当非浅鲜也。

六 佃户宜栽培产量较高之作物

人口增加，生计屡觉困难。农村社会中，无田产之居民，势不得不为佃户，然佃户所入甚微，发展性更属迟缓。故吾人若能提倡栽培产量较高之作物，以救济之，则非特对于地主之进益，稍可增加，对于佃户之生计，亦不无小补。惜因地主要求租额不公平之关系，而使佃户耕种废弛，无意改良。例如宿县多为对成分租法，为地主者，不论佃户栽培何种作物，皆需对成分租，而所多费之人工肥料，则或置之不理。故多数佃户咸不愿栽培较费人工及肥料之作物，因对己毫无所利，而地主之享受，则已多逾寻常矣。又该县佃户，多喜栽植红芋，因此种作物，劳力可省，而产量又丰，较为经济也，但地主则又因红芋不易收藏，多不喜食之故，时有限制佃户耕种之事。故佃户虽明知栽培红芋为有利，而为地主所限制，亦无可如何。若地主明达，每年允许佃户栽培一定亩数之红芋，而以佃户必须缴纳地主所喜之租谷为条件，或虽系分租，若佃户因栽植产量较高之作物，而致肥料人工稍多，则亦予以津贴。是则佃户勤奋之不暇，又何有于废弛。光天之下，尽力南亩者，将见夫累方盈千，咸以栽培产量较丰之作物相标榜。非特对于佃户之生活中，较觉宽裕，即地主方面，自亦能得其利益。同时对于吾国之食粮问题，亦可有一部分之增进。所谓一举而三得者，非即此欤。明达地主，幸希有以实行之也。

对阎百川氏土地村公有之我见*

山西绥靖公署主任阎百川氏，因为陕北　　猖獗与山西仅一河之隔，为防共计，始有主张以土地村公有才可达到防共的目的，故拟有土地村公有大纲十三条，呈请中央请先在晋省实验实行，自该大纲公布后，颇引起社会人士相当的注意，仅就个人所见略陈数点，以供国人之参考。

（一）村公所发行无利公债收买全村土地为村公有，这是本大纲最重要的一点，恐怕实行是很不容易。（甲）土地私有是社会环境所造成的，原始社会的土地并不是私有的，考其私有的原因，莫非是人口与土地增加不相乘的关系，公有粗放的土地经营制度，无疑的是不能维持多量的人口生活。因此才有土地私有制的产生与现在精密的农业经营。中国现在之所以能维持这么多的人口与数千年的文化，也未尝不是从土地精密的利用中得来，倘若现在实行土地公有制，恐怕每单位的土地生产，不能维持其以前同量人口的生活，这不是促进社会退化，一意的开倒车么？（乙）无利公债收买土地实是一件创举。在过去政府发行公债，并有切实担保，在都市中尚不易出售，何况现在让村公所发行无利公债担保又无确定，同时一般村民对于村公所的办事人员的素望，不见得信任。照这样的繁杂的事，即使村中素望众归的好人愿办，也恐办不好。（丙）查欧洲各国土地改革，多取和缓办法。多采取限制土地集中到大地主之手，国家发行有利公债，收买地主土地，卖给佃农分期偿还，使渐渐达到“耕者有其田”的目的。阎氏主张土地公有，不仅收买地主的土地，即自耕农土地亦在收买之列，结果恐怕不能防共，反驱多数

* 原载《农林新报》第十二年第三十三期，总第405号，1935年11月。

民众以附共，所谓釜底抽薪的方法恐变为“火上加油”的政策了。

（二）按田地水旱肥瘠以一人能耕之量分给农民耕种，表面视之，似为合理，若就事实，恐不易做到。因为水旱肥瘠如何规定，一人能耕之量用何标准，何人应分肥土，何人应分瘠田，均为本问题最繁难的问题，在现在我国，户口土地未经调查整理清楚，空言分配，似不可能，若强制执行，恐怕实行的代价太高，未见利民而先病民了。

（三）一村田地不敷分配时，由村公所给未得田地之人另筹工作，查现在农村失业主要原因，绝为人口过剩、田地无余，结果因为人口繁殖、家庭析产的关系，田场分之又分，分到一个不合乎生产单位的地步，甚至劳动效能，亦因人口过剩，田场缩小，逐渐减低，恐怕每村现有的土地若按一人能耕之量分之，一定无地可耕的人数比以前更要增加。这些无地可耕的人完全要使村公所代筹工作，在事实上是绝不可能，因为一村平时若有工做，勤苦耐劳的农民亦能自谋工作，不必要村公所代庖。至于分地的时候，如土地不敷分配，村中农民谁应先分谁应后分，或者昔日村中勤苦的自耕农反倒失去分配土地的机会，以前游民或有复得土地的可能，这是何等的不平。谈到移民，这是中国整个问题，在一县之内村与村之移民更属理想。即或可行，在一处人口未能清查、土地未经测量局面之下，必造成村际间互相蒙蔽，彼此斗争，欲驱于平安可得乎。

（四）农民的耕作年龄规定为 18 岁授田，58 岁还田，这是单指男子的，至于女子根本就没有分田的机会，这是何等的不公允。况且女子不见得在 18 岁以上 58 岁以下的均无耕作的能力。查我国各省除山西省外，女子的农业劳动也要占很重要的部分。同时女子劳动能力，也不见得完全不若男子。这种规定似乎有点太为武断。若按照此种办法，恐怕失业的人数要格外地增多。此外一家的男女人数分配本不一定，若仅仅男子可以授田，那末女子较多的家庭，生活必感不易，这样一来，是社会重男轻女，结果溺女的风气更要盛行，山西本来是个重男轻女的社会，再经此提倡，女子的地位当更不堪设想了。再从我国以往授田历史方面看来，北魏的均田制度，男夫 15 以上受露田 40 亩，妇女 20 亩。奴婢依良丁，牛一头受田 30 亩，限止 4 牛，这是何等公平周到。再根据金陵大学农业经济系 2866 农家经济调查，平均每农家田场所费之工，家工要占到 80.4%，在这 80.4 工作当中，场主个人（即领工的男子）只占 38.0%，其他家工要占 42.4%，在此 42.4 家工当中，女工占 33.2%，童工占 9.2%，场主以外的男子仅占 1.2%，这样看来，女工童工在农家田场经济当中占很重要的地位。按之阎氏授田办法，不与女子儿童以工作的机会，似乎又不大相宜，这样的政策，要想家庭不崩溃，社会不早大乱，势不可能了。

（五）耕农在充当兵役期限可分土地，并由本村耕农平均代为耕种，此种政策无形之中系鼓励农民当兵，在北方有句俚语“好人不当兵”，固然这是从前一般农民对于兵的观念，今后不应该如此，可是，就其过去的事实，农民对兵的印象太不好，现在反特别优待士兵，除正饷外，再给土地，恐怕将来办理不善，反造成强豪霸占土地，培养封建的势力。此外另有一点，兵役所分的土地，应由本村耕农平均代耕，此点亦不合宜，例如某村有兵役一人分得土地 10 亩，本村农民平均代耕，结果将无法可耕，因平均面积将小至不可下犁耕种，若给一人耕种，一般村民因其土地分配不足，争先恐后，结果兵役所分之地或放弃耕种，或出租耕种，种种弊端，防之不胜其防，今后反将有用之地变为无用了。

（六）农民分得土地，田赋仍照原额交纳，所得仅一纸无利公债。昔日虽赋税繁重，农民在社会习惯上认为土地为其第二生命，虽一时负债，尚能用土地作抵，故多不愿变卖祖遗田产，若土地已经收为公有，而农民所入不偿所出，举债耕种势不可能，因一方农民愿意放弃耕种，他方虽愿举债耕种，恐亦无债可举。试问在此情况之下，哪一位放债人愿意投资农民呢？结果，恐怕防共不足，造共有余。国家社会的基础整个要动摇了。

（七）收买土地公债，以产业保护税，不劳动税，利息所得税，劳动所得税担保，其中困难尚多，若果能行，亦应先行试办，俟有相当成绩，再来实行土地村公有尚为不迟。假使担保额没有筹定，发出土地公债，恐亦不能取信于民，农民暴动，一时或不可免。再就这四种税收说，其中三种皆可直接取自农民，惟利息所得税，表面视之，农民负担的甚微，其实“羊毛出在羊身上”，因为农民虽不放债，但多数举债，结果农民所负利息必定增高，在此种情势下边，政府虽规定最高利率，恐等于零，因利息过低，放债人必另投资他种事业，农民举债，生产更不可能了。同时政府在此种农民不景气状况之下，想赋税收入顺利，是势不可能的。复次，再看劳动所得税与不劳动税，不但惨酷，更且矛盾。一方好像鼓励劳动，凡不劳动人得纳不劳动税。一方又阻碍劳动，凡劳动而有收入的，再征以劳动所得税，翻过来掉过去，土地村公有，无非是想法来压榨农民的血汗，哪儿够得上土地改革呢？如此防共，恐绝不可能。还有一点，假使不劳动税势在必行，恐怕不劳动税的负担仍旧是被劳动者负担，因为我国家族观念甚深，例如某家或父能劳动而子不劳动，或子劳动而父不能劳动，最后结果不劳动税仍为劳动者所负担。我看此种土地改革，不过借此多增加人民负担罢了。

以上数点，系就阎氏土地村公有大纲中之主要者加以讨论，其他次要之点尚多，但近来国人在报章杂志中亦有相当讨论，不便列举以占篇幅。

豫鄂皖赣四省十四地区之土地制度*

本文系豫鄂皖赣四省农家经济调查报告中“农村社会与土地制度”章之一部材料，兹特提先发表。

一　土地制度之沿革

吾国农业之起源，相传始于神农氏，距今约四千六百余年，以无信史，故学者疑之。古史之较可考者，始于有商。因其时之甲骨文字，足资考证也。然商代虽已进至农业时代，与前此之游牧时代相去犹不远，盖以其时农业技术幼稚，土地利用不善，而对于开拓已久之耕地，亦不知引用输种或施肥等法，以培养地力，增加产量，每即弃之，而另拓新地。迨后生齿日繁，土地之需要较切，始不再弃如敝屣，乃群集而居，以防卫或抵御野兽，及其他人群之侵略，于是形成简单之村落社会（Village Community）。此种村落社会，概为同一血统之团体所组成，其附近之土地，即为其所占有与辖制，而由其村民共同或分配耕种之。

上古农业村落社会之组织及生活，异常简单，为农村组织与农业发展之原始时期。当时人民之主要职业为农业，盖以人口之增加与食料之需要互成正比，然食料之增加则受生产面积之限制。例如在游牧时代，牧民需要之土地面积比较广大。所谓“逐水草迁徙，无城郭常居”。及进至农业时代，所需要之土地面积较小。易言之，相等面积之土地，农业时代供养

* 与应廉耕合著，原载《农林新报》第14卷第19期，1937。

之人数，较游牧时代为多。惟村落社会因人民之行动自由，农业亦属粗放。至构成村落社会之重要基础则为家庭。家长为家庭之领袖，亦即村落社会之中坚分子，内而事业之兴废，外而交涉之折冲，家长俱有无上之权威。至于村落人口之特征，就量而言，则人口密度稀疏，盖每一农民均需要相当面积之土地，以维持其生存也；就质而言，每一村落内农民日常之起居、饮食、劳动、卫生、教育、娱乐等，均相仿佛，而其身心之发展亦复近似。他如每一村落之宗教、信仰、风俗、语言，以及农业技术等，亦皆有相同之趋向。

商人为自由阶级之民族，无领主农奴之别。迨西周时代，土地为新兴之贵族分割授受，据为私有，即所谓采地是也。于是土地制度变革，而商之氏族社会亦一变而为奴隶社会，此即所谓贵族领域或封建制度是也。

东周以后，王室渐衰，封建制度破坏，贵族阶级崩溃。采地制消灭，土地私有制遂应运而生，此项改革之结果，贵族领地制既变为租佃制度，故农奴遂亦解放而为自由佃户。其后人口日增，土地之需要愈趋尖锐，于是私有土地遂成为有经济价值之物品而可买卖矣，此吾国土地之沿革也。

西洋各国农村社会之演进亦然，即由村落社会而为贵族领地制，由贵族领地制而为租佃制。然在十九世纪与二十世纪之间，以农业科学之发达，激起重大之农业革命，因此形成今日之“现代农村社会”。顾吾国目下之农村社会，犹留存村落农村社会之状态，与欧西各国相距甚遥。故宜亟起直追，以期新式模范农村社会之实现。

二　农地组合之特质

吾国农民经营之田场面积，均有同一特质，即旷田制是也。所谓旷田制者，即每一田场非为整块面积，而为若干零碎田块，并与他人之田块相混，其间仅以浅沟窄径以分畛域，而无显著之标记。据豫鄂皖赣四省十四地区之调查，每一田场平均由3.7块所组成。且自耕农、半自耕农、佃农三种场主之田场均有类似之情形。各地区每一田场田块数字之差异，自1.4~11.2块不等。各田块更有区分为若干坵者，每一田场平均有10.0坵，而以半自耕农田场之坵数为最多，平均为11.6；佃农次之为11.2；自耕农最少，仅7.4坵。每一田场之坵数自3.5~44.2不等，其散碎之状态，由此可见（第一表）。故对于田场经营，殊多妨碍。

第一表 各类地权之块坵数目、大小，及其与农舍之距离

省 别	田块数	田坵数	最远田块与农舍之距离（市里）	各田块与农舍之平均距离（市里）	每田块之平均面积（市亩）	每田坵之平均面积（市亩）
河南						
自 耕 农	3.5	5.1	1.3	0.7	3.4	2.3
半自耕农	4.4	8.9	1.3	0.7	4.4	2.4
佃 农	5.1	12.4	1.5	0.9	5.5	2.8
平 均	4.3	8.7	1.3	0.7	4.6	2.5
湖北						
自 耕 农	3.0	6.9	0.8	0.4	3.2	1.4
半自耕农	2.9	9.0	0.9	0.4	4.2	1.3
佃 农	2.5	7.3	0.8	0.4	4.3	1.4
平 均	2.8	7.7	0.8	0.4	3.9	1.4
安徽						
自 耕 农	4.5	9.8	0.7	0.3	3.7	1.6
半自耕农	4.4	16.7	1.0	0.4	4.2	1.3
佃 农	3.8	14.5	0.6	0.3	4.4	1.2
平 均	4.2	13.5	0.8	0.3	3.9	1.3
江西						
自 耕 农	2.9	6	1.4	0.8	2.6	1.3
半自耕农	3.3	8.4	1.4	0.8	2.8	1.2
佃 农	3.0	8.3	2.2	1.4	2.8	1.1
平 均	3.1	7.5	1.7	1.0	2.7	1.2
四省总平均						
自 耕 农	3.6	7.4	1	0.5	2.3	1.6
半自耕农	3.8	11.6	1.1	0.6	3.9	1.5
佃 农	3.6	11.2	1.2	0.7	4.3	1.6
总 平 均	3.7	10.0	1.1	0.6	3.8	1.6

各地区田场田块数或坵数之多寡与田场面积大小、土地种类，以及地形等有极密切之关系，可于调查区域内见之。兹就豫省南阳、信阳两地区之三种田场而言，田场面积大小与每一田场之田块数或坵数均成正比，即自耕农田场最小，其田块数或坵数亦为最少；反之，佃农田场最大，其田块数或坵数亦为最多，故田场面积之大小实影响田块数或坵数之多寡也。至土地种类

亦影响田场之田块或田坵之数量，此殆为旱地与灌溉田之区分而已，例如豫之南阳、淮阳，鄂之襄阳，皖之贵池、合肥等地区，耕地种类以旱地所占之成数较高，平均占73%，而豫之信阳，鄂之江陵、黄梅，皖之桐城、芜湖、滁县，赣之南昌、浮梁、吉安等地区，灌溉田所占之成数特高，平均为84%。如以土地分类计之，则旱地区域内，每一田场之田块数或坵数，较灌溉田区域内为少。试以上述旱地区域各地区合计观之，每一田场平均为16.6市亩，仅有3.2块或9.2坵。灌溉田区域内每一田场平均为13.3市亩，然有4.0块或10.4坵。据此可知，旱地区域内，每一田场面积较灌溉田区域大3.3亩，而田块数则反少0.8块，或少1.2坵。故地形之差异影响田场块坵之多寡甚巨。例如皖省滁县，丘陵起伏，因之田场块坵特高。反之，如豫省南阳，地形平坦，故田场面积虽大，然其田场之块坵数则较少也。

每一田场之块坵，因受田场面积、土地种类、地形等之影响，而发生数量多寡之差异。至面积之大小，则适得相反之结果。即每一田场之块坵增多，则其面积随之减缩。四省十四地区，每一田块之面积平均为3.8市亩，然豫省平均则达4.6市亩，为各处冠，惟赣省则仅2.7市亩。每坵面积之大小亦复相同，即豫省各地区平均为2.5市亩，而赣省仅1.2市亩。

就各种场主而言，佃农田场每块之面积最大，平均为4.3市亩，半自耕农田场次之，为3.9市亩，自耕农田场又次之，仅3.3市亩。考自耕农田场之田块面积所以较小者，盖以自耕农之田场系属私有，可任意押卖，或由诸子继承分配，是以田块面积历受分割，而愈趋缩小。至于田坵面积之大小，各田场均有类似之情形，平均为1.6市亩。

田场布置之整齐与否，对于田场经营縻费之时间，劳力，资本等，均有直接之影响。若田场面积整齐划一，则田场方面之种种设施，较为经济利便。今据上述调查之结果，田场面积如此散碎，对于农事方面所受之损失，自不待言。此宜速图改革者也。

其次田块距离农舍之远近，与工作效率之大小，关系亦巨。农舍与田块之距离愈近，则运输管理等方面，愈为利便。据第一表所示，自耕农田场农舍与各田块之平均距离为0.5市里，最远者为1.0市里。半自耕农舍与各田块平均之距离较远，计0.6市里，而最远者为1.1市里。佃农田场农舍与各田块之平均距离最远，达0.7市里，而最远者为1.2市里。赣省浮梁佃农田场农舍与最远田块之距离，平均达3.8市里，是以在农事设施方面极不相宜。查佃农田场农舍距田块特较遥远之原因，乃因其田场面积非由同一地主租入之故也。

三　农家家庭大小与土地分配

农村人口与耕地，同为组成农村社会经济之中心基础。有耕地而无农人，则耕地无所尽其利；有农人而无耕地，则农人无以尽其力。两者关联之密切，可不言而喻矣。然以吾国农村人口数量与耕地面积，向乏准确之统计，其由估计或推测而得之数字，言人人殊，有时相差甚大。况农村人口界说之规定，更不一致，因而欲研究农村人口问题与耕地分配之状况，殊属困难。

农村社会之基本单位，即为农家家庭。吾国农家家庭为普遍之大家庭制。然家庭之大小，亦殊不一律。有单身成为一家者，有数人或数十人成为一家者。据四省十四地区之农家家庭调查，每户平均计 5.5 人，与乔启明调查 11 省 22 地区 12456 农家每户平均 5.25 人，及卜凯调查 7 省 16 地区 2640 农家每户平均 5.65 人之结果，均相近似。就各类田场而言，半自耕农之家庭人数最多，计 6.0 人；佃农之家庭次之，计 5.3 人；自耕农之家庭又次之，计 5.2 人。就十四地区比较而言，皖省滁县之农家家庭人数最多，每户平均计 8.1 人，赣省吉安之农家家庭最小，每户平均仅 3.5 人（第二表）。

第二表　各类地权之家庭大小

省　别	每田场之家庭大小			
	自耕农	半自耕农	佃　农	平　均
河　南	4.9	6.4	6.2	5.8
湖　北	4.3	4.9	4.0	4.4
安　徽	6.1	7.0	5.9	6.3
江　西	4.9	4.8	4.7	4.8
四省总平均	5.2	6.0	5.3	5.5

农家家庭之大小与田场耕地面积之多寡，恒成正比，盖人数愈多，其所需要之耕地面积愈大，否则即难维持其生活。例如本调查之半自耕农家庭人口最多，故经营之田场面积亦较最广，而自耕农则反是。佃农租耕他人之田地，租课之支出较重，因一户耕耘须供二户之消费，是以佃种他人田地者所需之耕地亦须较广。故以同等土地面积，计算不同区域所能容纳之人数，为比较人口密度最适宜之方法，系以平方面积，例如平方市里或平方公里内之人数计之，而未顾虑土地之生产力。然比较农家之人口密度，以耕地面积单

位计之，较为准确，盖农人全赖耕地产物，以维持生存也。四省十四地区每市里作物面积平均有207自耕农、173半自耕农与165佃农。此乃表示在同一作物面积范围内，能容存较多之自耕农。易言之，自耕农需要之作物面积较少。然各地区之土质、气温、雨量等，各有不同，不独影响作物之生长，抑且影响人口之密度。例如豫省土质较差，雨量稀少，作物生长季亦较短，是以每一市里作物面积中之人口密度，不论其为自耕农、半自耕农或佃农，平均较其他三省为少，即每一农人需要之亩数较多，每一市里作物面积所能容留之人数较少也。

第三表　各类地权每田场之成年男子单位

省　别	每田场之家庭大小			
	自耕农	半自耕农	佃　农	平　均
河　南	3.7	4.9	4.9	4.5
湖　北	3.2	3.6	3.0	3.2
安　徽	4.5	5.2	4.5	4.8
江　西	3.7	3.7	3.5	3.7
四省总平均	3.9	4.5	4.1	4.1

农家家庭每因人口之多寡、年龄之大小，以及性别等差异，对于食量之消费、生活之开支等，不易作相互之比较，而仅能依据爱特华特尔氏之成年男子单位标准数，计算各户之成年男子单位人数，以表示其家庭之大小（见第三表）。如将各类田场每一成年男子单位需要之最小面积，计2.6市亩；半自耕农次之，计3.2市亩；佃农最多，计3.5市亩。若更以作物亩面积计之，则每一成年男子单位所需要者，自耕农计4.1市亩，半自耕农计5.1市亩，佃农计5.5市亩（第四表）。

第四表　各类地权下之人口密度

省　别	每人之作物面积（市亩）	每平方市里作物面积之人数	每成年男子单位之作物面积（市亩）	每成年男子单位之作物亩（市亩）
河南				
自耕农	2.4	167	3.2	4.8
半自耕农	3.0	122	3.9	6.1
佃　农	4.4	91	5.6	8.8
平　均	3.4	112	4.4	6.9

续表

省　别	每人之作物面积（市亩）	每平方市里作物面积之人数	每成年男子单位之作物面积（市亩）	每成年男子单位之作物亩（市亩）
湖北				
自 耕 农	2.3	172	3.0	4.7
半自耕农	2.5	183	3.4	5.3
佃　农	2.7	161	3.6	5.7
平　均	2.5	172	3.4	5.3
安徽				
自 耕 农	1.8	218	2.4	3.6
半自耕农	2.3	183	3.1	4.8
佃　农	2.2	184	2.9	4.3
平　均	2.1	200	2.8	4.3
江西				
自 耕 农	1.5	264	2.0	3.7
半自耕农	1.9	198	2.5	4.4
佃　农	1.7	210	2.3	4.1
平　均	1.7	215	2.3	4.1
四省总平均				
自 耕 农	2.0	207	2.6	4.1
半自耕农	2.4	173	3.2	5.1
佃　农	2.7	165	3.5	5.5
总 平 均	2.4	178	3.2	5.0

四　农地分割之利弊

吾国农地使用之散碎，各省皆然。此不特有碍生产技术之改进，抑且为推行农业政策之一大阻力。然此种现象之发生，由来已久，故欲予以具体之整理，扫除现存之障碍，恐非一朝一夕之功。况农地使用之散碎，不仅为土地问题，凡社会制度、社会组织等亦莫不与之有直接或间接之关系。故吾人须先研讨造成耕地使用散碎之原因，然后始可探求补救之办法，或遏止此种现象未来之迈进。农地使用散碎之弊，举其荦荦者，约有三端：（1）田场面积狭小，影响家庭经济之收入；（2）田块分散，足以阻碍农业技术之改进与新式农具之引用；（3）农地散碎，田场工作效率为之减低，而受工作重复与时间浪费之损失。凡此种种对于农业生产及农村经济之进展，关系至巨。

造成农地使用分散之重要因子，厥为土地私有与家庭析产等制度。土地私有制，乃由土地买卖自由而来，政府既未加以限制，人民即有充分购置土地之权，由是形成土地兼并集中之现象；而大地主又多不愿自己经营，乃将其土地分租于佃农耕种。有时佃农因经济关系，复转租一部分与其他佃农。辗转分割，土地自不能免于碎散。他若土地买卖典押之自由，更为其散漫之一原因。

吾国农民，家世其业，历久不改。其土地财产之遗传，均采承继制，父而子，子而孙，世世相传。然其间尚有较复杂之变迁在，即农家子弟在承继父兄之遗产时，或已承继之后，有时因故而起纠纷，遂不得不析产分居。此在村落社会之家庭中，为不可避免之事。此项析产制度，影响耕地使用之分散，至巨且大，盖农家子弟析产分居时，往往依据农地之肥瘠，按股分承，从未顾及农地分割之有害于农业发展。故据若干调查之结果，家庭析产后之田块总数，较未析产前，互有增加，此亦农地使用分散之重要原因也。

耕地分散之原因，已如上述，兹再论其利弊。试就有利方面而言：（1）各处土壤、地势，多不相同，自不能不影响作物之栽种。耕地分散，则农家即可因地制宜，以各种不同之土地栽种各种不同之作物。如此，可无勉强栽种之苦，而有增加产量之望。（2）土地分散可减少病虫害，因耕地分散，虽有病虫害之发生，亦不致使各种田块均受其害，故可减少损失。（3）耕地分割有益于水田区域灌溉之合作，盖逢干旱之年，水田灌溉需要之劳力甚多，一家之力互不足，是以在水田分散之区域内，各农户即有通力合作之便。

然就弊害方面而言：（1）耕地分散，减少工作效率，且对于田场经营各方面之设施，较为重复浪费。（2）各田块交界处之空地，乃为无形之损失，若各田场之面积整齐划一，则此项损失可以减少。（3）田场整齐，即可绕以篱笆，匪特可免人畜践踏之患，且可减少界限之争。

综上所述，利弊互见，然弊大利小。且所谓之利，如病虫害之预防，水田灌溉之合作，皆可以他法得之。惟土地分散之不合经济原理，与妨害农业技术之改进，实为不可避免之事实，此我国土地制度之所以亟待彻底整理也。

五 农地所有权获得之方法

农家家长之耕地，有为自有之田，由父兄遗传者，有由父兄经租而继续租用者，有为自身当场主后购买或向他人租得者，或收回或赎出原有之田地以及受他人之馈赠者。四省十四地区之田场场主，于初当场主时之田场面积，平均为14.6市亩，其中三分之二为祖传遗产，三分之一为父兄经租之佃权，其后场主或在任期内，收进一部分之田地，例如卖出、租出、当出、退租、赎去等，而减少其田场面积。迄调查年度止，每一田场之平均面积为14.6市亩，即从初当场主起至调查年度终，各田场两端之田场面积，平均依旧未动。然以各地区分别观之，则豫省南阳、淮阳、信阳等地区，初当场主时之田场面积，较现有者，每田场平均约小七分之一，而信阳则较小五分之一，鄂赣二省各地区亦有类似之情形，而皖省则不尽然。例如滁县、合肥二地区内，初当场主时之田场面积，较现有之田场面积为大，在合肥约大四分之一，而在滁县则约大三分之一。就事实而言，此田场面积有增加者，则彼田场面积必有减少，盖各田场面积均同时增加，实为不可能之事，除非该田场因新开拓之荒地，或受河流淤积而成之新生土而增加其面积。然此种情形，为数极少。

六 结论

现时我国各地农村，大都尚停滞于村落农村社会之阶段。一般农民之小我观念甚深，仍抱“日出而作，日入而息，凿井而饮，耕田而食，帝力何有于我哉”之态度，对于社会之共同事业，漠不关心。然农村社会进展之历程，乃由个人生活，进而为团体生活。现时农民既多未能明了共同合作，适应环境，以及迎合时代之重要，是宜开发其社会观念，互助精神，则农村庶有繁荣，进入现代农村社会阶段之一日也。

我国土地制度之不善，亟待改革，为公认之事实。我国为小农制，乃村落社会之应有现象，然田场面积散碎之弊，尽人皆知，今欲谋适当之改良，除废除家庭析产制度外，更应限制自由买卖等，而提倡土地重划，减少农村人口，发展工商业等，尤为急不容缓之图。

豫鄂皖赣四省之田租高度测验*

本文系豫鄂皖赣四省十四地区农家经济研究之一部分报告，兹特提前发表，以公同好。

一　引言

就经济学原理而言，田租之意义，其范围仅包括曾加改良之有用土地，凡等级较差而无可利用者，或其产物价值与所费之劳力资本相等者即无田租可言。购买土地，即购买该土地每年之所得或田租之权。例如地主由田产所得之报酬，即为彼投资而得之利息，或佃农使用地主之田产而予以相当之代价是也。然此项利息或代价，其性质与平常贷款不同，因农业之进展，具有弹性，田场经营之得失，与佃者之劳力及管理才能有密切之关系，未容忽视。其他关于气候、土壤、地势、病虫害、水利、作物品种等，对于同等田地所产生之效果，亦有差异。是以投资地产之利息，或使用田地之代价，自应按照有关之各项因素，共同核计，而定准则，始称恰当。

二　契约田租

现下普通习用之田租，均为契约田租（Contract rent），即地主与佃农于议定佃租手续时，所订立之合同。此类契约田租之规定，常以地主之意旨为

---

* 与应廉耕合著，原载《农林新报》第14卷第7期，1937。

主，盖佃农生活困窘，藉此营生，势非委曲求全不可，其中情状，于租约可见一斑。契约田租之特征，即除订定之额租外，尚有押金、小费，及他种义务，令佃农负担，甚至限制佃农，不得任意使用耕地。契约田租中之租额，高低悬殊，其动向每随其他因子之变动而转移，尤以受土地供求状况之影响为最。农民数量愈增加，则农民需要耕地之程度愈趋尖锐，田租即随之上升。反之，若耕地之供给量增多，或农民需要之耕地程度减低，则田租自易下降。荷兰经济学家比尔生教授（Prof. Pierson）曾指出田租率之升降对于田地之供给量有极密切之关系。19 世纪欧洲各国田租之上升，曾有突然猛进之现象，盖由人口增加，需要较多食量所致，因而使用农地之代价上升不已。普鲁士自 1849～1891 年，田租增高 180%；法国自 1851～1979 年，增高 50%；荷兰自 1830～1879 年，增高 106%；英国自 1800～1870 年，亦有增高。然自 1880 年后，因人民竞争于新土地之进展，田租增加之趋势即受抑制，以至有若干国家之田租反因之狂跌，甚有下跌 50% 者。由是观之，田租升降与土地供求状况之关系，殊为明显。其次农产物价之涨跌，亦足影响田租之升降，而以钱租为最烈。盖农产物价高，则地价上升，佃农所获之利润优厚，因而欲佃者众，地主乃从而增加租金。他如土壤、市场、治安、作物产量、作物生产限制、水利、运输等，俱与之有直接或间接之关系。在此种种情势之下，耕地供过于求时，则易遭荒芜；求过于供时，则易引起农民相互间竞争与倾轧，而发生恶果，此皆不合情理者也。

在契约田租制度下，地主收租之方法，通常分为四种，即钱租、谷租、分租、帮工分租是也。所谓钱租法者，即佃农每年缴纳定额之租金也。所谓分租法者，即农产物由地主与佃农按份摊分也。所谓谷租法者，即佃农每年缴纳定额之租谷，有时缴纳农产物，有时将农产物折价缴纳现金也。所谓帮工分租法者，即除劳力外，地主供给一切生活用品，惟在分租时，地主取农产物之大部分也。然通常一般观念，对于计算地主之收入，仅注意产物纳租部分之价值与其产物总值作比，而不纳租之产物未计入在内。此类计算法，在钱租法“见籽即分”之分租法与帮工分租法，固毫无影响，然在谷租法及仅分一部分产物之分租法，则对于地主收入数量占田场总产量之比率，不无差别。若以整个佃农田场之产物价值，与其纳租部分之价值作比，以观察地主之收入，则较有价值。然此类计算法，必先经过详尽之调查，始可一一加以核算，惟手续较为复杂。四省十四地区佃农田场之地主收入部分，其价值占田场产物总值 31.8%，亦即地主之收入，约占全田场产物价值三分之一。然在分租法中之南阳及淮阳两地区，地主之收入特高；前者占40.8%，后者占48.4%。因此佃农田场之产物，均行分摊故也。其他地区，地主有采用谷租法者，有采用一部分分摊主要产物之分租法者，有同时采用两种或两种以上之租法者，此类地主收入之比率，恒较上述分租法为低（第一表）。

第一表　豫鄂皖赣四省十四地区地主收入占佃农田场总产物之百分率（以产物价值计算）

河南	湖北	安徽	江西	平均
40.9	32.4	25.5	32.3	31.8

抑有进者，谷租法中租约内载明之谷租数量，仅占平均常年而言，若遇荒歉，纳租作物之产量遭受损害时，则大都按规定之数量减让若干，而不纳租之作物，无论丰歉，地主概不加闻问，是以地主之收入比率，受此类变化之影响甚大。例如合肥之地主于该调查年度收入之比率甚低，仅占14.5%，即因此故。又如桐城之地主收入比率，亦只占20.5%，盖该处冬季作物无须缴租，故佃农对于栽种冬季作物如小麦等，恒予以特殊精密之栽培，因而影响夏季作物之水利问题。盖春季雨水多时，小麦尚未收获，佃农非将田中之水排除不可，迨种水稻时，一旦雨水缺乏，池塘之水每感不敷灌溉，致发生稻作生长不良之现象。此类情形，地主虽明知其非，然亦无法限制。

四省十四地区之纳租制，以纳谷租法为最普遍，采用此类方式之半自耕农与佃农田场，平均占66.3%；次为分租法，占27.8%；再次为钱租法，占5.6%；帮工分租法仅豫省淮阳之佃农田场有之，占总数0.4%而已（第二表）。

第二表　豫鄂皖赣四省十四地区半自耕农或佃农采用各种纳租法之百分比

省　别	分租法	钱租法	谷租法	帮工分租法	总计
河南半自耕农	78.0	5.6	16.4		100
佃　农	87.1	3.2	8.0	1.7	100
平　均	82.4	4.4	12.3	0.9	100
湖北半自耕农		5.9	94.1		100
佃　农		3.0	97.0		100
平　均		4.5	95.5		100

续表

省　别	分租法	钱租法	谷租法	帮工分租法	总计
安徽半自耕农	22.9	7.5	69.6		100
佃　农	27.6	4.8	67.6		100
平　均	25.3	6.1	68.6		100
江西半自耕农		8.4	91.6		100
佃　农	10.7	5.9	83.4		100
平　均	5.2	7.4	87.4		100
四省总计					
半自耕农	24.9	7.0	68.1		100
佃　农	30.8	4.3	64.5	0.4	100
平　均	27.8	5.7	66.3	0.2	100

三　公允田租

依据地主与佃农双方之收支情形，以计算使用土地之应有代价，为最合理，姑名之曰公允田租（Fair rent）。所取标准，即田场总收入之分配，依照双方总支出之多寡而成正比。田场用费项目中，分现款支出与非现款支出，其属现款支出者为地税、雇工工资、购买种子、肥料等；其属非现款支出者，为场主工价、家工折价、资本减少与投资利息。场主工价与家工折价两项非现款支出，乃依照田场工人于周年内实际工作日数、工作效率与当地工价，由场主核算而得。又非现款支出中之田场资本减少，乃指周年内低价之降跌，农舍农具之损失或贬值，牲畜、押租等数量之减少。至投资利息，以双方之资本性质不同，故假定之利率有异。地主之资本为固定资本，故取5%为假定利率；佃农之资本，多半为流动资本，故假定利率为10%，以示区别。田场收入项目中除田场以外，他项进款未计入外，其属现款收入者为售卖家畜、作物与副产品等；其属非现款收入者为家用产物与资本增加。田场资本增加，乃指周年内地价之高涨、修造农舍、增加押租、添购土地、家畜农具等。又计算公允田租时所用之耕地面积单位，系指每市亩之作物亩面积而言，盖普通多数耕地，每年可栽种两季作物，故能种两季作物之作物亩数，二倍于实在之作物亩数。本调查之作物复种指数为160%，即表示年内能栽种两季作物之耕地面积，占五分之三而已。

本调查研究公允田租之结果，四省十四地区现行契约田租每市亩作物亩面积缴纳之实数，平均计国币 2 元正，而由公允田租计算之数，则较契约田租为低，计国币 1.39 元，两者相较计 0.61 元，故在公允田租之原则下，现行租额平均应减去 28.3%。就分省言，现行契约租额应减去之百分率，其差别自豫省 13.3% 至鄂省 45.3%（第三表）。

第三表　豫鄂皖赣四省十四地区每市亩作物亩面积现行租额与公允田租应纳之数量

省别	佃农收入占田场总收入之百分率与佃农支出占田场总支出之百分率二者相较之盈亏数	佃农每市亩付与地主之租额（元）	现行每市亩所纳田租与公平租额相较应增减数（元）	每市亩应付租额（元）	现行田租与公平租额相较应增减之百分数
河南	-4.3	12.8	-0.14	1.14	-13.3
湖北	-14.7	2.01	-0.94	1.07	-45.3
安徽	-6.9	1.92	-0.52	1.40	-25.3
江西	-10.6	2.85	-0.89	1.96	-31.2
平均	-8.8	2.00	-0.61	1.39	-28.3

鄂省江陵之田价，异常低廉。地主供给之资本无几，而地租收入甚高，利息优厚。然佃农则入不敷出，异常困窘，以故该地区现行租额应减去之百分率特高，达 56.9%。豫省信阳，现行田租中佃农所占之利益较多，故应增加 4.6%。皖省合肥之调查周年期，适逢作物歉收，额租减让，该年度内两者所占之利益均等，以故无须增减。本调查所得之结果，较卜凯氏所著《中国农家经济》所载者略高，相差 6.2%。卜氏五省九处 501 农家田场，估计所得之公允田租，应由现行租额减去 22.1%。此类差异，乃因年来各地农村，迭遭天灾人祸，物价惨落，然田场上各项支出，则未曾减少，是以地主与佃农均蒙损失，而应减之租额亦较卜氏之数为高。现行契约田租，几近超过公允田租，此即表示现行田租中，劳资之酬价未臻平衡，地主沾益，而佃农则受损。

四　经济田租

经济田租（Economic rent）之学说，倡自李嘉图氏（David Ricardo），

故又名李嘉图田租（Ricardian Rent）。李氏之经济田租定义，谓经济田租乃“使用原始及不能毁灭之地力，而付与土地所有人之酬偿”（That compensation which is paid to the owner of land for the use of its original and indestructible powers）。经济田租在形式上虽为由天然富源收入之进款，然与工资或利息之性质不同，而不包含人为之各种改进。

据李氏之理论，经济田租之发轫，由于各不同单位土地生产量之差异，人口数量增加，等级较佳之土地遂感不敷分配，于是无土地者降求其次，而需用较差之土地。在同等面积中，两者相较，其由等级较佳之土地所得盈余部分，即为经济田租。

等级优良之土地，适宜小面积集约农制，等级较差之土地，则适宜大面积粗放农制。小面积之优良土地经集约利用，则其生产量逐渐超过土地报酬递减律之起始点。若由劳力与资本用费而获增之产量，其用费若较此项增量之售价为低，则集约农制为有利；若两者相等时，则即为集约农制限界（Intensive margin of cultivation）。故增添产量之用费较售价为低时，即产生经济田租。是以农民在较优良之土地等级中，易得较高之盈余报酬（Surplus rent），即经济田租是也。更由土地等级较差，大面积粗放农制观之，利用等级较差土地之原因，或由于产物售价增高，或工资低廉而减少每单位之劳力用费，使用此类土地之劳力与资本用费较集约农制为低，若支出之用费与产物价值相等，即为粗放农制限界（Extensive margin of cultivation）。然土地单位增添之盈余报酬应由劳力与资本之平均用费产生而来，较集约或粗放限界之用费为低。盖在此限界中，产物售价正弥补工资与利息，其中土地较优良者乃有盈余，此类盈余即为该土地单位制经济田租。

综上所述，经济田租之特征，以自较差而无田租之土地为起点，以推算其他等级较佳者之田租是也。此类田租不特适用于地主与佃农共同经营之田场，即自耕农或半自耕农田场亦属相宜。经济田租之计算法，即由地主与佃农混合之田场各项收入，例如一切现款与非现款总收入减去各项总支出，例如现款支出、场主工价、家工折价，复减去佃农资本8%之利息，所余之净利，即所谓经济田租。若再以地主之资本额除之，即为投资田产所得之报酬。

四省十四地区每市亩作物面积之经济田租，平均负1.97元（第四表）。其差别自豫省负0.22元至赣省负2.79元，此即表示佃农与半自耕农使用耕地后，非特无盈余报酬，亦且亏负甚巨。豫省南阳及信阳佃农之现行田租虽超过经济田租，然不致亏负，已属大幸。就事实言，此类佃农应脱离其田场，而另谋他业。惟际此人浮于事，百事凋敝之时，亦难如愿以偿也。

第四表　豫鄂皖赣四省十四地区之经济田租租额及占地主资本之百分比

省别	半自耕农		佃农		平均	
	每市亩应付租额（元）	占地主资本之百分率	每市亩应付租额（元）	占地主资本之百分率	每市亩应付租额（元）	占地主资本之百分率
河南	-0.45	-7.2	-0.0	-0.4	-0.22	-3.7
湖北	-1.31	-71.1	-2.01	-39.4	-1.67	-55.3
安徽	-2.37	-36.5	-3.03	-17.8	-2.70	-27.2
江西	-2.86	-53.0	-2.71	-21.2	-2.79	-37.1
四省总计	-1.84	-41.2	-2.09	-19.4	-1.97	-30.3

若由经济田租以观察地主投资所得之利息，则本调查之结果，地主之利息平均负30.3%，其差别自豫省负3.7%至鄂省负55.3%。以故所谓经济田租，则目下地主投资田产，毫无利息可图。

五　租额占地价之比率

地主收租之多寡，有计算佃农所纳之租额与地价10%之数值相比者。若租额超过地价10%则为高，不及则为低。此类计算方法，有仅用地价除租额价值者，有以地主之收入减去其支出而以地价除之者，其结果自难一致。四省十四地区租额占地价之比率，由末后一法计算，平均为8.3%（第五表）。

其中以豫省为最低，仅占5.4%，乃因地主供给用费较多所致。次为皖省平均占6.4%，乃因桐城之佃农有永佃权，租额较轻；合肥则因歉收而减让租额，故田租亦因而降低。鄂省江陵与赣省浮梁之地租租率均超过地价10%，前者乃因地价低廉，后者则因租额较重，地主供给用费较少之故。由本调查之结果观之，租额占地价之比率，除江陵、浮梁两地区外，均未达10%。

第五表　豫鄂皖赣四省十四地区租额占地价之比率

河南	湖北	安徽	江西	平均
5.4	14.6	6.4	8.2	8.3

六 地价超过租额之倍数

以租额除地价，所得商数即为地价超过租额之倍数，亦即表示若干年租额之积，与其耕地价值相等，此于辅助佃农购买土地时，对于偿还其耕地价值之步骤中，甚属重要者也。四省十四地区，每一田场平均需8.63年之久(第六表)，其租额总值才等于其耕地价值。其中所需年期最少者为江陵，仅1.58年，最多者为合肥，达18.39年。就分省而论，租值偿还地价所需之年期，以鄂省为最短，赣省次之，皖省又次之，豫省为最高（第六表）。

第六表 豫鄂皖赣四省十四地区地价超过租额之倍数

河南	湖北	安徽	江西	平均
12.53	3.86	10.36	6.62	8.63

七 各类田租之批判

(1) 契约田租——契约田租制度下，地主所供给者，不仅田地而已，此外每包括房屋、晒场、水池等，与当地社会之一切设施——学校、市场、宗教、娱乐等，此与其他田租有区别者也。契约田租之劣点，即变化性太大，多受环境之支配。且地主之权利，漫无限制，租额以外之勒索，例如押金、租鸡、租酒、食费、小费、差役等，亦复苛重。佃农缺乏保障，少有进取上升之机会，此皆须予以改善者也。

(2) 经济田租——经济田租之计算，较为简捷，其立场完全以佃农为目标，即佃农田场周年经营收入减去支出及佃农之投资利息，如有盈余，即为经济田租。故在经济田租之原则下，地主仅供给田地而已，此外不负担其他任何费用，亦不供给何种利益。惟由此类田场企业所得之盈余报酬，其数量之多寡，对于佃农生活程度之高低，田场用费之奢俭等，均有相当之影响。又佃农之投资利息，欲予以正确之规定，亦属匪易。经济田租太近理想，不易符合实情，且佃农受益较多，易为地主所反对。

(3) 公允田租——公允田租虽系根据业佃两方收入配分之原则，以计算双方应得之报酬，然实际并不如是简单。盖双方用费，若均以现款计算，则故属简捷，但其中尚有更重要之用费，非属现款个数者，例如地主之资本利息，佃农劳力与管理才能之报酬，予以适当之代价，殊属非易。地主投资田产之利率，不能与投资其他事业并论，因投资田产之危险性较小，不若其他事业易受社会不安定之影响。至于佃农之劳力与管理才能等，则每因勤惰智愚之不同而生差异，故欲予以准确之代价亦非易易。

（4）租额占地价之比率——以租额与地价相比而得之田租租率，其于计算耕地本身确实价值之高低，甚关重要。盖通常一般地价，非该项土地本身之真正价值，乃由估计或需要程度而随意增贬，因而易有失之过高或过低之弊。故欲研究地主收租之多寡，以地价作比，则耕地本身非先予以准确之价值不可。经济学者对于地价之意见，谓耕地价值即以耕地之纯收入依通行利率所核算之资本额是也。凡耕地纯收入或流通利率有变动时，即影响耕地价值之变异。地价之涨落，与纯收入之多寡常成正比，而与利率之高低成反比，亦即田租高即地价高，利率高则地价反低是也。一般估计耕地价值者，根据每单位耕地面积之纯收入，至少须超过地价之 10%。例如有田一块，每亩售价百元，其纯收入至少应超过 10 元以上，若其纯收入仅 5 元，则其售价失之过高矣。以纯收入估计地价之方法，亦适用于凶荒之年，盖地价随纯收入之减少而降低，其理一也。

八　地主投资田产之利润

地主投资田产所得之利润，可分两端言之。其一为地主方面单独计算，即地主之田租收入减去用费，盈余之数，即为利润，更以地主资本总额除之，即得投资利息。四省十四地区半自耕农与佃农场主之地主，所得投资田产之利息，仍属优厚，平均占资本总额 13.8%（第七表）。其差别自豫省 6.7% 至鄂省 29.7%。

第七表　豫鄂皖赣四省十四地区地主投资田产所得之利润（百分率）

省　别	半自耕农	佃　农	平　均
河　南	8	6.2	6.7
湖　北	35.5	26.5	29.7
安　徽	9.9	9.3	9.4
江　西	12.4	12.6	12.5
四省总计	15.6	13.1	13.8

其一混合业佃双方之资本以及收支等以计算田场利润及投资利率，所得结果，各类田场除豫省南阳之自耕农、半自耕农、佃农，信阳之半自耕农、佃农，与贵池之半自耕农外，均属亏负。平均各田场每市亩作物亩面积亏负之数，计负 1.34 元，当资本总额负 7.3%（第八表）。

第八表　豫鄂皖赣四省十四地区各类农家所得之田场利润

（地主与半自耕农或佃农之资本，收入支出等混合计算在内）

省　别	自耕农		半自耕农		佃　农		平　均	
	每市亩之利润(元)	占资本之百分率	每市亩之利润(元)	占资本之百分率	每市亩之利润(元)	占资本之百分率	每市亩之利润(元)	占资本之百分率
河　南	-0.01	-0.6	0.15	0.7	0.16	0.7	0.1	0.3
湖　北	-1.61	-16.9	-0.57	-14.8	-1.57	-18.6	-1.25	-16.7
安　徽	-2.33	-7.4	-0.97	-3.3	-2.41	-8.6	-1.9	-6.5
江　西	-2.19	-6.1	-1.61	-6.6	-2.04	-8	-1.95	-6.9
四省总计	-1.65	-7.7	-0.78	-5.6	-1.6	-8.6	-1.34	-7.3

此即证明农人于周年内之田场企业，亏累甚大。故若予以公正之批判，则佃农不应枉受此巨大之损失，而地主亦不应不劳而获如许之厚利，故在公允田租方面，现行田租应减去之百分率，亦不觉过高矣。

九　结论

农佃问题，原极繁复，绝非简单之方式所能立断。关于田场收入若干部分应归与佃农作为劳力报酬，若干部分应归与地主作为资本利息，此皆为研究农佃问题之焦点。计算田租之方法繁多，又因各地实况不同，如农艺方式、温度、雨量、地力、水利、病虫害、交通、治安等，影响田场收入甚巨。今欲试行启辟此项问题之途径，消除业佃间之酝酿，至低限度须先注意下列三要点，方能融合双方之意见，解除一切纠纷，兹逐一分述如下。

（1）予地主公正之田租——在政府未曾实施土地政策以前，应有暂行规定公正田租之必要。所谓公正田租者，除地主辅助之用费酌量偿还外，按照田地纯收入与土地实价之比率，予以最低之资本利息。此项规定之用意有三，其一，投资田产之值，嗣后社会日愈进展，人民需要土地之程度逐渐增涨，因而土地始发生经济价值，是以土地价值乃由社会造成，非个人可任意增贬，故应以其纯收入作标准以计算其价值从而核算地主之资本与报酬；其三，租佃制度素为社会公认不良之制度，故欲消灭之而不宜奖励之也。

（2）予佃农及其家属度平稳之生活——租佃制之存在，佃农并不仅仅开拓耕地为地主谋利益，对彼自身及其家庭之生活状况，与乎社会方面利益及兴趣之享受，亦宜兼顾，俾佃农之地位得以增高，生活安定，而为良好之公民。

（3）助长佃农储蓄之能力，俾有余资购买耕地之机会——在农业界有所谓农业梯级（Agriculture ladder）者，即由仅领工资之佣农升为自耕农，其间经过之若干步骤是也。通常列为四种，即①仅领工资之佣农，②租入耕地之佃农，③当入或购进一部分耕地之半自耕农，④自耕农。据四省四十五县之租佃制度调查，佣农升为佃农者平均占 7.0%；升为半自耕农者占 1.6%；升为自耕农者占 0.6%。故在目前一般情状之下，佣农升为自耕农者，为数甚少。今欲助长佃农购买土地之能力，诚非易事。然欲图达此目的，非先增高佃农之收入不为功，盖收入增高，始有余资储蓄，否则徒然无济于事。兹就平日观察所得再研讨如下。

（1）减低生产用费——就田场纯收入而言，对于减低生产用费，可分二端言之。其一为经营大面积田场，施行粗放农制，则易获较高之盈余报酬，据研究若干种调查之结果，证明大田场制所得之利益较小田场制优厚，盖大田场制每单位面积之生产用费较低所致。故在可能范围内宜辅助佃农扩张其耕地面积，俾田场赚款得以增高。其一乃引种优良品种以增高每单位面积产量。例如金陵大学农学院农艺系育成之南京二九〇五号小麦，原由江苏省江宁县农家品种中选出者，其产量较本地农家现用品种之产量高 56.8%，同时黑穗病较少，并不易折倒；又南宿州六十一号小麦，其产量高过本地最优品种 30%，并有早熟、抵抗线虫病、茎秆坚强等优点；又开封一二四号小麦，产量高过标准品种百分之一二，高过本地农家品种 17.7%，且品质优良、茎秆坚强、能抵抗黄穗病；又南京 C332 号大豆，经七年试验，每亩产量平均较标准品种高 45.1%，较本地农家通用之品种高 80%，且可早熟一星期之久。他如大麦、高粱、棉花、水稻等优良品种产量均较当地者为高，由此证明引种优良品种，确能增高田场之收入，夫复何疑。

（2）促进家庭副业之发展——据四省十四地区之农家调查，指证现下农家因受资本与耕地面积之限制，多数为小田场企业，其由田场收入不敷家用者，比比皆是。故农人不得不兼营田场以外他种事业，藉资弥补。据四省十四地区调查结果，佃农家庭纯收入中，得之于家庭副业者，占百分之一。由此可知家庭副业之重要性，与助增家庭收入之效力。更自工作时间分配情形观之，佃农因闲暇无事，以致浪费之时间，周年内平均达2.2月之多。故若能促进农村副业之发展，辅助佃农利用闲暇时间，则其家庭收入，自可藉此增高。他如节制家用，栽种较有经济价值之作物，亦足辅助家庭收入也。

欲由佣农或佃农进为自耕农，原非短期内可收成效。例如当15世纪初叶，欧洲爱尔兰土人，因反叛之故，以致大多数耕地，被制止叛变之不列颠与苏格兰地主没收，而沦为佃农。嗣后佃农之人口日繁，需要耕地之程度日趋尖锐，结果各自互相倾轧，田租高涨，漫无限制，佃农鉴于田租苛重而逃亡者甚多，饥饿、绝望、暴动等恐怖相继而起，于是激动政府筹划妥善之办法，藉以遏制一切骚扰。1886年爱尔兰国会乃决筹大批款项，根据年利四厘利息，贷与佃农协助购置耕地，嗣后该项贷款数量骤增，乃更扩张范围，俾佃农各有购置耕地之机会。佃农仅须年付耕地买价3.5%，付利息3.0%，偿还资金0.5%。如是越六十八载即可偿还全部而为自耕农矣。是故欲彻底解决是项问题，诚非短期所能奏效。

抑有进者，今日农村衰落之病症，即为纷至沓来之天灾人祸。农人所受之损失，日益严重，若不先为解除，则不特佃农无由上升，抑且自耕农之生活，有渐成不支之苦。是以农人本身与身外各项问题，若能兼筹并顾，则收效更迅速矣。

豫鄂皖赣四省土地投资之报酬*

一　绪言

农佃问题为中国久未圆满解决之严重问题。地主与佃农间之纠纷，辄扰乱农村社会，而于荒歉之年尤甚。当国民政府建都南京之时，有鉴于此，曾有减租之议，且于浙江省实行二五减租。继而江苏省亦限制地主之租收不得超过总生产之37.5%。据本系卜凯教授之调查，如依照公允佃制，即按地主与佃农两者担负生产费用之多寡，以分配总收入，则中国佃农现付之租额，应减少22.1%，始称公允。

本调查乃鉴于由田租所获之利润而计算投资田产之利息，就地主言，颇觉切要。因而除农家经济之研究外，复作地主投资田产之研究，以资对照比较。综计被调查之地主数目，计四省十四地区，330名。

租种地主之田产者为半自耕农或佃农，每地主名下半自耕农租入之耕地面积平均每名计22.4市亩。其多者如皖省滁县每地主名下，每半自耕农租入之耕地面积平均达115.2市亩；而每佃农亦达74.6市亩。赣省吉安，每地主名下，每半自耕农租入之耕地面积仅1.7市亩，而每一佃农亦仅2.1市亩耳（第一表）。

各地主之佃农数目，多寡不等，平均每地主有佃户7.9名，包括半自耕农及佃农（第二表）。其差别自豫省2.0名至皖省18.1名。就各地区言，

* 与应廉耕合著，原载《农林新报》第14卷第13期，1937。

第一表　豫鄂皖赣四省十四地区每地主名下各类农人租种之田地面积（市亩）

省　别	河南	湖北	安徽	江西	四省平均
半自耕农	38.7	6.3	33.5	3.6	22.4
佃　　农	50.0	16.1	27.1	4.1	24.7

第二表　豫鄂皖赣四省十四地区每地主名下之佃户数

省　别	河南	湖北	安徽	江西	四省平均
佃户数	2.0	3.9	18.1	6.5	7.9

皖省芜湖每地主之佃户数平均计 64.9 名。若以地主个别研究之，则有佃户数百名以上者亦属常事。惟地主因佃户数过多，不易记忆，故往往引用簿册，详载佃户之姓名、押金、田地所在地、庄屋间数、农具名称及数目，以及欠下而尚须追缴之租金或租谷数量等等。推佃户数较少而地主不能书写者，则往往将各项要目盘旋脑中，全凭记忆而已。

二　租出耕地与地主家庭之距离

本调查因欲明了业佃间之实际关系，故经调查之地主，其佃户大率在每地区五百农户清查范围内或其他邻近村庄。被调查之地主有时以居城镇者较多，有时以居乡村者较多，惟居乡地主之田地面积，不及居城镇者之多耳。居乡地主之田产，距离其家庭常较远，地主租出之田地与其家庭之距离，平均计 7.2 市里（第三表）。其差别自赣省 2.4 市里至鄂省 10.7 市里。其属最远之距离为皖省合肥，平均计 27.2 市里；其次为鄂省襄阳，计 24.2 市里。南阳、信阳、江陵、芜湖、桐城、南昌、吉安等地区，被调查之地主大率居住村镇，故其家庭距离其租出之田地甚近。

第三表　豫鄂皖赣四省十四地区地主租出田地与其家庭之距离（市里）

田块与家庭之距离 ＼ 省别	河南	湖北	安徽	江西	四省平均
平　均	4.3	10.7	9.8	2.4	7.2
最　远	5.2	11.5	11.2	4.1	8.5

三　地主田产之来源

地主田产之来源，祖遗者占68.0%（第四表），约当三分之二强。地主自身购买者占四分之一；当入或受人馈赠者所占之百分率甚低。至学田一项，乃系信阳某小学之公产，惟其各种收支等，与私人田产之情形完全相同，故亦被调查在内。

就分省言，祖遗部分以鄂省为最高，占82.2%；豫省次之，占80.9%；赣省又次之，占78.6%；皖省最低，仅占45.3%，尚不逮半数。若按个别地区而言，属于祖遗者，其差别自皖省桐城25.0%至赣省吉安之95.3%。

第四表　豫鄂皖赣四省十四地区地主田产来源之百分比

省别	河南	湖北	安徽	江西	四省平均
祖遗	80.9	82.2	45.3	78.6	68.0
购买	10.4	16.9	44.4	19.8	25.9
当入	2.2	0.9	2.4	1.2	1.8
学田	6.5				1.4
馈赠			7.9	0.4	2.9
总计	100.0	100.0	100.0	100.0	100.0

四　地主之田产分类

地主之田产，有完全租与他人耕种者，有保留一部分自行耕种而将余额租与他人耕种者。地主田产租与他人者平均占95%，而保留自行耕种者，仅占5%，或实数5.4市亩耳（第五表）。地主田产之类别，因地区不同而有差异，例如豫省为旱作物产地，是以旱地所占之成数特高；其他稻产区，则以水田较多。地主之灌溉田平均占三分之二，而旱地占三分之一弱。此类差别，乃由于地区选择之差异所致耳。

第五表 豫鄂皖赣四省十四地区地主之田产面积（市亩）

		河南	湖北	安徽	江西	四省平均
自行耕种之面积	灌溉田	0.5	5.1	3.0	4.1	3.2
	旱地	4.9	2.0	1.3		1.9
	其他		1.5			0.3
	总计	5.4	8.6	4.3	4.1	5.4
租出面积	灌溉田	9.0	26.8	142.0	26.8	64.1
	旱地	106.2	6.1	37.7	0.3	37.6
	其他		0.3			0.1
	总计	115.2	33.2	179.7	27.1	101.8
总面积	灌溉田	9.5	31.9	145.0	30.9	67.3
	旱地	111.1	8.1	39.0	0.3	39.5
	其他		1.8			0.4
	总计	120.6	41.8	184.0	31.2	107.2
各类土地所占之百分比	灌溉田	13.2	84.4	71.3	99.4	67.7
	旱地	86.8	11.5	28.7	0.6	31.4
	其他		4.1			0.9
	总计	100.0	100.0	100.0	100.0	100.0

五 纳租制

地主收租时所采取之收租方式大率随当地习惯及各地主之便利而定。豫省为旱作物产地，周年内栽种作物之种类甚多，故以分租法较为方便。淮阳地主采用帮工分租法盛行，即田场内一切资本皆由地主供给，佃农只供给劳力与负管理田产之责任，迨作物收货后，按议定份量摊分。此与雇工性质不同。鄂赣二省地主均采用纳谷租法即在业佃间成立租约时议定租额，按期缴纳。皖省地主采用分租法者占 86.5%（第六表），其原因甚多，地主之租课往往较重，地主易沾利益；有因佃农时报荒歉，要求减让租稞而采用看稞议租者。水稻区域内之农艺方式较为简单，故地主大多愿采用纳谷法以省手段。地主采用钱租法者甚少，因农产物尚未进入商品化阶段，且农产物价变化靡定，难定适当之金额，以平均双方之愿望。

第六表　豫鄂皖赣四省十四地区各种纳租法所占之百分比

省　别	河南	湖北	安徽	江西	四省平均
分租法	76.5		86.5	0.9	47.5
钱租法	4.8		3.1	2.6	2.7
谷租法	6.0	100.0	10.4	96.5	47.1
帮工分租法	12.7				2.7
总　计	100.0	100.0	100.0	100.0	100.0

六　地主供给佃户之资本

每一地主投资田场总额，平均计 2207.27 元（第七表），或每市亩为 21.13 元（第八表）。其差别自江陵 119.03 元至合肥 6454.20 元；或每市亩自江陵 5.17 元至合肥 39.17 元。此项资本之主要部分，厥为耕地，占总资本 94.4%；农舍次之占 4.6%；其他之供给物则极少。

第七表　豫鄂皖赣四省十四地区每一地主供给佃户之资本（元）

省　别	河南	湖北	安徽	江西	四省平均
租出田地	1807.24	403.77	4118.84	648.45	2083.76
农　舍	90.89	14.21	220.21	0.38	101.25
农　具	10.78	1.79	19.36	0	9.60
种　子	8.69	0	2.01	0	2.58
肥　料	4.74	0	0.24	0	1.10
牲　畜	16.58	0	6.34	0	5.82
谷类借出	1.48	0.06	2.53	0	1.23
现款借出	0	0.12	5.32	0	1.93
总　计	1940.40	419.95	4374.85	648.83	2207.27

第八表　豫鄂皖赣四省十四地区每一地主供给佃户之资本

省　别	河南	湖北	安徽	江西	四省平均
租出田地	18.29	12.52	23.87	23.73	20.21
农　舍	1.05	0.26	1.39	0.01	0.78
农　具	0.10	0.03	0.11		0.06
种　子	0.07		0.01		0.02

续表

省　别	河南	湖北	安徽	江西	四省平均
肥　　料	0.04				0.01
牲　　畜	0.09		0.03		0.03
谷类借出	0.01		0.01		0.01
现款借出			0.03		0.01
总　计	19.65	12.81	25.45	23.74	21.13

七　地主之用费

每一地主支出之用费，平均计国币51.65元（第九表），或每市亩计0.53元（第十表）。其差别自吉安6.63元至芜湖202.00元，或每市亩自襄阳0.19元至浮梁1.17元。地税为地主用费支出之主要项目，平均占总支出78.4%；收租用费次之，占9.8%；他如修理农舍堤圩等，甚属微细。

第九表　豫鄂皖赣四省十四地区每地主之用费

省　别	河南	湖北	安徽	江西	四省平均
地　　税	37.00	8.39	72.12	23.43	40.51
修理农舍	7.28	1.91	1.59		2.54
修理农具	1.42		0.06		0.33
收租用费	0.27	0.17	13.78	0.12	5.04
修理堤圩	0.68	0.23	5.12	1.17	2.27
掘　　井		0.27	0.27		0.15
其他用费			2.28		0.81
总　计	46.65	10.97	95.22	24.72	51.65

第十表　豫鄂皖赣四省十四地区地主租出田地之每市亩用费

省　别	河南	湖北	安徽	江西	四省平均
地　　税	0.24	0.42	0.34	0.75	0.43
修理农舍	0.09	0.03	0.01		0.03
修理农具	0.01				
收租用费	0.01	0.01	0.07	0.01	0.03

续表

省　别	河南	湖北	安徽	江西	四省平均
修理堤圩	0.01	0.01	0.07	0.03	0.03
掘　　井					
其他用费			0.01		0.01
总　计	0.36	0.47	0.50	0.79	0.53

八　地主之收入

每一地主之平均收入，计国币224.71元（第11表），或每市亩计2.46元（第十二表）。其差别自吉安24.07元至滁县597.05元；或每市亩自南阳1.39元至南昌3.99元。各项收入之分配，作物收入占97.0%，此乃与各地主采用纳租法有关。地主之现金收入，仅占总收入1.7%而已（第十二表）。

第十一表　豫鄂皖赣四省十四地区每地主之收入

每一地主之平均收入		河南	湖北	安徽	江西	四省平均
收租种类	作　　物	177.31	68.18	405.65	95.75	217.99
	现　　款	10.20	0.11	3.89	1.03	3.82
	其他产物	6.64		0.87	0.53	1.85
地主使用佃农田场操作之收入	人　　工	0.09				0.02
	畜　　工	0.15				0.03
	家工之收入	4.61	0.03		0.01	1.00
	总　计	199.00	68.32	410.41	97.32	224.71

第十二表　豫鄂皖赣四省十四地区地主租出田地之每市亩收入

			河南	湖北	安徽	江西	四省平均
每一地主之平均收入	收租种类	作　　物	1.58	2.28	2.37	3.23	2.36
		现　　款	0.15		0.08	0.02	0.07
		其他产物	0.05			0.02	0.02
	地主使用佃农田场操作之收入	人　　工					
		畜　　工					
	家工之收入		0.05				0.01
	总　计		1.83	2.28	2.45	3.27	2.46

九　地主之利润

由地主周年内各项收入减去各项支出，其剩余者即为地主所得之纯利。每一地主所得之纯利，平均计国币173.06元；或每市亩为1.93元（第十三表）。其差别自吉安17.43元至滁县493.85元；或每市亩自南阳1.01元至南昌3.38元。此项纯利若以资本总额除之，即得周年利息，平均计占10.2%，其差别自桐城5.2%至江陵25.3%。鄂省江陵地主所获之利率特高，乃该处地价异常低廉所致。

第十三表　豫鄂皖赣四省十四地区每地主与每市亩租出田地所获之纯利

省　别	河南	湖北	安徽	江西	四省平均
每一地主之纯利	152.36	57.35	315.19	72.60	173.06
地主所得每市亩之纯利	1.48	1.81	1.95	2.48	1.93
地主投资田产所得之利率	7.5	16.7	7.7	10.2	10.2

十　结论

由地主田场周年出入调查，地主投资田产所获之利润，较农家周年出入调查，地主所获之利润，低3.6%（参看《农林新报》第十四年第七期豫鄂皖赣四省之田租高度测验一文）。就各地区言，鄂省黄梅、江陵二处，地主所获之利润，由两种调查所得之结果相差最甚，其余各地区尚称近似。此项差别之主要原因，可分两端言之。其一，地主周年出入调查中，地主租出之田场面积较大，范围较广，不受半自耕农或佃农数目及经营田场面积大小限制，然农家周年出入调查内半自耕农或佃农数目及经营田场面积大小，均受限制；其一乃因地主周年出入调查之各项答案，均直接由地主处查得，且大多由地主之租簿，粮税串单等抄下，故所得之答案，较为正确，盖农家周年调查内地主之难免有遗漏或讹误之处，而影响两种调查之结果。

抗战以来各省地权变动概况*

一　地权问题之重要

我国以农立国，农民有地则安，无地则乱，是土地问题尤为我国农业经济之中心。良以国内农民，佃农居其泰半，多数农业土地，集于地主之手，耕者无其田，农民辛劳所得，多供地主不劳之获，其劳力应得之酬报，尚难相偿，欲期其改良耕地技术，增加农业生产，乌可得哉？此我国农业土地之症结所在。自抗战军兴，各地物价，普遍激涨，农产价格，亦日渐提升，农村经济，似可趋于繁荣，农民生活，或已改善，然地权既多操于地主之手，佃农复居农民之半，则我国农村经济之真正繁荣，与农民生活之确实改善，当赖地权分配之均衡，与租佃制度之改善，徒以农产物价之涨跌，实不足为农村经济之盈虚表征。本会爰本斯旨，特于三十年七月，制订《地权变动调查表》一种，举凡近年来各省地权变动之趋势，业佃关系之变迁，与夫押金、佃期、租额等之波动情形，均予调查，并详加研讨，以明了抗战以来各省地权变动实况，窥测农村经济之荣枯，与农民生活之优劣，俾为施政之助。

按地权移转，概以典当、买卖、析产为其主要原因，然租佃手续、期限及租额等，足以影响地权之分配状况，故亦列入调查，以明了近年来地权变动客观因素。此项调查所包括之时期，计为二十六年、二十八年及三十年。

---

* 与蒋杰共著，农产促进委员会印行，1942 年 2 月。

因未能查到原始文献，本文选自李文海主编《民国时期社会调查丛编（二编）》乡村经济卷下册（福建教育出版社，2009 年），文中若干数据似有误，特此说明。——编者注盖二十六年适逢抗战之初，各地所受影响尚少，可为战前之代表。二十八及三十年则为战时情形，调查范围计包括12省206县。各省县名列下。

（一）四川省

华阳、灌县、重庆、郫县、双流、资中、内江、荣县、简阳、巴县、大邑、彭山、雷波、宜宾、南溪、庆符、兴文、泸县、隆昌、合江、涪陵、酆都、奉节、岳池、自贡、南部、武胜、安岳、中江、潼南、蓬溪、绵竹、安县、德阳、阆中、平武、达县、开江、宣汉、名山、眉山、新都、通江等，共计43县市。

（二）河南省

中牟、密县、新郑、禹县、洧川、长葛、荥阳、南阳、方城、唐河、内乡、叶县、汝南、遂平、光山、巩县、偃师、伊川、伊阳、陕县、卢氏、洛宁、渑池、新安、嵩县、潢川等36县。

（三）湖南省

湘阴、沅江、沅陵、辰溪、常宁、攸县、酃县、邵阳、新化、新宁、城步、黔阳、晃县、桂东、汝城、宜章、临武、零陵、祁阳、东安、泸溪、永绥、芷江等23县。

（四）陕西省

米脂、洛川、城固、洋县、褒城、宁羌、沔县、同官、淳化、长安、麟游、蓝田、郿县、大荔、鄠县、兴平、平民、风翔、蒲城、陇县、三原等21县。

（五）广西省

邕宁、绥渌、横县、隆山、果德、苍梧、容县、平南、灵川、全县、平乐、贺县、中渡、罗城、龙津、三江、来宾、思恩、天保、田阳、崇善、凌云、蒙山等23县。

（六）广东省

曲江、乐昌、始兴、佛冈、广宁、开建、封川、郁南、河源、丰顺、五华、化县、阳江、合浦、遂溪等15县。

（七）甘肃省

皋兰、榆中、靖远、定西、漳县，岷县、永登、康乐、华亭、庆阳、泾川、秦安、灵台、宁县、通渭、成县、康县、临泽、古浪、高台、民勤等21县。

（八）贵州省

镇远、黄平、松桃、石阡、玉屏、兴义、关岭、仁怀、贵阳、锦屏、惠水、平塘、黎平等13县。

（九）云南省

崇明、沾益、宾川、丽江、顺宁、金平、大关、镇雄等8县。

（十）西康省

荥经、西昌、冕宁、泸定等4县。

（十一）湖北省

鹤峰、利川等2县。

（十二）浙江省

永康、遂昌、江山、松阳、遂安、青田等6县。

二　地权变动

（一）各类农户之消长

按田地所有权之不同，通常分农民为自耕农、半自耕农及佃农三种。凡耕种自己所有之田地者为自耕农，除自有之外，尚租种他人之田地者为半自耕农，完全租种他人之田地者为佃农。但若自有之田地，除一部分自耕外，尚租给他人耕种者，称地主兼自耕农，将自有田地全部出租者，则为地主。故细分之，农民可别为5种。我国各省农佃分布状况，向不一致，据本会调查，近5年来各类农户之平均百分率，以自耕农为最高，平均约占30.2%；

其次为佃农，约占26.4%；半自耕农占21.6%；地主兼自耕农占15.3%；地主之百分率最低，约占6.5%。

自二十六年以来，各类农户之消长情形，据此次调查所得，以自耕农及地主兼自耕农，均呈增加趋势，佃农、地主及半自耕农则渐减少。计每百户农家中，自耕农在二十六年，各省平均占29.6户，二十八年占29.9户，计增加0.3%，三十年计占31户，较二十六年增1.4%，较之二十八年亦增1.1%，地主兼自耕农之趋势略同，计二十六年平均占14.5户，二十八年增为15.4户，三十年则达16户。至于各类农户之呈减势者，以佃农为较甚，其平均百分率计二十六年为27，二十八年虽略提高至27.2，三十年则骤降为25，计较二十六年低2%。地主之变动较为缓和，计二十六年平均为7，二十八年及三十年间为6.3，约减0.7%。半自耕农之变动减势亦微，二十八年之百分率，较之战前虽属减少0.7%，三十年则复与战前相近，计二十六年平均为21.9，二十八年为21.2，三十年回升至21.8。

就各省之变动情形观之，自抗战以来，地主兼自耕农之百分率，在四川、湖北、广东、甘肃、河南、陕西、贵州等省，均属递增，浙江省则以二十八年之增长较甚。此外各省，虽趋渐少，然其势甚微，且西康及湖南二省三十年度之百分率，较之战前虽属稍减，但较二十八年则仍见增加。自耕农之分布，除西康、云南、湖南等省略呈减势，浙江省于二十八年较低、三十年复见增加外，其余诸省年来概见增加。佃农之消长情形，各省概属削减，仅云南、西康、广西等省略有增加，浙江省于二十八年虽略有增涨，但三十年之百分率复低于战前。年来地主之百分率渐增者，有广东、广西、湖南等省，其余各省则呈普遍减势。半自耕农在12省中各有增减，然其平均仍为减势（见第一表）。

第一表 近5年来各省地权变动之百分比

省别	报告县数	每百户农家之百分率														
		地主			地主兼自耕农			自耕农			半自耕农			佃农		
		二十六年	二十八年	三十年	二十六年	二十八年	三十年	二十六年	二十八年	三十年	二十六年	二十八年	三十年	二十六年	二十八年	三十年
四川	44	10.4	9.9	9.2	11.3	11.8	13.1	17.3	19.7	21.2	15.4	15.1	17.1	45.6	43.5	40.4
西康	4	6.0	5.8	5.3	9.5	7.2	8.0	16.3	13.8	12.0	23.2	22.2	23.0	45.0	61.0	81.7
浙江	6	6.2	4.0	5.8	20.3	25.0	21.2	22.2	19.3	24.5	23.7	16.7	26.5	27.6	35.0	22.0

续表

省别	报告县数	每百户农家之百分率														
		地主			地主兼自耕农			自耕农			半自耕农			佃农		
		二十六年	二十八年	三十年	二十六年	二十八年	三十年	二十六年	二十八年	三十年	二十六年	二十八年	三十年	二十六年	二十八年	三十年
湖北	2	7.0	4.0	3.5	20.0	25.0	30.0	32.5	33.5	35.0	24.0	22.5	17.0	16.5	15.0	14.5
湖南	23	5.2	4.5	7.2	11.9	11.2	11.6	13.9	18.6	18.4	28.2	28.4	28.9	35.8	37.3	33.9
云南	7	6.7	6.6	6.5	13.6	13.3	12.8	24.5	23.3	21.7	27.8	27.8	30.3	27.4	29.0	28.7
广西	23	2.0	2.3	2.1	11.9	11.2	11.2	39.6	39.8	40.8	24.9	24.3	23.2	21.6	22.4	22.7
广东	15	4.9	5.7	6.3	14.6	16.1	16.3	16.9	17.8	19.5	26.2	28.7	28.9	37.5	31.7	29.0
甘肃	21	3.3	3.3	2.5	15.9	16.3	16.3	56.9	58.1	62.2	14.1	13.7	11.9	9.8	8.6	7.1
河南	27	10.0	7.6	5.4	12.9	14.4	16.5	41.3	43.4	44.3	16.2	15.8	16.5	19.6	18.8	17.3
陕西	21	7.0	7.0	7.0	14.5	15.6	15.7	45.0	44.2	45.9	20.3	18.9	17.5	15.2	14.3	13.9
贵州	13	14.9	15.1	14.4	17.7	17.9	19.2	25.7	27.2	26.4	19.5	20.4	21.3	22.2	19.4	18.7
总计或平均	206	7.0	6.3	6.3	14.5	15.4	16.0	29.3	29.9	31.0	21.9	21.2	21.8	27.0	28.0	27.5

抗战5年来，各省自耕农及地主兼自耕农，日见增加，佃农年有削减，似为农村繁荣之征象。惟自耕农之增加，不外二途：一为购地自耕，一为地主收回自耕。若属前者，佃农因生活改进，有力购地自耕，土地分配日趋均匀，农村经济势可繁荣，诚为抗战以来之良好现象；苟属后者，佃农既失利用土地之机会，必沦为雇农，或改营其他职业，农民之离乡者，势必日多，农村劳力将大感不足，有阻生产之增进，或非国家之福。据本调查之各项农户消长原因，颇不一致，自耕农及佃农之增减，并不足为农村经济改善之表征。盖各省自耕农之增加，几全为地主因农产物价高涨，若将生产品与佃户分沾，自以为不利，乃收为自耕，以图厚利，此种现象几遍全国。此外因佃农改业，地主招佃困难，乃收回田地自耕者，在川、湘、陕等省，亦属普遍。四川省因抗战以来，变为后方重镇，匪乱日平，治安改进，致过去因社会不靖，将田地出租者，此时亦相率回乡，取田自耕。惟河南省自耕农之增加，则以黄水泛滥，及战争影响，耕作困难，佃农退佃，为其主因。他如佃户之欠租过巨，地主乃被迫取回自耕，以维收益者，在豫省亦属常见。至以劳力缺乏，工价太高，佃农资本有限，无力经营，因而退佃改业者，在甘肃、河南等省较为普遍。在粤、桂两省，则因少数有土地者，过去为经济关

系，将土地典押与人，今则鉴于农产价格递增，乃设法赎回自耕，亦为增加自耕农之一因。近5年来，各省自耕农户数，亦有减少者。其因人工缺乏、耕耘困难、不愿自耕者，在豫、陕、黔、滇、川、湘等省，间有发生。鉴于战时物价暴涨，经商利大，因而改营商业者，在川、桂、豫省等则有之。自耕农以生活日高，收益不足自给，因而改业，或沦为佃农者，在黔、滇、桂等省，略见发生。其因匪患未平，有地者不能安心自耕，在黔、康等省尚有此种现象。自耕农之因服兵役而减少者，仅河南省有之，但亦属少数。

地主兼自耕农之增加，约有两种情形，一由地主转变而成，一则因自耕农之出租土地而跃为兼地主。惟据本会调查，各省地主兼自耕农之增加，概由地主之收回一部分土地自耕而形成，至于地主之所以收回土地自耕者，仍以农产价高，自耕利大，为其主因，在川、鄂、湘、滇、桂、粤、甘、陕等省，均有此现象。地主因招佃困难而收回自耕者，亦较普遍，盖年来工价高涨，劳力不足，佃户因经营困难，退佃者多，同时农产价高，佃户常有欠租等事发生，地主收租，诸感不便，因此，拥有大量土地者，不得不收回一部分土地自己耕种，以维收益，此种情形在川、湘、甘、桂、豫、陕等省间有发生。在河南省并有因佃户资本不足，地主恐其影响收成，而收回少量土地以自耕者。因人力不足，耕作艰难，固可影响佃农之退租或改业，但于自耕农亦不能例外。故原属自耕者，有因此出租一部分土地，以减少人力缺乏之威胁者，在湘、豫等省有此现象。地主兼自耕农之减少者，在康、滇、湘、桂等省，为数较多，考其原由，则因治安不宁，改营商业，出卖土地，人工不足，乃将原属自耕之土地，全数租给他人耕作，自身遂成为纯粹地主。此外以人口增加，自耕之面积，不足自给，乃将租出土地收回，因而复为自耕农者，在湘省有此现象。其以粮价上涨，自耕利大，因而转为自耕农者，在桂、粤、甘等省间有发生。

以上所述，自耕农及地主兼自耕农，年来均有增加趋势，惟其主因，以地主之因收益关系，而收回自耕者，为最普遍。是则土地之所有权早已获得，近年来并无变动，仅使用权稍见移动而已，其无助于土地之分配也明甚。复观各省佃农之减少原因，益见抗战以来各地农业土地状况，并无改善。盖近年来佃农之日见减少者，虽属各省普遍现象，然其减少原因，以地主加租太重，生活维艰，及地主收回自耕，被迫弃农改业者，最为普遍，计在川、桂、粤、甘、陕、豫、鄂等省，均有此种现象。其因物价高涨，资金不足，无法经营，因而退佃改业者，在川、湘、粤、陕等省，亦有发生。在康、湘、粤、豫、陕、黔诸省，并有因人工不足而退佃改业者。年来因物价之刺激，工价大涨，谋生较易，复以地主之剥削日重，耕田之获益，反不及劳工之利大，因此，佃农多有改做劳工者，此种现象，在鄂、湘、桂、甘等省亦属常见。佃农之因经商利大而改业者，在鄂、粤、豫、黔等省，间有发生。其因服兵役而佃农减少者，在川、豫二省略有此种现象。此外由佃农跃为自耕农者，仅在滇省之少数县份，有此报告。可知抗战以来，自耕农之增加，既非农民购地自耕之结果，佃农之减少，亦不以自耕农或半自耕农为其出路，则农村经济之未见改善，可见一斑。

自耕农及地主兼自耕农之所以增加，既为地主收回土地使用权之所致，则地主之相对减少，当以自耕农及兼自耕农为主要出路，是其减少之缘由，要不外前二者之增加原因。此外有以生活高涨、谷租不敷维持，因而出卖土地改营他业者，亦有因天灾人祸及析产关系而变卖土地者，此种情形，在川、甘、豫、湘等省，或有发生。

半自耕农既间为自耕农及佃农，则其变动途径，以自耕农、佃农及地主为主，近 5 年来，自耕农既有增加，半自耕农因而减少，其因经商利大，不但退去租入土地，抑且租出自有部分，而改营商业者，各省间有发生。至因生活困难而降为佃农者，只云南一省稍有此种现象。此外更有出卖自有土地，完全弃农，改营他业者。

总之，近来各类农户之消长，以物价激涨，人工缺乏及成本增高为主要原因，其变动趋势，不足为农村经济繁荣之表征。

（二）各级地主之变动

若按住址分，地主可别为住城及住乡二种：住城地主，大都在城市有其他职业，仅于每届收租时下乡一次，或派他人代理，故有终年不下乡而坐享不劳之获者，其于佃农之甘苦劳疾，漠不关心，以致业佃双方之情感，较为恶劣。住乡地主，虽本身不事耕耘，以其久处乡间，熟习农事，不但对于佃户之耕作技术，能随时予以督导，于其生活实况，复多关心同情，双方情感，易趋良好。近年各省地主之住城住乡情形，据本会调查，以住乡者占多数，计各省平均每百户地主中，住乡者占 72.6 户，住城者占 27.4 户，尚不及前者之半数。各省之比数，除西康及浙江省之情形较为特殊外，其余诸省，均以住乡地主占多数，而以甘肃省住乡地主之百分率为最高，计达 82.5，湖南、湖北、河南等省之住乡地主，亦在 80% 以上，此外各省约在

70%。西康省之住乡地主不及住城者，或系治安欠佳所致，浙江省之住乡地主高达93.7%，似属所调查各县之特异情形，难以定论。总之，年来各省地主，以住乡者为最多，殆无庸议（见第二表）。

第二表　各省住城及住乡地主之百分比

省　别	地　主	
	住　城	住　乡
四　川	28.4	71.6
西　康	63.3	36.7
浙　江	6.3	93.7
湖　北	20.0	80.0
湖　南	18.1	81.9
云　南	34.4	65.6
广　西	22.3	77.7
广　东	24.2	75.8
甘　肃	17.5	82.5
河　南	19.4	80.6
陕　西	29.9	70.1
贵　州	45.6	54.4
平　均	27.4	72.6

复依所有土地面积分类，地主又可别为大、中、小三级。据此次调查，最近5年来各省各级地主之平均数，以小地主为最多，计每百户中，小地主约占56户，中等地主次之，约占32.5户，大地主最少，约占11.5户。抗战以来，各级地主之变动情形，大地主自有减势，计二十六年各省大地主平均百分率为11.9，二十八年减为11.6，三十年更减至11，惟在四川、西康、湖南、广东等省之大地主，则逐年概属增加，谅受农产价格剧增之刺激，其他诸省，均见递减。中地主之百分率，以二十八年较高，计各省平均为33.2，至三十年度复减为32，二十六年则为32.3。各省中之变动情形，计有四川、湖南、云南三省，年来均见增加，湖北及西康二省渐见减少，其余各省，仅以二十八年之百分率为较高。各省小地主所占之百分率，在战事发生后2年，比之战前，几无变化，计二十六年平均为55.8，十八年为55.2，惟至三十年时则较高，平均达57，逐年均见增加者，有湖北、河南二省，

年来递减者，有四川、湖南两省，其余各省均系二十八年略减，三十年则增加（见第三表）。

第三表　各省抗战期间各级地主变动之百分比

省别	地主变动百分之比较								
	大地主			中等地主			小地主		
	二十六年	二十八年	三十年	二十六年	二十八年	三十年	二十六年	二十八年	三十年
四川	7.3	8.9	9.6	29.5	29.9	31.0	63.2	61.2	69.4
西康	4.0	4.0	4.5	24.5	25.5	25.0	70.5	70.6	70.5
浙江	18.6	13.8	13.2	27.5	33.7	30.8	59.0	52.5	66.0
湖北	13.5	11.0	6.5	23.5	24.0	20.0	61.0	65.0	73.5
湖南	10.5	11.0	14.6	51.2	31.7	33.4	58.3	57.3	52.0
云南	19.6	18.7	15.2	30.4	32.5	34.1	50.0	49.2	50.7
广西	15.0	14.6	14.8	32.6	33.1	32.5	52.4	52.3	52.7
广东	6.5	7.1	7.1	27.5	28.5	26.5	66.0	64.4	66.4
甘肃	13.4	13.6	11.4	46.2	47.3	42.8	40.4	39.2	45.8
河南	12.9	10.9	11.8	28.8	27.4	24.2	58.3	61.7	64.0
陕西	16.7	15.7	13.4	39.6	41.0	40.9	48.7	43.3	45.7
贵州	9.8	9.8	9.6	42.8	43.8	42.8	47.4	46.4	47.6
平均	11.9	11.6	11.0	32.3	33.2	32.0	55.8	55.2	57.0

概言之，抗战以来大地主渐呈减势，中地主及小地主则趋增加。若以三十年情形观之，中地主较之战前，未见增加，而小地主则挺升，是知投资土地者仍属少数，农地分割之细碎，亦如往昔。

三　地权分配

（一）各类农户所占面积之变动

各类农户近年来之变动情形，已如上述。至其所占土地面积消长概况，据此次调查所得，以自耕农所占土地为最多，计每百亩田地中，各省自耕农平均约占 25 亩，乡间地主约占 21 亩，城市地主约占 18 亩，地主兼自耕农亦占 18 亩，半自耕农所占土地最少，约为 17 亩。抗战以来，各省地权分配之变动，并不甚大，如自耕农之所有土地，在四川、广西、甘肃、河南诸省，年来均较战前增加，然其增加成数最高者，尚不及4%，湖北、湖南等省，较战前低减约0.8%以下，其余各省，在二十八年时，较战前略有增减，三十年时，复与战前相差甚微。至各省平均百分率，二十六年为25.3%，二十八年为25.5%，三十年之增为25.8%。半自耕农占土地面积，年来均属减少，计二十六年平均为17.3%，二十八年为16.7%，三十年为16.6%，其中以四川、西康、湖北、湖南、广西、甘肃、贵州等省，年来均较战前略减，云南省则属递增，其余各省，二十八年虽略有增减，三十年则与战前相近。城市地主所占土地，近年来日趋低减，然相差甚微，计二十六年各省平均为18，二十八年减少0.1，三十年递减至16.9，各省之百分率，以浙江、广西、甘肃、贵州等省，年有增加，湖北、云南、广东、河南等省，则属递减。乡间地主之土地，概见扩大，适与城市地主反其趋势，计战前各省平均为21，二十八年增为21.5，三十年更增至21.9，但较之战前，亦不过高0.9%，而广西、甘肃、河南等省之百分率，则年有低减，其历年均见增加者，有湖北、广东二省，于二十八年增加而三十年减少者，有四川、云南、贵州、浙江等省。地主兼自耕农所占土地之百分率，以三十年为较高，二十八年及二十六年平均，各为18.4，三十年则达18.9，四川、西康、湖北、湖南、河南诸省，战时各年均见增加，广东、陕西二省则相反，此外各省，多于二十八年减少，及三十年，复又增加（见第四表）。

各类农户所占土地，年来增减不一，然其变动成数极微，益见土地所有权，未因战事影响而发生剧变也。

第四表　各省抗战期间地权分配概况之百分比

省别	每百亩田地中各县农户所占之百分率														
	城市地主			乡间地主			地主兼自耕农			自耕农			半自耕农		
	二十六年	二十八年	三十年	二十六年	二十八年	三十年	二十六年	二十八年	三十年	二十六年	二十八年	三十年	二十六年	二十八年	三十年
四川	27.5	27.7	26.4	25.3	24.9	26.1	16.3	16.3	18.3	15.9	16.6	16.7	15.0	14.0	12.5
西康	37.3	36.0	37.3	18.8	19.0	18.3	13.2	14.2	16.2	16.7	17.5	15.8	14.0	13.0	13.2
浙江	15.2	16.6	17.4	28.6	38.0	28.0	22.0	19.8	20.4	15.0	12.5	14.2	19.2	18.1	20.0
湖北	14.0	13.2	8.2	15.0	16.3	22.3	21.7	22.7	22.7	30.8	30.8	30.3	18.5	17.0	16.5
湖南	8.8	8.7	9.3	28.6	28.8	28.4	19.1	19.8	21.1	22.5	22.4	21.7	21.0	20.3	19.5
云南	21.7	21.1	17.8	24.2	21.2	23.9	19.3	18.9	20.2	21.1	24.1	23.0	13.7	14.7	15.1

续表

省别	每百亩田地中各县农户所占之百分率														
	城市地主			乡间地主			地主兼自耕农			自耕农			半自耕农		
	二十六年	二十八年	三十年	二十六年	二十八年	三十年	二十六年	二十八年	三十年	二十六年	二十八年	三十年	二十六年	二十八年	三十年
广西	8.7	9.3	9.3	24.9	24.8	24.7	18.4	18.9	18.2	31.8	31.8	32.7	16.2	15.2	15.1
广东	18.4	17.4	13.2	19.1	23.2	24.8	19.3	19.1	18.2	21.2	18.6	21.9	21.9	23.7	21.9
甘肃	7.4	8.1	8.3	16.1	14.9	14.0	23.3	21.6	22.3	39.9	42.2	43.3	13.3	13.2	12.1
河南	11.8	10.0	8.0	17.1	16.5	15.8	16.8	17.8	19.0	35.6	38.0	39.0	18.7	17.7	18.2
陕西	10.7	11.2	10.9	21.3	22.3	21.9	19.6	19.3	18.6	32.8	31.5	32.7	16.1	15.7	15.9
贵州	34.7	36	36.4	13.3	12.7	14.3	11.8	12.1	11.5	20.5	19.7	19.0	19.7	19.2	18.8
平均	18.0	17.9	16.9	21.0	21.5	21.9	18.4	18.4	18.9	25.3	25.5	25.8	17.3	16.7	16.5

（二）各级地主所占面积之比较

设将地主分为大、中、小三级，则我国以小地主占最多数，抗战以来，中小地主均有增加，已见前节。各级地主所占土地面积大小，足以窥测土地分割之巨细。据本调查估计，各省大地主，平均每户占有土地670.1市亩，而以湖南及云南二省之大地主所占土地最广，计云南为1420市亩，湖南为1112.5市亩，西康亦不弱，计每户占925市亩，陕西、甘肃、河南各省在800市亩左右，四川及贵州二省，每户约400余市亩，湖北最低，每户约占145市亩。中地主所占上地面积，各省平均为296.6市亩，其中以西康为最大，计每户占有587.5市亩，湖南、云南、甘肃、陕西等省各在400亩上下，四川每户占147.5亩，亦以湖北之90市亩为最低。小地主之平均面积为107.6市亩，以西康之262.5市亩为最高，甘肃、陕西二省，各约200市亩，湖南、云南、广西、河南诸省，约近100市亩，其余贵州、广东等省约在50市亩，四川每户则占41.1市亩，浙江之22.8市亩为最低（见第五表）。

综上所述，抗战4年来，各省土地所有权无大变更，仅其使用权稍见异动。佃农则多放弃或丧失土地使用权，改营他业，土地之所有权，年来仍大部操诸地主之手，其中以城市地主所占面积较大，其每户所占土地，高者达千余亩，低者尚不足10亩，同为地主，其土地面积相差之远，殊难并论。

第五表 各省各级地主所占土地面积之估计

省别	每户平均之面积（市亩）		
	大地主	中等地主	小地主
四川	450.7	147.8	41.1
西康	925.0	587.5	262.5
浙江	288.3	126.0	22.8
湖北	145.0	90.0	35.0
湖南	1112.5	453.8	107.2
云南	1420.0	359.4	101.9
广西	540.3	287.2	106.7
广东	286.5	210.4	52.7
甘肃	782.7	431.7	207.7
河南	744.1	263.5	93.3
陕西	881.5	454.3	202.4
贵州	465.0	195.8	58.3
平均	670.1	296.6	107.6

四 租佃押金及佃期

（一）押金之激涨

租佃田地，除由业佃双方议订佃约外，地主并须按亩征收押金，以免佃户之欠租，此项押金，各省均属普遍，惟其名称，则各有不同。计称押金者，有四川、河南二省；称押头者，有四川、云南二省；称押佃者，有四川、西康、浙江等省；称顶首者，有四川、湖南、云南、广东、河南、陕西、贵州等省。此外各省习用之名称，有四川之除头、稳租、座底、押银、押庄、佃课等，湖北之上庄钱及押佃钱，湖南之进庄钱、批现、工木、批钱、顶押，广西之批头金、批头租、按柜金、垫愿钱及定头，广东之顶租，批租、按田租、批头及批头钱，河南之借头、帮借钱、借贷钱及课子等，陕西之佃钱租子、承租等，贵州之过钱、抵挡、水口、顶头及佃钱等。

抗战以来，此项押租金额，各省均见增加，据本会调查，二十六年各省每市亩押金，平均为15.84元，二十八年增为32.69元，竟增1倍有余，至三十年，更涨为55.26元，较二十八年又约增加1倍，较战前则高约3倍余，是近年来各地佃农之因押租太重而无力经营者，良有以也。

就各省而言，以甘肃省之押金额为最高，计战前为80.5元，二十八年为158.25元，三十年达209元，历年均居各省之冠。其次为广东、云南、四川、西康诸省。惟近年来各省押金之增涨情形，则以四川、西康、浙江等省为最剧，甘肃及湖北二省之涨势较缓。而各省之涨势，以三十年为甚，二十八年之变动较微，如四川二十八年之押金，由战前之12.83元涨至32.35元，不过战前之3倍，迨三十年则骤达121.36元，合战前之10倍。西康省之涨势亦同，计二十八年时，由9.33元涨至42.33元，约增4倍余，三十年则为71.32元，较战前涨8倍。湖北及甘肃二省，近年之增涨均在2倍上下（见第六表）。

第六表　近年来各省租田押金之变动

单位：国币元

省　别	平均每市亩押金之元数		
	廿六年	廿八年	三十年
四　川	12.83	32.35	121.86
西　康	9.33	42.33	71.33
浙　江	8.00	29.00	51.00
湖　北	7.50	12.50	12.50
湖　南	4.05	6.65	18.20
云　南	23.33	31.67	48.33
广　西	10.50	19.25	46.67
广　东	12.68	24.82	58.11
甘　肃	80.50	158.25	209.00
河　南	4.14	6.71	16.23
陕　西	7.07	12.86	22.86
贵　州	10.10	15.90	30.50
平　均	16.84	32.69	55.26

按押金之用意，原为佃户纳租之担保，年来农产物价，增涨弗已，原有押金额，比之目前谷价，已极低微，不足为租谷之保证。地主为收租稳妥计，遂有增加押金之普遍现象，然其增加率比之谷价，则远有不及。据金陵

大学农业经济系所调查四川之内江、宜宾、巴县、万县、剑阁、安县、平武等七县水稻价格，二十六年平均每市石为4.25元，同年川省每市亩平均押金则为12.83元，足资保障3市石之谷租，迨三十年平均稻价涨为每市石131.41元，同年之押金，每亩不过121.36元，尚不及1石稻价。故抗战以来押金之增涨，自佃农立场言，固已甚高，自地主立场言，则犹以为不足也。是知各地押金之增涨，以农产品价格之上升，为其主要原因，此外因地价提高，激增押金者，各省亦属普遍，其因人口增加，耕地不敷，佃田者多，押金因而增涨者，如广东、广西、陕西、湖南等省。在陕西、河南等省，并有因粮赋杂捐太重，地主负担增加，而提高押金者。

（二）租佃之年限

关于租佃期间之长短，本专刊第一号曾予分析，计以不定期制为最多数，各省平均占62.8%，定期制次之，平均占27.8%，永耕制最少，仅占9.4%（见本会研究专刊第一号《战时各省粮食增产问题》第二十四页第十表）。

至定期之年限如何，据此次调查所得，平均为4.4年，而以西康及湖南二省之6.5年为最长，普通均在4年左右，甘肃之2.5年为最短（见第七表）。

第七表　各省定期佃制之平均年限

省　别	定期年限之平均数（年）
四　川	4.4
西　康	6.5
浙　江	5.0
湖　北	6.5
湖　南	6.0
云　南	4.7
广　西	4.2
广　东	3.9
甘　肃	2.5
河　南	3.0
陕　西	3.6
贵　州	2.8
平　均	4.4

各省租佃期间，既属短促，佃户有随时被地主退佃可能。据此次调查，抗战以来，各省地主退佃事件逐渐增多，计二十六年各省退佃百分率，平均为8.8，二十八年增为11，三十年复增为13.7，各省之百分率亦属递增，而以西康佃农之被退佃者近年来最常见，计二十六年之退佃百分率为8.3，二十八年骤增至26.8，三十年则为29.8（见第八表）。

第八表　各省近5年来地主退佃之百分率

省　别	每百户佃农中被地主退佃者（%）		
	廿六年	廿八年	三十年
四　川	12.1	14.5	21.7
西　康	8.3	26.8	29.8
浙　江	12.7	6.7	4.8
湖　北	30.0	30.0	30.0
湖　南	3.2	5.5	5.8
云　南	4.0	8.3	11.3
广　西	5.1	6.2	8.4
广　东	4.1	5.7	8.9
甘　肃	4.2	5.4	7.5
河　南	9.8	11.3	18.2
陕　西	6.9	7.0	11.7
贵　州	5.5	5.5	6.5
平　均	8.8	11.0	13.7

地主退佃之原因，以加租、欠租及收回自耕为最普遍，盖年来物价日涨，地主为增加收益计，多提高租额，佃户无法应付，致遭退佃，其有纳租不清之情事者，更属有词可藉，当在退佃之列。农产物价高涨，地主不愿佃户多沾余润，乃纷纷收回自耕，以图巨利，亦各省近年常有之现象。此外因押金加重，佃户无力负担而被退佃耕者，在川、鄂、滇、黔等省较为普遍。其以物价日涨、佃户资本不济、耕作粗放，以致收成低减，因而被退佃者，各省亦尚普遍。其因业佃双方情感恶劣及地权转移中止佃期者，在川、康、湘、桂等省间有发生。

据上所论，抗战4年来，各省租田押金普遍增加，佃农须租田地者，必先筹集大量资金，方可获得土地之耕种权，若以三十年平均押金每亩55.26元计，则租耕30亩田地者，即须1600余元之押金，复加上各项必要生产用具之购置费用，已非数千金不办。然有此大量现金之农民，能有几人？纵手头有此巨款，又何甘于佃农生活，是以年来有因押租加重而佃农日减者，其拥有大量土地者，因不能自耕或以面积太大，非能力所及，将弃土地于荒芜，诚非良好现象。同时租佃期间，又极短促，永耕佃制，各省均不多见，则佃农既须大额资金，复不能长期安心经营，其年来佃户之日渐弃农改业者，亦势所必然也。

五 地租变动

（一）纳租方法

各省纳租方法，每随社会环境与习俗迥异。概言之，约可分为三种：（1）钱租制，不问年岁丰歉，佃农应每年缴纳定额现金，以充土地之酬报。（2）谷租制，与钱租略同，惟不纳现金，改缴定额农作物。（3）分租制，则就每年收获产品，由业佃双方按成分配。此外尚有帮工佃种制者，其一切农场设备与经营资本，均由地主供给，佃户只出劳力，此种制度下之佃户，实近佣工，大都见于土地贫瘠之区，不甚普遍，且日在淘汰中。至于钱租制与谷租制，又可统称为包租制，盖其每年纳租额，一定不变，不若分租制之因年成丰歉而租额随时变动。包租制概常见于土地肥沃、气候调和之区，分租制则多行于土地贫瘠、水旱不均之区。据此次调查，各省采行谷租制者为最多，分租制较次，行钱租制者最少。计各省平均每百户佃农中，采用谷租制者占59.9户，采用分租制者占34.4户，采行钱租制者占5.7户，惟湖北、甘肃、河南、贵州等省，则以分租制最为通行（见第九表）。

第九表 各省佃农纳租方法之百分率

省 别	纳租方法		
	钱租	谷租	分租
四 川	12.1	68.4	19.5
西 康	6.2	71.3	22.5
浙 江	13.0	85.0	2.0
湖 北	2.5	40.0	57.5
湖 南	4.1	64.6	31.3
云 南	3.7	78.1	18.2

续表

省别	纳租方法		
	钱租	谷租	分租
广西	3.9	56.3	39.8
广东	3.6	81.6	14.8
甘肃	1.7	40.3	58.0
河南	3.9	38.1	58.0
陕西	9.0	72.4	18.6
贵州	5.4	22.3	72.3
平均	5.7	59.9	34.4

抗战以还，各省佃农纳租方法，并无甚大变动，未曾更改者占最多数，各省平均为63，其有改动者，则多由钱租改为分租或谷租，计各省平均改为分租者，占19.1%，改为谷租者占17.9%。至各省变动情形，计有四川、湖南、广西、广东、甘肃、河南、陕西、贵州诸省，均以改为谷租者占多数，西康、湖北、云南等省，则多改为分租者。近年以来，物价飞涨，法币购买力相对下跌，原有钱租，若以物价计之，必极低微，地主为维持收益起见，自有改行谷租或分租之趋向（见第十表）。

第十表　各省抗战期间钱租制变动之百分率

省别	钱租变动之百分率		
	改为谷租	改为分租	未改
四川	45.5	15.9	38.6
西康		50.0	50.0
浙江	50.0	25.0	25.0
湖北		50.0	50.0
湖南	13.0	8.7	78.3
云南		33.3	66.7
广西	13.0	8.7	78.3
广东	16.7	8.3	75.0
甘肃	21.1	5.2	73.7
河南	23.1	19.2	57.7
陕西	14.3	4.7	8.1
贵州	48.2		81.8
平均	17.9	19.1	63.0

钱租制既以法币缴租，各地必无轩轾，惟谷租制及分租制，概以农产品缴租，则其产品之种类，各省难期一致。据调查所得，用以缴租之产品，计有稻、小米、玉米、豆类、高粱、小麦等作物，谷租制中，以水稻缴纳者，各省均属普遍，计平均占 56.6%，玉米次之，占 18.1%，小麦占 11.4%，豆类占 4.2%，小米占 3.1%，高粱占 2.5%，其他占 4.1%。

就各省而言，甘肃、陕西、河南三省，则以小麦缴租者为最多，稻及玉米次之，其以高粱、豆类、小米等缴租者，亦属常见。四川省除以稻缴租最为普遍外，玉米、豆类、小麦、高粱等，亦间有用以纳租者，惟其所占百分率合计尚不足 50。湖南、广东等省，几全以水稻为缴租产品，其余各省之缴租产品，亦多以水稻为主。

分租制中用以按成分配之产品，与谷租略同，亦以水稻为最通行，计各省平均约占 48.8%，玉米平均占 14.5%，小麦占 8.1%，豆类占 5.5%，高粱占 3.1%，其他杂粮则占 20%。就各省言，西康省以玉米分租者较多，以水稻为次，甘肃、河南、陕西等省，则以采用杂粮分租者最普遍，其次为小麦、高粱等作物，此外各省则多用水稻分租（见第十一表）。

第十一表 各省佃农纳租产品之百分率

省别	谷租种类							分租种类					
	稻	小米	玉米	豆类	高粱	小麦	其他	稻	玉米	小麦	高粱	豆类	其他
四川	53.8		16.7	7.7	5.1	14.1	2.6	34.8	20.2	14.6	13.5	11.3	5.8
西康	50.0		50.0					28.6	42.6	14.3		14.3	
浙江	80.0		20.0					100.0					
湖北	40.0	20.0	40.0					50.0	50.0				
湖南	100.0							87.0					18.0
云南	70.0		20.0			10.0		70.0	10.0				20.8
广西	75.0	3.6	10.7				10.7	66.7	14.8			3.7	14.8
广东	93.8						6.2	83.3					16.7
甘肃	10.5	2.6	5.3	15.8	7.9	39.5	18.4		4.2	25.0			70.8
河南	23.6	2.0	15.7	7.8	7.8	35.3	7.8	11.7	10.0	21.7	13.3	45.0	28.3
陕西	20.8	9.4	15.1	11.3	9.4	30.2	3.8	10.4	3.4	17.2	10.4	6.9	51.7
贵州	61.5		23.1	7.7		7.7		42.9	19.0	4.8		14.3	19.0
平均	56.6	3.1	18.1	4.2	2.5	11.4	4.1	48.8	14.5	8.1	3.1	5.5	20.0

（二）租额变动

纳租方法，既分钱租、谷租及分租三类，各种纳租制度，每年应纳租额，则又随田地类别而各异。按农用土地，分别为水田、平原旱地及山坡旱地三种，以水田价格最高，灌溉便利，土质亦佳，平原旱地次之，山坡旱地最次，是以各类田地之租额亦以水田为最高，平原旱地居次，山坡旱地最低。试就二十六年各省平均每市亩租额观之，计钱租，水田每市亩为10.53元，平原旱地为6.27元，山坡旱地仅4元；谷租，水田每市亩纳租13.1市斗，平原旱地为8市斗，山坡旱地为5.2市斗。分租制之水田地主得5成，平原旱地得4.7成，山坡旱地则仅得4.2成，盖以山坡旱地之生产力最低，其租额自宜低微。

自抗战以来，各项租额概见提高，而以钱租之租额增加最剧，谷租次之，分租则无变动。惟二十八年时，租额之增加尚属缓和，及三十年则呈暴涨趋势，计二十八年水田之钱租额各省平均为每市亩26.57元，较二十六年之10.53元，约增加2倍半，迨三十年增至89.98元，比之二十六年竟涨9倍。水田之谷租额，增加较缓，计二十六年平均为13.1市斗，二十八年为13.4市斗，三十年亦不过13.7市斗。分租之比率，则无甚增减。平原旱地之各类地租额，亦以钱租增加最甚，计二十八年钱租平均为14.1元，较战前之6.27元，约上涨2倍，三十年则骤涨至41.56元，较战前约涨7倍。谷租之增涨亦微，约年增0.2市斗。分租成数，年来均为4.8成，山坡旱地之租额，虽属最低，然其涨势并不稍弱。计钱租，由战前之4元，涨至二十八年之7.82元，至三十年，更跃为22.26元，较战前约涨5倍半，谷租及分租则几全同。

各省租额增加最剧者为四川，其水田之钱租，由战前之14.47元涨至309.33元，平原旱地由8.2元涨至180.43元，均涨20倍以上。山坡旱地之增涨，亦达十数倍之多。至分租成数，增加较少，计水田由5.6成涨至6.1成，平原旱地由4.9成涨至5.2成，山坡旱地亦由4.4成增至4.5成。其次为西康、浙江二省，各类田地上钱租之增加，大部在10倍以上，其余各省之增涨较缓（见第十二表）。

由于物价之激涨，原定钱租额，当为地主所不满，故纷纷改为谷租或分租，其未改变者，乃加重租额，是为年来钱租骤涨之主因。谷租及分租，因地主所得既为实物，价格上涨，有益无害，故其租额，得与战前相近。

第十二表　各省近5年来每市亩租额之变动

省别	水田									平原旱地									山坡旱地								
	钱租（元）			谷租（市斗）			分租*			钱租（元）			谷租（市斗）			分租*			钱租（元）			谷租（市斗）			分租*		
	二十六年	二十八年	三十年	二十六年	二十八年	三十年	二十六年	二十八年	三十年	二十六年	二十八年	三十年	二十六年	二十八年	三十年	二十六年	二十八年	三十年	二十六年	二十八年	三十年	二十六年	二十八年	三十年	二十六年	二十八年	三十年
四川	14.47	43.67	309.33	22.2	22.6	23.8	5.6	5.8	6.1	8.20	14.86	180.43	15.4	16.1	15.7	4.9	5.0	5.2	5.10	12.97	84.52	9.7	10.1	10.3	4.4	4.5	4.5
西康	4.00	13.50	57.00	10.6	13.4	14.3	5.3	5.5	5.0	2.50	7.50	29.50	5.5	6.6	8.1	5.0	5.3	5.5	1.26	4.75	10.75	3.2	3.2	3.7	5.0	5.0	5.3
浙江	3.65	13.25	43.26	18.1	18.7	18.1	5.9	5.9	5.9	4.67	12.00	28.00	7.9	8.3	8.3	4.9	5.2	5.2	2.67	7.83	19.50	3.7	3.9	4.0	4.7	4.9	4.9
湖北	2.50	3.50	7.50	6.3	6.3	6.0	5.0	5.0	4.5	2.00	3.00	10.00	6.5	6.5	6.0	4.5	4.5	4.0	1.50	2.50	7.50	3.5	3.5	3.0	3.5	3.5	3.3
湖南	8.20	10.80	63.00	20.4	20.4	20.4	5.1	5.1	5.1	6.55	6.80	14.63	15.6	15.6	14.9	4.8	5.0	5.0	4.00	5.00	7.33	16.0	16.5	16.5	4.3	4.5	4.5
云南	14.67	70.33	36.67	8.9	8.6	8.6	5.4	5.2	5.4	11.00	29.33	39.33	5.7	5.8	5.6	5.0	4.9	4.9	6.50	14.67	46.67	4.0	3.6	3.4	4.2	4.0	3.9
广西	12.81	24.50	69.69	12.1	13.0	14.6	4.6	4.7	4.8	7.82	13.68	28.41	7.7	8.5	10.3	4.1	4.1	4.1	3.52	8.00	15.85	6.5	7.7	7.4	3.7	3.5	3.9
广东	11.20	41.80	157.00	14.8	16.0	17.3	5.1	5.1	5.1	5.23	14.92	35.92	10.9	11.0	11.8	5.1	5.1	5.2	3.50	4.17	10.17	4.9	5.0	5.7	4.4	4.4	4.4
甘肃	6.60	11.40	24.40	7.6	7.4	7.2	3.5	3.8	3.9	3.25	7.50	10.75	3.6	3.7	4.0	3.9	4.0	4.2	2.50	5.75	8.50	2.2	2.4	2.3	2.9	2.9	3.2
河南	16.29	32.34	90.50	10.5	10.1	9.4	5.0	4.9	4.9	10.49	18.38	50.63	7.1	7.0	6.6	5.0	5.0	4.9	6.70	12.38	35.36	4.0	4.0	3.9	4.3	4.3	4.3
陕西	15.71	24.57	96.43	9.8	9.6	9.9	4.7	4.9	4.9	7.99	15.43	51.47	4.5	4.6	4.4	4.5	4.7	4.8	3.10	7.60	29.00	2.0	2.2	2.1	3.7	3.9	3.9
贵州	16.20	29.20	75.60	15.3	15.0	15.1	5.0	4.9	4.9	5.50	10.33	19.67	5.0	5.0	5.0	5.2	5.1	4.9	7.67	8.17	16.00	2.6	2.0	1.6	4.8	4.6	4.3
平均	10.58	26.57	89.93	13.1	13.4	13.7	5.0	5.1	5.0	6.27	14.10	41.56	8.0	8.2	8.4	4.7	4.8	4.8	4.00	7.82	22.26	5.2	5.3	5.3	4.2	4.1	4.1

* 地主所得成数。

地主除按年收取地租外，其余佃户之劳力、谷草、麦秆及其他可供燃料之副产品，地主每可指定缴纳或无代价取用，此种现象，各省均甚普遍。时届旧历年节，佃户并须送礼拜贺，所送之物，大都为鸡、鸭、鱼、肉、蛋、花生、酒、米等食物，地主除以便饭招待外，不付任何代价。至地主因事下乡时．佃户须款待以酒菜盛肴，殷勤侍候，地主直受无愧，视若理之当然。此亦业佃间不当有之现象也。

六　结论

据本会此次调查结果，抗战以来各省地权问题，可概述如下。

（一）各类农户变动，以自耕农及地主兼自耕农，稍见增加，其余佃农、半自耕农及地主，则日渐低减，而以物价激涨、生产成本加高、人工不足及地主收回自耕，为各类农产增减主因。是以佃农之减少，并非跃为自耕农，而自耕农之增加，亦非无地者获得土地所致，则年来地权变动趋向，概属土地使用权之转移，即佃农之沦为雇农或弃农改业，地主之收回使用权而转为自耕农，至土地所有权，则未见大变。

（二）各省田地所有权，仍多集于地主之手，近年来各级地主之消长，以中小地主渐趋增加，大地主则呈减势，田地分割之细碎，亦如战前。

（三）各类农户所占田地面积，较之战前无甚变动，自耕农及住城地主，年来稍见削减，在乡地主之土地，略呈涨势，半自耕农及地主兼自耕农之土地，则涨落不一。

（四）各省地主，鉴于自耕利大，多收回土地自己耕种，以致年来退佃事件常有发生，复以地主之加押、加租，佃户无力负担，因而被迫退佃者亦众。

（五）各地纳租方法，多行谷租制，次为分租制，采用钱租制者最少。而战时物价激涨，原用钱租制者，已多改为分租或谷租制，其仍沿用钱租制者，则加重租额，最高者已达战前之 20 余倍。谷租租额及分租比率，年来甚少变动。

综上所述，抗战以来农产物价，虽属普遍上涨，而农业生产成本，亦随之提升，农民每年辛劳所获，复多被地主之加租加押剥夺以去，其每年衣食等用费，尚难应付，焉得生活之改善？是知农产价格之上涨，徒使地主及富农收益增加，而一般农民，未沾其惠。再观年来地权分配情形，则佃农非但未能趋向自耕之途径，抑且被迫退佃者日众，转沦为雇农或离乡改业，田地所有权仍多在地主手中，未见任何移动。各省土地分配状况，概与战前仿佛，则农村经济之繁荣及农民生活之改善，仍有待于当轴之统筹策划。兹就调查所得，各地战时农佃现状，应速谋解决者，似有下列诸点。

（一）制止加租

战时农民售出产品价格虽见增涨，而购买物价之上涨尤为剧烈，其收入固高，支出亦巨，经济状况并未见改善，地主之任意加重租额，应予制止，宜就各方情形，加以合理而公允之评定。

（二）减少押金

农民原因资金短少、不足购田，乃暂租田耕种以维持生活，今自抗战以来，各地普遍增加押金，高者竟达战前之20余倍，则租田亦须大量资金，将视为畏途而改营他业，其原为佃农者，亦将因押租之加重而退佃。按租佃关系既有正式约据为保障，押金不宜太重，纵不能废除，亦应尽量减低，其任意加租者，尤须制止。

（三）遏止退佃

地主因加租加押不遂而任意退佃者，各地概属常见。农民离乡者日众，农业劳力必更感不足，影响生产之进行，殊非浅鲜，自宜速予有效制止。对于佃田之期限，亦须加长，并推行永耕制，俾佃农得获保障。

（四）补充劳力

抗战期间，各省农业劳力不足现象，已极普遍，复以工资高涨，农民有因无力雇工而弃农改业者，亟应设法阻止农工之离乡，同时平抑工资，每当农忙时节，除禁止征工外，并宜发动各界人力协助农作，以补人力之不足。

（五）实行实物贷放

当兹战时物价膨胀声中，各项农业生产用费日益倍增，生产成本当亦渐次加高，农民之资金短欠者，常因成本太高无法经营，其于战时生产之影响，自勿待言。今后凡农业生产上所需之必要工具，如种子、肥料、农具、药剂、牲畜等，应由政府以贷款方式供给农民，以应生产需要，复免物价之剧烈涨势，影响临时生产。

（六）发展土地金融业务

地权分配之不均，既为我国农村经济问题之核心，则农村经济之真正繁荣当有待地权问题之根本解决。按诸国内经济社会环境，欲求地权平均，似以金融力量较为有效。盖我国农民多因经济关系而沦佃农，苟实行土地抵押贷款，佃农得金融之助，势将跃为自耕农。耕者有其田，租佃问题无由而生，农民生活庶可改善，农村经济亦得趋繁荣，我国土地金融制度业经政府公布交由中国农民银行负责办理，则其业务之发展，当为吾人所切望者也。

第三编

乡村组织和乡村建设

中国乡村经济组织及社会组织之概况

一　绪言

研究中国乡村问题者，莫不以改进乡村社会，发展乡村经济，为吾国目前唯一之要务，良以吾国乡村人口占全国人口70%以上，乡村社会之盛衰与乡村经济之盈绌，直接间接影响于国家之安危者至为重大；而环顾国内乡村各种事业，均无健全之组织，以致农业不振，生产落后，经济有破产之虞，社会呈不安之象，此所以不能不急图发展与改进也。顾乡村经济应如何发展，社会组织应如何改进，以何者为其根据，以何者定其标准，是则吾国乡村固有之组织，实有研究之必要。然吾国此项组织，均系农民之自由结合，既无统一之规则，尤乏详确之历史，记载无书，搜罗不易，兹仅就调查所得，见闻所及，述其概况，以为研究乡村问题之一助，并以供乡村服务者之参考焉。

二　经济组织之概况

中国乡村经济组织，随各地农业之盛衰及农民生活程度之高下而各异，兹就一般情形，加以考察，择其大致相同而有普遍之性质者，分析如下。

（一）金融组织

（二）商业组织

（三）农工组织

金融组织

乡村金融组织，在信用合作制度未畅行以前，农民对于借贷之周转，大都以借钱会为通融之组织，中国各省类多有之，其组织分子大半均系农民；其组织方法及其名称，普通概括如下。

1. **认会**

认会为最简单之借钱会，其组织法，系由急需款用之人所发起，并邀请戚友加入其会，再请戚友介绍其他友人加入，各出款若干组织之。人数及款项之多寡，各地多不一致，盖视其发起人信用及需要而定，会内置会首一人以发起人充之，其余加入该会者，均为会员。人数既齐，即开会商定规则，及收会（即取得集会之款也）；次序除会首当然为收会之第一人外，余均以纸条投票决定之。开会时每次必有酒食以飨会众，其用费或由会首供给，或由收会人供给，须视所订规则而定。

按上述组织方法，举例说明之：兹假定会员 7 人（会首除外），会期一年一次，会费每次每人 10 元，则初次开会，会首可得 70 元，二次开会，会首与会员均付 10 元，则收会者净得 70 元，以此类推，则每次收会者，除自己会费不计外，均可净得 70 元，8 年之后，所得者适符所出，利息全无，所享受之利益则惟每次之酒食宴会而已。故此会非会首之信用素著，或有相当交谊，均不易成立，然一般人固均认此会宗旨纯正，完全接济贫困之举，并含有储蓄之性质，故但有相当之发起人，则加入者固甚踊跃也。

2. **摇会**

摇会之组织方法，与前者相同，但会期则一月一次，或三月一次者最多，一年一次者甚少。会员普通 16 人者为最多，数十人者亦甚少。而此会与认会不同之点，即为此会大都取利息，认会则无，故收会前后，亦大有影响，收会次序，除会首为当然第一次收会者外，余人均不预定，每逢开会之时，用骰子四粒或六粒，置之盆中，覆以一盅而摇之，以点数最大者，即为得会，即由其人收会。摇骰之前，并须抽签以定其先后，摇时次数有一定，多摇少摇作废，无重摇之权利，其点数相同时以先摇者为得会；而此得会者，以后各次均无再摇之机会，至最后之一人，则不须摇亦为当然得会者，此摇会之所由得名也。

至其摊款及加利之办法，举例如下：假定会员 10 人（会首除外），会费每人 10 元利息，照本五分之一，即每次会本 10 元利息 2 元，如银行之贴现方法，均有预扣，故除会首之得 100 元外，其余会员均不能足其数，即愈先得会者，出利愈多，后得会者，即反有得利之机会，故不能不以骰点定其先后也。今将每次每人所得之数列表于下。

收　会　人	每人收会所得之数
会　　首	得10乘10元为100元
第一收会人	得9乘8元加10元为82元
第二收会人	得8乘8元加20元为84元
第三收会人	得7乘8元加30元为86元
第四收会人	得6乘8元加40元为88元
第五收会人	得5乘8元加50元为90元
第六收会人	得4乘8元加60元为92元
第七收会人	得3乘8元加70元为94元
第八收会人	得2乘8元加80元为96元
第九收会人	得1乘8元加90元为98元
第十收会人	得10乘10元为100元

上表每人收会所得之数，本期自己之会费已扣除在外，至每人实在所出实在所入之数，以及利息，兹另立一表以作比较。

收　会　人	所出总数	所得总数	利　息
会　　首	100元（会期10期每期10元）	100元（见上表）	无
第一收会人	100元（会期10期每期10元）	82元（见上表）	出18元
第二收会人	98元（9期10元1期8元）	84元（见上表）	出14元
第三收会人	96元（8期10元2期8元）	86元（见上表）	出10元
第四收会人	94元（7期10元3期8元）	88元（见上表）	出6元
第五收会人	92元（6期10元4期8元）	90元（见上表）	出2元
第六收会人	90元（5期10元5期8元）	92元（见上表）	得2元
第七收会人	88元（4期10元6期8元）	94元（见上表）	得6元
第八收会人	86元（3期10元7期8元）	96元（见上表）	得10元
第九收会人	84元（2期10元8期8元）	98元（见上表）	得14元
第十收会人	82元（1期10元9期8元）	100元（见上表）	得18元

上表中之会期，因有一期对于个人而言，为收会之期，该所出者仍为自己所得，故可不计在内，实际共有 11 期。

按诸上述两表，可知收会愈早，所得愈少，出利愈大。在第二表中，须在第六收会人始有得息之望，凡在前者，除会首以外，均须出息，而其利率渐渐降落；凡其后者均得收息，而其利率渐渐增高；今将出利得利之利率用线表示如下。

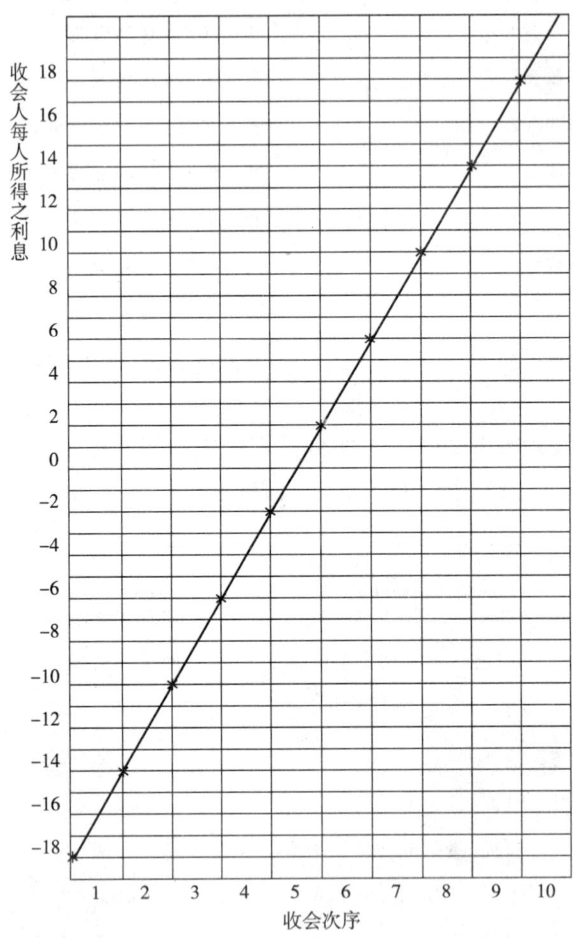

由上表可知利息渐渐增加，而其速率一致，并无高低；但按之实际，先得未必一定吃亏，因其收会后，即可转放他人取其利息，例如上述之例，一年二期，则第一收会人，收会后即放给他人，利息年利 6 厘，一年收息 4 元 9 角 2 分，不以复利计算，四年半后，摇会结束时，此人所得之 82 元，共

有利息22元1角4分，其本利共有104元1角4分，扣去所出总数100元，当多4元1角4分；各以复利计算，必更多也。但此算法，不过略示其大概而已，实际上亦不如是之简单，因收会人一方面年年收上，一方面年年付息加本也。

3. 标会

标会之组织，与前者略同，惟收会之方法，除会首外，余以投票而定，故名标会。会费预先规定，利息亦不预扣。开会时，会首会员聚集一处，各人以纸条一，上书愿出之利息，投入一箱，凡其利息大者收会，利息当场由会费总数中抽出，分发各人，以后此得会者即无投标及得息之权利，故往往因利息过高，所得之余，不及全数之半，如开标有二人出息相同，则重新投标，若不用投标亦有用口喊之法。此会每有因竞争得会，而致利息提高，收会者往往逃去，或以后不愿付其会费，因之会遂中止，而未收会者所投之本，完全失去。故为保障公共之利益计，会成之前，会首即须订立契约，负完全责任，但亦有会首负担过重而逃走者。故标会之组织，亦须以信用为前提也。

上述各种借钱会，大半盛行于各省，虽其名称，各地不免互异，而其组织，则大概相同。此外省有老会、红会等组织，均系一般至亲厚友为葬亲育幼之储蓄，以其不甚普遍，且组织亦无一定，姑从略焉。

商业组织

乡村商业组织，在一乡一村之间或不多见，故农民日常生活之供给，胥惟集市是赖。集市之组织，系以市镇为中心，大凡交通较便，人口稠密之区，每日有之；其人口较稀，交通不便之区，则隔日或三日五日集市一次，皆视各地情形以定其期，故未能一致也。集市交易时间，大概每日约在上午9时起，至11时止，为市镇集会最盛之时，凡附近之农产物或手工业，以及其他日用杂货，均集于市，附近居民以其所有易其所无，盖尚有古代“日中为市交易而退”之遗风焉。

上述集市之市镇，因人民之需要日繁，交易日广，遂成商业之中心，故每一市镇，举凡日常所需者，如粮行、杂货店、布店、菜贩、药店之类，亦有永久之组织，故附近居民，如有急切之需要，虽不待集市之期，亦可于市镇中购得，而其价则大半较集市交易为昂，至此类商店组织，规模之大小与营业之盛衰，则可视各地之需要，而有不同也。

农工组织

乡村农工组织，大概分述如下。

1. **青苗保护会**

此会乃乡间一种临时之组织，以保护田亩中各种青苗不为牲畜所践踏也。此种组织内容，极形简单，兹述如次。

甲、宗旨　以保护青苗生长，禁止牲畜践踏及人为之损害为宗旨。

乙、组织　以户为单位，或一村之居户单独组织之，或连合数村之居户共同组织之，每户应有一人到会为会员，会长则举乡里间之有德望者或缙绅充之。各乡村间，大族居多，间亦有每姓各举一人出而负责办理者。

丙、费用　由各户按田地之多寡，共同分任，有为节省经济计者，则由会员自带米物到会，以供食用，亦有按户轮流供给食用者。

丁、会期　或十日一会，或半月一会，各随其便。

戊、会议　开会时各人均有发言之权，凡违背甲条，而损害他人之青苗者，均当议罚。

己、罚则　轻者则罚以酒肉或蔬菜，重者则须赔偿受害人之损失。

2. **作物看守会**

此会之组织，亦系乡村农民保护作物之结合，盖乡间贫苦之人甚多，作物成熟时期，如无看守，损失必多，如果实蔬菜及棉作之类，尤易为宵小所盗窃；而阡陌相连，窃者最易逃窜，且有此村之人而窃彼村之物，隐匿既易，缉捕綦难。故农民欲保护其作物，于是发起斯会，由每村推举代表数人，共同组织之，以互相监视，并分派会员轮流巡察，凡发现有人盗窃作物，不论为已有或他人所有者，均须鸣锣，凡田间工作之人，均有闻声协助捉获之义务，若见而不报，为他人发觉时，即作匿窃论，即惩罚其不报之人。至惩罚方法，大都罚钱，而野蛮者，甚或杖责。

3. **坝堰会**

滨江湖之区，地势低洼，每当水涨之时，辄遭水患，是以滨江湖而居之人民，恒自动组织团体，以谋防御；然此系临时性质，其组织亦颇简单，当水涨之时，当地人民发起，此事各按田地之多寡，及取水之远近，分别征集人工、泥土、竹木，及运输所用之舟车，以为筑坝之用，大率近坝之户，则摊派人工及泥土，藉便于管理；远坝之户，则供应竹木及舟车，如稍贻误，则乡人声骂交加，故鲜有不守规律者。盖公共之利害所关，防患免灾，惟此是赖，其精神实甚团结也。

4. **制糖会**

闽广产蔗之地，每有制糖会之组织，考其集会之起因，盖因产蔗之农夫，终岁勤劳，而所得甚微，而蔗贩及制糖者，则倍获巨利，农人有鉴及此，遂联合村人之相熟者，集资组织制糖之会，各以其田亩之多寡，产蔗之数量，而分别出资购置制糖器具，设立制糖厂。各将其田中所产之蔗，送厂制造，人工则由各家按制糖之多寡而事先派定；此种工人与普通佣工不同，各因其利害之关系，故工作异常努力，出品遂因之迅速而精良，故此会甚形发达也。

综上所述各节，为吾国乡村经济组织之大概情形，亦即现今各地所流行而卓有成效者，且均具有深长之历史，其组织虽未合乎科学之原理，然其深入人心，已有相当之势力，若能因事制宜，加以改良，俾成完善之组织，则其成绩必更有可观者焉。此外如近代式之各种合作社，各省虽有提倡举办者，然尚在萌芽时期，人民未有真确之认识，故自动组织者，甚属寥寥；虽风气开通之地，间有此项组织，亦属凤毛麟角，姑且不论。

三 社会组织之概况

中国乡村社会组织，按风俗习惯之关系，各地虽不尽相同，而大体亦可别为三项，兹分析如下。

（一）宗教组织

（二）自卫组织

（三）娱乐组织

宗教组织

乡村农民，对于宗教之信仰，颇具热忱，但知识浅陋，思想蔽锢，对于宗教之真义，多无深切之认识，惟偏重于迷信神权之说，故对于宗教之组织，颇为复杂，仅就各地情形分述如下。

1. 家庙之组织

各地家庙之组织，大率皆随其宗族之盛衰，及人民经济情形而定其范围，其在乡村，则此项组织殊少大规模之表现。盖乡村农民之经济情形，既有不同，故组织自难一致。然而对于血统之观念，则无论贫富均属重视，对于祖先之奉祀，则信仰尤笃，故其有力者，则建祠修谱，多事扩张，无力者率皆各于其家刻本主而祀之，兹举四川仁寿县宗祠组织之例，以说明之。

（1）总祠　总祠之设，其所奉之始祖，即指该姓之第一人而言，故凡该处之同一姓氏者，无论远近新旧，均可入总祠祭祖，并享受一切权利。

（甲）组织　总祠中设立总族长一人，族正若干人，由各支祠宗祠推选年长有德者充之，并就族人中选设职员族丁若干，以理祠中大小各事，惟均系义务职。

（乙）经费　总祠建筑费及经常费，率皆由各宗祠支祠捐助，但亦有较富之家，自愿捐助者，款目之多寡，率皆视其宗族之大小，以及族人之贫富而定，故总祠规模之大小，亦不尽相同也。

（丙）职权　总族长有管理总祠事务，并裁判各族人之权，例如该处有同族之间发生纠纷者，经各该家庭或其宗祠支祠不能劝止者，或逆伦犯上及占田霸产等事，均可报告总祠总族长，择日派遣族丁传集两造人证，秉公处理，赏罚悉听总族长之裁判，如有不遵者，即由总祠公禀县署，谨求依法处置，总族长之威权颇大，同姓人民咸敬畏之。

（丁）祭祀　每年约四次：一、元旦，二、春祭（清明），三、秋祭（七月中），四、冬祭（冬至）。祭祀之时，其附近之族人均须出席，较远者则由各支祠或宗祠之族长代表与祭，春秋两祭，并须缴纳赙仪若干，其数亦无规定。

（2）宗祠　宗祠之设，乃以该姓入川第一代为始祖设祠祀之，以为纪念，更就以下各代别其昭穆。

（甲）组织　宗祠设族长一人，族正若干人，以司全族之事，各房设房长房正，以处理各该房中巨细事故，此外更有职员，襄理其事。

（乙）经费　宗祠经费之来源，概括分为三项：

一、弟兄析居划一部产业，为祀祖之公产者。

二、各房各家自愿量力捐助者。

三、按各房人丁摊派者。

（丙）职权　大凡祠中，均有竹板两支置祠中神龛中，凡有不孝不弟不服理喻者，由族长议罚，或请出竹板笞责之，再不服者，乃备文送县或送由总祠，加倍处罚；故乡人每有横逆之徒，一入宗祠，即必奉命惟谨，依理循法也。至于逆伦蔑理者，每有逐出祠外，不准入祠，亦不准称同姓，亲友不齿，乡人不容矣。

（丁）祭祀　时间与总祠同，为免与总祠冲突起见，或提前一二日举行之。

（3）支祠　支祠之设，系因家祠之子孙，随业迁徙于数十里或百里之外，生活渐裕，后裔已繁，感于年年数次赴宗祠祭祀之不便，乃请得宗祠之同意，得于所在地设立支祠，祠中所祀，除始祖外，即以当地之第一祖先为主，以下依次而别昭穆；称其祠曰某氏支祠，或某某公支祠；而其子女之名字，则仍按宗祠所列派衍，以为系统。

（甲）组织　支祠设总理会首，而不设族长房长，以示别于宗祠，而免混淆也，其余职员，亦酌量设置之。

（乙）经费　与宗祠同。

（丙）职权　总理会首等之职权，与宗祠大概相同，惟遇有重大事件，必禀承宗祠族长族正之意旨而行，如不能处理时，则送宗祠办理，或由宗祠派员来支祠处理之。

（丁）祭祀　与宗祠同。

各祠中之奉祀，均以父系为主体，而母系附之，女子之未嫁而老死母家者，亦得入祠享祀，凡出嫁之女，不论夫家之有无，概不得入祠，惟女子有出嫁，而遇人不淑，或遭虐待者，族人得援助之。

按上述家庭之制度，虽见之于川省一县，然各地家庙之组织，大概与此相类，不过名称上不免互有异同，而其家族之观念，与宗祠之威权，则到处然也。

2. 寺庙之组织

乡村人民对于神庙之信仰甚深，故供祀之典，尤极隆重，盖对于宗教之真义，虽无正确之认识，而其崇拜偶像之热忱，则因习俗相传，已根深而蒂固；农民之心理，以为神权伟大，能予人以祸福，故各地之寺庙大都由民捐资所建立，并助田产以供其香火，举凡祈福禳灾之举，胥惟寺庙是赖，无论任何乡村均有各种神庙，虽其庙之大小及产之有无，有所不同，信仰之深与祀奉之诚，则到处相同。

3. 神会之组织

除寺庙之外，乡民祭神之结合，当有神会之组织，此种组织，至不一致，名目亦各地互异，虽事涉迷信，亦足见农风之一斑，兹分述如下。

（1）进香会　俗名“朝山进香”，此风盛行于南省，其组织之法则，事前结合亲友或乡人，约定往附近之名山进香，大众集资为旅费，乃合雇可容数十人或数百人之大舟数只，悬灯结彩，高悬进香旗号，泛舟而往，在南方之普陀天竺等山，每年均有盛大之举行，乡村农民莫不视此为极隆重之敬神典礼也。

（2）猛将会　猛将会举行于秋收之时，所谓猛将者，农民视为保护五谷之神也，故于秋收之际，举行盛会，以祈丰收。猛将神为泥塑质，高不盈尺，各地农民则奉之惟谨；其会之组织，系由各该乡村之农民，每年结合举行大会一次，并每年举一会首，由各农家轮流充任。猛将神则常年驻于会首之家，举行大会时，会首家高扎灯彩，开筵畅饮，本村各农家，均须备礼致贺，参与盛会，是晚会毕，即将猛将送于下年会首之家，所有此会之费用，多为会首负担，花费亦甚巨也。上述猛将会，尚有赛会之举，数村联合举行于正月之间，各村按户派人，各招其猛将神，并张旗伞鼓乐，排队游行于山谷之间，亦祈求保护作物之意。猛将会之风，盛行于南省，在苏常洞庭太湖等地，尤称兴盛也。

（3）祈雨会　祈雨会无论南北，在苦旱之时，均有举行，其组织虽各地不同，然大致均系由旱区之农民，互相集合而成，或则一村或则联合数村，人数以多为贵，亦无限制；每当苦旱之时，则乡民准相集合，持香烛抱神位，冒烈日，光顶跣足列队徒行，远求于龙神之庙，或名山古刹之间，或有赤足赤身，抬神佛游行于烈日之下，以祈祷之，并有请求地方长官，出而参加者；且在祈雨之时，禁止屠牢，祈雨队所过之地，路人均须致敬礼，住户均须致香案以迎之，其有不奉行而违背禁约者，处罚亦甚严厉，此风在北省久旱之区，尤盛行之。此外尚有土地会，观音会等等，皆系村农妇孺一种迷信之结合，与上述三事之用意，大概相同，兹不备述。

（4）礼教之组织　此种组织，系乡民之自好者，往往因环境之不良加入一种礼教组织，管束其行为，其名称甚多，最普通者，如“先天门”“在礼”“同善社”等等，为各地所通行；其主要宗旨，大半为信仰佛教，劝人为善等事；各种组织均有首领主持其事，各地分设分会，人数亦甚众多，至于内容及组织之详细，此中人讳莫如深，非局外人所能探悉，姑从略焉。

乡村宗教组织，大概已如上述，至于耶稣教及天主教等等，虽盛行于各省，然在乡村，则尚无普遍之组织，故不论也。

自卫组织

乡村自卫组织，视所处环境及需要而定，种类亦颇复杂，兹就各地办有成效者，分述于下。

1. **联庄会**

联庄会之组织，系由多数村庄联合而组织之，其目的在求乡村秩序之安宁，而为守望相助之结合，法至善而意至深也；兹述其组织大概如下。

（1）总会　设会董会，会长及职员等；会址设于一县县城之内，由各乡村会同当地行政机关共同组织之，其职权在统辖各分会，而保持乡村之秩序，用费则按乡村分派担负之。

会董会置会董若干人，由各乡村推选之，其人选以各乡村之素孚人望富有办事能力者为标准。

会长系由会董会所推选，禀承董事会之议决案，而执行之。

其他职员，如文牍会计，视事务之繁简为规定，以不事铺张为标准。

(2) 分会　分会设各乡村之适当地点或市镇之中，设分会长一人，会丁若干人。

会长由该乡村镇之居民自行选聘，以其对地方负有保持该区域内之专责，故给以相当之报酬。

会丁系按地丁之多寡，各家分派出夫以充之，平时均施以武术之训练，惟均系义务职；各村会丁按日轮流担任守门，检查过路行人之责，遇有匪警则由会长通知各村村长，临时出丁共赴险区，藉驱流匪（俗名打游击）。

上述各节，乃联庄会之大概情形，至其会丁之训练，以及枪械之购置等等，胥视各地之财力及人力而定，此种组织在多匪之地，颇著成效。

2. 保卫团

保卫团之组织，在各地通行已久，较联庄会尤为普遍，其组织或由数村联合而成，或由各村自行组织，大概设置如下。

(1) 团董　为各乡村之首领人物，如村长等是，管理全团一切行政事务，及聘任各职员事宜。

(2) 团长　团长为团董所聘任，其人选以曾经担任军警职务，或有军事知识者为标准。团长秉承团董之命令，办理团务，并指挥全团团丁维持地方秩序，防御盗匪。

(3) 团丁　团丁系由各村招募之，人数亦视各村之财力及需要而定，平时在驻扎地，由团长督率训练，遇有匪警，则由团长督剿之。

(4) 经费　经费之来源，大概均系由当地按地亩之多寡，分别摊派，其用途除团董外，团长团丁均须给饷，其枪械之购置，及一切杂费，均由此项开支，其数目亦视各地情形而定。

按上述保卫团之制度，系民间自动之组织，近年政府，颁有正式条例，其制度已较所述为严密；各地大半遵照改组。上述组织，虽不免明日黄花，亦可见本来面目也，故特存之，至新颁条例，已见内政公报，兹不赘述。

3. **冬防队**

冬防队系冬季之临时组织，范围甚小，大半均系各村自行组织，富足之村，雇用更夫若干人，每日夜分班巡逻，贫乏者则由各户出夫充之，此种组织，不过防御宵小偷窃之举，其匪多之地，则仍仰仗于保卫团也。

4. **救火队**

乡村救火队之组织，甚属简单，富足之村，则备有救火机，贫乏者则无。队员之分配，无论贫富，均系按村中所有住户，各出一人为队员，遇有火警，则鸣锣示众，各队员均须立时奔赴，协力扑灭，不到者处罚。

上述各项，即乡村自卫组织之大概情形，维持地方之秩序，保卫公众安宁，补政治力之不足，殊非浅鲜，此外尚有红枪会大刀会等，其组织势力，亦甚雄厚，但事属荒诞不经，宗旨亦不纯正，故不述也。

娱乐组织

乡村娱乐组织，各地颇为繁复，风俗习惯既有不同，故此种组织，自难一致，若仅就一般情形，大概分述如下。

1. **成人之娱乐**

乡村农民于农闲之时，或岁时会节，恒举行各种娱乐，盖借以联络乡党之感情，并属慰劳终岁勤辛之意，最普通者，各年节之龙灯，舞狮，舞蚌，旱船，秧歌等等；端午之龙舟，中元之盂兰会，中秋赏月，九日登高等等；此外为迎神赛会，演剧酬神，大半均盛行于各地，但均系应时之点缀，故组织亦在一定之范围，兹列一表以见大概。

名称	举行地点	时间	人　数	费用	组织方法及说明	附属物
龙灯	游行各处	正月	二三十人至四五十人	约 50 元	龙系布制腹空燃烛其内数十人持之而舞	鼓乐纱灯等
舞狮	同上	同上	二人	约 20 元	狮系布制一人藏于头内一人藏于腹内手足相应而舞	鼓乐
舞蚌	同上	同上	一人	约 10 元	蚌系布制以一少年饰女装立于壳内可开阖	鼓乐
旱船	同上	同上	二人	约 10 元	船以竹编之饰布如船状以一少年扮女装跨之腰间摇动如船一人扮船夫	鼓乐

续表

名称	举行地点	时间	人　数	费用	组织方法及说明	附属物
秧歌	本村或外村	同上	约二三十人	约 100 元	由农民扮演剧本大半取材于当地之事实词曲甚俚俗即农田所唱者	鼓乐及桌椅等
财神会	本村	正月初四至初六	无定	每人 2000 文	由本村数十家组织头家轮流担任是日群集一处聚餐赌钱为乐	
龙舟竞渡	河中或江湖中	五月五日	每舟四五人舟数无定	未详	由当地居民组织饰舟如龙形放之水中比赛游泳	鼓乐
盂兰会	河中	七月十五			农人制各种花灯浮之水中谓为超度死者	
玩月	院中	八月十五	无定		月夜邀集亲友在月下饮酒猜拳为乐	
登高	高岗之上	九月九日	无定	无	约集亲友自由游玩无组织儿童则有放风筝者	
抬阁	游行各处	无定	数十人至百人	约 200 元	农人饰儿童如戏装帮于铁制抬阁上八人抬之随行随舞每次约有五六抬至十余抬	鼓乐
赛会	游行各处	无定	无定	未详	见上述猛将会	
演剧	村中或庙中	无定	约数十人至百人	约 300 元	戏班系另有一班人组织之以此为业农人于酬神报赛时雇用之	

表中所列，仅就各地所习见之事，大概说明，不过乡村公共娱乐之一部分而已，各地娱乐之组织，未能一一调查，遗漏甚多，阅者谅之。此外如赌钱、饮酒、吸烟等等，事属嗜好性质，殊非正当之娱乐，自好者均不为之也。

2. 儿童之娱乐

儿童娱乐，各地名目繁多，兹就调查所得，列表于下，以见大概。

名称	人数	性别	年龄	举行地点	方法	附注
痴兔望月	十余人至廿人	男女均可	七八岁至十二三岁	院中	群儿排列一行以一儿充做兔一儿则以石子一枚暗置行中一儿手中而令做兔者猜之猜中轮流充兔不中则再猜	
抢角	五人	同上	六七岁至十二三岁	庭堂或有四柱之地方	先以抽签法或猜拳法指定4人各站一角或一柱一人居中于是四人中每二人换位居中之人则于该等换位抢占其位失位者代之	江苏吴江
踢毽子	不限人数	同上	六岁以上	院中	毽以铜钱于孔中缀以羽毛或布条用足踢之以多数连踢不断者为胜	同上
捉迷藏	不限人数	男	七岁以上	空地空室内均可	以一儿蒙其双目使捉群儿捉得者以被捉之儿易之	同上
摸黑鱼	六七人或十余人均可	男女均可	十岁以上	室中	以一儿充作鱼与群儿静坐室中另以一儿蒙目使于室中人群摸鱼摸得者以充鱼儿易之	江浦北乡
偷瓜	廿人左右	男	十五六岁	空场	多人蹲于场中互相牵手作一圈形中置砖瓦或石子作为瓜以一人充贼越圈而人俟偷得后则群起逐之捉得者罚	同上
抢人	十人以上	男	十二三岁以上	空场	分为两队如对敌然以抢得对方之人为胜	同上
放鹰逐兔	四人	男女均可	七八岁以上	室外	一人充鹰一人充兔二人居中司口令口令一出则鹰兔相向而驰鹰得兔者胜属鹰兔得鹰者胜属兔四人更迭为之	江苏阜宁南乡
寻物	五至七人	男女均可	六七岁以上	室内外均可	五人或三人比肩背手而坐寻物者坐其前藏物者坐其后以玩物一暗藏于一人手中寻物者观其颜色判断之	同上
掩眼猜心	五人	男女均可	五六岁以上	室内外均可	主试者一人被试者一人主试以手蒙其目其三人于其前各表示一种动作主试乃问某动作者为谁猜中互易之否则另猜	同上

续表

名称	人数	性别	年龄	举行地点	方　法	附注
觅蛋	不限	男女均可	无定	室内	以一物为蛋使大家皆认明后以一人觅蛋遣出室外然后置蛋于难觅之处而后令觅蛋者觅之觅得为止	四川铜梁
种葫芦	五人以上			室外	以数人排列一行一人在外另一人执物作葫芦子偏递众人之手而置此物于一人手中令在外者猜之	山东滨县
抢龙尾	五人以上	男	七八岁以上	广场之上	以身材高大者为龙首其余依身之长短为次序互以首抵前者之背连续如龙另一人抢其龙尾龙首则尽力抵挡之以抢完为止	扬州
抢江山	不限	男	十岁以上	野地	群儿立于距土堆之二三丈一人发令则群儿奔往先登土堆者为皇帝群众鼓掌贺之	同上
拔河	十人至廿人	男	八至十五六岁	平地空场	按人数多寡分为二组就地上相隔丈余划界线两条每组各占一界线之内用长二丈之绳一二组各执一端尽力拉之越出界者为输	湖北襄阳
对四角	五人	男女均可	七八岁至十三四岁	亭内或空地立四物为角	见抢角栏	同上
滚铁环	不限	男女均可	八岁以上	院中	铁环以铁条制之每人一个以滚之快者为胜	各地皆有
放风筝	不限	男女均可	八岁以上	野外	风筝以竹为架糊以纸绘为人物等类系线张风而起	同上
秋千	一人	男女均可	十岁以上	街中或院内	立木为架系以巨绳并置坐板人坐或立于上	同上

安徽宿县原有乡村组织之概况*

一 引言

年来我国农村，因天灾人祸之连续，动摇崩溃之现象，已遍漫各地。其笼统之现象，固易于闻见，而其所以形成此种病态，及应如何挽救之方策，则实极复杂而诸待详细研讨者也。本调查之目的，在彻底明了乡间原有何种组织，及各组织过去之发展，现在之状况，及将来之趋势。唯以关于此问题之记载不多，难于稽考，故先从调查安徽宿县乡村入手，自民国二十三年六月二十八日起，至八月一日止，实地调查，为时仅月余。惜以青纱帐起，少数区域，频闻匪警，以致未能亲往直接访问，但宿县之东，南，北，及西北诸部，则均曾调查及矣。调查之方法，一面系与地方领袖谈话，先探听何乡有何组织，然后再亲往访问；一面由亲友等介绍各组织之领域与会员，直接谈话，间遇二三农人，似疑吾等为抽捐征税之员吏，嗫嚅不敢多言，稍费解释，然多数尚信赖介绍吾等之领袖，有问则自由对答。谈话时，吾等顺便填写所携带之表格。每夜则将表内问题之所未包括之事实，详细载于日记，以备观察及叙述时之参考。此项调查区域与时间，虽属有限，然对于将来乡村组织之研究，及如何使其充实与健全，而为社会经济各种事业之基础单位，或不无裨益也。

---

* 与姚颙合著，原载《实业统计》1934 年第 2 卷第 5 号。

二　组织之种类与分布

宿县乡村原有组织，可分为两大类，总计调查所得约有二十四种。其偏于社会性质者，曰联庄会，红枪会，自治会，猪马会，常乐会，字纸会，念经会，三元会，灵山道，坐家修，光蛋会等。其偏于经济性质者，曰青苗会，鸡蛋会，摇会，灶君会，火神会，堆金会，积聚会，喜忧会，老人会，棺材会，挂钩会，拉包会，合作社等。合作社一种，系外来力量所促成，非农民之原有团体，此处不过附带提及之耳。联庄会，红枪会，青苗会，老人会，摇会大概遍于宿县全境。自治会及念经会不常多见，仅在宿北夹沟集附近有之。猪马会，常乐会，字纸会为宿南南坪集一带之农民团体。三元会，灵山道，坐家修，光蛋会四种，均系秘密组织，前三者分布于宿东之村落，而后一种，则于宿西北有之。惜调查时未能直接与其会员谈话，不过间接调查，略闻此等秘密会社内之状况耳。鸡蛋会，堆金会，合作社散见于宿南及西北部。灶君会，喜忧会，棺材会，拉包会等则于宿县城关附近有之。若依目前该县所划分之行政区域而言，各种组织之分布状况，约列如下表。

第一表　组织之种类与分布

类别	组织名称	分布区域	调查组织数目
社会组织	1. 联庄会	第一区	2
	2. 红枪会	第一，五区	3
	3. 自治会	第五区	1
	4. 猪马会	第四区	1
	5. 常乐会	第四区	1
	6. 字纸会	第四区	1
	7. 念经会	第五区	1
	8. 三元会	第二区	
	9. 灵山道	第二区	
	10. 坐家修	第二区	
	11. 光蛋会	第八区	

续表

类别	组织名称	分布区域	调查组织数目
经济组织	12. 青苗会	第一，四，五，八区	10
	13. 鸡蛋会	第一，八区	6
	14. 摇会	第一，五区	12
	15. 灶君会	第一区	1
	16. 火神会	第八区	2
	17. 堆金会	第一，四区	2
	18. 积聚会	第八区	1
	19. 喜忧会	第一区	2
	20. 老人会	第二，四，五，八区	5
	21. 棺材会	第一区	1
	22. 挂钩会	第八区	1
	23. 拉包会	第一区	1
	24. 合作社	第一，四，八区	10
总计			64

上表因便于说明起见，故就其组织偏于何种性质者为多，勉强分为社会经济两大类。例如关于宗教，慈善，娱乐等组织，则列入“社会”项内，但同时此种团体亦略带经济性质，非截然异于各种经济组织也。总之吾等在宿县境内共调查五区，而于五区内，先后发现二十四种组织，有因治安时间等关系，未能将某种组织多予访问，有因组织本身不多，如念经会，字纸会，挂钩会，拉包会，积聚会等在上述数区内，皆不普遍，故所得之材料，亦甚少也。

三　参加各组织之家数或人数

除联庄会及红枪会加入之会员系以个人为单位外，余均以家庭为单位。对外发言及接洽，虽每家只有一男子代表，而关于经济与其他应尽之责任，则由全家负之，所得之权利亦共同享受。联庄会及红枪会，须视某家壮丁多少为转移，而后者犹看农人之意志如何以决定其加入与否，毫不勉强也。本篇所调查之各种组织，加入之农家总数计有 2734 家。另有 682 人，系为联庄会及红枪会之会员。各个组织所包括之村数及人数，以青苗会，自治会，合作社，联庄会，红枪会五种为最多，若积聚会，棺材会，猪马会，常乐会，念经会，字纸会等，则皆不过十五六家。

四　各组织之目的及功用

由各组织之名称，吾人固可略知其所以产生之原因，及其对于农村影响之如何，但若完全顾名思义，亦每难免重大之误解。此节所记各组织之目的及功用，多系节录其职员之语句，以存其真意。不过秘密组织四种，非系直接与其负责领袖谈话，词欠具体化，而另述于他节内，盖所以示尚待探讨，暂不列入于下表也。

第二表　各组织之目的及功用

组织名称	组织目的及功用	组织名称	组织目的及功用
1. 联庄会	自卫与防匪	13. 鸡蛋会	平时储蓄鸡蛋，到年节买东西
2. 红枪会	看家，保护性命财产	14. 摇会	金融互助
3. 自治会	惩治地方流氓土棍	15. 灶君会	敬社君，年底买肉均分
4. 猪马会	闹灯节	16. 火神会	年终买猪肉敬神
5. 常乐会	大家娱乐，玩会，闹灯节	17. 堆金会	流通金融，高利贷放
6. 字纸会	以公济公	18. 积聚会	以少数金钱贷放，生利买地
7. 念经会	念经，做好事	19. 喜忧会	互相帮助，联络感情
8. 三元会	?	20. 老人会	有丧事时，经济互助
9. 灵山道	?	21. 棺材会	平时储蓄，制造棺材
10. 坐家修	?	22. 挂钩会	专做小褂裤一套
11. 光蛋会	?	23. 拉包会	多挣钱
12. 青苗会	保护青苗，防御蝗害与水灾	24. 合作社	补助贫农经济

字纸会之目的，系以会员平时捐助之款，举办慈善事业，与念经会之性质略同，但该会会员不念经耳。灶君会与鸡蛋会之目的近似，均系由会员点滴储蓄以备年终时，趸买肉类，粉条，及其他食品，一面敬神，一面均分各物，作度年节之用。挂钩会刻已不存在，而其主要目的，在会员聚钱共买布匹，以作小褂裤。拉包会系会员出牛车联合运货，以赚工资者。

五　会员田产权之分配

不但各会之目的及功用，互有异同，而其所包括会员之经济地位，亦有区别。除挂钩会，字纸会二会会员全非农民所组织，堆金会有含少数地主外，余皆以农民占主要成分。自耕农与半耕农之会员，又多于地主与佃农。

第三表　会员田产权之分配

组织名称	会员田产权之百分比					
	自耕农	半自耕农	佃农	地主	非农民	总计
1. 联庄会	22.5	17.5	32	27.5	5	100
2. 红枪会	23	66.67	8.33	2		100
3. 自治会	100					100
4. 猪马会	60	40				100
5. 常乐会	30				70	100
6. 字纸会					100	100
7. 念经会	100					100
8. 三元会						
9. 灵山道						
10. 坐家修						
11. 光蛋会						
12. 青苗会	52.9	33	7.8	3.3	3	100
13. 鸡蛋会	50	10	20	20		100
14. 摇　会	30		70			100
15. 灶君会	35	15			50	100
16. 火神会	65	35				100
17. 堆金会				10	90	100
18. 积聚会		100				100
19. 喜忧会	50	10	20	20		100
20. 老人会	62	30			8	100
21. 棺材会	30	70				100
22. 挂钩会						
23. 拉包会		50	50			100
24. 合作会	100					100

盖乡村时虞匪患，凡较富裕之地主，多移至城镇居住，故参加各种组织者少；其次或以吾等所调查之区域内，地主在全体农民中所占之成分不甚高也。佃农参加摇会与拉包会之人数甚多，足以表示彼等经济状况欠佳，必须靠此两种组织，周转其家庭金融，与有种地外，利用其余暇，另拉麻包，以增加其收入。若关于储蓄，慈善，娱乐等性质之组织，均须多余之时间及金钱，彼等较自耕农与半耕农为贫苦殊难做到也。字纸会及灶君会会员多系小商人。而堆金会之会员，则大多数为拥有现金之富商及地主，而以所积之股本，高利向中小农人贷放者也。

六　会员之入会费常年会费及征收之方法时期与理由

乡村组织，若带储蓄性质，会员之入会费，平均多较常年会费为高，盖本多可得厚利也。而尤以堆金会之入会费为最高（每人 75 元）。若关于公共事业之组织，常年会费，则多不预先规定，临时由大家商决数目，再分摊之。会费征收之方法，可分两种：（1）由会首到各会员家收取，有时由农民自动送交于会首一人，聚齐做事。大都信用颇佳，无甚困难。（2）如联庄会之会费，则由保丁催取，盖自保甲制度推行后，各保有保丁跑路也。会费之征收时期，大都在旧历岁首正月间。

第四表　会员之入会费常年会费及征收之方法

组织名称	入会数（元）		常年会数（元）		会费征收之方法与时期
	每家	每人	每家	每人	
1. 联庄会				0.35	会员出会费时期不定，每月底由保丁催取。
2. 红枪会		0.20		2.50	会长于每月底向会员征收。
3. 自治会			不定		会长于每月底向会员征收。
4. 猪马会		0.20		不定	会长于每月底向会员征收。
5. 常乐会		4.00		不定	会长于每月底向会员征收。
6. 字纸会		0.20		不定	会长于每月底向会员征收。
7. 念经会				1	要办事时由大家商议，各会员会费交于一人。
8. 三元会				?	?
9. 灵山道				?	?
10. 坐家修				?	?
11. 光蛋会				?	?

续表

组织名称	入会数(元)		常年会数(元)		会费征收之方法与时期
	每家	每人	每家	每人	
12. 青苗会				0.24	由会员送交会长，或由保丁催收，时期在春天或秋天。
13. 鸡蛋会			不定		每日由会员送鸡蛋一个与会长，或由会长挨户征收。
14. 摇　会			不定		由会首到各会员家征收一次。
15. 灶君会	0.50		0.70		
16. 火神会	0.20		不定		每月底由会首挨户征收，亦有在每年正月十五征收。
17. 堆金会		75			每月底由会首挨户征收，亦有在每年正月十五征收。
18. 积聚会	10.00				每月底由会首挨户征收，亦有在每年正月十五征收。
19. 喜忧会				不定	遇有事时由会长征收，时期不定。
20. 老人会			不定		遇有事时由会长征收，亦有时会员送去。
21. 棺材会	3		6		二，九两月征收，由会首收齐。
22. 挂钩会				0.20	由会首挨户每日收取之。
23. 拉包会					由会首挨户每日收取之。
24. 合作会		2			由会员送交社长收取之。

盖一届农暇，收者与付者，均可从容筹措。或于每月月底，由会首挨户向会员催取。或按日收聚，如鸡蛋会即是一例。

七　各种组织之分析

以上既将各组织之目的、分布、人类、情形，与会员之经济地位，每年所应缴之会费等梗概叙述，而关于发展之历史，现在活动之状况，及各会员之心理态度如何，应为缕陈于下。

(1) 联庄会——宿县邻接苏鲁豫三省之边境，每遇战事发生，或自青纱帐起，溃兵土匪，皆足扰乱地方秩序，农家不得安居，男女牲畜，常被掳架，限期勒赎，官厅亦有防不胜防之苦，于是纯良农民，自动组合，联庄防卫。此项所调查之二联庄会，正式成立，已经二年。专事防匪，无他作用。凡在该会区域内之壮年男子均为当然会员，每户一人。会长系当地地主，选举方法，由大家公推。各村设有分会，会务由分会长理之。职员任期，约为一年。每半月开会一次。经费按地亩摊派，由各会员交与会长开支。防卫工具，分快枪、扦子两种。一部分农民，因历年缴收溃兵之械，已有枪支不少。或有在本地购买者，因自冯玉祥战败后，河南巩县兵工厂工人散回家乡，制造枪弹，每支约二十余元，农民可自彼等手中购买也。其无枪械之农家若系地主有地百亩以上者，须购置枪一支；其不满百亩者，则用扦子抵抗。上有红须。闻联庄会内，有一部分会员即系红枪会会员。在御匪时，极其勇敢。每遇匪警，会员告急之方法，以放三枪为号。他村之任会者，限十分钟左右，赶到应援，进退悉服从会长之命令。其有能夺得匪之枪械者，该会员个人，即占有该枪。其能夺回肉票一名者，被害之农家，最多赏洋200元，以资鼓励，若家境贫寒，不能担负此数，亦能低减。尚有不幸，会员中有中弹毙命者，每名由联庄会给恤金150元。受伤者，亦由会津贴若干，数目不定。此会最大之成就，为自有组织以来，在会之农家，均未曾遭受匪患，而会员间之合作精神殊佳，对于此种组织之态度，多能爱护也。下列联庄会十四会员之答案，藉觇彼等对于此会之一般心理。

第五表　联庄会会员心理态度之分析

问　题	会员答案要点
1. 为何加入此组织？	因防御土匪，加入此组织
2. 对于过去成就满意否？	满意
3. 此组织之主要成就	自成立会后，未遭匪患
4. 正在进行之工作	购办枪支
5. 对此组织之批评	（1）大家必须要互相团结；（2）粮食平易，难以得枪；（3）会长性稍急躁。
6. 对此组织改良之建议	应互相帮助，不应凭势压迫
7. 此组织尚能为该处农民谋何利益否？	肃清坏人
8. 如何使此组织扩大？	（1）要会员自己做一个榜样给人家看，才能使更多农人加入；（2）向未入会之各村庄说合。
9. 入会时有无困难？	无
10. 会员在何情形之下，可以退出会外？	（1）若不在此会范围以内居住之农民，可以随便退会；（2）于平安时经大会讨论通过，方可退出会外。
11. 非会员能否享受同等权利？	（1）不能，因为不与咱一块，咱不应援；（2）因亲邻关系，有时援救。
12. 常年会费该收多少？	（1）看花费多少，按地亩摊派；（2）每人应收＄2.00。

续表

问　题	会员答案要点
13. 会员应有责任为何？	（1）当服从命令听分会长指挥；（2）每次到会；（3）尽个人本分；（4）互相天天戒备。
14. 对于组织之贡献	（1）出会费；（2）邀他村农民人会；（3）每次到会。
15. 领袖与制度对于组织之成功或失败关系	（1）组织成功，因为领袖好；（2）因大家能团结；（3）制度与领袖均好。
16. 此组织成功原因	（1）因匪时常拉票，不能做活，大家能互相援助；（2）于大家有益，故大家能团结；（3）头儿平和。
17. 领袖之优点	（1）能办事；（2）会说话；（3）公正；（4）和气；（5）多出钱不爱钱；（6）指挥有力；（7）吃苦耐劳；（8）精明。
18. 当地缺乏好领袖否？	否
19. 良好领袖之必要条件	（1）有学识；（2）不怕事；（3）心正；（4）不贪财；（5）人情好；（6）有田产者；（7）无嗜好；（8）口才；（9）勤劳；（10）有始有终；（11）性情不能过火；（12）尊重公意。

（2）红枪会——系联庄会内之一种小组织，带有宗教色彩。闻于十年前，自山东来一老师，向宿县农民传法，抵抗溃军与土匪，并为农家医病。有时反对贪官污吏之抽收苛捐杂税。农民之在会者，简称曰“红学”，每村有一“学屋”，为其开会之地点。而每一分会，以年齿较高者为“大学长”，管理会内烧香拜神之事宜。入会资格，为成年男子。既入会后，暇时须于夜间至“学屋”“用功”，“用功”即聚会习咒语之别称。咒语系秘密，不肯告人者。本篇附有一普通能防枪炮子弹之符咒，为一大学长陈某所绘（图从略），据言在作战前会员为化灰吞服，可以壮胆，而不畏怯。其真正之词句，另由已脱离该会之某一会员口中探得。

“昆仑山上传恩子，
师爷赐我金刚体，
金刚体都练齐，
见事铁成撞金立，

能挡钢炮火药不入里，
金刚体发现速速发现。”

等语。在调查时曾参观一会所，并见“用功”时之情形。会所内正壁上贴红纸一大张，内系神名，而不可以告人者。两旁有一对联，曰：

“恼可恼，作恶天饶我不饶；
哭莫哭，行善天不报我报。”

字体歪斜，似为一粗识文字之农民之手笔。在红纸及对联上面，有三大字，曰“大红旗”。当用功时，会员排成两行，前行正中一农人，手捧插香一束，众先以左脚振地作声，而后皆合掌齐额跪地叩首，起立数次，口中喃喃诵咒，时闻喘气之声，用功毕，仍各叩首，并烧黄纸数张敬神而后散会。会费之主要用途，为买香纸，洋油及付祭费。此种组织，因各地治安情形不同，而有紧张与松懈之分，土匪愈多之区域，则会员团结愈坚固，反之则殊松懈，如宿县北部清山寨附近之红枪会，年来以秩序稍佳，红枪会之会员，亦无形涣散矣。

（3）自治会——包括七十家，在宿北之东兆山头，成立已二年。此村有武昌俊兄弟二人，俱曾受高等教育，对于此会之事业，指导良多。凡自卫，保卫青苗，及排难解纷等之任务，皆由此会负责。职员中有一会长，系自耕农，经大家推选定之。每年开会一次，由会长召集。

（4）猪马会——为宿南农民娱乐组织之一，成立有二十余年。入会资格，限成年男子。会员计九人，每一会员于入会时，缴洋二角，由会长聚齐后，以月息二分放出，至旧历年终时，总结本利。若年岁不荒乱，则于一月十五日顽灯一次，会费多半用膳食，油烛及其他杂费（如购花粉、带子、头绳等物）。倘年荒世乱，则不举行。

（5）常乐会——与猪马会之性质大同小异。成立有八年。成年及未成年之农民商人，均可入会。会务亦系会长一人经理。近一年来，因放账难收，此会以积存之会费，当地五亩，每年得租息若干，作为常年经费。在正月十五日前，开会一次，预备修理烛节所用之玩具。本年曾添购京戏衣服等，将来可继续维持下去。

（6）字纸会——已有四十余年之历史，会员全系乡村知识分子，有会首二人，经大家公选者。会费由会长收集后，以三分息贷放，每年旧历二月初三日，开会一次。此日系文昌宫生日，各会员均至文昌宫聚会烧香。敬神后，并聚餐一次，同时结算本年之一切账目。

（7）念经会——宿北三年前曾有此组织，现因会员太穷，多不出会费，以致此会目前解体。凡素食者，方能入会。每年正月初旬由会首领导会员在某一会员家念经一次。此会之主要工作，为印刷善书，修桥补路，及庙宇等建筑，如经济充裕时，间或赈济穷人。

（8）三元会——又名“快三眼”，为宿县东乡秘密组织之一种。于每月初一十五日夜间开会。开会时将窗户紧闭，聚集念咒。会员自信能看其已死之三代祖宗，是否忧愁或快乐，并替人医治疾病。彼等只言入会有好处，如欲得好处者，须亲身加入，故农民与此会发生关系者颇多。

（9）灵山道——又名“倾家道”或“长毛道”。此种组织在前八年最盛，系自山东传入宿县。会员入会时，视家中之田产多少，酌纳入会费，名曰挂号。多者达数千元，至少亦在数十元。所收会费，闻全送往山东，入会后，将发蓄起。开会亦在夜间。相传有大灾降临，凡入会者，可以幸免。此会会员每年往山东大灵山朝香一次。

（10）坐家修——此会以家庭为单位，诸事严守秘密。闻约六年前，河北省有一人来发起组织之。此会农民甚多，常于夜间聚会，凡已入会者，谓将来可成神仙，并能得540亩田地。

（11）光蛋会——系已解散之一种秘密组织。形成之原因，实以年岁荒歉，缺乏食粮，农民借此团体，向富户寻食。每至一富家，彼等先到其谷仓抢粮，连皮煮食，食完后，即往他村。人数成群结队，多至数百，初闻无何作用，嗣渐发生不轨行为，目前以政府严禁，组织消灭矣。

（12）青苗会——为宿县农村亘古以来之原有组织。凡有田地者，皆为当然会员。每年约在清明前后开会一次，地点多在庙宇，职员分会首与“看青”两种。均由会众口头推选。“看青”者又名“跑坡”，系村内无地之农民，为青苗会所雇用。若会之范围较大，而无地之农民多时，则雇两人以上，专门巡视各会员之青苗，有无被偷窃及践踏情事，报告会首，斟酌处分。其有一看青者，每届作物成熟时，由渠个人另找一短期助理。关于“看青”之报酬，每户每季出粮食一斗，而助理之报酬，则由看青负责，会员概不过问也。本篇所调查四区内之十个青苗会职员，全系男性，而平均年龄为49.32岁，最高者70，最低者29。关于彼等教育程度，能读浅近之书报者有12人，能写简单之信件及字据者10人。现在之职业，多为种地，其次即

“跑坡”，而从前种地之人数，尚高于现在之人数，可见一部分农民领袖，经济状况，日趋破落，失其土地，而不得不借跑坡、经商，或作其他事业以营生矣。从第六表中之经济地位看，自耕农对于会务之管理，兴趣较半自耕农、佃户、地主等为浓厚，而同时又可见青苗会之一般会员心理，愿意推选自耕农为彼等之领袖，盖地主嫌弃会务之繁琐，而佃户则不易受大众拥戴也。

青苗会之规则与惩戒之方法，约分以下数种。

①凡夜间挟带刀绳，有意偷窃者，经看青报告后，罚装演神戏三本，酒席三桌。

②任令牲畜糟踏青苗者，重者罚席三桌，与现洋若干，视伤害之程度如何而规定。现洋交与会首保存，或修桥补路，作公益事业，或择期以演神戏。

③若割青苗喂牲口者，每斤罚大洋一角。

④若不守规约，伤害青苗之农民，家境确实穷苦，而出不起罚金者，则经会众议决，罚打一顿，以惩戒之。

此规约对于青苗之保护，固甚有力量，但亦有少数地方，以组织历史悠久，会员对于会约，易于玩忽，更以亲邻之情面关系，执行会约时颇感困难，甚有使此约变成具文，竟不法办者。

第六表　青苗会职员之分析

职员姓名	职别	年龄	性别	教育		职业		经济地位
				能读	能写	现在	从前	
沈世桢	会首	37	男	√	√	种地	种地	自耕农
翟正尧	〃	35	〃	√	√	〃		〃
张有平	看青	42	〃			跑坡	种地	
张廷人	〃	35	〃			〃	〃	看青
牛继孔	会首	55	〃			种地	〃	半自耕农
张家珍	〃	51	〃	√	√	〃	〃	地主
吴开丙	〃	68	〃	√		〃	〃	
黄照荣	〃	57	〃	√		〃	〃	地主
徐振兴	〃	70	〃			〃	〃	自耕农
顾振方	〃	69	〃			〃	〃	〃
占成江	看青	57	〃			跑坡	〃	半自耕农

续表

职员姓名	职别	年龄	性别	教育		职业		经济地位
				能读	能写	现在	从前	
徐俊德	会首	59	〃	√	√	种地	〃	自耕农
高凤德	〃	32	〃	√	√	〃	〃	〃
胡明兰	看青	50	〃			跑坡	〃	〃
石元德	会首	29	〃	√	√	种地兼跑坡		〃
马元化	看青	60	〃			跑坡	种地	看青
于怀仁	会首	68	〃			种地	〃	自耕农
于华爱	看青	52	〃			跑坡	〃	〃
于华然	〃	40	〃 〃			〃	〃	〃
李石井	会首	30	〃	√	√	种地兼商	〃	〃
李行奎	看青	47	〃			跑坡	工	工
房百楼	会首	50	〃	√	√	联保主位	寨主	自耕农
赵方太	看青	52	〃	√	√	跑坡	商	〃
旷敬魁	会首	46	〃	√	√	种地	种地	〃
旷连玉	看青	42	〃			〃	〃	佃户

关于青苗会会员之心理态度如何，此处有 13 人之答案，其最异于他种组织之会员心理者，则为彼等对于此组织之改良建议，希望行政机关定一方法来实行。而正在进行之工作，有不仅限于人畜损坏青苗者，在交通之改良方面，彼等自动计划修桥补路，在防灾方面，彼等拟防御水患及蝗害，若稍加整顿，甚可为乡村经济建设之基本单位也。

第七表　青苗会会员心理态度之分析

问　题	会员答案要点
1. 为何加入此组织？	（1）怕小孩牲口糟蹋青苗；（2）怕人偷庄稼。
2. 对于过去成就各事满意么？	满意
3. 此组织之主要成就为何？	（1）自成立会后，小孩、牲口不糟蹋庄稼；（2）有偷庄稼的，罚钱或罚坐拘留所；（3）二年来无损坏青苗情事，看苗的拿棍子到田地去看庄稼。
4. 正在进行之工作为何？	（1）修桥、补路；（2）防御水灾及蝗虫。
5. 对此组织之批评？	没有坏处。

续表

问　题	会员答案要点
6. 对此组织改良之建议？	希望行政机关定一方法来实行。
7. 此组织尚能为该处农民谋何利益否？	无
8. 如何使此组织扩大？	（1）招呼庄主加入；（2）要办得好给别人看看；（3）跑坡的殷勤。
9. 入会时有无困难？	没有困难。
10. 会员在何情形之下可以退出会外？	（1）家中无田产方可退会；（2）不在范围以内的可退会；（3）从来无人退出会，不种田地时方可允许退会。
11. 非会员能否受同等之权利？	（1）能，因看青的征收他的粮食，或以人情的关系；（2）不能，别人偷庄稼看青的看着也不管，因不征收他的粮食。
12. 常年会费该收多少？	（1）看花费多少，按地亩摊派；（2）每家出大洋一角九分。
13. 会员应有责任为何？	（1）当互相关照；（2）应当守规约；（3）有事大家商议应共同负责；（4）应当尽义务。
14. 对于组织之贡献？	（1）保本分，谨守规约；（2）帮助说话。
15. 领袖与制度对于组织之成功或失败关系？	（1）组织成功因领袖好能办事；（2）以往的成功是因为制度好；（3）大家共同负连带责任；（4）组织制度与领袖都好。
16. 此组织成功原因何在？	（1）怕人偷庄稼，因为常常少庄稼；（2）怕牲畜糟蹋青苗；（3）于农民有益，大家好。
17. 领袖之优点为何？	（1）公道；（2）不爱钱；（3）能吃苦；（4）忠厚；（5）能办事；（6）不怕事；（7）赏罚公正；（8）会说话。
18. 当地缺乏好领袖否？	否
19. 良好领袖之必要条件为何？	（1）有学识；（2）无嗜好；（3）公道；（4）会说话；（5）不怕得罪人；（6）不贪财；（7）能做事；（8）能吃苦；（9）尽义务。

（13）鸡蛋会——此次所调查之六个鸡蛋会中，历史最长久者，有达二十余年。最近者在本年旧历六月始成立。参加之会员最多者三十家，最少者

八家。入会资格，须为品行端正及养鸡之家庭。妇女对于此种组织，兴趣浓厚，每日每家储蓄鸡蛋一枚，送交会首收存，设某日无鸡蛋可送，次日必须补交，或以同等价值之现金代替，不许间断。会首收集各会员之鸡蛋后，每隔五日，上街一次，向蛋厂或商店出售，所得之现金数量几何，一面由渠记账，一面彼可有权将累积之现金，贷与信用卓著之农民，月息由四分至五分，无论会员或非会员，均可请求借款，至普通会期十个月后，每年年终以前必须本利归还，再由会首结算，于腊月初八日召集会众商购猪肉、粉条、糖、花胡椒、元宝香纸等物品，先敬天地诸神，嗣即平均分配，以度年节。盖宿县农谚有所谓“吃了腊八饭，就把年来办”也。每年开会，除腊月一次外，在年初正月十五日，照例开会一次，商量会务，议决案交由会首执行。会首任期一年，纯系义务，但在年终前分配猪肉时，会员皆愿渠多得肉斤余，微带劳酬之意。此会会规，多系口约，此次仅在宿县第一区内胡家庄得一书面之会规，兹为附录于后。

宿县胡家庄鸡蛋会会规

（1）会员如中途不拿鸡蛋者，得随时结算其账目，令其退会。

（2）会员如用款不还者，其余会员共向之交涉。

（3）会员用款时统以月利五分计算。

（4）会员非会员皆可用款，然非会员用款时，得由会员二人之介绍，方可借款。非会员到期不还时，介绍人付清偿之责。

会长　胡云旗　胡明楷

鸡蛋会在各会中，信用极佳。不仅领袖个人忠实、公正，克己而负责任，即各会员，亦均爱护组织，彼此互助。此种组织之主要成就，为使穷苦农家，能点滴储蓄，周转金融，而在度年节时，可以合作方式购买食品，不但价钱较为便宜，而大家在祭神时，得以彼此交接联欢，互相敦睦，更具有深厚之社会意义也。

（14）摇会——摇会系宿县农村流通金融组织之一。每会会员平均约在十五人左右，每一会股多在五元以内。通常以亲友之关系，组织成之。每月开会一次。地点在会首家，第一次与第末次，均由会首备办酒席，费用约需两元，以便会员聚议各事。会首先可使用会费，其余会员，凭摇骰子点数多寡决定之。点数较多者得会之日期亦较早。凡得会后之会员，贴会时多交还些许，普通以月利二分起息。农民得会后，所入之款项，多用于还债，买食粮，缴地租，及付工资零用。其所付之会款来源，系由卖粮食，作工，及小生意各方面所积成之。附摇会会规及会员得会日期一种，以资参考。

宿县东关头摇会会规及会员姓名得会日期

本摇会会期订每月二十日聚会一次，每股会规定洋五元，会利一元二角。到会期时，票子铜子，皆不能用，一律大洋，不得无故中途退会，诸会友一律遵守。谨将会友之姓名及得会之日期，悉志如下：

民国二十二年又五月二十日　　李忠和（会首）
民国二十二年六月二十日　　汪效宗
民国二十二年七月二十日　　景源坊
民国二十二年八月二十日　　江茂修
民国二十二年九月二十日　　魏北义
民国二十二年十月二十日　　冯立德
民国二十二年十一月二十日　　陈西元
民国二十二年十二月二十日　　杨恒信
民国二十三年一月二十日　　王秉之
民国二十三年二月二十日　　凌济臣
民国二十三年三月二十日　　陈东鲁
民国二十三年四月二十日　　三和公
民国二十三年五月二十日　　旷元祥

上举摇会会规之一例，因有十三家会员，故十三月满后，此会即告结束。

（15）灶君会——系储蓄现金，而以买年节之物品者。约有十余年之历史。通常每会有会员 12 人左右，凡赞成之农民，皆可入会。会首每月底，收集会费后，可以贷放，月息五分，十个月内，须将本利结算清楚。至年终时，会众共同购猪肉、盐、糖、胡椒、香纸等零星物品，以敬灶君，而后将物品分与会员家庭，以度年节。

（16）火神会——成立已有 60 年左右。普通每会有 13 人，会员所缴之会费，由会首收集后，贷放起息，月利四分、五分不等。至年终时，由会首买猪数头，先以敬拜火神，而后各会员共同均分之。

（17）堆金会——系以高利向农家贷放之金融组织。约有 22 人。共有股金 2200 元，未向县府立案。职员分经理、协理、调查、催款四人，以投票选定之。彼等多居市镇。会员入会缴纳股本后，由经理发给一股票，例如

宿县义聚隆储蓄会社股票

为发给第〇期第〇〇号股票，已入册注明云：

宿县义聚隆储蓄会社，今收到

〇〇〇先生洋〇〇圆，共计〇股。除收入册外合给此股票为据

经理　陈金隆

协理　徐元堂

中华民国〇〇〇年〇月〇〇日　　　给

经理收到各会员之股金后，得斟酌情形，向可靠之商人与农民放款。凡请求借款者，须找一殷实之铺保，具明保单，签名盖章，交与堆金会负责人，再决定发款与否。倘借款者不能如期还款时，则由保人垫付，毋得异说。保单之形式字句，详于下例。

第〇期　第〇〇号

立保单人〇〇〇今保证〇〇〇借到

宿县义聚隆储蓄会社洋〇〇元〇〇角，当由出凭条人

交付〇〇〇号出具现款凭条〇张。共计洋〇元〇角，作为抵押；

嗣后如用款人，有逃亡短欠拖延倒闭等情形，均由保款人担负清还。

恐口无凭，特立保单为证。决不推延。

（以下有关系人均须盖章签字）

此处粘贴印花税票

立保单人　〇〇〇（押）

出凭条人　〇〇〇（押）

经 手 人　〇〇〇（押）

用 款 人　〇〇〇（押）

中华民国〇〇〇年〇〇月〇〇日　　　立

近来借堆金会之款项者，不乏拖欠情事，而保人恒受累赔款，设保人经济状况欠佳，而无力代付时，则致诉讼纠纷，不易结束。故虽此会所取之利息甚

高，农民尚欲借而不可得，盖用款者对于此会之信用，难以维持，经理人恐股本放出，不但利不可图，而本亦流散也。此会之章程，详于下例。

宿县义聚隆储蓄会章程

(1) 本会定五年分账，每年开会二次（六月开会查账，十二月开会结算）

(2) 本会每股大洋一百元。

(3) 本会不到五年，会员不能用款。如有中途抽股者，照本抽去，不得取利。

(4) 本会经理一人，协理一人，调查一人，催款一人，均由大会投票，选举表决之。

(5) 五年满期，利息满一千元者，提出一百五十元作为经理、协理、调查、催款酬劳金，多则例推。

(6) 经理印有股票，满期时，凭股票至经理家取出本利，一次交足。

(7) 用款人（五十元以下者），得有店保及人保，并签字盖章，始能发生效力。

(8) 用款人（百元以上者）得有最近经县政府验契之红契约，及保人盖章签字，始能有效。

(9) 红契约价值千元者，用款六百元。视红契约价值若干，以百分之六十计算。

(18) 积聚会——此系小规模之储蓄组合，成立三十余年。会员发起之动机，以各人田地过少，不够耕种，乃约性情相合者数人，每家一次出洋十元，交与一人管理，以高利贷放，在十年内，会员无论如何拮据，不得任意动支储金。至十年后，则以此本利，完全买地，各家均分。此会成立以来，贫农间有已使其田场拓大者。

(19) 喜忧会——系遇婚娶与死丧时，各会员在财力与人力两方面，互相帮助之一种组织。普通每会有十五会员，每年正月十六日开会一次，讨论会务。职员有会首，为大家票选定之。此会不预先零星储蓄，须至有事时，会员各出现金、面粉、鸡蛋各若干。另外出一人帮助料理杂务。轮流下去，直至会满。会期长短不定，设一年内，会员间有数次婚丧大会，则会期即可缩短也。如一会员一年内有数次婚丧事故者，只能享受一次权利。或有某会员受过会之资助，而遇别会员有婚丧事本人实无力出资时，其余会员，暂为分垫，嗣后可由渠设法还清之。喜忧会会规，详于下面所举之一例。

宿县东关喜忧会会规

(1) 丧事：本会人若遇人雪暴雨，均得到齐。如有不到者，由会首代为雇人。会友有特别事故不能到时，须预先声明理由。

(2) 喜事：视事主如何办理，应否需用本会之人帮忙，由主人预先请求，而后决定之。

(3) 丧事受过资助之会员，如再有丧时事，本会人应当照会规办理，每人出礼钱一千。

(4) 会规遇有丧事者，规定会礼，每人十千，外礼钱一千。再外烧倒头纸钱五百文。

(5) 本会会员家庭如有死丧婚娶，皆准受会众资助，但遇女子出嫁或得男孩时，则不能享受同等权利。

(6) 会友遇死丧婚娶事，各会友都得服从会首指派。

(7) 遇事前十日，各会友均应将会礼凑齐送到，不可延误。

会首　马继汉　饶正科　唐家福　李幹臣

(20) 老人会——吾等所调查之六个老人会中，成立最久者，已二十余年，最近者即在本年。入会资格，须有信用之农家，而又有五十岁左右之老人在世。普通推一会首，掌理会务。倘遇会员家老人病故时，各家平均出钱一千三百文，面十八斤，并出一人，帮忙理丧，直到送至坟地，埋葬后，各会员方可回家。会期长短，视老人之寿命为转移。此组织过去成功之原因，制度与领袖均有关系。会员间，设真正贫穷，拿不起规定之会费者，亦可以中途退会。

(21) 棺材会——与老人会性质略似，成年之农民均可入会。每年每家出洋六元，分二月、九月两项交与会首收管。会首系一农人兼作木匠，能制棺材。彼个人免缴会费，但负购买木材，及制造棺材之责。每年制造两个。会员家中，不论多少，一遇死丧，即由会内供给棺材。凡农家之老少，均可使用，但每家只能用一个。如逾五年，均无丧事发生，各会员可将所定制之棺材，分别抬回家中，留作后来死丧之用。会员均爱护组织，按期出钱。而组织对于会员，亦能尽责，供给合宜之棺材，价钱便宜，而品质亦常较市面所制造者为佳，故能使会众满意也。

（22）挂钩会——此会现已消失，在二十余年前有之。会员系小本生意人。每天每人积聚十文，以钩挂之，会首挨户收取，十日一用，先用者，以二分起息，用后每日出钱十二文，百日满期。此会钱不得作他用，专为作小褂裤用，辛亥革命以后，不用制钱，故挂钩会亦渐形解体矣。

（23）拉包会——在去年六月间成立，凡有牲口二头以上之家庭，均可入会。职员有车头二人，非经推举者，彼等向外招揽生意后，再召集会员于固定日期，同运粮食，集中车站。每包运费，约得钱三百二十文。其中抽出五十文以给车头，再抽十文交与宿县南关联保办事处，以作捐税。此种组织包括三十村庄，周围约有五里。

（24）合作社——非宿县乡村之原有组织，而系二年前，华洋义赈会派人前来帮助农民，创成之团体。此处附带略述，详情另见他篇。吾等所遇之信用合作社，正式成立者有六个，待成立者有四，暂名为互助社。每年春秋分别开会二次，凡有田地十亩以上之农家，可作互助社社员。向外借款之利息，每月四厘。连环担保，无抵押品。规定两年还清，每年还一半。社员向互助社借款，月利六厘，盖多余之二厘作为社内之办公费也。合作社社员向该社借款之利息，每月一分二厘，款期放限为一年，以田地作抵押品。社员借款用途，多以还债，购粮食，及种子。互助社社员，不缴股金，而合作社社员则缴股金二元。

八　结论

综观上述各种组织，除合作社外，皆为宿县农村之原有社会经济团体，而图以解决农民本身各种问题者也。虽名义有与近代各国乡村组织不同，而其意义与功用，颇多相似之处。例如鸡蛋会，灶君会，火神会等，范围虽不大，而其功用则与消费合作何异？老人会与棺材会之性质，可谓农民间人寿保险之组合。会员虽多清寒，未受教育，而信义昭著，由来已久。若吾人在举办乡村经济建设之前，对于有关系之组织，稍加研究，从而整理之，充实之，不仅能化阻力为助力，而其结果，事半功倍，可预卜焉。据宿县地方头脑清明之地方领袖报告，该县目前最感棘手者，厥为匪患与水灾，在原有组织中，联庄会，红枪会，自治会等虽可自卫，抵抗土匪，但以彼此组织缺乏联络，而大多数农家，每届青帐起时，日须勤苦耕作，夜必小心看家，不得安眠。诚堪怜悯，此又为行政当局所应注意，如何使农民生命财产，得有保障，而后方可言改善其生活，盖治安问题若不解决，百事皆难兴办也。关于灌溉组织，不甚多见，此为宿县乡村经济组织之大缺点。闻该县每遇旱涝，则相率仰屋咨嗟，而无善策，如何使河畅其流，地受润泽，似为今后该县农民应注意之事项。最后吾人所欲言者，为于二十三种之原有组织中，除自治会一会略能注意公共卫生方面外，其他组织，则均与此无关，是以每遇瘟疫发生，男女老幼，惟借求神问卜以治疾病，或只束手以待毙，毫无预防与补救之组织与设备。而于迎神赛会等娱乐，反不惜出巨资举办，甚有倾家荡产，捐助“灵山道”等之迷信组织，为不正当领袖之所愚，良堪痛惜。此又与乡村教育有密切关系，急待纠正之一点，而不容吾人忽视也。

中国乡村建设问题的过去与将来*

中国乡村建设问题范围非常之大，很不容易讲个清楚，现在姑且分下面四层讲，对过去的作一番检讨，对将来的谋一个出路。

一　乡村建设运动之远因

追溯乡村建设之远因，首先要明了过去数十年的历史，以及和西洋文化接触以后所发生的政治上经济上的影响。我们中国人向来对于外国人，是抱一种鄙夷轻视的态度。掌朝政者昧于国际形势，一般民众也不知如何应付外来的侵略，结果造成了历史上奇耻大辱的鸦片战争。经过这次挫折以后，鄙夷轻视的态度，变成了痛恨畏葸的态度，既恨其卑鄙，复畏其横蛮。鸦片战争以后，接二连三地发生了中日之战，义和团之乱和八国联军，酿成外交上种种的失败，订下了各项不平等的条约，割地输金，通商道歉，无一不有。总而言之，帝国主义之侵略中国，无非是要推销他们剩余的货物。换句话说，就是在中国开辟一个商场，另一方面又在中国购买些便宜的原料，运向本国，加以制造，再送到中国来销售，这种双重的经济侵略的后面，还假借武力来威胁。从鸦片战争一直到清末，这几十年间，朝廷疲于应付，人民怵于危亡，所以一些有眼光有智识有胆量的领袖们，便发为立宪和革命两种救亡图存的运动。结果便产生了轰轰烈烈的辛亥革命，推翻专制，建立共和，朝野上下，都认为从此可以拨云雾而见清明，发奋自新，但是不幸袁氏窃国

* 原载《现代读物》一周年特大号，1937。

和复辟的闹剧，相继排演，此后十余年间，直是一部割据和混战的历史。帝国主义继续施其压迫和操纵的伎俩，军人们则横征暴敛，以填欲望，一面还把人民的血汗钱送往外国，换取军火，来作争城夺地鱼肉小民的混战。外而强邻，内而军阀，再加之以天灾匪祸，遂至苛捐杂税日增，农民负担日重，生机日竭，奄奄一息，濒于绝境。从另一方面讲，因为西洋文化的侵入，都市里的人们浸淫于物质享受游手好闲，不事生产。农民因兵灾匪祸和天灾的驱使，也一批一批的逃往各大都市里而去谋生。工业渐渐的发达起来。金钱慢慢地流入都市。生活程度一天一天的提高。不过农业生产的方式仍旧未曾进步。生产成本过高，交通不便，运销不易，以至农村的产品，不能和洋货对抗，又不合都市之消费，近年以来我们素来号称以农立国之国家，而小麦、白米、棉花的入超日增，综其原因，不过因为我们生产的方式是中古式的，是筋肉式的，而消费的习惯却是现代化的，机械化的。在这供不应求的局面之下，经济日见凋敝，农村日形破产，所以有心之士，都风起云涌般地来提倡乡村建设运动，以期增进农民生产，改进农村的生活，而奠立民族复兴的基础。

二 乡村建设实验之过程

既然明白了乡村建设运动之起因，我们再来研究其实验的过程。首先看看各处实验的方式，然后再分析各种的困难。

甲 方式

（1）教育的方式——河北定县，中华平民教育促进会，中华职业教育社昆山徐公桥的实验区属于这一类。晏阳初先生当欧战的时候在法国办理华工事宜，他感觉到华工之缺少教育，大抵百分七八十以上都不识字，回国以后，就把定县翟城村作为从事平民教育工作之实验区，努力提倡平民教育，编成了一种平民千字课当作教材，现在东西文明各国无不知晏先生和他的千字课。后来实验区办事处在该村感觉不便，决由翟城村迁到定县城内考棚办公，经年累月以后，又发现，“愚弱贫私”四点是国人的大毛病，他后来在河北定县的工作，皆是对症下药，想以各种教育的保健的方法去克服这四大毛病。

（2）自卫的方式——教育的方式以外，其次便是自卫的方式，这种办法多为应付当地乡村治安而产生的。彭禹廷先生在河南镇平所创办的自卫组织，属于这一类。

（3）生产的方式——各农学机关如中央大学、金陵大学和燕京大学等，皆利用科学的方法以谋增加生产。其主要工作如改良品种，防除病虫害等试验与研究，并将试验所得结果，推广到一般农民。金大在安徽乌江，和江宁秣陵关的工作是两个极好的证例。定县邹平和徐公桥等乡村建设机关不论他们开始的方式如何，近来也都渐渐的趋向这一方面的工作。

（4）政治的方式——还有一种方式，便是政治的方式，其出发点大都从县单位着手。例如河北之定县，山东之邹平菏泽，和最近之江宁兰溪两实验县以及其他各实验县，都是想运用政治方式，推动乡村建设。先在各该县里树一模范，其主张以为全国提倡。但是这种方式显然也有困难，就是经济与人才的支绌，将来试验结果如何，现在也不好下一种断语。

乙　困难

在中国办事随处都有困难，何况是庞大的乡村建设运动呢！综观乡村建设运动的困难，约有四端。

（1）经济困难

有的地方最初专凭少数领袖四处演讲募捐，得了大批款项，便聘请许多负有盛名的教育专家经济专家和卫生专家去共同工作，有些人现在自然在继续工作，有些人却因为别处有较好的待遇，就中途离开了，所以一班已上轨道而有研究成绩者，都被各地拖走了。

（2）人才困难

现在我国乡建的人才，究竟是不够分配，有的人因为欲望太高，不愿到乡村里去吃苦，所以实际上能干乡村工作的人越发少了。

（3）意见的分歧

党同伐异之争，门户水火之见，虽属学术机关，犹不能免，结果酿成为人才和时间的浪费，事业自亦随之停滞，殊为可惜。

（4）政治的困难

有些乡村建设的机关，因为工作的精神和方式不能得到政治当局的谅解，政治当局便予以消极的不合作，或者积极的干涉。

以上已略略地把实验过程中的方式和困难叙述了一遍，目前乡村建设运动的危机，便是有一部分的言论以为自从提倡乡村建设以来，并不见什么效果，所以就咬定这些方式都不行，并且主张实行乡村建设须首先铲除两大根本障碍——帝国主义和残余军阀。

三　各种建设方式之批评

有人把乡村建设运动中比较和缓的一派，叫做改良主义派或资本主义派（我们属于这一派）。和改良主义派对抗的可以名为急进主义派或社会主义派。改良主义派的主张，想在现状下谋改良，并非像社会主义派那么急烈，以为非破坏现在的社会制度不足以谈改进。社会主义派的敌人是封建制度和帝国主义，改良主义派也并非赞成封建制度和帝国主义，不过他们所采的手段不像急进派那样断然而已。有一位名叫平心的写了下面一段话：

"一切乡村工作青年今后只能在下面的两条途径中选择一条。或者踏上民族解放战线，充当反帝反封建的战士；或者在改良主义守旧主义的麻醉之下，充当江湖庸医的助手。"

社会主义派根本上不承认有人口过剩和土地缺乏的事实，并且以为生产报酬渐减律简直是等于胡说，却坚信解决一切社会问题只有从改良社会制度着手，我们所主张的合作社和改良种籽，皆属无用。他们以为印度一切的乡村建设工作，须以独立成功的前提。这种主张虽有相当的理由，总不免因噎废食。他们还批评我们是无组织的，是消极的，而非积极的，是闭户造车不合实际的。改良主义有无成绩，虽不敢讲，却已做了多年的工作，其倡导之功，绝不可没，社会主义派现在还没有工作之表现，将来如何，尚难预卜。

四　乡村建设将来之出路

甲　乡村建设失败之原因

（一）农民缺乏自动的组织——过去乡村建设失败最大的原因，是没有注重农民之训练和组织。有人会问我定县的同学会，邹平的村学，镇平的自卫不都是组织的吗。是的！这些都是组织，不过是被动局部的组织，而不是自动全民的组织。（作者按——或许有人以为全民的组织包括土劣在内，毫无选择吗。当然不是这样。又或许有人以为敌人已经打在我们身上来了，还能用这样迂缓的方式吗。朋友们，挽救国难是治标的，充实国力是治本的。难道专拼命不吃饭就行了吗。自然个人的意见还有不周之处，仍希读者指正之。）在乡村各种组织中像我们这些人只可作为指导者，绝对不可以做工作的主角。进一步说，现在各乡实验区有许多不同性质的组织，如合作社，同学会，医院，妇女团体等等，我却嫌他们组织的机能太单纯，他们的工作只限于乡建的某一方面，而缺乏整齐条贯、灵活统一的条件。我个人主张一个乡村社会应该有一个农民自动的整个组织，由这个组织作为推动其他单纯组织的主体，如此可免已往各种组织重复与冲突之病。

申言之，现在各处的组织，是各个领袖下拥有一批民众，造成乡村工作人员，乡村领袖，和农民三方面之不合作。说一句公平的话，凡属我们改良主义派下之乡村建设，皆有这种弊病。欲谋挽救，首先应该由全农民自动地组织起来，在一个组织之下，可以分为若干小组织，教育的，保健的，经济的，自卫的，生产的，应有尽有。

（二）目标不定——以往乡建失败的第二个原因，是目标不定。从来没有想到这种工作将来是否要交给农民，工作者但抱本人的吃饭主义。例如乌江实验区最初是从事改良棉花，后来办了一个小学，到民国十七年间，小学关了门，该地农民很感觉到这种需要，便马上送钱来续办。如此的现象，确能教人满意，且足表示农民对于乡建已经感觉到切肤的关系，所以才自动的参加实验的工作。

乙　关于将来出路之各种主张

从前乡村建设是示范的性质，这时代已成过去了。但这些示范区，皆略有成绩。近年来政府当局对于乡村建设已渐渐地注意起来，自然也是一种收获。不过我们希望乡村建设不是由外烁内，和自上使下的，而是农人自动的全民的才好。在没有细谈我的主张之前，先看看当代各种的主张。

（一）乡村小学——有人主张以乡村小学为中心，此路确是不通，因为小学只能做发动者于一时，相当岁月以后，自然失其效能。何以呢？一个小学的人才很是有限，虽可胜任教育工作，其他工作，何能综揽。

（二）合作社——又有人以合作社为乡村建设的中心，此路不通岂待详辨。

（三）教会——另外有一派主张以教会为中心。江苏的淳化镇便是一个例子，但此法亦不易行，因为乡区民众信教者数目甚微，即以淳化镇教堂而论，教友约共四五十人，其居处离教堂又甚远，故在淳化镇“乡村社区”中教友很少，所以想由教会推进建设，究竟是事倍功半，我固然不敢讲是毫无效果的。

（四）政府——还有人迷信政治万能。我并不反对政府从事乡村建设工作，譬如说组织保甲，本系政府的地方政策之一，而非农民本身所能主持的。从乡村建设方面讲，政府只可以从旁帮助农民，农民应有自动的组织，如专靠政府，则鞭一下走一步，至终陷于不知不觉的境界，乡村建设成功的希望，恐怕就很微渺了。

丙 我们的主张——农会

总之，无论何家何派从事乡村建设，非从组织农民着手不可，我个人的信念绝对不赞成推翻现在的社会制度，却主张采用孙中山先生的和平方法，去改良社会。

我所提议的农民组织，任何名称都可以，只希望全国工作人员联合起来，组织一个机关为其枢纽，一面研究建设运动之连锁性，一面居中作干，竭力推动整个的运动，如此才有办法。这组织无妨名为“农会”。该会的目的，不外乎下面四个。

（1）发展农民经济。

（2）增加农业生产。

（3）增进农民知识。

（4）改善农民生活。

每一“乡村社区”设一农会，这组织是代表一般民众的，联合所有各地的农会，便可组织一个总会。

有了这个组织，方才可以谈到对付以往压迫农民的土劣。我主张对付土劣的方法，不是积极的，却是消极的，不是有为的，却是无为的。我深信人人皆有善根性，当其恶劣的行为无法施展时，就可算是一个良好的分子。例如乡村中的土劣来剥削农民时，我们可以正当法律的手续告发之。不等我们去打倒土劣，而土劣见了我们，即生忌惮，纵有伎俩，无法施展，这才算乡村建设真正的成功。所以农会须能自生自立，自辟乡建的新路。乌江现在已经做到了这一层，他们既可以同上海各银行借款，又可以同安徽省政府仓库管理委员会接洽办理仓库，我以为我们的农会，将来可以效行。其办法是请一些农业技术家，和合作指导家去办理各项事业，农民无形中可以学习，这也是一种极好的训练。乌江实验区最初人人都认为是金陵大学的，这是极大的错误，这阶段现在已经过去了，农民须认定乡村建设工作是自己的，乌江正在办农会，希望明年就交给农民自己去办，我们不过处于辅导的地位。

丁 发展生产以打倒帝国主义

乡村建设运动成功，直接足以消灭土劣于无形，间接的可打倒帝国主义。何以故呢？我们已认定打倒帝国主义，绝对不可靠糊标语，喊口号，只需沉默苦干，发展我们的生产，因为已往筋肉式的生产，和现代化的消费，相去太远，失其平衡，以致入超日增，农村破产，这只能怨自己不争气，不能怨外国，我们要抵抗他们，唯一的武器只要发展自己的生产，不用他们的货物，如果拼命地喊着打倒帝国主义，身上穿的反倒是洋布，口里吃的反倒是洋米，这无异于资盗以粮，怎能谈打倒敌人呢？如果先行打倒买外国货的心理，帝国主义便不打自倒了。

总之变中古式之生产方式为现代化之生产方式，举办农村合作银行，以济资本，改善交通运输以利销售，设工厂于内地，以减货物成本，创兴运销合作社以免奸商牟利，凡此种种，皆属乡建的要图，又皆以组织农会为基础，乡建同志们农友们，以为何如呢？

温江乡村建设之原则与组织[*]

一　乡村建设之重要

近年以来，我国乡村建设运动蓬勃怒发，风靡全国，朝野上下，佥以欲救亡图存，富国裕民，非致力乡村建设，不克奏功；良以吾华以农立国，国运之隆替，民族之盛衰，悉视乡村农民为转移，苟乡村破落，民生艰难，则整个国家即趋于危亡之途。昔吕和叔陆桴亭诸先辈所以倡导乡治，实行乡约者，盖有鉴于乡村建设之重要也。

际兹全面抗战，国运危殆之秋，乡村建设实施，尤有刻不容缓之势；盖现代战争之胜负，固决于武力之优劣，而人力、财力、物力之强弱，更关重要。乡村为我国之人力、财力、物力之主要泉源，若一旦告竭，则战事前途，不言而喻，今欲期此泉源，取之不尽，用之不竭，惟有锐意建设乡村，巩固抗战之营垒。此二十七年三月二十九日中国国民党召开临时全国代表大会颁布之“抗战建国纲领”，对于乡村建设所以三致意也。

二　乡村建设之原则

吾国乡村建设运动，迄今已有十余年之历史，惟以过去各方所采原则，未能尽切实际，故鲜特效。兹就管见所及，撮述乡村建设应循之原则，以供研讨。

---

* 原载《农林新报》1938 年第 15 卷第 28～29 期。

（一）乡村建设应促进农民自动组织

乡村建设事业，经纬万端，而其所取途径，类多借重外力，农民反处于被动之地位，以致一旦环境变迁，外力引退，其所进行之事业，俱告停顿。以往国内乡村建设事业呈此现象者，屡见不鲜。此诚我国乡村建设之绝大错误与损失，亦即我国乡村建设亟待解决之一重要问题也。

乡村建设以谋农民经济与社会之福利为目的，然农民笃于个人主义，而轻于社会观念，故任何乡村建设事业，均无由推行。今如能启发农民之自有力量，使之结合于一完善组织，由之自行推动一切乡村建设事业，则不特农民对于组织感有无限兴趣，愿予热烈之扶持，且际兹乡村建设人员极度缺乏之时，藉此亦足培育优良人才。此种农民自动组织在外力辅导之下，进行其一切事业，故其经济与人才能渐达独立之地位，即一旦外力引退，亦不致有中辍倾覆之虞。

（二）农民自动组织应以农会为核心

乡村建设事业应由农民自动组织为推动之核心，而此核心则以农会为最适宜。农会者，同一农村社会全民组织之团体也。凡此农村社会区域内之纯良农民，皆可依法加入农会，共谋经济与社会事业之改善。乡村建设事业以农会为推动之核心，其利有四。（1）农会为依农会法及农会施行法而组织之社团，以之推行一切乡村建设事业，自有其法律地位。（2）农会以农民自有自治自享为其组织原则，故不假重外力，仅于初创之时，聘富有农业知识与经验之人才，为之设计指导，而其普通会务，则遴选胜任农民负之。此不独足以训练并开发农民潜伏之天才，造就农村优秀之领袖，且可免以往乡村建设运动处于被动地位，所致“人存政举，人亡政息”之弊。（3）农会以农民大众为其组织之细胞，以改造其整个社会为对象，训导农民组织化，纪律化，合作化。农民深知与农会共休戚，因此关怀倍切，爱护有加。（4）往者，中央有农业技术与推广之机构，而农民无接受之组织，致上下脱节，难收实效。今若组织乡农会，以为农业推广之下级机构，一方面接受政府之委托与指导，并申答咨询；另一方面代表本地农民，就有关农业发展与改良之问题，建议中央及省县机关，请求实施。有此四利，故以农会为乡村建设之核心，至为切当。

三　温江乡村建设之动机

乡村社会为一有机之结构，而其建设事业又富具连锁性，故言乡村建设，必集中各项乡村建设事业于全民组织如农会者，统筹进行，始克有济。金陵大学农学院农业经济系曩曾于安徽和县乌江、香泉等处，实验以农会为乡村建设之推动中心，成绩斐然；不幸去岁七七变起，各该会相继沦陷，建设事功，遂告停顿。而该系自迁川后，因鉴于抗战时期，乡村建设之重要，急欲实验与推广乡村建设，几经磋商，乃择定温江为实验与推广之区。

温江位于川西，毗连省垣，赖都江堰之灌溉，土地肥沃，物产富饶，故有“金温江”之美誉。然其农村经济，枯竭不堪，尤以佃农所受地主之经济压迫为最惨烈，终岁勤劳，几不得一饱。复有所谓“大春”制度者，每逢大春，佃农例须以收稻之大部缴纳于地主，以致农民穷苦益甚，迫不得已，乃乞援于放债人，于是高利贷之毒焰遂盘踞农村，为害农民。重以农民思想散漫，缺乏组织，不独经济痛楚无由解脱，而社会事业更未能顾及。此温江乡村之所以急待从事建设也。

四　温江乡村建设之组织

乡村事业有连锁性，必同谋建设，始克有成，否则支离分赴，缺乏联系，其效必寡。温江乡村建设事业系以温江县乡村建设委员会为设计辅导之机关。该会设委员七人，以温江县政府、温江县党部、金陵大学农学院代表各一人，温江地方法团代表四人组织之。该会除设常务委员会及设计委员会外，复分设总务、生产、经济、教育、社会五组，分掌一切乡村建设事项。盖乡村事业既有连锁性，欲谋建设，则对于经济与社会各方面之需要，必同时适应始得整个解决。兹将该会之组织系统图列于后。

温江乡村建设委员会之主要任务有二：（1）倡导农会组织，以农会为推动一切乡村建设事业之中心；（2）集中当地之社会力量，促进其建设事业，并为推行本县乡村建设之调整机构。该委员会之事业，经设计委员会缜密设计后，即由下列五组负责切实办理。各组设主任干事一人，在总干事统率之下，负责进行各该组应办之事业。总干事得随时召集干事会，讨论一切重要问题。兹缕述各组之职掌如下。

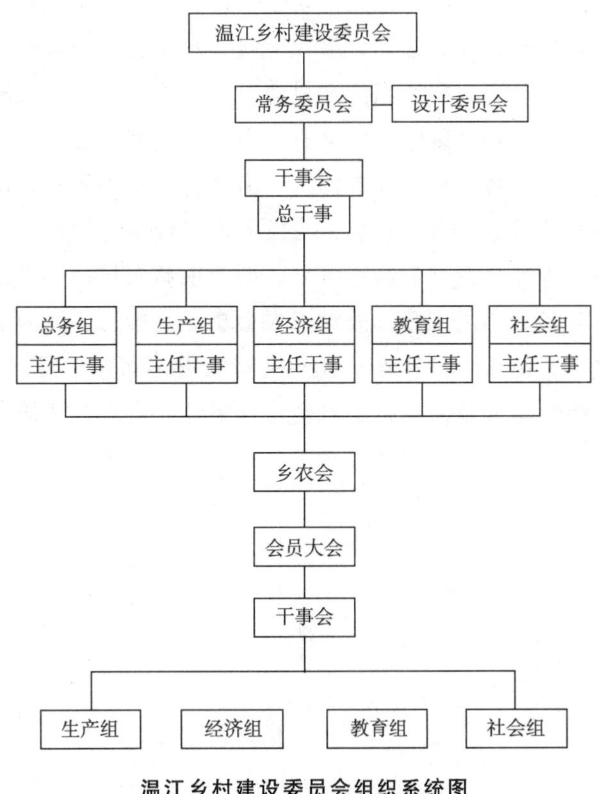

温江乡村建设委员会组织系统图

(1) 总务组——职掌文书、会计、调查、统计、编辑、交际、及庶务等事项。

(2) 生产组——职掌改良种子、种畜与种苗之推广，农业科学栽培方法之提倡，家庭副业之提倡，及示范农场之推行等事项。

(3) 经济组——职掌农村金融之调剂，农业合作社与农业仓库之倡导，及农家小本借贷之经营等事项。

(4) 教育组——职掌农村社会教育之发展，农业展览会与农事讲习会之举行等事项。

(5) 社会组——职掌农民组织之辅导，农民训练之实施，乡村青年之组织，乡村卫生之普及，乡村娱乐之提倡，及常识之宣传等事项。

上列五组以乡农会为工作之对象。乡农会依照民国二十七年九月十日，中央社会部修正之乡农会章程准则，设干事长副干事长各一人，处理会内一切事务，亦分设五组，办理会务。

事业之成功，固基于其组织原则之健全，而其工作实施，尤须有相当之联系。往者，各地乡村建设运动，事权分歧，故难收通力合作之效，而各自为政，尤不免架床叠屋之弊。温江乡村建设事业之推动，以谋取各方之联系为要义。其于农会事业，则组织农会事业委员会；其于合作事业，则组织合作事业委员会；敦请各关系方面参加，共力推行，俾不致有事倍功半之感。

温江县乡村建设委员会之目标，为发展农村经济，增进农民智识，改善农民生活，而图农业之发展。简略言之，即为求新农村社会之创现。该会以农会组织为达到其目标之工具，故对于农会事业之推动，尤力求调整。除农会组织辅导之责，由该会自任外，资金供给之责，则付诸温江县合作金库，而温江县合作指导室亦负协助推动该会合作事业之责。兹述该会推广农会组织之工作联系图如下。

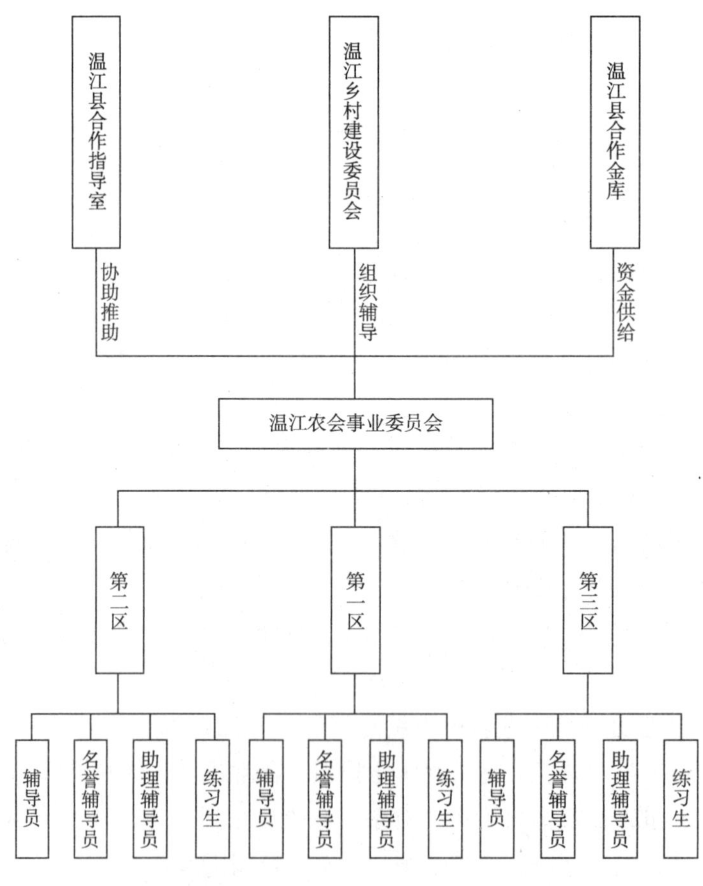

温江乡村建设委员会推广农会组织之工作联系图

温江乡村建设委员会为温江乡村建设事业之发动与辅导机关，代谋农民之一切权益。然欲达此目的，则必与当地政治、金融，及社会机关，取得适当之联系。上图即显示该会推广农会组织，与温江县合作金库及合作指导室保持相当之联系。其所以须与合作金库联系者，以其一部分事业之资金，有赖于金库之供给；其所以须与合作指导室联系者，以其关于合作方面之事业，必得指导室之指导与监督，而指导室以该会辅导合作组织，使得健全之发展，故对于其农会组织之推广，亦乐于协助。如此密切联系，既无倾轧之弊，并得合作之效。

该会对于农会组织之推广，审筹熟计，期获善果，并组织温江农会事业委员会、由温江县乡村建设委员会、温江县合作指导室、温江县合作金库，参加组织。农会推广范围，依温江行政组织，分为三区，每区设辅导员、名誉辅导员、助理辅导员、练习生若干人。辅导员遴选具有农业知识与经验者任之。名誉辅导员聘当地其他有关机关之职员，例如合作指导室之合作指导员任之。而其他有关机关事业之推行，亦可聘农会辅导员担任名誉职务，例如合作指导室得聘农会辅导员为名誉指导员。如此互相辅助，门户之成见，及农民之误会，庶得免除，而广集群力，见效自速。

农会另一重要之使命，即为造就当地人才。年来吾国政府锐意乡村建设，感于人才缺乏，训练不遗余力，然以乡村之广漠，仍不敷分配，且费巨资，耗时日，所训练之人才，是否适用，尚属问题。温江县乡村建设委员会选任当地优秀青年学子为助理指导员或练习生，随时加以训练，所费无多，而有下列诸优点：（1）以当地人服务，既无语言隔阂，而又熟悉当地情形，且易得农民之推诚相见。（2）他乡之客，每以种种关系，难于安心服务，甚有存五日京兆之心者，当地人则不然，故乡村建设事业不受人事变迁之影响。

温江乡村建设委员会推行农会组织，固谋妥善之联系，即推行或辅导其他组织，亦力求分工合作，协力迈进。例如该会辅导温江合作事业，则以该会任技术指导之责，温江县合作金库任资金供给之责，温江县合作指导室任登记监督之责；盖若由一政治金融或社会机关独负一切责任，则不免陷合作组织于不健全之境。兹述该会辅导合作事业之工作联系图如下。

五　温江乡村建设之展望

温江县乡村建设委员会之重要任务，固为辅导农民，组织乡农会，以之

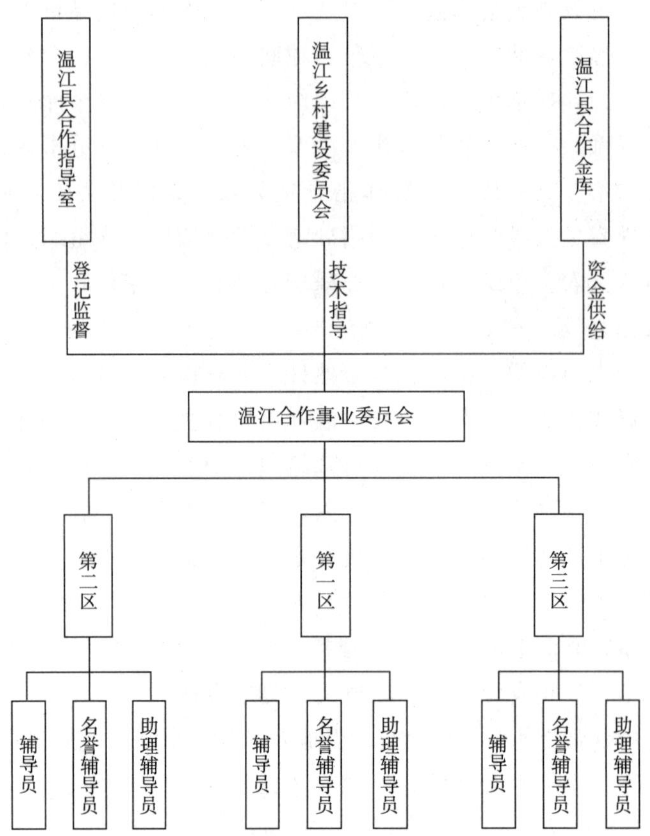

温江乡村建设委员会推行合作事业之工作联系图

为一乡村建设事业之中心，而其最终目的，乃企图于各乡农会组织发达，及其经济与人才俱足自立时，联合组织温江县农会，俾以其一切任务移交县农会接办。斯时温江县乡村建设委员会宣告解体，而以县农会为各乡农会之指导监督机关，且为中央与省农业推广机关沟通及调整之机体。诚能如是，则吾国农业推广，始能发挥极大之效果也。

乡村建设之事功，如仅由私人倡导，则人力财力咸受限制，故必辅以政治力量，以见速效。然所谓政治力量，非为高度之压力，如强制农民加入农会，或逼使农民实行农会规条，而为善意之扶持与促进。此次温江乡村建设委员会成立之迅速，乡农会组织之顺利，实以温江县政府、县党部，及地方法团赞助与扶持之力，最为宏伟；在贤明县治之下，温江乡村建设之前途，殊未可限量也。

六 结论

温江县乡村建设委员会以创立现代农村社会为其唯一之目标，而以农会为达到其目标之途径。然乡村建设事业，经纬万端，且具连锁性，故农会对于经济与社会方面之事业，必须兼筹并顾；盖欲期农村社会现代化，不仅在发展农村经济，更须改进农民之社会生活，吾国农民之社会生活，颇见合理，故今后亟宜注意普及农村社会教育，提倡农村卫生，及正当娱乐，培植民族意识与国家观念等事项。往者各地乡村建设运动之失败，不仅由于其所取途径，未能注意民之自力更生，且由于其工作进行，未能谋得妥善之调整。乡村建设事业应重视联系，庶能收分工合作之效，而免重复冲突之弊。此外，乡村建设事业应获政治与党务机关之善意扶持，始能推行尽利，而奏速效。

温江乡村建设，企图基于农民自力更生之原则，以达于农民自有自治自享之最终目的，而其工作进行，复采取分工合作办法，且能获政治方面之扶持与策动。然则温江乡村建设之成功，仅待倡导者之努力，与农民之忠诚。他日各地相继奉为楷模，则不特温江之荣，抑亦全国之幸也。

农会与农业推广[*]

一　农会在农业推广中之重要

什么是农会？最简单的解释，即是“农民的团体”。所谓农会之农民团体，其意义包含几方面：第一，是农民职业的组织，所有从事农业或与农业极密切关系的人，因共同的兴趣和需要而互相结合。第二，一个团体的成立须有一定目的，农会组织目的，最完备具体的为农会法第一条规定：“以发展农民经济，增进农民知识，改善农民生活，而图农业发达为宗旨”。第三，一个组织合法的存在，法律上须有其地位，农会组织系根据中央颁布之农会法而成立。第四，因为农会为职业团体，宗旨广泛，适应一般需要，故组织分子乃属大众的农民。

至于农会特性，综合研究，共有六点：一是职业的。因为全部是务农的农民结合。二是合法的。因为组织系根据中央正式颁布之农会法。三是全民的。所有纯良农民都可加入为会员，为战时最有效的动员农民机构。四是生活的。因为生活具有各方面的需要而且是互相关联。如经济，社会，生产，教育都在内。农会的事业正包括或综合这些方面，与各种特种目的之团体性质不同。五是自治的。组织的最终目的是希望将来逐渐成为农民自有自治自享的团体。在目前政府注意农民运动，积极准备推行宪政阶段，农会更是锻炼农民自治能力之熔炉，将来则是地方自治之基础。六是永久的。农会为全

---

* 原载《农业推广通讯》1939 年第 1 卷第 4 期。

体农民利益之所寄托，是永久存在的，绝不是临时过渡或成立有一定期限的组织。

从上面所讲农会的意义与特性看来，农会在农业推广中的重要已不难概见。但是详细研究其关系，更可从各方面明白看出：第一，农会与农业推广的目的相同。农会目的前节已加说明，农业推广的目的，也不过是以政府力量或外间机关有效的辅导农民达到这些目的。第二，农会为农民合理而适当之组织，农会成立则农业推广可以集中于一个对象，工作效率始可发挥，所以农会为农业推广最健全的下层机构。第三，农业推广的材料大致不外两方面，一是方法的，一是实物的，但接受的人如是散漫的农民，则手续上一定繁杂琐屑，程序上一定转折迟缓，有农会组织，农业推广始可消除此弊。第四，农业推广机关最终目的是辅导农民，培养潜力，训练农民领袖，渐趋自立，将来可以取而代之。农会与此理想正相适合。总之，农会与农业推广是不能分开的，农会如无农业推广，则空泛而无内容，农业推广如无农会，则工作失所凭借，成效无从发挥。因此农会在农业推广中的重要便建筑在两者密切的关系上。

二　中外农会历史之演变

我国农会组织之发轫，最早见于满清末季光绪廿二年，当时又称为“务农会”，殆为维新运动革命潮流之产物。所谓学士文人士大夫阶级，感于外力压迫，知守旧不足以图存，相率发动维新。最先倡导者为蒋黼罗振玉等人集合所成立，故名虽为务农会，实则组织份子并无农民参与。此后光绪卅四年复由农工商部奏请办理农会，依其章程，考其内容，所谓农会系由地方长官邀集士绅组织，由政府派总理主持，各省于省城设立务农总会，府厅州县酌设分会，县以下乡镇村落市集酌设分所，经费由地方善举款中酌拨及会员捐助。以后随时代演变，大致又可分为三个阶段：一为民国建立后之农会时代；二为革命北伐时期之农民协会时代；三为政府颁布农会法后推行农业推广之时代。民国以后农商部颁布农会规程，组织系统有市乡农会，县农会，省农会，全国农会联合会等，惟虽规定由农民自动组织，实际皆由官厅命令县政人员成立，徒有招牌，并无工作，及至末流，往往更为地方土豪劣绅操纵把持，转为便利私图压制农民工具，非惟无益于农民，抑且转成为害农民之凭藉。十三年国民党改组，积极领导农民运动，十四年成立广东全省农民协会，并制定全国农民协会章程，分乡区县省全国之系统，主要宗旨为解除农民压迫，改善生活，组织农民自卫军，保障自身利益。同时浙江萧山县衙前村以对抗地主发动改革运动亦有农民协会之提倡，颇获若干农民之同情与影响，惜领导无方，运用欠当，在组织上既为由上而下，出诸勉强；在活动上初未顾及农民之能力与自动性，遽成为政治斗争工具，以致失败。消沉达四五年之久，直到民国十九年政府颁布农会法，廿一年又颁布农会法施行细则，虽因种种关系，仍未健全正常发展，但毕竟注意农会的事业，领到农业推广的路上来。

研究我国农会的演变，我们可以得到几点初步的重要结论。第一，农会须建筑在大众农民基础上。务农会时代，倡议的人都是些状元翰林进士举人以及知县之流，章程规定虽有举办农业学堂，农事调查，从事生产，编译农书等项，但空洞而不能实行。民国以后农会时代，成了官僚封建恶势力的结合，内容腐败，失其本意。农民协会时代虽有农民参加，但份子混杂，虚浮盲从，勉强被动，为少数人把持，非由于农民自觉意识。十九年后本诸过去经验教训，力谋改进，但至抗战以前仍因未把农民看重，切实培养农民力量，故成效亦未大彰。第二，未认清农会之目的在改进整个农村生产与农民生活。换言之，亦即未曾重视农业推广，使农会与农业推广发生密切关系。因之指导人员多为不谙农事，农会无法推行切合农民需要的事业。

在另一方面，美国的农民组织亦可供我们借鉴。无疑的，美国工商业虽极发达，但仍不失其为一重要的农业国家。过去美国政府对于农民组织是相当忽视的，因为可以从组织的秘密性与复杂性看出来。譬如利农会（Grange）即是普遍秘密的组织，其动机在改善农民生活，保障自身利益，立于与政府对等地位，对政府施政牵制甚多。其余如农民联盟会（Farmers' Alliance）、励农团（The Ancient Order of Gleaners）、农民协会（Farmers' union）公平会（Equity）等，或系秘密组织，或系代表少数阶级，或含有特种性质，或为一商业团体，听其生灭，不获政府的领导，以后流弊亦随之而生。其要者，如，一、缺乏明确宗旨，以适应一定需要。二、缺乏足以代表一般农民及各种方式农场之会员。三、与其他有关农民组织不能合作。四、不能继续产生公正无私的领袖。直到欧战期中，政府鉴于流弊滋生，便提倡农会（Farm Bureau），给以法律上地位，辅导农民，适合全体农民之需要和兴趣，建立公开合理无阶级不偏颇的永久组织。使全部农民参加，直接同各州大学农学院及联邦政府农业部发生关系，推进农业，改良家庭同社会生活，以便丰满富足，并有适当的农事经营。因此，各种组织遂渐次消沉，农会乃普遍的发展。

研究美国农村组织历史演变，我们又可得到几点教训。第一是从复杂零碎到整个单纯。第二是从秘密性质到政府公开领导。第三是从少数农民到全部农民。第四从孤立到各州大学农学院密切联合，切实从事农业推广。这些宝贵的经验，实在是我们今后推行事业的指针。

三　农会组织之功能

农会组织的功能，最值得注意的为其具有几个特点。（1）是其适应性。可以适应时间空间，针对急切的需要。凡是一般会员所同感的困难，其遇的问题，都可用大众集体力量通过农会组织去求解决，求改进。（2）是它的广义性。经济方面，社会方面，教育方面，生产方面，卫生方面，都可以农会本身去积极推动，或辅导小的特种性质的组织，成为其总汇。如各种合作社，或作物改良会等去专门从事。（3）是其教育性。农会整个的活动都可以说含有教育作用，而且是一种最有效的社会教育方式。其性质不是空洞抽象的，而是具体的实际行为，且继续不断，逐渐发展。进一步的详细分析，现再就其经济的，文化的，政治的，三方面分述于下。

（一）经济功能

首先，最显明的一点，农会是政府从事经济建设推行生产政策的基本单位。一切发展农村经济，推行农业建设的计划，都可以通过农会来切实施行。举一个普通的例子，如战时增加粮食或棉花等生产，政府确定一个计划后，什么组织可以接受这个方案，推行这个方案呢？这便需要农会。其次，农会一方面固可接受政府的委托命令去执行政府计划；一方面本身亦可根据会员农民需要，开展经济业务。如辅导农民组织各种合作社，举办简易仓库，倡导各种农村手工业等副业，扩充会员原有生产事业等，凡此诸端，如农民团体自己举办，很容易发生效果。最后，根据各地推行经验，农会创立伊始，按照各地乡村环境，农民需要，事业开头亦应以经济生产为中心业务，以资发挥农会的经济效用。

（二）文化功能

前节我们谈农会组织功能的几个特点时已经特别提到他的教育性。的确，农会对于文化提高，实在有其重大影响。因为农会成立不仅可以充分推进社会教育，而且农会之组织、开会、经营事业等活动其本身即含有教育的作用。尝考今日农村一般文化情形，症结所在，一是普遍文盲，大多数农民都未获阅读文字的工具；二是常识缺乏，眼光短浅，没有国家观念，社会思想，对于政治漠不关心；三是生产墨守成法，不知利用科学技术；以致造成文化低落的现象。现在农会既可以普遍举办会员训练、民众夜校、农业补习学校以及经常开会等等方式，扫除文盲，从事识字教育，灌输各种技能，与夫抗战建国的知识，同时又可以推行业务，如改良生产方法，利用特约农家或示范农田以训练科学生产技术，都是促进农村文化对症下药的措施。

（三）政治功能

第一点，养成农民的组织能力，为农民参政最基本的素养。譬如随时可过群众集体生活，参加团体活动等。第二点，农会不啻是一个民主制度的缩影。如四权的运用、会员力量的发挥，都是中山先生民权初步遗教的有效实习。倘农会能够办理成功，处处皆可训练农民参政能力同精神，进而达到地方自治程度，当可胜任。第三点，农会是全民动员，组织分子包括农村各阶层，精诚团结，目标相同，其谋全体与大众的利益，正为符合全国巩固统一、一致对外之原则，抗战期中尤属特征。第四点，农会本身组织是地方自治的初规，也即是宪政的基础。农会健全，基础自能稳固，那么宪政才能有雄厚的力量。

此外，如就建设与安定后方支持抗战说，贡献当然也很多。如训练农民激发抗战热忱，对于兵役征训，壮丁补充，以及劳动服役等，直接间接可以促成其顺利推进。再如加紧生产，供给食粮，亦须赖农会发动农民会员去完成任务，且一定较外界机关容易发挥更伟大的力量。

四 推进农会组织之途径

今后农会究应采取怎样的途径来推动？在消极方面，避免过去种种失败，以免再蹈覆辙；积极方面，如何运用农会的力量，发挥组织的效能？在此拟就推进方式，人才训练，政府补助三点，贡献简单意见于后。

(一) 关于推进方式

最重要的问题为确定领导的机关。要希望农会普遍正常的进展，那么一定需要政府积极的领导，确定监督同促进农会的上级机关，并且须以统一单纯为原则。如登记监督方面自然应由党部和法令上规定的主管机关负责，但技术指导方面，似以农业推广机关负责为适当合理。因为如以农业推广机关指导与促进农会组织，实有下列几项优点。（1）农业推广机关工作人员皆曾受农业专门训练，且任事耐劳，熟悉农情，可以深入农村，促动农民自觉自立意识，以使组织健全。（2）农会既成为接受农业推广的下层机构，便可根据农民需要同政府经济生产建设政策或计划，切实从事，借以改善农民生活。（3）农业推广机关权操政府，既与农民密切接触，洞知农村问题，民间疾苦，当可针对实情，对症下药；指导人员亦可胜任；农会组织复不致有越轨情事发生。至于经费方面，原由政府筹划，无须增加农民负担。末了，全国农业推广具一贯系统，有全盘计划，能以统筹兼顾，更不致有复杂分歧种种的弊端。

目前全国农业推广机关现况。中央方面已由农产促进委员会总揽其责，除已全力促进全国农业推广业务外，并为齐一步调有所根据起见，前有“全国农业推广实施计划”之拟订，明定农会为推广基层组织，并经呈请行政院核准备案。各省方面多已有农业改进所组织，如四川陕西并特设农业推广委员会，广西特设农业督导室专负推广事宜。各县方面更普设农业推广所，四川成立已达 65 县，广西各县亦普设农业管理处，且特设立实验县 5 处，以为事业推进中心。所以就后方各省言，农业推广规模大致业有端绪，今后以农业推广机关负责技术指导农会之任，既无需另设机关，再增经费，仅需充实并加强现有农业推广机构，即可普遍迅速而有效的推动。

(二) 关于人才训练

人才缺乏，这是今日一般现象。但是要使各地农会切实推行，早日成立，首先要对人才训练方面加以妥善筹划。个人在本刊上期对于怎样培养农业推广人才，曾有详细之检讨，总括言之，约有几点。第一，各大学农学院农业专科农业职业学校应特别注意于此项人才的造就，充实设备，罗致师资，增加课程，改善教学，以资培养。教育部近已通令各大学农学院，列农业推广为必修学程，惟望切实推行，益求精进。第二，大学农学院专科职业学校固属洽本办法，但不足以供当前的急用，仍须由中央主管推广机关，审酌需要，分别训练各级人才。第三，国内曾受农业专门训练的技术人员，抗战以后，或则流落各地，报国无从，陷于失业苦痛；或则用非所学，有志难偿；应乘机尽量罗致，予以短期训练，分发任用。第四，各地从事民众运动动员工作与下级党部工作人员，亦宜予以普遍训练，藉使各种有关机关，均于农会组织有明确认识，指导技术有相当素养。训练方式皆须严格充分，而农会组织特别多予注意。这样，本标兼施，多方迈进，当可有大量适用人才足供分配，以解决干部恐慌。

（三）关于政府补助

农会正当创始时期，政府予以经济协助，补以经费，扶植发展，实是有效推行条件之一。但是补助效果要看补助方法或途径怎样来断定。在目前情况下，有数点实应注意。第一，补助必须切合实际需要，限于事业经营，发于真正农民要求，而确须政府扶掖的。否则随便虚耗，或徒为少数人作政治活动之用，流弊滋多。第二，乡农会是农会的最基础的组织，一切事业之创拓，首以乡农会为单位来经营，实效才可迳达到农民。因此补助对象应以乡农会为适当，除县市农会已经组织，实有基础且甚健全，而本身复经营切实事业者外，否则虽补助县市农会仍须以乡农会为对象。至于真正有效办法，最好授权各县农业推广机关，由乡农会据实请求，由农业推广所调查审核，签注意见为补助与否的根据。总使政府补助，农民真正能得其实益，组织确实能获其扶植为唯一之原则。

五　结论

最近政府社会对于农会组织甚为重视。国民参政会第四届会议通过李中襄等三十六人提议，请政府加紧组织县乡农会，俾利动员民众，增进农产，促进兵役，借以增强抗战力量，奠定自治基础一案。旋于十月三日行政院第434次会议复通过中央补助农会事业费办法。无疑的，这在农会组织之推动上，实在是一个很重要的动力。我们就农会的本质研究，农会是最完善的农民职业团体，为农民自有自治自享的组织，为最适当的农业推广下层机构。因此需与农业推广发生密切关系，从事农业推广来充实农会的内容。其次，检讨农会以往演变之历史，亦有几点重要经验：第一是农会须真正由农民为基础，培养农民本身之力量，才不致失败。第二，农会要有切实改进农村生产与农民生活的事业。换言之，也是要重视农业推广。第三，美国农村组织的历史递进，从复杂到单纯，从零碎到整个，从孤立秘密到与各州大学农学院密切联系，从事农业推广。凡此都是显示我们农会对于农业推广的重要。再次，农会组织的功能。在经济方面，首为政府从事经济建设生产政策的基本单位，为政府计划实地推动与执行者。同时农会亦可自动根据需要，辅导会员开展经济业务。在文化方面，不仅可充分举办社会教育，而农会本身的各项活动即含有广义持久而实际的教育训练。在政治方面，重要的为培养农民组织能力，团体生活，自治精神，为地方自治及正式参政之初阶。最后关于推进农会的途径，应责成农业推广机关负技术辅导之责，并须用各种方式训练大量人才，俾资推动。政府予以经费补助，亦属必要，但在目前县市农会或未组织或不健全的情况下，应以乡农会为补助对象，以实际经营事业为补助目标，务使农民会员能够真正受到政府的实惠。这样，农会组织，庶可展开，农村无限的潜力资以动员，农业推广的前途亦于此奠定坚实稳固的基础。

战时农民组织与农会*

一　战时农民组织之重要性

我国自对日抗战以来，将近二载，赖忠勇将士之奋斗，得予敌以重创，然现代战争之胜负非仅决于兵甲之犀利，财力之雄厚，士气之强盛，而民力之充实，尤为决战之要键。故今日之言战争者必需总动员全国民众，积极参加前方后方工作，乃可操胜算。我国向以农业立国，农民占国民绝大多数，故抗战之倚畀于农民者尤巨，举其荦荦大者，约有数端。

（一）增加农业生产

农业生产为长期战争之命脉，尤以食粮为然，欧战时曾有俗谚谓“食粮足者战必胜”（Food will win the war），盖食粮一旦告匮，则前方军心动摇，后方民众恐慌，蚩蚩者流，甚且因饥饿所驱，难免铤而走险，影响后方治安与抗战局面；他如棉花等特种作物，亦为民生之不可缺，而出口特产品如桐油、茶叶、牛羊皮、羊毛等换取外汇，亦可以增加抗战力量；农民直接从事于农业生产，其责任之重大可以想见。

（二）抗战军队之协助

前方将士凭血肉之躯，忠勇杀敌，其所经之地，民众自应尽力协助，招

* 原载《农业推广论文集》第一辑，1940。

待宿食，或遇前线调回后方之军队与受伤将士，亦应加以救护与给养。实际上每逢军队开抵战区，民众能了解抗战意义与国民责任自动协助者固不少，而一般区乡长与保甲长早先逃跑，人民逃避，一切散漫组织，即或有一二晓明大义有志协助抗战者亦感孤掌难鸣，以致军队宿食为艰，受伤士兵常有搁延数日，无人抬架至后方医治休养者。

（三）壮丁之抽调

推行役政为抗战中主要工作之一，过去抽丁，完全用行政机构办理，若遇区乡保甲人员不明事理，苛迫乡民，往往酿成事变。如利用农民自动之组织，向农村宣传开导，则行政与民众组织之机构，可以联系，推行役政，必较顺利。

（四）战区妇孺之救济

战区民众，时遭敌机轰炸，或不幸而沦陷，而不免于屠杀蹂躏，尤以妇孺为然，事先不预为计划如何逃避，以致临时仓皇失措，无所适从，流浪他乡，衣食无靠者，比比皆是，此亦由于农民缺乏有效组织所使然。

（五）游击队之活动

敌人屡以中央突破计划迂回战略，深入我内地，若能利用民众力量武装农民，普遍组织游击队，扰乱其后方，切断其联络，截夺其辎重，则必使敌艰于应付，疲于奔命，日久将趋崩溃。

除上述种种之外，他如抗日军人家属之优待，农村金融之流通，农村教育之推进，农产运销制度之改良，交通运输之调整，莫不与抗战发生密切之关系；然则如何而后可以策动农民，以从事于上述事项之实施，是则有赖于战时农民之推进矣。

二　推动农民组织应有之认识与目标

农民组织除于战时能协助抗战有绝大之贡献外，于平时且能肩负复兴农村之责任。过去我国农民之散漫，世所共知；近年来有识之士，鉴于农村破产之垂危，国本之动摇，莫不振袂共谋复兴之策，然因缺乏健全农民组织，致过去一切农业设施，仅有上级政府之指导组织，而不能直接达及于农民，结果每感妄费财力，无所成就。在农村一方面，即间有少数地方领袖，有志于改进，但因无组织，亦无从接受政府之指导，其结果政府与农民，不能连贯，一切利农政策均难收实际之效果。就事实而论，过去每举一新政，辄由上而下，自中央、而省，成立庞大之各级机关，广用人才，宽筹经费；自省县而下，则付阙如；故所谓一切设施者，农民皆未尝参与。此种现象，不啻一倒置之三角形，头重脚轻，势难稳立，故所费大而所得微，实非乡村建设之正轨。故今后应亟速奠立下层基础，使一般农民觉悟自身之危机，团结力量，健全自身组织，接受政府指导，自动复兴农村，是以政府或指导机关只需以少数农业学识经验丰富之专门人才，认清农村中各种解决之问题，指导农民组织团体，一方面由上而下，加以协助，一方面农民由下而上，自动进行，则所费微而收效宏，政府乃能以有限之财力与人力，挈领全国之乡村建设。

更有进者，农民于抗战期中，其负担綦重，在平时所纳田赋及其附加等税已占地方岁入之大宗，战时更有国难捐等捐款，既属国民固不容逃避其责任，惟应注意者农民之负担既重，而其农事生产反多因战事遭受损失，如改良品种之缺乏（运输不便），农产品运销之困难（尤以非生活必需之农产品为然），牲畜之枪杀，农具（如大车、铁铲、铁锹、镢头等）之被征用，树木之被砍伐，壮丁之被征调，在在足以影响农事之经营，而值此抗战时期，如何维持前后方之军民衣食以及如何增加出口农产品，以博取大量外汇，莫不有赖于农民。农民之农业既受损害，而其所负责任又如此艰巨，在政府则宜审度如何体恤其痛苦，力图救济，并使农民有申诉其痛苦之机会，故举凡代表民意之组织与集会，如国民代表大会、参政会等，皆应有能代表农民意见者参加其间。农民苟无组织，则代表无由产生，或组织而不健全，虽有代表亦非由民意产生，不能代表真正之民意，故为奠定民治之永久基础，亦应亟速推动农民之健全组织。

农民组织种类繁多，其性质歧异，兴趣分化，若求一能代表农民之共同利益，融合政治、社会、教育、经济建设为一体的组织则莫若农会，农会之宗旨广泛，农民普遍参加，系国家之合法团体，亦为农民之唯一代言机关，举凡农村中需要兴办之一切事业，农会莫不兼筹并顾；故以农会为推进乡村建设及战时工作之主动力量，实属最为适宜。

三　农会组织之回顾与前瞻

农会在我国已有相当历史，如历次国民代表大会对于农民组织莫不宣言提倡，惜乎发展过速，农民未尽了解组织用意，不明运用之法，致反为外人所操纵，用作政治上或他种争斗之工具；匪特不能为农民谋幸福，反使社会阶级分化，破坏社会秩序，于是一般人士对于农民组织发生疑虑，咸怀惧心，以为不但无补于农业之复兴，反以促成更大之破坏。但过去农民组织之失败，不能归咎于组织之本身，而在其策略之错误。自民国十九年十二月颁布农会法，二十一年一月颁布农会法施行细则以来，沉衰已久之农会组织又告突兴。政府为推行训政，乃促成下级党务人员，限期指导成立农会，数年以来，其数竟大有可观，而其实际加惠于农民者甚鲜，究其原因，约有下列诸端。

（一）组织系统仍采用由上而下高速方式，缺乏农民自觉意识与自主精神，故今后农会组织应由下而上，组织各级农会，不宜越级滥造，揠苗助长，无补实际。

（二）各地农会既常由类似强迫方式征求会员，其会务多操于地方土劣之手，往往藉故鱼肉乡民，以饱其私囊，甚有假团体名义，为献身门径，对于上级官署，奉承无所不至，今日通电颂扬德政，他日又宣言拥护，而农民则如在云雾中莫知其故也。

（三）农会既为土劣所劫持，本欲造福于农民者，今反成为剥削农民之工具；农民只有缴会费、纳捐款等义务，未能享受农会之利益。

（四）农会之指导主持者既为政治人员，及当地士绅，多不谙农事，故不知如何实际改良农业之办法，结果仅有农会之名而无农会之实。

（五）各地农会缺乏一经济自立计划，只赖政府等机关每月津贴数十元，职员薪工及办事费用外，已无所余，遑言其他建设工作。

（六）根据上述之情形，农会难有实际工作之表现，除承转党部与政府公文外，别无他项事业，其能切实推进合作组织、改善农事生产与农民生活者极为罕见。

农会之任务既若是重要，而其内容又如此腐败，未来之农民组织，势必谋所以革除过去之种种积弊；庶可以负起教国救民之重任。兹特摘述我国农会之组织原则于后。

（一）农会组织应激起农民自觉之需要　农会组织不应以政治上之力量推动，如由保甲长或区乡长等一手包办，而需用适当之农业人才，事先调查地方情形，向农民广为宣传，使了解农会之意义，庶不致盲从附和，任人愚弄。

（二）政府对于农会应加指导监督　农会虽以谋农民之福利为主，但与国家亦有戚戚相关之利害；是以政府应就农会本质纳之于正轨，而非完全操纵，使丧失其主权。例如目前之粮食管理与生产增加，丁壮训练，交通运输之协助等，政府皆可授意于农会办理，收效必大为捷便。

（三）战时农会组织应力求财力与人力之自给　欲农会之能持久，不可完全仰仗外力，必逐渐充实农民本身力量，以谋自立。值此抗战时期，国家税收锐减，军事费用浩繁，筹拨巨款推动农会，更属困难，故必于可能范围内力求其自给，根据过去金陵大学农学院在乌江等地实验之结果，证明农会若能切实办理农村各项经济建设事业，从其事业中得收入，经济自立，并非困难。

（四）农会应切实办理各项农村建设事业　农会于创立之初，若能稍得外间财力之协助，切实从事有利农民之事业，则一方面可得农民之拥戴，一方面亦可有补于国家之抗战。

四　战时农会推动之方法

战时农民组织既不能采平时之长期实验与推广方法，故必需普遍推动，迅速普及，一致动员，收效乃宏；然当此财政困难时期，若由中央而省而县，成立各级政府农会推动指导机关，用费既称浩繁，而其结果仍恐难免于头重脚轻之通病，只注意上层组织，而忽略下层机构，惟既不成立一贯之系统，则推行缓慢，且各地组织独立办理，不便统制，政府之政策亦难以迅速普遍推行于各地农会；故目前政府宜利用原有之各地政治学术及农业等机关，晓以农会组织之重要，并指示组织农会之详密步骤与办法，彼此联合协助农会之推进与指导，全国各省多有成立农业改进所者，即可担任全省之农会设计推动与督导事宜。至于各县，其已设有农业推广所等机关者，即可以之作为各县之农会推动机关，其无上项地方机关或其力量不足以推动全县之农民组织及辅导其各项事业者，则可由当地各机关及团体（如专员公署、县政府、学校、民众教育部、农事改良场、研究机关等。）联合成立一农村建设协进会，就参加各单位之性质，设立各专门委员会（如政治、经济、社会、军事等）分别推动并辅导农会之各项事业。此项办法，在政府无须成立独立机关，可以节省开支，在地方则可利用各机关及团体之余力，发展农会，时间上可各地一致发动，费用由当地机关筹拨少许即可敷用。此类推动机关，在战时固属应亟须而生产，协助抗战；他日战事平息，乃可作为农业推广之基础，使农会与农业推广组织形成联系关系，以利政府设施，而增加效能。

社会一般人士，常有昧于过去农会失败之原因，坚认农会不足以为改进农村社会之完善机构。要知过去之农会，或农民协会，实不能视为农民之自身组织，其不能发挥农会之功效亦所当然。今后吾人所提倡之农会，名义虽仍其旧，而其内容则全异，须由真正农村人民发动主持，故必具有下列三条件：（1）完全由真实之农民参加；（2）有确定之地域；（3）有实际之事业；然后农会乃可成为农村之具体组织而不流于空洞。

农会之事业包括农村整个改进事项，如农业生产、农村经济、农村教育、农村社会等类。而每类中又可分析为若干种。此点每引起社会人士之误会，以为农民智识简陋，何可期其办理如许事业。夫农会乃农村之总组织，其中因事业之需要，又可以促动若干分组织，如合作社、农业仓库，农业青年团、农事展览会等。农会对于各种事业只视需要而乘机推动，不必事事本身办理；惟藉农会之机构，整个农村得以集中力量，对内对外，应付方便，可以避免冲突与散漫之弊；且政府之动员及训练民众工作，俱可集中农会办理，以提高效能。

农会之成败系乎指导人才者至巨，故欲推行尽利，必先训练或罗致大量有志献身农村事业人才。其进行办法，可由后方各省调集各县已有之农业技术指导人员及征集失学失业或有志服务农村之青年，由农业推广机关施以相当训练，分发各地，协同地方组织推动农会，若过去由党政工作人员推动之农会，因农业知识之缺乏，至多能作政治之工作，而积极之农事建设，反不能辅导。目前豫西农会颇形活跃，对于抗战之协助甚大，惟尚不能免于上述之缺憾，未能尽农会之功效。四川温江等处正推动农会与乡村建设之联系，积极建树颇多，苟能广为推行，其有裨于抗战之力量，可期而待也。

现阶段农会之认识与推行*

一　过去农会之检讨

提起“农会”这个名称，在一般人的脑海中，便会浮起一种“烂熟”而又“渺茫”的印象。因为耳听得久了，所以烂熟。但究竟农会的内容和功用是什么，即虽是习农的人，多数也是不尽了然，所以对于农会的本质终究是渺茫。过去农会的误入歧途，致使一般人士留下了恶劣的印象，即虽今日，若是有人提倡以农会来作为复兴农村的机构，鲜有不遭人物议的。但农会果真是毫无足取的赘物吗？在未提出拥护农会的主张以前，让我们先将过去农会的种种情形加以检讨，然后再决定农会究竟有无反对或拥护的理由。

总括地说一句，过去所组织的农会，都是盗其名而无其实的空洞。严格讲起来，根本不能算是农会。一般人所指摘而反对的也就是这种冒牌的农会。

自有“农会”的名称以来，其变化可分为四阶段来说明其性质：（1）前清之农会或务农会时代，（2）民国后之农会时代，（3）北伐时之农民协会时代，（4）十九年以后之农会时代。

我国之有“农会”名称，最早见于光绪二十二年，那时又称做务农会，最先倡议的是蒋黼、罗振玉等人，集合同志成立农会，加入农会的人不外是些状元、翰林、进士、举人，以及知县等，都是士大夫阶级，由入会的人捐纳点会款，出版学报做些之乎者也不切实用的文章。这种最早的农会，既非

* 原载《新经济半月刊》1939 年第 1 卷第 12 期。

由农民所发动办理的，又不是切实改进农业的事，根本不能算作农民的组织。后来清廷对于这种组织也加以提倡，光绪三十四年由农工商部奏请办理农会，依其章程之内容，农会系由地方长官邀集士绅成立，由政府派总理主其事。各省于省城设立务农总会，府厅州县酌设分会，其余乡镇村落市集等处次第酌设分所，经费由地方善举款中酌拨及会员捐助，依章程规定办理的事虽有农业学堂、农事调查、生产提倡及保障农民、编译农书多项，但能实行的很少。

综观前清时代的农会，不外是政府官吏与文人学士的团体，至多只可算作农业研究的组织，与真正农民组织的农会，根本漠不相关。

民国以来，由农商部颁布农会规程，组织的系统有乡农会、县农会、省农会、全国农会联合会等。组织单位多依据行政区划。这时期农会，依章程规定是应由农民自动组织的，各地的农会虽然成立很多，但是一考察他们的内容，十九是由官厅命令县政人员成立，挂起农会招牌，毫无工作表现。地方如有恶劣士绅，常常操纵农会，压制乡民，假借名义，接近官宪，奉承上司，更强迫农民缴纳会款捐款等，以饱私囊。他如包揽诉讼，藉端敲诈，更为常见的事。像这种农会，非但丝毫不能造福农民，反为农民之害。所以第二时期的农会仍然归于失败。

在农会腐败声中，浙江萧山县衙前村发动了个改革的运动，提倡“农民协会”的组织，主旨在对抗地主，解放农民。曾引起若干农民的同情与影响。十三年国民党改组后，竭力领导农民运动，于民国十四年成立广东全省农民协会，全国农民协会章程亦于兹制定，其系统有乡、区、县、省、全国等农民协会。主要宗旨为。

（1）农民协会为解除压迫应为完全独立的团体。

（2）农民协会得组织农民自卫军以保障农民。

（3）农民协会之切要工作为解放农民压迫，如除暴安良，废除苛捐杂税，地主苛例，预征钱粮，高利剥削等。

这一期的农民协会，做的完全是农民运动的工作，其发动也是由中央农民部特派员等到各地鼓动，一手包办促成乡协会。在次序上是先有省农民协会，而后有下级协会，省协会的主持人完全非农民。乡绅土豪，深恐农民觉悟后自动组织，与以种种不利，故先利用党羽组成协会，以资垄断。后来协会为左倾分子利用，完全成为政治斗争的工具。这一期的农民协会虽然有许多帮助农民，反抗官绅，武力自卫痛快了人心，也有许多协助革命工作，但是协会组织不健全，掺杂土匪流氓，假名活动以危害农民者亦甚多，而且系统由上而下的组织，农民处于被动地位。又以协会只从事于政治工作及阶级斗争，亦不合农民组织的本旨。清党后的协会归各级党部管辖指导，纠正了过去协会独立妄为的缺陷，但是协会的工作，仍离不了政治的范围。

农民协会的失败，使农民组织消沉了四五年，民国十九年政府颁布农会法，二十一年颁布农会法施行细则以来，各地农会纷纷成立，政府为积极推行训政，乃促成下级党部，限期指导成立农会，故经数年之推动，其数竟大有可观。这一期的农会，仍然是采用上行下的方式，农民缺乏自动能力，工作不似协会时代之激进，而农事建设工作亦鲜有成就，他如土豪劣绅操纵之事仍然很多。

总括起来说，过去的农会所以如此失败的不外（1）参加的人非农村人民，或非本于农民自觉之意识，而为上行下之强迫组织。（2）未认清农会之目的在改进整个农村生产与农民生活，而以之作为政治工具，与农民运动混为一事，只做政治工作，不管建设事业。（3）少数人之把持。

再考究造成失败的基本原因，一方面是由于农会之缺乏制度可循。创议者只知引用外国名称，没有将农会的详细组织办法，农会应办的事业与办理的方法编为一套材料，供实施者参考。另一方面是由于指导人才的缺乏。协会时代的讲习所的毕业生，只能领导农民做政治工作，而农会的主要的积极的事业还是在农村建设，如改良生产，协助运销，调剂金融等，都是需要专门农业学识。指导农会的人既不谙农事，农会的工作自然也只得限于消极的政治工作了。有人以为农村合作社的积极成就比农会大得多，我们需要追究其中的道理。政府在中央及各省成立了若干合作行政、指导、金融机关，又先后训练了若干合作专门人才，合作组织的推进自然容易得多，而各地合作社因指导人员的优劣不齐，还是有许多办得不健全。农会怎样呢！从来就没有真正的办过农会指导人员训练班，政府将农会指导权归各级党部，在统制民运的意识上是需要的，但是党部人员的指导仍然是限于政治方面多，于是农会的积极农事建设工作，在此种环境下，只有被抹杀了。

二　农会的真面目

前节的检讨农会的过去，乃是欲澄清一般人士对于过去农会的状况及其致败之由。今后我们仍然主张提倡农会，名称虽仍其旧，实质大为改变，过去农会名不符其实，无怪受人责难。今后农会要纳入正轨，亦惟其纳入正轨，我们才敢于来再为提倡。所以过去伪装农会的失败，不足为今后真正农会提倡的反对理由。

我所提倡的农会，乃是农村中的全民组织，集中农村中各方面力量，推行各项农村建设。因此农会有三个不可少的条件（1）由真正农民组织，（2）由农民领袖管理，（3）办理切实的建设事业。可是农村中为什么一定需要这样的全民组织呢？

第一，如总理所说的，现代商人、工人等都有了组织的团结力量，惟独农人没有组织。农村中虽然成立了许多合作社、仓库等，但是他们只顾及一部分人的利益，惟有农会，有其法律上之地位，才足以代表农村全民的意志，以争取立法上、选举上等权利。

第二，农会与其他农村组织的关系，一般人多不了解，而误认为二者有架床叠屋之弊。以为有了合作社仓库等，农民的一切问题都可解决，不必再来组织农会。合作社仓库等，是农村中办理专门事业的组织。但农村中应改进的事项绝不止于这几项，也不一定每个人都加入了合作社，譬如男子加入了合作社，妇女儿童不能加入。而每个专门组织只顾到本身的利益，如合作社只替社员打算，有时还要剥削组织以外的利益，而各组织之间，各自为政，甚或彼此冲突斗争，有许多人提倡农村整个合作社，但有许多社会事业如教育、卫生等不是合作社所能包括的。合作社组织太多了，也找不出那么许多理监事去管理，农民也纳不出那么许多股金，农村散漫无组织固然是缺点，有组织而散漫无统制，仍然是无济于事。组织缺乏与组织紊乱的农村同样的有缺点。所以农村一定需要一个总组织，来集中各方面的力量，与观察各方面的需要，依次推动各种事业，并调整各种组织间的关系，以谋社会全体的福利。所以已经成立的各项组织，需要他来联系，没有办理的事业和组织，要待他来发动，对外则是地方总组织，代表全民的意志，农会便是应这需要而组织的。

第三，农会的事业范围极广，包括农业生产及农民生活各方面，这一点往往引起两层误解，一是农民的知识能力薄弱，那可希望农会办理这许多事业，二是农会既然什么事都办，一定趋向于垄断或把持农村的事业，譬如有许多地方合作社或仓库反对设立或隶属农会，以为这一来是把他们并吞了，丧失了独立性，合作指导人员也恐因此失去了他们的地位。关于第一点农会的事业，应当是包括各方面，但并不是立刻同时举办，须酌量缓急，次第举行，并且农会的办理各种事业是推动，而不是事事自办，如当地没有仓库由农会发动组织，成立后即由仓库负责人自行管理，其他事业亦然。所以农会与各种事业或组织，只有帮助他们的发动进展，决无垄断之意。

第四，城市职业复杂，人民智识较高，每种单独组织团体，就是无全民的组织也无关系，农村中十九是农民，智识较低，必须有一个单独全民组织来团结。

第五，过去以及现在政府的设施均依赖政治机构，每因与人民隔阂，而发生阻碍。如以推行役政说，县府或保甲人员措置失宜，往往引起纠纷，若有完善的民众组织，与政治机构联系，一切设施，由民众组织导喻人民，则必大为顺利，农民素称蒙昧，易起疑虑，过去农政之不能切实推行，胥由于缺乏民众组织，若合作社等只包括一部分农民，惟有农会方可普遍统筹。

第六，农业推广主旨在改造整个农村，过去农业推广只有上级组织，省县以下无下层民众机构，以致无法推广，今日农村中虽有合作社等组织，然若不设立一个总组织，则推广主管机关，仍须与各组织分别接洽，而有许多方面缺乏现成组织的便无法推广。农会乃是代表农村的接受推广的总机构，凡有应推广事项都经过他去支配办理。应有的新组织也由他去推动，这样农业推广的效能才可以提高，困难也可以减少了。

第七，农民从来缺乏组织训练，合作社等对社员选择标准綦严，而农会的限制较宽，加入有普遍性，若就农会会员施以初步训练，再加入其他专门组织，则各组织，必可更趋于健全。

三　农会推动的途径

农会既有如上述的功效，在今日的中国农村实有提倡的必要。但要使他避免过去的积弊，而达到吾人理想中之农会效果，必须认识下列几项原则。

1. 农会组织系统应由下而上，辅导力量由上及下，所以在程序上应先组织乡农会，而后联合为县农会、省农会、全国农会等。

2. 农会管理应根据民主制体，由农民自己发动，而成为自有、自治、自享的团体。

3. 下级农会组织单位应打破人为之政治区划，而以农民生活之集中趋势如赶集、烧香、就学等自然区域为范围，使农会事业得以实际加惠于参加之农民。

4. 农会应酌量需要，办理充分之事业，以维持农民信仰。

5. 农会组织，应训练本地人才，及从事业中谋收入，如放款利息盈余等，以谋人力与财力的自给，俾免事业中辍。

农会的推行，除了上述原则外，还有两个先决的条件。一般人士鉴于过去农会农民协会等之失败，对农会完全失去信仰，而对于真正农会的功用未尽认识，所以在今日提倡真正的农会，极易招致反对。在知识分子及农业工作人员中对于农会尚不能信仰，如何可以希望得到农民的信仰与实行，所以第一个先决的条件是阐明农会的本旨，使社会人士放弃对过去农会之恶劣印象而彻底认识其重要。

过去及现在农会是受党部指导，党部节制民运工作，纳之于正轨是不可缺少的，而党务人员对于农会政治训练以外所不能顾及的农事改良等建设工作，应另划给农业机关指导。最合理的办法，是以农会为农业推广下层机构，由各县农业推广所等机关之指导人员协助推进农会，以之作为推广手段，如此则农会方可期其办理农业及其他改进工作，而各级党部之参加管理，农会亦不致有越轨行为。

农会的组织推动，需要多数农会指导人员为之辅导。这种人员，一方面需富有农事学识经验，一方面需懂得民众组织的方法。过去农业推广人员只知从事于生产改良，不过问农民组织。将来农会的推行，需在大学农科添设组织课门，开办短期训练班，或调集现任农业推广人员加以农会组织的训练。训练的方式，讲授与实习并重，分派在农会办理完善的乡村中参加工作。并由农业推广等主管机关编制农会组织及农会事业辅导具体方案，以供指导人员的参考。如此农会的前途方不致再入歧途，农会的设施，可以惠及于农民。而政府的施政，农业推广的业务，亦可以推行而尽利了。

农业推广与农村组织*

从事农业推广工作，最感困难的是农村社会缺乏健全的组织，以致一切良好的计划、方法、及材料，农民皆无从接受；因之，在推进工作的时候，往往费多效少，事倍功半。

今后推广工作的进行，第一步必须致力于农村现有组织的改进，使能发挥应有的力量，成为农村工作推进的枢纽。推广人员能够善用组织力量，一方面要教育农民，使能负起大部分的推广责任，一方面应该认清各种农业实际问题，供应良好材料，介绍优美方法，指导农民改进农业，增加生产；如此推广人员从旁协助农民，指导农作，农民则自动的接受学习和改进，推广工作上下一贯，可以推行无阻。

健全的农村组织，必须具备两个条件：一是属于精神的——教育的条件，是提高组成分子的智慧和技能；一是属于物质的——经济的条件，供给活动所需的物质环境。两者配合，平衡协调，才是一个理想的组织。

中国农村组织，种类繁多，历史悠久者，亦复不少。例如属于经济者，有青苗会、钱会、社会、义仓等；属于政治者，有保甲组织及秘密结社之哥老会、红枪会等；属于文化教育性质者，有义学、私塾、小学等；关于迷信的组织，有各种神会等。以上所举，大部分是农民自动的组织，如与上述健全的农村组织条件相衡，则此等组织尚有待于改进充实。

新的农村组织，随时代潮流之进步，而日见发展，近二三十年来，各地乡村建设运动蜂起，民国十五年晏阳初氏于河北定县办平民教育实验区，至

* 原载《农业通讯》1947年第1卷第7期。

民国十八年，以整个定县为实验单位。山东乡村建设学院，在梁漱溟氏领导下，于民国二十年以邹平为实验县，从事村治实验；其余如中华职业教育社办理昆山徐公桥乡村改进区，金陵大学办理乌江实验区，江苏教育学院举办无锡高长岸与社桥两实验区，均著成效。抗战发生后，大规模的乡村建设运动，虽渐见消沉；惟各项实际工作，仍在积极推进，如全国各地成立之各级合作社及农产改良会等。惟此等组织各有其不同的任务和目的，对整个农村生活，不能作全盘改进的活动。我们从事农村工作者，要使农村各个不同的孤独组织，逐渐纳入于分工合作的统一组织之中，发挥更大的功能，这个总的组织，我们指望于战后蓬勃发展的全国各级农会。

综观今日之农村组织，可分为二大类，一为个别组织，即每一组织，办理一种事业，代表一部门农民的利益。换言之，亦是若干农民因感于举办某种事业需要，而单独成立之组织。如需要借款，组织合作社；需要卫生，成立保健会等。此种个别组织，目标纯一，参加分子，需要一致，力量集中，举办一种事业，易于收效；惟力量薄弱，仅能注意参加该组织的一部分农民的利益，如在同一地区，各种性质不同的组织自由发展，而上面缺少一个总的组织，以调节事权，分配作业，协进合作，难免在事业上，有若干重复牵制，对于整个社会不能发生多大裨益。所以今后农村组织，要打破组织分化的孤独现象，而注重于组织间的联络，乃有农村社区组织的产生。

其二为社区的组织，是协调各种单独组织的活动，成为综合而统一的机体，使各组织连锁排列，发挥最大的活动效能，美国农村社会学家何桑（H. B. Hawihoih）调查爱阿华（Iowa）农村社会时，曾就社会组织与组织分化二者加以比较，结果某地组织各个独立而无联系者，其每年的社会接触，仅有三万一千次，某地组织因有整个计划与联络，每年的社会接触，达九万一千次之多，接触愈多，受益的人数愈众，活动范围愈广，成效愈著。

中国的农村社区组织，前已言之，我们注目于农会组织，纳农村文化、经济、社会、政治等活动于农会组织之下，我们有下列理由：（一）农会是合法的农村组织；（二）农会是农村全民组织；（三）农会业务广泛，包括一切农村生活的活动在内，将现有的个别组织，稍予调整，即可收效；（四）农会有相当历史，不少优良的农会具有经济和文化的条件，适合健全和优良组织的要求；（五）我们有事实的根据，农会是合适的农村建设的组织：甲、台湾过去种植甘蔗，面积甚广，产量亦丰，战争期间，日人提倡粮食增产，废蔗田改种食粮作物，到战时结束之时，蔗田面积大减，复员接受以后，恢复蔗田面积之计划，因在日人时期农业协会（即农会）设立普遍，组织良好，短期间内动员民众，由政府予以资金之协助，恢复种蔗，成绩显著。乙、陕西推广美棉，较他省易于收效成绩优异者，亦因地方各级的农会组织健全，一切工作透过农会机构，推行全省，政府只需从旁奖励协助，由农会领导，即足以发动全面性的农民运动，从事建设。

农会推广工作，求其有效实施，首须注意农村组织的社区化，亦即健全全国农会，将农村各种孤独的组织，融合于一统的农会组织之中，彼此密切配合，以收事功，是则有待于今后吾人之研究与努力。

第四编

乡村社区与农民生活

《中国农村社会经济学》自序

吾国农村社会经济，迭经演变，迄今仍为国民经济之主体。故欲期明了吾国势现状，并社会之真相与根本问题，殆必自研究与认识中国农村社会问题开始。顾农业虽为吾国立国基础，然递嬗五千年，规模依旧，进步甚鲜。溯自19世纪中叶以后，欧美各国，社会进化，蒸蒸日上，工业发展，突飞猛进，吾则徒以闭关自守之故，仍逗留于村落社会经济时代，不足与言竞争；益以频年多事，内乱与外患相寻，水涝与旱魃迭至，寖使广漠农村，益形凋敝。一时忧时之士，感情势之严重，念民生之疾苦，或殚厥思虑，籍谋献替；或竭其力量，以求实际之裨补。近年来乡村建设运动，且蔚然兴起，热心人士，奔走呼号，期能复兴农村，拯救农民，并进而积极的促进农村永久之建设。惟以问题错综，现象复杂，议论丛集，方策甚多，其中自皆言之成理，各有所见，而求其却能洞明症结，切合时弊，的中肯綮者，尚不多见。盖吾国幅员辽阔，农情互殊，而全国各地农业内含之实况，迄无整个可靠的调查，经科学分析之资料，可资依据。如盲人摸象，以一部而误为全体，不免于“头痛医头脚痛医脚”之讥。著者根据各地实际调查资料之整理，与多年考察研究之所得，尝以为我国农村社会经济衰弱不振之原因，固属多端，而人口、土地与文化三者之失调，实为针血之所在。我国农民生活程度之低于一般水准，农村社会病态之层出无穷，盖莫不与此有关。故今后富国裕民之道，宜先使人口、土地与文化三者，得其调剂，相辅相成，合理发展，庶可彻底获得解决；而期所以致之者，则在治标方面，应谋求土地利用之改良，以增加农业生产，俾不致发生粮食问题；所谓“仓廪实而后知礼仪”，进一步即可谋教育之普及，卫生之讲求，与夫文化之发展。至于治本方面，余以为国家应确立一整个合理的人口政策。适应世界潮流，针对国情需要，谓宜迟婚节育，以期改良人口品质，并保持一适度的人口，俾不致发生人口过剩问题。此种工作，端绪纷繁，关系綦重，其进行也，固需仰恃于政府之倡导与执行，而以农民人数占全国人口最大成分，实尤赖于农民组织之健全推动，自力完成。故农民组织之促进，及农民训练之实施，亦中国农村社会经济改善演进过程之重要任务也。

本书为著者在金陵大学农学院执教斯课时之讲义，原稿内容，历年来迭加修正补充，以学说原理为经，以中国农村实际调查资料之研究分析为纬，纯以客观态度与科学方法，解剖中国农村社会及经济的结构，藉以揭明农村社会经济全盘的实况。所有图表数字，多经著者亲自考察，或专门调查。抗战以后之材料与数字较少，其可引用者，亦曾随时收集补入，务期其详确可靠，俾国内青年学子尤其从事农村工作者并一般读者对斯学理论有一明白概念，而对于整个中国农村社会经济问题之现状、症结与改进方案或解决之途径，能有正确深切的认识。抑本书立论中心，冀就个人观察研究之所得，彻底分析吾国农村土地、人口与文化之基础，进而论述组训农民提高农民生活程度之道，一得之愚，以供政府及社会人士建设新农村之参考张本。全书不尚空谈臆说，一切均以国内调查事实为根据，兼或搜罗国外资料，以为比较；惟书内各种引证材料，本拟详注，惜原文尚皆散佚于沦陷区，且脱稿仓促，所有编制体裁，皆未尽善，初不愿遽尔印行。间有见之者，以鉴于国内此类著作太少，际此朝野共谋农工配合发展及推行地方自治努力基层建设积极实施民生主义之时，此书所提供之论旨及资料，或不无参考之处，时以公开出版相属望；而蹉跎至今，衷心歉然。近来印刷困难，本书图表甚多，一一付印，成本过重，且复稽时，不得已重予删除，原图计有四十一图，今保留其四；表之取消者亦多，盖凡可以文字说明者，皆予略去。事实所限，亦无可如何之举。详细之补充修正，当俟再版；惟望高明贤达不吝指教，则幸甚矣。

本书列为金陵大学农学院农村社会学课程之一，蒋杰、沈经保、王友竹三君曾先后为余搜集整理资料，编写方面，蒋、王二君尽力尤多。付梓之前，复由朱晋卿、何锦明、李柏钧三君助余修改图表文字。特于此同致谢忱。

乔启明　民国三十三年元月序于渝都

农村社会与农村社会经济学*

中国为东方文明古国，开化最早，具有悠久炳耀的历史。古代巴比伦、埃及、印度、罗马等国，虽与中国同时开化，然迄今亡者亡，灭者灭，其能依然屹立于世界者，厥维吾中国而已。考中国历史所以能演绎五千余年而不衰者，决非幸致；必由于其社会结构具有特殊要素，足以延续其生命，光大其蕴含；因此中国今日各种社会问题的演变与发生，实为必然的结果。以故今日与其纷陈解决中国各种社会问题的方策，莫如先行研究各种社会问题产生的真相与背景，较为合理与切于事实也。

中国自古以农为本，系一典型的农业国家，就其社会进化史而论，渔猎虽为最早的时代，然其时已表现农业成分，例如人民采撷草木果实，以为生活资料。继此即为游牧时代，更进而入于原始农业时代。人民获得生活资料的各种方法，莫不属于农业活动。自此以后，迄于今日，农业仍为中国人民获得生活资料的一种基本方法，并为中国人民的一种主要职业。故吾人如欲彻底明了与解决中国社会问题，应自研究中国农村社会始。

美国农村社会学家息谟兹（N. L. Sims）尝谓：不论研究都市或农村社会，必须注意四点：一为人口基础（Vital element）；二为文化基础（Cultural element）；三为经济基础（Material element）；四为组织基础（Structural element）。此四者为社会成立的必要条件，而前三者互相配合的结果，可以决定人民生活程度的高低。本书以此观点，从事中国整个农村社会经济问题之研究，瞰视我国农村社会经济之全貌，爰就全书，总分为人口、土地

---

* 原文为《中国农村社会经济学》总论及第一章。

（经济）、文化、农民生活及组织五编论之。

农村社会的概念

本书研究的对象，为中国农村社会，亦可谓为中国整个的社会。兹欲研究有物，自须先正其名。今之一般学者对于农村社会的基本概念，每乏确切明晰的认识，以是其结果也，或则研究农村社会所搜集的资料不能完善正确，富有价值；或则所拟改善农村社会的政策与方案，未能见诸实用，良堪惋惜。因于本章之始，先述农村社会的概念。

农村社会一词，英文名 Rural community，以称农村社区较为确当。惟在英文方面，社会（Society）与社区（Community）二字涵义各殊。普通所谓社会，乃是一种比较抽象和概括的名称，系指人类社群（Social group）动作的现象而言。此种社群，不仅为人类的集合，更包括文化、经济及组织等基础。至于社区，则较具体实在。据海洛马斯（R. E. Hieronymus）的解释，是一个一定区域的人口，其居住较为密接，而其日常生活具有密切与共同的联络关系[1]。故社区者，社会也，而社会者，未必皆为社区也。社会不含地域观念，仅代表具有交互与共同关系与表现交互与共同行为的一群人，因是一国之中，此处人民可与彼处人民结成社会，即不同国籍的人民亦可结成社会。一人更可同时隶属于数个社会，但仅能属于一个社区；盖社区之特质，一在有共同的地理区域，二在有共同的生活活动。虽居住于某社区的人民，未必均为该社区的分子，但既为该社区的分子，即必须参加社区的共同生活。由此可知社区实含有永久性、自然性及地方性，而一般社会学家遂亦莫不承认社区为近代社会组织中基本的社会单位。

农村社会是普通社会的一方面或一部分，是以地理与生活上的特点而分别的一种农村社区。故农村社区与农村社会实二而一者。关于农村社会的意义，据柏耳（W. Burr）的解释，乃是农业区域中的人群，其区域的大小与单位，适足使其居民在团体活动中充分合作[2]。佛格特（P. L. Vogt）谓农村社会是人民的集体，其地方事业大多有一个共同的中心点[3]。息谟兹（N. L. Sims）谓农村社会是由许多毗连而居，且有共同事件的农家所构成——其构成的必要事件为目的、信仰、欲望、知识——一个共同的了解，及社会学家所称的同心[4]。美国康奈尔大学散得孙教授（D. Sanderson）谓农村社会的意义，是指同一地区内居民的社会交感关系及其各种社会组织制度而言；在此地区中，居民或散居田场，或集居村镇，而以其村镇为其共同活动的中心[5]。由此可知农村社会的重要元素，即为一个共同的中心点。但此点并非恰为地理上的中心，乃是农村社会生活旨趣的一个焦点，亦即贾尔宾教授（C. J. Galpin）区划农村社会所谓的事业中心。

农村社会学的兴起

任何事物的研究，其能成为科学或有系统的论著者，推其原始，必与当时的社会运动或某种新兴思潮有相当关系。农村社会学亦非例外；盖此一科学，即因本时代的需要与认识而产生者。缘自 18 世纪中叶革命以后，社会状态锐变，劳动者终岁勤苦而仍不免于冻馁，资本家日事闲逸而饱暖有余，贫富悬殊，劳资争斗日烈。一般社会学者目睹劳动阶级此种惨况，于是纷起研究社会问题，因而逐渐形成社会学。惟以往学者研究社会仅注意城市社会，而于农村社会问题，农村兴替与城市社会及工商业发展的关系，则多所疏忽。岁月推移，农村社会的地位愈益显示其重要。盖工商发达，都市勃起，农村人口投奔都市，其影响于农村者甚夥，工业制造有持于原料之丰足供给，农村为出产原料的渊薮，故必农村日臻于繁荣，原料供给始可无虞缺乏。农村不惟供给工业原料，最要者，为国家的食粮。食粮与人口二者如能常保均衡，则社会安宁，幸福增进。培养农村生产能力，以求食粮之丰足，自为社会中的重要问题。又社会愈进化，分工亦愈著，昔日农村自给的状态早为陈迹。农产品商品化的结果，使农民舍耕耘而外，更须与闻商业。农产运销最初仅为经济性质，近已影响及于各种农村社会问题。他若农村本身方面，教育水准低下，医药卫生缺乏，生活状况困苦等等，均非健全社会所应有之现象，有待于改进及指导者正多。一般学者有鉴及此，遂亦对于各种农村社会问题多所研究与倡导，日进月迈，农村社会学（Rural Sociology）卒致异军突起，成为现代新兴的一种社会科学。此种新的科学研究，乃为吾人社会目光扩大之表现，从而认识人类社会在现代世界中系一整体也。且欲明了农村社会问题，初不仅为农村本身，亦可为分析城市社会问题之依据。

农村社会学的定义，因学者观点不同，其说甚不一致。佛格特教授（P. L. Vogt）谓农村社会学是研究农村生活的势力与状况，以为发展与保持科学上有效能的农村文化建设工作的基础[6]。何佛（C. R. Hoffer）谓农村社会学是从农村人民自己的幸福及其影响于国家的立场，研究农村人民社会状况的科学[7]。霍桑（H. B. Hawthorn）以为农村社会学是研究农村社会化（Socialization）的科学，其范围应限制于社会化问题的社会学的分析[8]。吉勒特（J. M. Gillette）则谓农村社会学是社会学的支派，探讨农村社会的起源与发展、组织并解释农村社会的事实，以及陈述改进农村生活的标准与方法[9]。综观各家见解，可知农村社会学是研究农村社会问题的一种应用科学，以社会目光，观察及解释农村人口、经济、文化与组织等复杂现象；就其所得结果，以供指示农村社会活动的正当方向。

农村社会学是一种应用的科学，但与农村社会改造（Rural social reform）则有重要区别。农村社会改造有一定的改进方案，且此方案又恒经立法程序而确立者。在社会改造运动中，农村社会学为用以制订方案的各种科学之一，至多亦不过为一主要部分。但农村社会学的目的，则在解释农村的事实；然后根据事实，应用或启发社会学上的原理，用抽象方法，以帮助人民认识农村生活的情形与趋势。至于应用此等事实与原理于一定的方案之中，则属于社会改造的范围[10]。

农村社会经济学的范围

人类莫不有欲望，又莫不欲满足其欲望，更莫不求其满足欲望方法的经济而有效。近世经济学即系研究人类如何取得与使用货物及劳力，以满足其欲望的一种学问。自 1776 年亚丹斯密斯（Adam Smith）所著《国富》（*An Inquiry into the Nature and Causes on the Wealth of Nations*）及 1817 年李嘉图（David Ricardo）所著《政治经济与捐税原则》（*Principles of Political Economy and Taxation*）问世后，经济学遂成为一种主要的科学，故有人解释经济学是“一种研讨人类获取生活的行为的科学”。现代经济学者如达丸波（H. G. Davenport）则释为“由价格方面以研究社会现象的科学”[11]。著者以为经济学是研究人类生产、获得，与使用货物及劳务的各种共同行为的科学。盖以人类经济的生产与获得，恒非一人之力所及，必集合多人之力，始克有济。而社会状况与经济情形又每互为因果，故吾人亦可谓经济学即为社会经济学。

农村社会经济学的主要任务，在研究农村社会内的经济因素，但以非经济的因素，如农村宗教、娱乐、教育等，皆能直接或间接影响农村人口的经济行为，亦在研究之列。因此农村社会经济学，得解释为研究农村社会内农村人口经济及非经济的共同行为的科学。其范围应包括人口、土地、文化、农民生活及农村组织五项。盖以农村社会的成立，具有三大基础，缺一不可。第一为人口。有人口始有农村社会。人口为农村社会的组织成员，并为文化与财富之生产者。然若仅有人口而无土地，则人口即根本无处生存。土地是直接间接助成各种生物滋长的恩物，人类衣食住行的一切需要，莫不仰赖其源源供给。是以土地乃为最重要的经济生产要素，与人类经济及生存的关系至密。研究农村社会的土地基础，实则即为研究农村社会的经济基础。惟农村社会如仅有人口与土地，而无文化，则社会停滞，仍不能期其进步。盖以文化不独能改良人口品质，且能增加土地生产，更为提高生活程度之工具。文化程度复可判定农村人口的优劣，土地生产的多寡，以及生活程度的高低。所以文化亦为农村社会重要的基础。亦属本书研究之主要范围。

人口与土地两种基础，属于自然力量，而文化则属于人为力量；农村社会有人口、土地及文化三者，即有社会生活，农村社会经济学即所以研究农村社会的人口、土地及文化。简言之，即是研究农村社会的生活。普通（1）社会生活程度的高低，视（2）人口数量的多寡，（3）土地面积的大小，及（4）文化程度的优劣而定。此为人类幸福的四大要素，其关系极为密切，且互为因果。兹以圆圈代表社会，四部分代表四大要素（见第一图），圆圈下两部分为人类物质的来源，其上两部分为使用物质来源的社会。一切物质财富的来源为土地，而人类借文化利用之，以满足其欲望，并保持人口及生活程度。某种文化时期的土地面积愈大，或某种土地面积下的文化程度愈高，其维持人口及生活程度的方法亦愈多。凡具备大量土地及高等文化程度的社会，则其人民必可多得幸福之生活，理固然也。

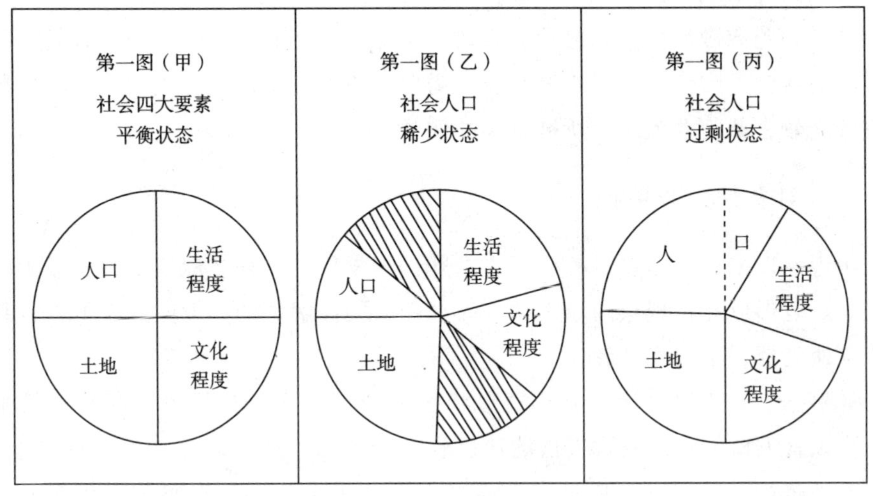

第一图

欲期社会生活程度优越，必使其他三种要素得有适宜的分配（见第一图甲）。若社会人口稀少，如第一图乙，则生活不能提至最高程度，因此种社会虽有适足的土地，但以人口稀少，劳力缺乏，财富不能开辟，文化无人创造，生活程度自属低微。其解决办法则为增加人口，发展文化，以提高生活程度。然若社会人口增加不已，而文化程度不与其同时得相应的进步，结果人口与土地分配失调，形成人口过剩，生活程度降低的现象（见第一图丙）。故必须增加土地面积，改进文化程度，或根本减少人口以补救之。由此可知农民生活程度实为人口、土地及文化三要素变迁作用所形成的现象，故学者必须加以缜密研究，以明了我国农村社会目下的生活程度能否满足农民的欲望，与夫生活程度低落的原因，以及提高之方法。

任何社会的生活程度，如不能满足其人民的欲望，则人民势必组织各种团体，以谋应付改进之策，古来人类社会的各种组织，无非为满足其生活的工具，社会的存在，端赖社会行为。所谓社会组织，即是人与人间所发生的共同行为关系的全体。社会有组织，不仅能做个人不能做之事，且能使做事更有秩序，更为可靠，而人类知识文化的承受与传播，思想文物的进步、促进与改良，尤有赖于社会组织。其重要性不言而喻矣。

农村社会，系国家的基本机构。其组织之健弱盛衰，直接影响于国家者甚巨。我国农民自古缺少强有力的组织，只知“日出而作，日入而息”“凿井而饮，耕田而食”，在农业经营上，及心理反应与精神作用上，俱无相当联络。因此缺乏共同意识与共同行为，乃至形成静止的农村社会。我国农民精神既如此散漫涣散，农村社会衰败自不能免。然我国农民组织的背景，与现状如何，优劣何在，能否满足农民需要，以及应采用何种组织，克收发扬改造之效，此为吾人最后所欲研究的问题。

中国农村社会现状

近年以来，中国农村社会，迭经外铄内发种种因素之摧残，几已濒于破产。虽以形成此种现象的原因，言人人殊，因此解决的方策亦分歧不一，甚有空谈失据，不切肯綮者。

根据上节所述，社会发生畸形状态的原因，系由于其组织要素失其平衡。以言人口，我国农村人口渐达过剩的阶段。目前国家一切严重的社会、政治、经济等问题，人口过剩，亦多直接之关系。长此推演，允宜着眼久远，注意品质，对于人口增殖，酌采限制政策，一般提倡国粹主义或民族主义者，或以为我国人口的自然增加率较欧美各国为低，故主张追踪日本、意大利、德意志诸国，奖励生育，提高生育率，以增加人口。余以为此种意见，尚值考虑。因我国与日意德之国情，固不相同，而果合理的采行人口限制政策，非特不致减少人口，反能增多并增强人口之质量。

以言土地。我国虽称地大物博，然近年经地质学者的研究，始知地虽大而多不适于利用。所谓开发西北或西南者，其希望并不如理想之高。本部各省土地的耕种早趋集约，虽下边际土地（Sub-marginal land）亦经利用。今后利用科学，改良生产技术，或调整土地利用，固能增加生产，然人口增加若不予以有效的限制，仍难解决人口与食粮问题。盖人口的繁衍无限，而土地的生产有穷，是以欲期国富民裕，一方面亟宜追踪欧美各国利用科学，努力于农业技术的改良，以增加粮食产量；另一方面，更宜实行迟婚节育，以降低生育率及死亡率，使我国得一适度的人口（Optimum population）。

以言文化。我国开化极早，有五千年的文化史。惟以人民习性保守，较缺进取心理，其文化创造力潜伏于内，无由发挥。故自海通以来，我国固有文化的弱点与欧美各国相较衡，寝见暴露无遗，农业文化益呈相形见绌之象。夫文化为人类解决其生活问题之方法，欲改善农民生活，自必先从促进农村文化着手。然今日我国大多数农民挣扎在饥饿线下，安有余力提倡文化，或接收新文化。故企图以文化解决农村问题者，短期内尚不易达其目的。是则今日我国问题的症结，人口过剩为主，而文化落后其次焉矣。

以言生活程度。我国农民生活程度低落，已系公认的事实。健康安适的生活，固难期其享受，即最低限度的生活，亦每苦不足维持。多数农民终日辛劳，所求者厥为维持其生命，更有维持生命的费用不能自给，犹须负债者，其生活之穷苦，概可想见。今后提高我国生活程度之道，固在增加土地，或促进文化，而人口问题之首获解决，尤为重要。盖人口数量果能适度，土地与文化并为增进，则生活程度自能日趋于提高。

以言农村组织。我国向被外人视为无组织的国家。农民受数千年传统习惯的影响，但知过度其超然的生活，抱着“凿井而饮，耕田而食，帝力何有于我哉”的一种安分守己态度。致使农村社会宛若散沙，缺乏团结紧张之黏性。纵有一二农村组织，亦每多不能保持社会力量，发展农民人格，连锁农民关系。至于组织之不健全，其不切合农民需要者，更所常见。农村组织应为满足农民需要而组织，更应为农民所有，所治及所享之组织。现况相衡，尚鲜有能臻此标准者。

由此以观，我国农村社会的现状，组织失调，病态丛生。推原其故，固非一端，诚如息谟兹所谓农村社会问题非一个单纯的问题，其中含有许多复杂的问题。然研究或解决农村问题者，必穷其源，而治其本。今日我国农村社会问题的本原为人口过剩。苟此人口过剩的核心问题，得其解决，则其他一切问题不难迎刃而解。本书的中心思想，即在由各方面分析研究我国农村人口之本质及其问题，并进求所以解决之道。

注释

1. R. E. Hieronymus, *Balancing Country Life*, p. 60.
2. W. Burr, *Rural Organization*, p. 2.
3. P. L. Vogt, *Church Co-operation in Community Life*, p. 14.
4. N. L. Sims, *Rural Community*, p. 150.
5. D. Sanderson, *The Rural Community*, p. 481.
6. P. L. Vogt, *Introduction to Rural Sociology*, p. 15.
7. C. R. Hoffer, *Introduction to Rural Sociology*, p. 8.
8. H. B. Hawthorn, *The Sociology on Rural Life*, pp. 6 – 7.
9. J. M. Gillette, *Rural Sociology*, p. 6.
10. C. R. Hoffer, *Introduction to Rural Sociology*, p. 10.
11. H. G. Davenport, *The Economics of Enterprise*, pp. 24 – 26.

乡村社会区划的方法*

一　绪言

太古的时候，人民生活简单，渔猎游牧，迁居无定。以后生齿日繁，渔猎游牧等事，不足维持生计，农艺的事业，从此渐兴。土著不徙的观念，相继而起。因家族血统的关系，集合群居，形成村落。因人民接触的渐多，智识陶冶，始有进步。其后渐知个人生活不能独立，团体互助的动机，亦渐次发动。如黄帝时的“日中为市”，虞舜时的“封土为社，使民知礼”等，都是人民团结互助的证据。也可说是我中华民族能存在到现今的原因。其社会的文化，风俗，礼教，典章，都由此演进而生。到了现在，人群事业的进化，范围扩大；市廛的交易，社神的祭祀，亦异乎往昔。吾人现今若欲窥察一个乡村社会的真相，作为将来改良人群事业的根据，我们不得不寻出来一个乡村社会到底是什么？他的范围有多大？其中的居民，在共同生活事业上，有什么互相的关系？美国康奈尔大学乡村社会学教授施特生（Dwight Sanderson）说：“乡村社会的意义，是指一处的居民，居住在一个农业面积上，他们的各种共同生活和事业，都聚集到一个中心点上去合作。”虽然我国乡村社会，与美国不同，但是他的意义方法，倒可以作为区划我国乡村社会的借镜，藉以考察乡村社会共同生活及事业的内容。惟各种共同生活和事业，都是关于经济、宗教、教育、交际，和政治这几种事业。区划的根据，

* 原载金陵大学农林科《农林丛刊》第44号，1928年5月刊印。

也应按这几个项目分类出来。

二 区划乡村社会的方法

若能按照社会共同生活的事业，以区划乡村社会，并不十分复杂。未划分以前，我们先选定一个区划的中心点。惟这中心点，应用什么做标准，是我们首先应当注重的一事。在前边曾说过，我国人民最初的交际，就是市廛交易。到了现在，虽然与古代不同，但是乡间人民最多的互相接触，还要算是市场的交易。市镇上的商人，常有一句话，就是“万商云集”，这个意思，就是说希望四方作买卖的人，如密云一般，都聚集到一个市镇上来。似乎市镇是人民所离不开的一样。所以我们要划分乡村社会，大都用市镇作起点，因为市镇包括的范围大，面积广，可说是居民共同生活和事业的一大代表呢。

乡村社会中心点既然定了，划分乡村社会的人，必须先到这个市镇上，与那熟习当地情形的绅董、商人、教员及农民接洽，开个讨论会，说明划分乡村社会的宗旨，与进行的方法，使大家互相讨论市镇与周围居民的关系。并可以询问这个市镇周围有多少村庄，来这里买卖东西物件。随时将大家所报告的村庄，按距离方向，简要的划分在一个稿子上。划的时候，需得大家的同意，以真确可靠为标准。划分的范围大小，四周须达到最远的村庄边界为止。出了这个边界以外的村庄，他们都不来这个市镇上买卖东西。然后将这些村庄，用一种界线圈围起来。这就是代表市镇周围的居民，对于市镇发生共同生活交易的影响范围。但是我们知道普通靠近边界的村庄，其居民往往有时到两个市镇上买卖东西。因为他们两边距离差不多一样远的缘故。凡去两个市镇卖买东西的村庄，我们也用同样的界线，向他一集镇划分起来，这些村庄，可以说是位置在中立的地位。

以上既把商业共同生活划分清楚，我们可以再问市镇上，有否关于宗教、教育，及交际的各种共同事业，与周围村庄的居民发生关系？若有，亦可照样把他周围的范围划分出来。例如学校，偶像崇拜，及各种团体的生活影响，都能按画图方法，代表在地图上。虽然，现在我们从大众的意思，将市镇上所有的各种事业，与乡间的居民关系划分出来，但是我们也不能认为十分满足可靠。因为少数人的意见，总不免有遗落与错误的地方。最要紧的一件事，就是划分的人，须将各村一一问过才好。问的时候，无非是说你们平常在什么镇上买卖东西？在什么地方敬神？儿童在什么地方读书？人民还有些什么组织、结社，或事业？问过以后，将他们所答的述载下来，以作参考、校正。错误的地方或可免除。

除以上市镇与乡村事业有直接关系外，其余如宗教、教育、交际的各种共同生活，范围大半很小。或者只限于一个村庄的附近，与市镇并无什么关系。只用市镇上所询问讨论的结果，不能代表出来。因为市镇附近的几位绅、商、学、农，也未必知道与市镇上无关系的各种共同生活情形。所以划分乡村社会的人，亦必须将每一个村子都去问过，看他们还有些什么团体共同的生活，例如“社庙”“私塾”“祠堂”及他各种的团体组织，都可以代表在乡村社会图上。这种乡村社会的图，不拘定要寻出几个村庄共同生活的范围。就是在一个村庄里有一个合村的庙宇，同族的祠堂，都要把他划分出来，作为乡村生活的考证比较。譬如乡村私塾，若是一个村庄办的，我们也可以把他划在这一个村庄的旁边。若是几个村的，也可以将他用线圈起范围来。用这种方法区划出来，真可代表一个完全乡村社会的情形。

三　区划尧化门乡村社会的实例

尧化门是南京附近的一个市镇，距太平门不过十八里路。沿着沪宁路线，有尧化门车站一。由区划的估计，这个乡村社会的面积，约有百八九十方里，人口有八千左右。居民职业多农。除树艺五谷外，养蚕为家庭副产的大宗。每年春季，大家小户，养蚕者十居其九。

尧化门乡村社会人民的共同生活事业，可分为经济、宗教、教育、交际与政治五种。虽然他们各种共同生活事业影响的范围不同，但是他们实在是同在一种共同团体生活下边，不是单独的，是有团体的。经济的事业，是指商业；宗教的事业，是指庙宇偶像崇拜；教育的事业，是指学校与私塾；交际的事业，是指自动的结社。以上各种共同生活事业的范围，都可在尧化门乡村社会图中看出，各种团体生活的内容，约略述在下面。

（一）经济事业的范围

尧化门周围居民的经济事业，就算是商业了，商业的集中点，就是尧化门市镇。这个市镇，可说是周围农民的生命宝库。要得着生命的农民，都要到这个市镇上来找寻。每天上午十点钟左右的时候，就是市镇集会最盛的时候。凡要买卖东西的村庄的居民，都到这里来，作他们的交易。据我们真确的区划，来这个市镇卖买东西的村庄，约有七十余个，最远的村庄，离尧化门市上，不过七八里路。在乡村社会图上，就看得明白。那粗虚线的范围，就是代表商业的。农民所常常接触的商人，就是粮行、木匠铺、铁匠铺、杂货店、药店、茶馆、酒肆、肉铺、理发店，及临时布商与菜贩等。论到商业的种类，并不亚于城内，不过规模较小，货品低劣一点。由这种情形去研究起来，可说是乡村的生活，全靠着市镇做榜样。农民的生活程度状况，都能到市镇上看出来。从此推论，一处人民生活程度的变迁，眼光的高下，及外界文化的输入，市镇上的商人，大半要负全责了。因为乡间居民最常接触的，就是市镇上的各种商人，商人可说是乡间居民的模型。居民的日用生活的状况，都由商人模型中造就出来，他们的生活习惯好坏，全受市镇上一种感化力的影响。乡间的市镇，岂不是人群的进化发源点么？市镇的改造，与乡间的改革，有莫大的关系呵！

（二）宗教事业的范围

尧化门乡村社会宗教事业，就是庙宇的偶像崇拜。他们认为最要紧的一位神，就是“土地”。他们说土地的权柄，可以管理当地的“五谷丰登，人口平安”。且又是报上传下的一个使者，好比和我们人间的“地保”一样。所以在这个乡间的村庄，有土地庙的，十占八九。甚至一个村庄还有好几个。看本处乡村社会图上，就可以明白。每年二月初二与七月初二，就是祭祀“土地”的一个大节，普通称为“土地会”。这是虞舜“封地为社，使民知礼”的传遗。所以“土地”是家家敬的。因为敬“土地”是敬神的根源。

在这个乡村社会里，除了“土地”神而外，亦尚有敬拜他种神的。如财神、龙王、祠山、萧公与观音诸神皆是。但这不是各村相同的。大都系少数的乡村，按他们位置之接近，或历史上神权事迹之迷信等，而敬他们所愿敬的那一位神。譬如在这一方，他们说观音老母显过圣，救济过这一方的人，所以他们就敬拜观音。他们既有愿敬的神，所以亦有一种团体的组织。组织的集中点，就是庙宇。其敬神的范围，亦可以在乡村社会图上看出。

他们敬神的组织，仍称为“社”。“社”的意思，是表明他们敬神团体的意思。“社”的功用，外表似乎专为祭祀而设。其实在一“社”范围内的居民，发生任何事件，不能解决时，都可到“社”里边去解决。这样看来，他们的“社”，就是他们小团体的自治机关。庙宇好像是他们的地方自治办

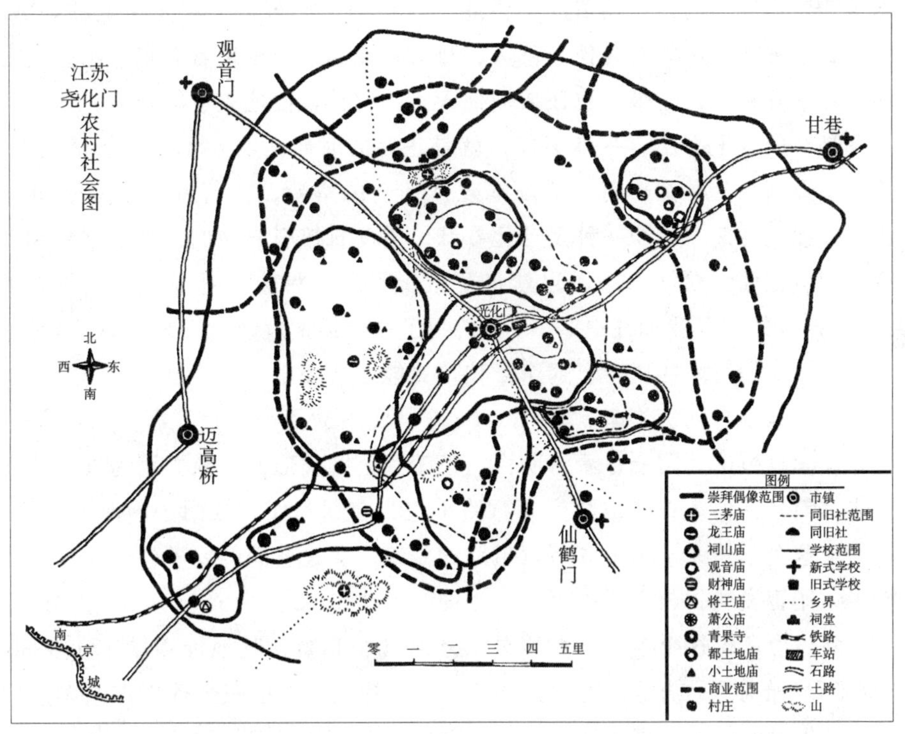

事处。神权好像是维系人心，主持公道的一种公平法律一般。

除以上村庄附近小团体敬神外，他们还有较大的敬神范围，例如尧化门北边的太平山与小茅山，每年大概都要去的。这种大规模的敬神，他们就叫“朝山进香”。图上最大的敬神范围，就是代表他们到这两处的范围。按乡村社会上敬神的迷信，可说是势力大极了。

（三）教育事业的范围

教育事业，在这个社会里，可说是很不发达。儿童受教育的地方，就是新式学校与私塾。但是这两种教育机关，在这乡村社会里，寻不到几处。在尧化门市镇上，有一个极好的新式小学。是江苏江宁县立的。各种的设备，完全是一个乡村小学。学校附近的儿童，都到这里来上学。现在的人数，共有一百多名。这个学校，对于地方上，可说是改造社会的一种好模范。乡村人民的举动，都看这个学校为转移。有几件事，可略举出来，作为例证。在冬季农人闲暇的时候，学校就办一个农村夜校。乡村不识字的农民，每天晚上，来到学校得了一种知识陶冶的机会。除正式课外，例如新闻、故事、音乐等，皆作他们的一种消遣品，借此可以帮助他们智识上和人格上的训练。所以到了现在，居然有几位乡下人，每天总要到学校里来看看报。出去的时候，对于各种常识时事，也还要向他人宣传宣传，使他人也能知道一些。这总算是有成效了。还有一件事情，就是正月的时候，农人无事，茶楼酒肆，往往摆设赌场，异常热闹。学校本改良社会的本旨，实行其所谓釜底抽薪法，即在此时期，组织一种足球比赛队，借此直接引起他们精神的训练和兴趣。间接方面，赌博的事，自然也要减少了。当踢球的时候，有一位农人说："好好的少了我们几桌牌。"我们听了这句话，就能看出来组织足球队，确能减少他们赌博的机会，这个学校，真能改造环境了。

在本处乡村社会图上，用"+"符号代表的那个学校，就是这个新式小学。学校范围，图上也看得明白。至于其范围长形的缘故，因为这校的学生，大都住在那条石路的两旁，石路平坦，交通稍便，故两旁沿路的儿童，都变为这个学校的学生了。所以道路的修筑，实是乡间的要事，一个学校的学生，能否发达，与交通是很有关系的。

除以上所说这个新式学校以外，还有几个私塾，其地址多散布在乡间。"祠堂""庙宇"，就是他们的教学处。里边的设备，也完全现出古董派的样子。学生所读的书，多系四书五经，新的教育，从未参加过一点。什么新式的运动游戏，学生是永久想不到的。教员也一定不允许的。学生的坐位旁边，有时还要贴起"沉静安详"的纸条来，藉作教师砥砺学生的工具。学生亦视若信条，奉为圭臬，毫不敢在教师面前偶为触犯。所以我们到了乡间私塾里边，要想去同学生问答几句话，是很不容易的。因为他们教师的那种"沉静安详"的，粉饰的，假斯文的教学法，已经把活泼泼的小孩，训练得真个"沉静安详"了。这种教育你说可怕不可怕？

旧式学校的影响范围，不仅系一个村庄，有时也有几个村庄，合设一私塾。除尧化门新式学校外，其余的学校范围，都是代表私塾的。若私塾范围只限于一村，则其符号即注于本村的旁边。

（四）交际事业的范围

交际事业，在这个地方，我们所指的，就是自动的结社。这个乡村社会中，他们自动的结社就只一个同善社。这个善的主要目的，就是信仰佛家的道理表现出来一种"乐善好施""见义勇为"的心，借着佛家的仪式和信条作去。将来到了阴间，自有功过相消的希望。他们的会所，就在尧化门本镇。常年会务，有会长主持。会员有百十余人。会中对于服务社会所做的事情，多为慈善事业。例如夏季多病，该社即施舍药品，以济病人等。其范围在图上亦看得出来。

（五）政治事业的范围

政治观念，在乡间是很不发达的。政治区域，与人民共同事业的范围，迥乎不同。政治区域的划分，专为官厅收赋税的便利。最可注意的一件事，就是尧化门乡村社会区域，是属于三个政治区域的，就是分为三乡。而人民的共同生活，倒是一体。在尧化门乡村社会区域中，尧化门市镇，是江乘乡的边界，属于江乘乡的。但是逢早市的时候，北固乡的居民，也来这里卖买东西。再若新式小学，位置在北固乡的边界，但是江乘乡的学生，也来得不少。盖因政治范围是人造的，不是按一处人民的共同生活范围来规定的。故其区划，每多牵强。我国乡村社会不发达的缘故，这也是其中之一大原因。盖人民自然的团体生活，是发达乡村社会事业的根据。因政治区域牵强之故，往往引起纷争。人民自动的生活事业组织，每每受其牵制而不能举，这又何怪乡村社会之不发达呢？

四　区划乡村社会对于乡村服务事业的重要

明白了一个乡村社会的状况以后，对于要服务乡村的事，就可以知道一点。虽然我们知道乡村社会要改良的是什么事情最要紧。但是亦不能不注意用什么手续在什么地点，着手办起。服务的人，若能将乡村社会作标准，一面复能在人民的共同生活事业上着想，那就不至失败。现在有几种事业，最好能按乡村社会作服务的单位，略述在下边。

（一）教育的事业

乡村的教育若不发达，我们免不了说应当提倡教育，提倡教育的方法，莫如先办学校。我们若要在一个乡村社会里办个学校，这真不是容易的事。最重要的一点，就是学校的位置。换句话说，就是我们要办乡村小学，应该办在什么地方？以理而言，位置当然要有选择，最好能靠近周围的居民。因为周围村庄，与学校若相距不远，他们的子弟，自然都会集中到学校里来。否则来往不便终究是难发展的，例如尧化门与甘巷的中间，有一个学校，里边的设备，教师的人选都很好。但是不能发达，他的失败原因，不在经费教师，而在地位之不适当，因为这个学校的周围，人烟稀少，不能供给这学校的足数的学童。此称因果，都是由于办学的人，不知道乡村社会的情形所致。以为办学就是把学校的房屋设备办好就可以。岂不知学校位置与附近居民的多寡财力，都是有关系的。若不顾这些情形，就去办学校，那真是“缘木求鱼”，学校是永不会发达的了。有志乡村办学的人，若有一个详细的乡村社会状况图，这种弊害，就可以免除的。

（二）宗教的事业

对于乡村社会宗教事业的改良，也不外乎与办学校的条件相同。比方说要设一个乡村教堂，这个教堂的位置，是我们应首先注意的。比方说在尧化门，我们要办个教堂，还是我们先办在市镇里边，使周围的居民来这里聚会呢？还是由市镇教堂作为一个总机关，其余再分许多小的部分散布在乡间呢？这一点是应当先行注意的。由尧化门乡村社会图中，我们看见乡间居民除商业的范围共同合作外，其余如崇拜偶像的事业，多系分为许多较小的团体。例如他们敬神的范围，是分为许多种类，每一种类，他们自有他们的团体，他们能团结的原因，一因村庄距离很近，再则因性情风俗上的遗传关系。所以我们要提倡乡间教会的事业，或者可按他们固有敬“社神”的范围去提倡。人同是心，还许容易发达些呢。总之教堂位置，亦须按周围居民人数之多寡，及其财力之盈绌，作为将来发展与否之标准。所以要提倡乡间的宗教事业，也须按着大家互相联络合作上设想，不是专对一个一个教堂设想的。换言之，即宗教的事业，也须按着乡村社会的单位，作他们的根据了。

（三）经济的事业

乡村经济事业，亦须按乡村社会作单位，绝不是一二个村庄能办到的。例如农民知道作物虫病害，是最要紧的。应当想法除他。然不能仅由此一二个村庄的农人实行除虫，而其余的村庄，反让他随便，所能成就的盖如此，这两个村庄上的农人，无论如何杀灭，都是不能成功的了。因为这种事业，是要大家合作，凡有病害的地方，既欲除虫，即须一齐动身，这才能收效。若只除一半，其余的一半还是要作祟的。其他如乡村借贷合作，市场销售合作等等，都是要按着乡村社会范围作单位的，决不能再学我们那从前的老法子，所谓“各人自扫门前雪，休管他人瓦上霜”的了。

五 乡村社会区划图对于乡村服务者的利益

为什么要区划乡村社会，恐思多数人都不明白，这一个地图，就是乡村社会的写真，也可说是乡村社会所有各种共同事业的清查簿。一个乡村社会各种共同生活事业的盛衰，都可到这图中看得明白。要服务改良乡村社会的人，不能不先把自己社会已有的事业检查检查。乡村社会图对于服务的利益，记在下边。

（一）能使乡村服务者，明了本处乡村社会的范围有多大。

（二）能使乡村服务者，了解乡村居民各种共同事业是什么。

（三）能使乡村服务者，明白乡村社会居民的各种共同事业的影响有多大。

（四）能使乡村服务者，明白乡村社会情形，作为将来服务事业的门径。

（五）能使乡村服务者，明白本处提倡服务事业最好单位的范围是什么。

乡村服务者应认识自己所在的乡村社会*

一　导言

发展中国乡村是救国的不二法门。我们大家都知道照现在的中国国势，要富强国家，就得先发展乡村；因为中国的富源，都在乡村，不在城市，人口的大多数也都是住在乡间，住在城市的人一百个中不过只有十五六个。因此我们深知道中国的国运还的确系在乡村。可是现在有许多的乡间人，都正在作城市的迷梦，这种错误我们不能怪他。实在是因为现在中国的乡村太枯燥乏味困苦颠连了。不但什么水、旱、兵、匪等灾，在这几年中连绵不疏地播演，在在有使农人到城市避死逃生的可能，而且经济、卫生、交通、娱乐、各方面的组织，也在在有吸引乡间人到城市里来的趋势。所以在现在要救中国，应先从整理乡村着手。

整理破烂不堪的乡村，应该由哪一种人负责，这是很费思量的。我们从事实方面说能够上这种标准的人，实在不多。第一，他必要抱定决心愿长住在乡村，作乡村改良的工作。第二，更要有相当的职务与舍己救人的精神。照以上的两个条件来把现在的中国人度量一下，哪一种人肯去作这一种的服务者呢？官僚、政客、绅士，和乡董都不用说他！官僚、政客，他们只会做大官，不见得会做大事的；绅士、乡董，又是历来鱼肉农民的重要分子，哪里肯去做这些事呢？有人说改进乡村妥当的人才，是农业学校的毕业生。固

* 原载《农林新报》第9卷第13~15期合刊，1932年5月。

然农学生是的确可以算做改良乡村中坚分子，可是现在中国学农的人，一得到了学位，肯到乡村去作实际工作的人，却并不多；而且即使做了，亦决不够分配的，所以我觉得在目下环境当中，一个受过短期农事训练的乡村小学教师或乡村教会牧师，确可负一部分改良乡村社会事业的责任，以补国家当局的不足。

二　乡村服务者为什么要认识自己的乡村社会

我们都晓得一处要修铁路，一定先要测量路线；然后才能决定那工程进行的计划。一个医生诊治疾病，先要用各种方法诊断病源，然后才能开写药方。一个乡村改造家也是这样，他想要改造一处乡村社会，一定先要明了该处乡村社会的实在状况，什么地方是好，什么地方是坏，然后才能决定改良的计划，一步一步施诸实行。若是一个乡村改造家，他不先把自己的社会情形作过一次详细的考察，把所有的社会问题在心里仔细考量一番，便来随便拟了一个计划。这真是“闭门造车”、“隔靴搔痒”，哪里能有补救呢？所以一个乡村服务者，他的工作不是只限于一个学校，或教堂一类的个人服务的场所，教教书讲讲道就算了事，这不过才算尽了一小部分的责任，算不得什么！其实大部分的工作，还是须用点工夫做些与农民生活方面直接有关，而应当改良的事业。如此才能使乡村农民格外的尊重和信仰，经济的生活才不至于解体。所以我以为一个乡村服务者，若是抱定要使自己所在的社会繁荣起来，第一件事须先要认识自己的乡村社会。

三　乡村服务者怎样去认识自己的乡村社会

认识乡村社会的方法有两种。第一种是拿来表明乡村社会范围的大小，以及在乡村社会中所有人群的各种共同事业的组织范围的。此种认识的方法，可用绘图法，把乡村社会里所已有的农民共同生活的范围，都一一区划出来，使人一看就能了解这个社会里已有的人群共同事业的情形。第二种要用询问法来调查这个社会，就是将这个社会里对于农民生活有密切关系的各方面，如土地、人口、经济、教育、卫生、娱乐，以及其他等等，都作一个概括的调查，这样才能使我们更形了解这个社会里农民生活的状况，及其可能发生的问题，这是改良乡村的当先的步骤，乡村教师及牧师是不可以不注意的。

第一，怎样用绘图法来区划乡村社会

乡村社会是什么 “社会”这个名词，我们听着是很新颖的，但是近年来新文化书中用的已不少，似乎不大奇特了。就普通讲“社会”二字的意思，就是人群的组合，社会学就是研究人群事业的一种学问，所以社会学又叫做群学。这样看来，凡称为一个社会，必定包括一大群人民在内。社会二字上边再加上乡村二字，就是专指乡间人群的事业而论，和城市人群的事业，是显然划出很清楚的界限的。

人民生活上结合的单位有三：就是单独村庄、联合村庄、和乡村社会。单独村庄系指一个村庄而说。联合村庄，是指几个单独村庄，在互相有一两种共同生活利益的关系之下，联络在一起所组织的单位。比如有几个村庄对于社庙的祭祀，学校的建设或保卫团的组织等，他们自己一个村庄，没有设备又没有力量举办，很感觉到不能享受祈福、求学、自卫、种种利益的困难，便联络起几个情形相同的村庄来，合办这些事业，共同享受种种利益，这便形成一个结合的单位了。至于乡村社会的意思乃是包括单独村庄与联合村庄而言，范围较大。因为各个村庄的人民，共同生活上的需要，如食料、衣服、器具、娱乐、与结社等，在一个单独村庄或联合村庄里边，决不能找到样样适当的圆满的供给。所以他们的各种共同生活事业和利益，就每每都聚集到一个中心点上去合作。这个中心点普通就是指一个市镇而言，也就是乡村社会的中心点。其余周围所有到这个中心点来合作事业共享利益的各村庄，那就都是属于这一个乡村社会的范围了。所以简单点说，乡村社会就是一个以上的村庄，因为生活上的需要，自然组成的一个适当的圆满的合作单位。

为什么要区划乡村社会 乡村社会的意思既已解释明白，那么到底为什么要区划乡村社会哩？这恐怕多数的人都是不大明白的。我们知道现今的乡村社会，因时代的进化人群生活的要求，已有改良的必要。这是服务乡村社会的人们所公认的，也就是服务乡村社会的人们的责任；但是要改良的事情，是些什么？什么事情是最重要的？应该从什么地方下手？用什么法子去改良？这些都是应先解决的问题，要解决这些问题，我们不得不先寻出来一个乡村社会是什么？他的范围究竟有多大？其中的居民，在共同生活事业上的互相关系，究竟是怎样？把这些事情都弄明白了，然后才能下手解决一切问题，然后才能谈到改良乡村社会。所以我们区划乡村社会的意思，就是要明白一个乡村社会共同生活事业的情形，作为乡村服务者将来改良人群事业的一种根据。

怎样区划乡村社会 区划乡村社会，根据我们的经验并不十分困难，现在将江苏淳化镇的乡村社会图附插本报中，以供参考。

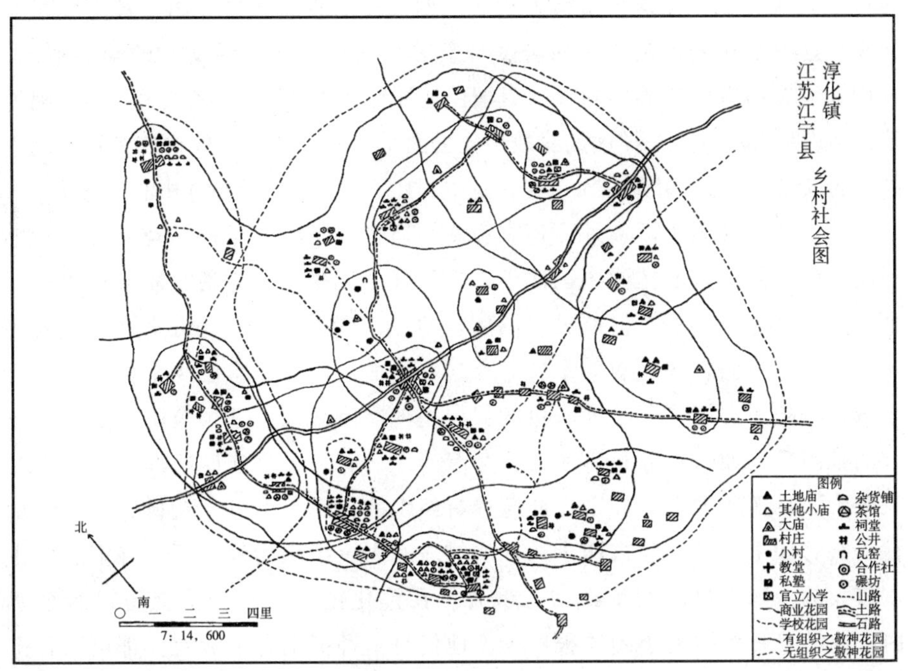

我们看了淳化镇乡村社会图，就知道凡是一个乡村社会，共同生活事业的影响范围，都可用绘图代表出来的。划分乡村社会的方法，大概可如下述。

未划分的时候，我们先要定一个乡村社会的中心点，普通都以市镇为中心；因为市镇是乡民惟一的交际场，乡民互相接触的机会大半都在市镇之中。市镇上的商人，常有一句话，就是“万商云集”，这种意思，就是表示市镇上非常热闹，四方作买卖的人如云一般都聚集到市镇上来。市镇似乎是人民所不能离开的。所以我们要区划乡村社会，大都用市镇作起点的。

乡村社会中心点既然定了，区划乡村社会的人，必须先在这个市镇上与那熟习当地情形的绅董、商人、小学教员，及有经验的农友接洽，开个讨论会，说明区划乡村社会的宗旨与进行的方法。使大家互相讨论市镇与周围居民的关系，并可以询问这个市镇周围有多少村庄来这里买卖东西物件。假使该处已经有了详细的地图，那是最好；因为我们可以利用那张地图将所有来市镇的村庄将他画在图上。若是没有地图，我们也可以用一张稿纸先划分起方格来，每一方格代表一定的方里，如此可将市镇周围所有的村庄，按距离的远近方向把他粗略的画在图上。但是画的时候，需要大家的同意，以真确可靠为准。划分的范围大小四周须达到最远的村庄边界为止。出了这个边界的村庄，他们都不来这个市镇上买卖东西。然后将这些村庄用一种界线圈围起来，这就是代表市镇周围的居民对于市镇发生共同生活交易的影响范围。我们知道普通靠近边界的村庄，其居民往往有时到两个市镇上买卖东西，因为他们两边距离差不多一样远的缘故。凡去两个市镇买卖东西的村庄，我们也用同样的界线，向他一市镇划分起来。这些村庄，可以说是位置在中心的地位。

除了商业共同生活以外，还有教堂、庙宇、学校、结社、及种种共同生活团体的组织，都能按画图的法子，把他代表出来。比方说：靠某村庄有一个庙，这个庙不是一个村庄独有的敬神地点，周围的村庄也有来这个庙内敬神的，那么我们就用这庙作个中心点，看他的周围究竟有多少个村庄到庙内来敬神？随后也用一种不同颜色的界线把他圈围起来。这个范围就是他们敬神的范围。例如：在淳化镇乡村社会范围中，有一个大庙叫松岗庙，每年在三月十八日上庙敬香，周围在此庙里有组织的村庄不下五十余村，敬神的结社，共有四十八社。除去四十八社的村庄有固定组织而外，还有许多的村庄占较大的范围来自动的个人加入敬香。在淳化镇乡村社会图上可以看个明白。此外各种敬神的小团体很不少。他们每一种范围有多么大？都可以看得清楚。其余乡村社会上各种共同合作事业，皆要照同样的法子划分出来。

现在我们从大众的意思，将市镇上所有的各种事业与乡间的居民关系划分出来，但是我们也不能认为十分满足可靠，因为市镇上少数人的意见总不免有遗漏与错误的地方。最要紧的一件事，就是划分的人，须将各村一一跑到问过才好。问的时候，无非说你们村庄离市镇有多远？村子附近都是些什么村庄？全村共有人口多少？平常在什么镇上买卖东西？在什么地方敬神？儿童在什么地方读书？人民还有些什么组织或事业？再进一层，甚至每一个单独村庄所有的祠堂、土地庙、私塾、茶馆、杂货店、公井、公碾，也必须问明记载下来。以作将来绘图的参考校正，错误的地方或可免除。

乡村社会地图，就是乡村社会的写真，也可以说是乡村社会所有各种共同生活事业的清查簿。一个社会各种共同生活事业的盛衰，都可在这个图中看得明白，要服务改良乡村社会的人不能不先把自己社会已有的事业检查检查。乡村社会图对于服务者的利益，可分如下述。

（1）能使乡村服务者，明悉本处乡村社会的范围有多大。

（2）能使乡村服务者，了解乡村居民各种共同生活的事业是些什么。

(3) 能使乡村服务者，明白乡村居民的各种共同生活影响范围有多大。

(4) 能使乡村服务者，明白乡村社会的情形，作为将来服务及改良的门径。

第二，怎样用询问法来调查乡村社会

乡村调查的成功与失败全赖服务者的热忱 乡村调查不是一件容易的事，因为我们所要调查的东西，是要从农友的嘴里说出来的。一个农友是否愿意告诉我们，或告诉的话是否实在可靠，这都是调查者的责任。所以作一个农村调查的人，得要有吃苦耐劳的精神和诚恳和蔼的态度，才可以胜任。不然即费尽心机，也是调查不到什么的。我们的确知道农友本来就缺少各种知识，时常满腹狐疑。你问他家的人口多寡，他说政府将来要抽丁当兵。你问他种几亩田地，他说政府又要加税。你问他小孩几岁，他说你是叫魂。这都是很普遍的猜疑。虽然这种猜疑多起于不明了调查的真相，调查者能替他解释清楚，自无问题。乡村小学教师与牧师时常住在乡村，慢慢的农民都会认识他，了解他，知道他是教书讲道理，作好事的人，那自然不会有所狐疑了。但是这样还靠不住。因为乡间农友虽然了解你，有的话，说了固然不要紧，有的话可是一说他终觉得难为情，调查真确可靠材料的难处就在这种地方。所以解决这个问题，服务者要常常下乡先探访熟识之农友，再辗转介绍认识别人。如此的推进，先多认识些农友，自然以后的调查，不仅容易，而且十分的实在了。上文我说调查材料的好坏，责任是在调查者的身上，被调查的人是不负责任的，就是这个道理。

要了解乡村社会事业先用绘图法后用询问法 一个乡村服务者作这样初次的调查，当然是不很容易。所以要调查的问题愈简愈好。最重要的目的不过先使一个乡村服务者对于自己所在的乡村状况，经过一度的了解以后，作起改良工作时，方不至于有“驴头不对马嘴”的缺点。好比前面的乡村社会图，不过是只能代表社会中的重要事业，如商业、宗教、教育，及经济与社会组织等范围。若再谈到每一种事业的内容是什么，是好还是坏，这是用图画代表不出来的。询问的方法，方才可以解决这个问题。所以研究乡村社会，要用两种相辅的方法，一种是在外表明用眼睛看到，可用绘图法表明。一种是眼睛看不到的可用询问法将它说明，互相为用。乡村社会的研究，自能格外的了解圆满了。

江宁县淳化镇乡村社会之研究*

卷头语

本篇研究系根据1930～1931年夏季所搜集的一点材料，能代表的只是江宁县未改为实验县以前的现象，社会是生动的，随时的在那儿变迁，可是在这个时期，比较的还算稳定些。现在因为经过政治上一度的改革，预料以后的变迁更要尖锐化。著者深望于三五年后，再来做他一次调查研究，在那时候，这个乡村社会变迁的趋势，或者更能使我们认识的透彻点。著者对于本篇研究方法，自信缺点甚多，希望阅者能多加严格的指正，这是著者深为感激的。

著者谨识二三，九，二七。

一　叙言

什么叫做乡村社会？乡村社会所特具的是什么？一个单独的村庄是不是一个乡村社会？“区，乡，镇”的各种组织，是不是一个乡村社会？再我们平常所谈的“乡下”和“乡村”是不是有乡村社会的意思？要解决以上这种种问题，这就是我们为什么要研究“乡村社会”的第一点原因。

同时我们的确相信，在现代的中国，要增进农民生活，必得先有良善的

* 原载金陵大学农学院《农林丛刊》第23号（新号），1934年11月。

农村组织，可是我们若要着手改良农村组织时，就不能不即时发生出来一种绝大的困难，这种困难，就是要问这里所指的“农村”二字，还是一个笼统的乡村代名词呢？还是有一定的区域与范围的，所以我们为要找到一个“改良农村组织，增进农民生活”的实现的方案时，我们不能不研究乡村社会，这就是我们为什么要研究“乡村社会”的第二点原因。

那末，什么叫做乡村社会呢？社会这一个名词，在中国旧文化书中，虽不很常见，文人雅士们的口中，虽不很常用，可是在乡村农民的口头上，什么“闹社会”“出社会”等等的名词——指他们每年在一定的时期所组织的崇拜菩萨的庙会而言，是常常能够听到的，类如南京附近到了废历二三月的时候，常见农人团体，背着什么“长生老会”的旗子，与“朝山进香”的招牌，在街上行走，这就是他们的社会组织单位，也就是借着此种组织，以满足其宗教的生活的，所以社会即人群的组合，严几道译社会学为群学，也是此意，“社会”二字上边再加上“乡村”二字，就是专指乡间的人群事业而论，和城市间人群的事业，是显然划出很清楚的界限的。

按“乡村社会”四字，在英文为 Rural Community。从他的语根上讲，是有共同社会的意思，并且含有永久的自然的与地方性的性质，有时我们也可译为“地方共同社会”（Local community）。按“地方共同社会”系指人类生活，由“初级团体”（Primary group）生活，进一步的到了稍为复杂的社会生活的地步而言，此种状态，实系一个地方最低级的“自然的共同社会”（Natural community）。近代乡村社会学家，多半认为改良农村组织最好的单位，就是这种“自然的共同社会”。美国麻省大学教授白特飞博士（K. L. Butterfield）说：“一个真正的社会，就是包含着那个社会里边全部人民的共同生活，不管他是老是幼，是贤是愚，是客民或是本籍，所以我们若将‘社会’二字用在乡村生活上讲，我们必定把社会当做一个一定的单位，一个实体东西，然后我们再讲什么改良农村问题，才不至于趋向空谈。”又美国康奈尔大学教授施特生（Dwight Sanderson）在他所著的《区划乡村社会方法》（*Locating the Rural Community*）一文中，说到“乡村社会，就是包括一个地方的居民，他们的共同生活和兴趣，都聚集到一个中心点上去合作的。”（A rural community consists of the people in a local area tributary to the center of their common interests.）他又说，“乡村社会是人类各种主要生活中一个最小而有组织的地理单位。”（The community is the smallest geographical unit of organized association of chief human activities.）根据白特飞与施特生两博士的解释，“乡村社会”的意义，我们当然格外明白，简言之。

第一，乡村社会，是要有一个一定的范围的具体地理单位，不是漫无界限的，像我们平常所说的“乡村”“乡里”等等的宽泛名词，绝不是乡村社会。

第二，乡村社会是指在一个有一定地理范围的单位里边的居民，他们的一切共同生活，都能聚集到一块儿去合作的，这就是含有自然共同社会的意思，所以政治的区分，如县区乡镇等等的单位，也不是乡村社会，因为此种分法，普通是按人口与赋税收入的多寡为标准，居民的共同利益方面，是不能兼筹并顾的。所以著者研究淳化镇乡村社会的目的，其一就是要在中国社会里，找到一个有具体范围的地理单位，在这个单位中的居民，他们最重要的共同生活，都能表示共同合作。其二是格外的要知道他们构成这一个乡村社会的背景，和每一种的生活组织的性质，究在哪里，以便将来作为实施改良我国农村组织的重要张本。

二　淳化镇之人文与自然环境

（一）位置与沿革

淳化镇位于南京市的东南，距通济门约四十里，有石路可通，从前为通句容与镇江两处的要道，商业繁盛，自沪宁铁路告成，该镇因行旅减少，市况日见衰落，遂由半城市化的状态，一降而为一个完全的乡村的市镇。所以从前的市镇范围，系随环境而变换，但亦不是固定的，因为他还要服务一部分过路的旅客，现在的市镇范围，虽比从前小了，可是十分稳定，因为在市镇附近的农民，已与他发生了不可分离的关系，他已有基本的主题，免不掉要时常去与他接触，所以他不致再衰落下去。我们此次选淳化镇这个地点，也是因为他是一个完全农村市场的缘故。

（二）地势与土壤

淳化镇附近地势，起伏不平，该镇海拔为527英尺，从镇北行里许，有大连山，该山最高峰海拔为2617英尺，西北5里，有青龙山，地形稍低，最高海拔为2455英尺，东部地多高岗，惟高度与该镇相差很少，西南两部，地势渐低，平原稍多，海拔为300～200英尺左右，为该镇最肥沃的土壤区域，稻产丰富，村落星布，人口亦较稠密，其他高地，可产豆类，山芋，芝麻，玉蜀黍，等等旱地的庄稼。

土壤分布情形与南京一带类似，据美国土壤学专家萧查理博士（Dr Charles S. F. Shaw）的考查，大抵高地多为黏质壤土，或壤土，色浅褐，形似团粒，这种土地，在本处多为不耕种的荒地，在低凹的地方，多为水田，土壤为矽质壤土，或壤土，表土，大致是经冲积作用而成的，也可叫他冲积土，但是心土富于胶质，可称黏土，土色依包含腐殖质的多寡，由浅褐淡灰以至于灰黑不等，不含石灰质，这种土壤为该镇最肥沃的土壤。

（三）农业与人口

淳化镇区的农业与人口问题，著者未曾调查，因为已经有了立法院统计处的“江宁县的农业概况调查”，并金陵大学卜凯教授所著的《中国农家经济之研究》已够详尽，兹将以上两种调查之重要部分摘录于下，以补本篇调查的不足：

据立法院统计处的调查，淳化行政区，共有农民 10868 户，57790 人，每户平均为 5.3 人，农民经营共有田地 113049 亩，就中水田为 86388 亩，占全面积 76.4%，旱地为 11444 亩，占全面积 10.1%，牧草山为 6282 亩，占全面积 5.6%，燃草山为 1693 亩，占全面积 1.5%，其他道路房屋沼泽森林等共计 7242 亩，占全面积 6.4%，全体平均，每户约占 11.4 亩，每人约占 1.96 亩。

若按土地耕种权来分配，在 10868 户中，自耕农为 2476 户，占 22.8%，半自耕农为 5013 户，占 46.1%，佃农为 3379 户，占 31.4%。所种植的作物因为该处土地有水田旱地之分，所以种类也较他处为复杂，在旱地的作物，最重要的是黄豆，玉蜀黍，芝麻，山芋等，在水田的主要作物，是大小麦和水稻，据卜凯教授 203 农家的调查，在农家平均作物总面积中，各种主要作物所占的面积小麦为 44.4%，秈稻为 42.6%，糯稻为 1.3%，黄豆为 4.0%，也就可看出什么作物是较为重要的了。

三　研究淳化镇乡村社会的方法

研究淳化镇乡村社会所用的方法，概别有二。

第一，就是利用区划法。把他的自然范围，及居留人民较大团体生活的范围，画在一个图上，以便代表该处居民的一切共同生活事业和利益，都有聚集到一个中心点去合作的倾向。

第二，凡是关于淳化镇自然社会的一切风俗民情，日常生活，以及任何乡村组织的内容，不能以绘图法代表的，即用询问法把他一一询问记载出来，以便补充该自然社会区域质的方面的研究。凡是一个社会，能用了这两种方法去把他研究，不但量的方面，可以用眼睛在图表内看见，即使质的方面，也可用文字把他研究描写出来。

在未着手划分以前，我们先要定一个乡村社会的中心点，普通皆以市镇为中心，因为市镇是乡民惟一的交际场，乡民互相接触的机会，大半都在市镇之中。市镇上的商人，常有一句话：说是“万商云集”，这就是表示市镇上非常热闹，四方作买卖的人如云的一般，都聚集到市镇上来，市镇确是乡民所不能离开的。在我国的乡间农人每次到市镇上买卖东西，每有一定日子，在北方叫做“赶集”，在南方差不多每天都有交易，名为“上街”。到了这日，附近的农民，和作买卖的商人，都聚会在一起，作他们彼此要做的事情，来满足他们的需要。所以市镇可以说是乡村社会的中心，要区划乡村社会，不得不以市镇来做起点。这种方法，是美国嘉尔宾教授（C. J. Galpin）首先主张而应用的，以后康奈尔大学社会学教授施特生也应用这种理论来研究美国乡村社会，本篇研究，即以淳化镇为中心，也同此意。

乡村社会中心点既然定了，第二步的手续，即在镇上与那熟习当地情形的绅董，商人，小学教员，及有经验的农友，接洽和讨论，说明区划乡村社会的宗旨，与进行的方法，使大家明了市镇与周围居民的关系，并可以借此询问这市镇的周围究有多少村庄，与这市镇发生关系。假使该处已经有了详细的地图，那是最好，因为我们可以利用那张地图，将所有与市镇发生关系的村庄，按距离的远近将他们一一画在范围之内，若是没有地图，我们也可以用一张稿纸先划分起方格来，每一方格代表一定的方里，如此可市镇周围所有的村庄，按距离的远近方向把它约略的画在图上。不过画的时候，须经过多人的同意，以真确可靠为标准。划分的范围，大小四周，须达到最远的村庄为止，例如出了这个边界，所有的村庄，就都不到这个市镇上来买卖东西，那末这个界线的范围，就是代表市镇周围的居民对于市镇发生共同交易的影响范围。同时我们也知道普通靠近边界的村庄，其居民往往有时到两个市镇上买卖东西，因为他们两边距离差不多一样远的缘故，凡到两个或三个市镇上买卖东西的村庄，我们也须用同样的界线，向每个市镇的中心，划分起来这种村庄，嘉尔宾教授叫为“中央地带”（Neutral zone）。

除了商业范围以外，其余如教会，庙宇，学校，以及各种结社或其他组织等，都可按画图的法子，把他表示出来，比方说：某村庄有一个社庙，不过这个社庙，不是这个村庄独有的敬神地点，周围的村庄，也有来这庙内敬神的，那末，我们就用这个社庙作个中心点，看他的周围，究竟有多少村庄到这个庙内来敬神，随后也用一种界线把他们圈围起来，这个范围，就是这个乡村社会中的一个敬神的范围了。在本调查中，淳化镇附近的松岗庙，就是一个大庙，每年到废历三月十八日，周围村庄，来此上庙敬香的，不下数十村。敬神的结社，共有四十八个。而且除去这四十八社的村庄，有固定的组织外，还有许多村庄，占较大的范围，个人自动的加入敬香的数亦不少，在淳化镇乡村社会图亦是可以看得明白的。至于其余的各种合作共同事业，皆可以用同样的方法，把它们划分出来。

不过划分的时候，若专靠几个人的主张，我们也决不能认为满足，因为市镇上少数人的意见，总不免有遗漏与错误的地方。所以最要紧的一件事，就是研究乡村社会区划的人，须将各村一一跑到问到。所有问题，如“你们的村庄，离市镇有多远？村庄附近，是些什么村庄？全村共有人口多少？平常在什么地方买卖东西？在什么地方敬神？儿童在什么地方读书？人民还有些什么组织或事业？”等，皆在必问之列。再进一层，即每个村庄所有的祠堂，土地庙，私塾，茶馆，杂货店，公井，公碾等，也可问明记载下来，以作将来绘图时的参考校正，果能如此，错误的地方，自可减少，或免除了。

按以上的方法，一个自然的乡村社会里边的一切组织，不论他是因为人民自然的需要，在不知不觉中所构成组织，如中心商业区域之类；或是人民有意组成的，如教会，庙会，学校，家族等，既能够调查得清清楚楚，然后将这些团体的生活组织，一一再加以仔细的校对，绘成一个大小适宜，又很明晰的一个乡村社会图。那末，我们看了这一个乡村社会图，及其他询问的记载，这个乡村社会里边的农民现在的一般组织状况，与团体生活的情形，自然就能够明明白白了。本调查的研究入手方法，就是这样。（参看第 339 页“江苏江宁县淳化镇乡村社会图”）

四 淳化镇乡村社会共同事业之领域

区划了淳化镇乡村社会以后，我们知道构成他的共同事业的单位，就是一个一个单独的村庄，这种单独的村庄，社会学上名为“初级团体”（Primary group or neighbourhood）。这种初级团体，在社会进化的历程上，所占的势力极大，因为团体里面的人，普通都是寻常见面的（Face to face group）。爱尔华教授（Prof. C. A. Ellwood）以为这种初级团体，就是人类传替风俗文化首要的单位，也就是人与人接触的最初步。例如家庭，乡邻，友谊的结合，儿童的游戏等，都是这种团体精神的表现。因为他们的集合每在日常不知不觉中，社会学上所以也称为非自动的与无制度的团体（Involuntary and non-institutional group），我们要研究一个乡村社会，这种单独村庄的团体生活，是不能不注意的。

在淳化镇乡村社会领域以内，凡与该处居民有共同生活事业关系之单独村庄，都简单地加以研究，此次认为有关系的单独村庄，共有56个，在此56个村庄中，不但将其户口与土地的面积，加以分析，就是每一村庄所有之经济的与社会的初级团体生活，亦加以研究，例如学校，庙宇，祠堂，茶馆，杂货店，碾坊等，都在其列。从研究统计的比较，每一单独村庄所组织的事业数目，每与该村之人口数目的多寡，有密切关系（参看第一表），因为大一点的村庄，他的经济与交际的生活需要就要大些，最普通的就是祠堂，杂货店，庙宇，私塾，碾坊，茶馆等，小的村庄因为人口太少需要较少，组织起来，反不经济，所以许多小的村庄，就附属到许多大的村庄里面去了，例如杂货店和茶馆这两种组织在小乡村里是不易寻到的。

第一表 淳化镇乡村社会单独村庄所有之组织

村　名	户数	祠堂	寺庙庵观阁等	碾房	私塾	土地庙	杂货店	公井	茶馆	官立小学	各村组织总数
佘　村	232	3		3	3		3	4	2		18
下王墅	201	4	3	1	2	1	3	1	2	1	18
前后宋墅	190	5	3	2	1	1	3	2	3	1	21
徐　墟	124	5	2	2	1	2	2			1	15
上王墅	121	2	4	2	1	1	1		2		13

续表

村名	户数	祠堂	寺庙庵观阁等	碾房	私塾	土地庙	杂货店	公井	茶馆	官立小学	各村组织总数
上庄	115	4	1	2	1			1			9
下村	110	3	1	2	2		2	2	2		14
孙家边	105	2	2	2	1	1	2		2	1	13
苏庄	99	3	1	1	1	1	1				8
咸墅	96	3	1	2	2	1	3	2	1		15
东焦村	89	4	2	1	1	1	1	1			11
石子涧	80	2	1	1	1	1	1		1		8
杨家庄	75				1	1	1				3
周汪村	70	2		1	1	1	1	1			7
耿岗	65	2	1	1	1	1	1	2	1		10
李墅	60	2		2	1	1					6
后咸田	60	1	1	1		1	1				5
前咸田	54	2			1	1	1		1		6
西焦村	54	1	2	1		1					5
管头	52		3		1						4
毕家边	49		1								1
祈家边	48			1	1	1					3
岗家边	44										0
上村	40	2	2	1	1	1			1		8
刘家边	40		2	1		1		1			5
许壋	38			2	1		1				4
郝墅	37	1			1	2		1			5
吴墅	36	2	1		1	1					5
倪家边	33		2			1		1			4
新林	33										0
王家坟	30	1		1		1					3
中漆壋	28	1	1		1	1					4
松棵	28		1	1	1						3
戴家边	27		1	1	1	1			1		5

续表

村　　名	户数	祠堂	寺庙庵观阁等	碾房	私塾	土地庙	杂货店	公井	茶馆	官立小学	各村组织总数
建茂村	26	1		1	1	1		1			5
下漆墭	25			1							1
竹　园	24		1								1
松岗庙	20	1	1	1			1	2			6
后　村	20	1				1					2
后祁村	20					1					1
王家边	18				1		1	2			4
七里岗	18		2								2
倪家边	17	1		1		1					3
戴马墅	17	1	1								2
上　偃	16										0
岗　下	15	1			1			1			3
坟　上	15										0
山　档	14					1					1
垅家边	12					1					1
桥　头	12							1			1
塘南头	9		1								1
从山岗	9										0
三里店	7		1								1
巷　口	7										0
上漆墭	6										0
花　塘	6										0
总　　计	2896	63	46	39	34	33	30	24	21	4	294
有此种组织之村数		29	29	28	29	31	19	16	13	4	
有此种组织村数所占之百分率		51.8	51.8	50.0	51.8	55.4	33.9	28.6	23.2	7.1	

有各种组织的村庄，在村庄总数中所占百分率，列入第一表，很能给我们一种明白的暗示，就是看它们百分率的高低，可以断定某种组织的需要的程度，有土地庙，寺观，私塾，祠堂，以及碾坊等各种组织的村庄，约占村庄总数中50%以上，有茶馆，公井，与杂货店的村庄，约占20%以上，占10%以上者，仅为有官立小学之村庄，若再以每种组织之数目互相比较，在此56村范围里边，有祠堂63，寺观庵庙46，土地庙33，私塾34，碾坊39，杂货店30，茶馆21，公井24，官立小学4，我们由各方面看来，在单独村庄里边的组织，似乎宗教与经济两方面，是占很大的势力的，什么新的小学，有的村庄反是寥寥无几。

社会逐渐进化，人群的事业，日见复杂，在经济社交宗教各方面，一个单独村庄，是不能满足人们的目的的，所以渐渐地许多事体，有联合办理的必要，因此联合村庄的团体，就需要了。联合村庄，就是指许多单独的村庄，因为共同生活的利益关系互相联合起来，举办他们互相需要的共同生活事业而言，例如社庙的祭祀，保卫团的组织，学校的建设，商业的改良等，都是很明显的例子，现就淳化镇乡村社会事业区划的结果分作经济，教育，宗教，社交，与政治生活等五方面来表现而一一加以探讨。

（一）经济的生活

淳化镇方面，关于农人的经济生活组织，最重要的，要算市镇上的商业，因为农人农产品的出售，和家庭日用品的需要都要借着市镇上的商人，替他效劳，所以市镇上的商店，可说是农人时刻离不了的伴侣，农村里面流通金融的大本营。

商业对于农人，既如此的重要，所以我们可由商业方面，直接或间接知道某处农人生活程度的高下，例如市镇上商店的多寡，与陈列商品种类的多少精粗，至少可以证明附近农村之繁荣或衰败，反之，观察市镇附近的农村，与市镇交易之范围之大小，也可看出一个市镇或一处农村的位置是否重要？淳化镇商业范围区划的结果，市镇的势力，能够影响到的范围，约占150方里（17方英里），所包括的村庄，有42个，共计有2558户，14068人。共有熟地24561亩，其他有生产的荒地面积，为7050亩，共31611亩。若以150方里的面积估计，总面积应为81000亩，人口密度，每方里约为116人（每英方里约为1044人）。生产田地之面积，约占总面积50%，其余部分，当为荒地、河塘、道路所侵占。每人平均所有之田地面积，为2.3

亩，每家约合12.8亩，若以此数与立法院调查数字比较，其数目相差甚微，我们从以上的人口与土地数目字中细细地研究也就知道他们农人的生活了（参看第二表）。

第二表　淳化镇商业范围之人口及土地面积

村　名	户口				土地	
	户数	人口数	男子数	女子数	耕地面积	其他有生产之荒地面积
淳化镇	382	1805	972	833	1750	200
咸墅	96	798	399	399	2000	500
岗下	15	104	47	57	500	100
松岗庙	20	141	76	65	460	150
上漆墙	6	28	15	13	165	35
中漆墙	28	161	96	65	450	60
下漆墙	25	144	72	72	450	60
后祁村	20	88	47	41	220	450
桥头	12	67	37	30	120	25
七里岗	18	90	50	40	40	200
孙家边	105	825	450	375	850	50
石子涧	80	650	360	290	400	80
巷口	7	30	17	13	20	40
花塘	6	30	18	12	80	100
许墙	38	220	125	95	150	80
杨家庄	75	640	324	316	1220	2000
戴家边	27	175	99	76	150	0
王家边	18	90	49	41	260	30
建茂村	26	147	86	61	200	0
上村	40	249	125	124	550	0
下村	110	592	301	291	990	50
管头	52	297	158	139	500	100
耿岗	65	332	179	153	700	0
三里店	7	28	14	14	95	40
上庄	115	579	285	294	793	100
上偃	16	55	26	29		200

续表

村名	户口				土地	
	户数	人口数	男子数	女子数	耕地面积	其他有生产之荒地面积
松棵	28	180	97	83	350	80
徐墙	124	554	281	273	1250	150
戴马墅	17	82	42	40	250	80
佘村	232	1231	631	600	2450	80
山档	14	68	29	39		40
前咸田	54	236	130	106	444	0
后咸田	60	287	148	139	539	200
苏庄	99	400	212	188	752	150
周汪村	70	383	194	189	880	120
前后宋墅	190	934	464	470	1370	400
刘家边	40	209	109	100	450	125
东焦村	89	505	271	234	950	155
西焦村	54	300	157	143	1000	120
王家坟	30	183	105	78	500	250
新林	33	151	87	64	207	150
坟上	15	未详	未详	未详	66	300
总计	2558	14608	7384	6684	24561	7050

淳化镇的繁荣是全依赖这个范围以内土地生产的，因为附近的农民，在日常生活中，除了食粮以外的需要，都得用自己农场上所出产的粮食来变换购买，我们要知道农人与市镇的切身关系，可以看以下各种商店的数目，及其每日营业的状况。

第三表　淳化镇之各种店铺及其每日营业状况

店铺种类	家数	店中人数	每日营业进款（元）
当铺	1	6	80.00
木作店	1	8	
布店	2	5	45.00
铁匠店	2	6	6.50
药铺	2	3	5.00

续表

店铺种类	家　数	店中人数	每日营业进款（元）
浴　室	2	4	5.00
肉　铺	3	7	30.00
剃头店	3	9	10.00
京货铺	4	5	45.00
豆腐店	4	11	23.00
粮　行	6	21	161.00
茶饭馆	6	15	65.00
木　作	6	16	40.00
杂货铺	7	17	170.00
饭　馆	9	17	70.00
茶　馆	10	25	22.00
总　数	68	175	777.50

将此表详细研究，最多的行业，当然要算茶馆和饭馆，合起来共有25家，一天的总消费，在200元上下，按表上计算起来，他的总数不过157元，可是其他不良的嗜好，如赌博吸鸦片的消费还不在内，其中尤其是茶馆，我们大家都承认是个烟馆或赌博场，卖茶不过是个幌子。我们试想在淳化镇上的10个茶馆，每日共收入大洋22元，其中工作的人数，却有25个，每一家的茶馆，每日收入只合2元2角，试问这2元2角的收入，除了两三个人的工食外，还得要什么茶叶，柴炭，屋赁等等的支出，计算起来，这如何能赚钱呢？所以在乡村开茶馆的人们，他们的专门营业是赌博抽头，卖烟取利，绝不是靠卖茶来维持生计的，在表面看来，茶馆可说是农人娱乐消遣社交的场所，而就内容说，茶馆却是败坏农人道德，使乡村经济堕落的大本营。而且茶馆饭铺，不仅在淳化镇如此，就在其他市镇，也是这样，例如江宁县的殷巷镇，在68处商铺中，茶馆倒有17所，占全体商店25%，你看惊人不惊人呢？所以吾人要改良乡村社会，茶馆的改良，似乎确占一个最重要的地位。

茶饭馆子以外，在乡村中对于农人最关重要的就是粮行与当铺了，粮行在乡村的地位，好比就是农民的银行，农民要钱用时，每将自己出产的粮食，零星向粮行交换现钱。在每天的早晨，我们当可看见许多贫寒的小农，手携筐篮，内盛米麦来到市镇上的粮行，从事出卖，所卖的数量虽不多，不过三升或五升，而卖到的钱，却一方面可以作当日的茶资，他方面还可用作购买其他的物品的现款。粮行不但只作粮食买卖的生意，他还是个乡村放账惟一的机关，农人急需用款的时候，粮行每乘机放债，获利很高，并且还有确实的担保；同时粮行更利用农人借钱还谷的方法，从中牟利，甚至不到一年，能收到百分之百利率之息金。凡是由粮行借钱，不作正用的农人，利率更高，普通皆是付谷的，在每年收稻之时，许多农人的妻子，终年辛勤，到了谷已落场，粮行主人却携驴至家，将谷负去，农人妻子只能灰心丧气，无可如何，这种事实，在南京一带却很普通。

当铺也是一个农人用抵押品借钱的地方，淳化镇只有一家，每日可作八十元的生意，也算不少了。这个当铺，是城内人去作的，可视为一种乡村投资，他的利率是月利二分至三分，农人抵押的东西，也不过付值 20% ~ 30%，过了六个月不取，就被当铺没收，作为他们的财产了。我们从粮行及当铺的营业情形看起来，可以知道淳化镇农人的金融情形，已经严重到什么程度了。

此外如布店，铁铺匠，木作店，洋杂铺等，与乡村的农人都有密切的关系。布店是农人时刻离不掉的，因为此地农人大多不种棉花织布，所有的衣料，要到镇上布店里去买的，虽有时或是布贩子挑到乡间来卖，但却不很多。铁匠铺木作店，更是农人需要的来源，因为他们种田的农具，如锄头，钉耙，镰刀，犁耙等，都是要他们做的，其他到了农事快忙的时候，也还有些游村子的铁匠，替农人修补镰刀和锄头，农人用残废的农具做付铁匠的工资。总之这些店铺，确是农村社会中生活的基本工具。

杂货铺也是与农人日常生活很有关系的，每日生活上需要的油，盐，酱，醋，茶，都是要靠着杂货铺买办的。除了以上几种较为重要的店铺外，还有肉铺，与豆腐店，这也是农村市镇上最普通的，肉店大都与本镇上的饭铺和住家做些生意，乡村的农人，除了过节与婚丧喜庆外，很少和肉铺作买卖的，豆腐店除了与镇上人做生意外，乡村农人吃豆腐的也不少，豆腐就是乡下人的肉，吃不起肉的，就拿豆腐来代替，每日从镇上去买豆腐和油炸干的很多。

我们看了市镇上所有的各种店铺，就知道市镇与附近农人所发生的关系了，市镇的确是乡村文化传播的中心，市镇的改造，间接与乡村生活发生了很大的影响，所以乡村市镇的改造，与农村整个的改造不能脱离关系的。

除了市镇上的商业以外，其他农人的经济生活，就算什么钱会，与合作社了。钱会在乡村里很是普通，各村都有他们的踪迹，据在宋墅调查，加入钱会的农家占总农家44%，下村占28%，郑家庄占8%，若按三村平均，占26.7%，但是加入钱会的人，不一定都住在一个村庄，因此也有甲村的人加入乙村的钱会的。钱会的组织很简单，要借钱的人，先作会首，来请他的亲戚朋友近邻若干人，签名加入，每人给一会书以资凭证，若干时集会一次，由人自定。开会时例由会首设宴，第一次会员所纳之钱，亦例归会首先收，且无须付利，以后得会的次序，并不一定，要先排次序的，亦有抽签比较的。付给利息的高低，大半凡早得者多出利，迟得者少出利，方法颇见公正，但亦有其弱点，即早得会者每每以后经济困难，无款可付，结果只得请会首垫付。若得会者有数人经济能力失了信用，结果此会恐决无法维持，只有宣告停歇之一法。若竟如此，其他未得款项之会友，岂不大受损失，所以现在本处会首，皆暂定法规，凡得会者，须觅保人担保，或交付相当抵押于请会人，以维持其信用，似颇合理。

农业合作社的性质和种类，虽各有不同但为一种新的借贷组织，却毫无疑义。其内容就是把没钱的农人，大家连合起来，依赖他们各个的信用，得向社内借款，作为改良农业之用。社员的责任，是共同无限的，一个人若不能偿还，就得大家来共同负担，所以组织的时候，非常严格，社内除有常任理事外，还有监察员，就近监察。淳化镇的农人，常受着粮店，大地主，及当铺威力的压迫，付很高的利息，来求借款，而且有时尚借不到，金陵大学农学院农业经济系鉴于农民的困难，故曾在此提倡组织合作社，第一个合作社是民国十八年十二月组织成的，定名为淳化镇耕牛合作社，目的在借款给农人以便买牛耕田，共放款两次，第一次放450元，第二次放250元，农人颇觉有利，且对合作社之意义亦甚为了解。

（二）教育的生活

教育在淳化镇乡村社会中，是不很发达的，大半学校，多系私塾，俗名叫作“蒙馆”，就是在一个乡村中的农人，他们互相联合起来，大家摊派几个钱，请一位能教四书五经的老先生，来教学生读古书，在淳化镇乡村社会里56村中，共有34村，有了这种私塾，占全体村数中51.8%，什么新式小学，倒反很少。近年江宁县政府及私人方面，极力提倡，到了现在，总算共有5个村庄，已经设立，但亦仅占全体7.1%，我们可以从图表中看得清楚（参看第四、五表）。

第四表　新式学校与私塾数目及男女学生数之比较

种　类	数　目	教员数目	学生数		
			男	女	总计
私　　塾	36	37	708	57	765
新式小学	5	7	233	66	299
总　　计	41	44	941	123	1064

第五表　新式小学之地点及经费之来源

村　名	校数	教员数	学生数			每月经费（元）	经费来源
			男	女	总计		
淳化镇	1	3	109	26	135	44.00	县教育局
宋　墅	1	1	40	11	51	20.00	同　　上
徐　墉	1	1	21	4	25	10.00	学　　生
孙家边	1	1	31	11	42	28.00	县教育局
下王墅	1	1	32	14	46	24.00	同　　上
总　计	5	7	233	66	299	126.00	

但是这五个官立的新式小学，只有宋墅村那一个，有一个以上村庄的学生前来读书，所以可以用范围表示出来，其他四个新式小学，不过只供给学校所在地学生的攻读，所以学校所能影响的范围，也就很小了。

新式小学不能发达的原因，第一固然由于农人始终不信任学校所读的书，他们以为新式学校是洋学校，所读的书是洋书，多不适合他们的需要，与他们小孩子没有什么好处，所以不入学校，愿到私塾。第二是交通不便，外村的学生，因为路远的原因，就不来学校读书了。第三就是学校的本身经费太少，不能扩充，你看五个学校共有 229 个学生，每月的经常费，共计不过 126 元，除了教员的薪水外，还有什么可办，恐怕教员依靠这点收入，也未必能够养家，乡村教育怎样能不破产呢？

宋墅小学，可说是新式小学中的一个模范学校，创办时的困难，我们旁观者很有想不到的，宋墅位于淳化镇西五里，农户 190 家，有南北街道一，街内茶馆酒店杂货铺等，均甚完备，在农村中，可算是一个较大的村庄，村内有私塾一，为较有资产者所共同组织，本村失学儿童，数目甚多，学校的需要，势所必然。钱向志君，本村人，日击儿童失学情形，有所不忍，遂毅然创办宋墅小学，先借破烂房屋一所先行开学。钱君系金陵大学农村师范科毕业，所学正合所用，先与该村村长戴礼发，发起募款兴学，结果由南京晓庄师范学校及金陵大学捐助的款，得购校基二亩。嗣后仍无款建筑，钱君乃将其数年作事所积蓄之金钱，共有340余元，拿出作为购买建筑校舍材料之用，至于建筑时所需之人工，除必要木瓦匠外，均完全由钱君率领其学生努力工作，什么挑砖头，铲黄泥，抬水，挑土，筑墙，上梁，竖柱，搓草绳等，都是亲手作过的，这种精神，实令吾人佩服。该校教员，甚注重农业，因多数学生皆为农家子弟，钱君且注重“教学做”三方面，合而为一的，此种精神，确可解决中国数千年来乡村教育不振的原因。该校由民国十七年开办仅有学生20人，至现在已增至50余人，教员方面，因学生人数增加，现又聘孙金泉君为助教，学校发达现象，似有一日千里之势，学校一切都由钱君主持，钱君忽而为校长，忽而为庖丁，忽而为校役，忽而为农夫，一日数变，总可谓辛苦耐劳了，现在该校上自校长教员，下至学生，均能合作提倡改进农村社会各种事业。这个小学，很明显的变成了一个优良的改造农村社会的中心了。

（三）宗教的生活

淳化镇乡村社会中的宗教生活比较起来，比任何组织都复杂。除过了许多单独村庄所有的各种小神庙——土地庙、财神庙、龙王庙等——外，还有许多其他较大的社庙，这种社庙都是由好几个村庄联合组织的，每年在一定的时候，各村农民联合起来，敬拜菩萨，他们叫作“香会”。我们不论他们的宗教生活，是集中在一个单独的村庄，或是几个村庄，这都与他们的日常生活，有很密切的关系，或是因为他们共同的经济，政治，教育，自卫等等的要求，觉得一个村庄的力量，不够应付，才有许多村庄，联合起来，以便共同解决的动机。关于淳化镇单独村庄中的宗教生活，我们单拿宋墅村作个例子，也就够了。

1. 土地会

在宋墅村农人中认为最要紧的一位尊神，就是“土地菩萨”，他们崇拜土地的原因，以为可以保护他们“五保丰登”“人口平安”，他们又说土地菩萨的职务，好比是人间的村警，完全是阴间一个报上传下的使者。我们若把乡村土地庙的楹联，拿来仔细一为研究，就可明白不少了什么“保农夫四时吉庆，佑田禾五谷丰登”“佑当地清泰，保吾庄平安”，这都是表示农人对于土地菩萨的希望，也好似这些是土地菩萨的本分，因为土地菩萨对于他们生活上有如此的重要，所以每年在阴历二月初二和七月初二这两日，就是他们大家联络起来，做“土地会”的日子，届时每一农家出钱二千文，买办鸡鱼肉三样东西，名曰“三牲祭礼”来供祭土地，大家在这天，除敬土地而外，还有聚餐会，本村上的一切公共事业，都可在这一天来讨论改革。

2. 财神会

农人组织财神会的重大目的，在于求财，每年在阴历正月初四至初六日，为集合时期，参加人物皆系男子，加入者每人摊钱约二千文，每年共费约四十千文。他们组织的方法，系由本村数十家农家共同组织，头家轮流担任，是日群集一处，宰猪杀鸡，供祭财神吃唱赌钱，在所不免。

3. 娘娘会

娘娘会是已经出嫁的女子组织的，目的在于求子，每年集会两次，一在四月初十，一在九月初十，当地已婚子女参加者，约占60%，集会的地点，在宋墅护国庵内，每年消费百余元，平均每人费用，凡未生子的女子，约需洋五角，生子者约需洋二元。组织的方法系无论谁人上庙，以铜元五十枚为注册费，至日每人各携米一升，铜钱三百文，并购办香烛纸爆，焚香拜神，次年如果生子，并须作糕点馒头等谢神。当女子赴庙时的时候，涂脂抹粉，装饰特别华丽，在会的前夕，还有清音歌唱，及吃唱等等的娱乐。

4. 三茅会

三茅会的目的，就在祭拜菩萨，祈福，免灾，地点在茅山，每年自二月十一至十六日，会期共有六天，参加者男女都有，约占全村人口70%，加入者每年约纳费二元，全会费用，约200元。组织的方法，是由全村敬香的农家，公举四大头家，及廿四小头家，发起办理，在二月十一日，筹备布置，十二日烧香请神，十三日舁香案旗伞锣鼓等游神，十四日起香，十五日至茅山拜香，十六日归家。

联合村庄的社庙，在淳化镇乡村社会里大小共有八个（参看第六表）。最大的一个，就是松岗庙，它的势力范围共有48村，农家2300余户，农人12000余口；最小的一个，是四里庵，只包括三个村庄，共有农家63户，农人369口。他们的组织，皆大同小异，总是每年在一个一定的时候，齐来做会，借此不但可以祈福，还可以讨论什么共同事业的发展，例如修桥补路等等地方的事业，现在我只把松岗庙的神会情形，略述于下，以志一斑。

第六表（上） 淳化镇农民崇拜偶像之范围

村名 \ 庙别	松岗庙		村名 \ 庙别	松岗庙	
	户数	人口数		户数	人口数
松岗庙	20	141	下王墅	201	881
毕家边	49	186	周汪村	70	383
倪家边*	17	78	坟山村	15	未详
李　墅	60	303	前咸田	54	236
郝　墅	37	183	后咸田	60	287
后　村	20	107	苏　庄	99	400
吴　墅	36	223	岗家边	44	195
祁家边	48	271	竹　园	24	110
坭家边	12	50	后三岗	9	35
石子涧	80	650	咸　墅	96	798
巷　口	7	30	岗　下	15	104
七里岗	18	90	桥　头	12	67
许　墙	38	220	下漆墙	25	144
戴马墅	17	82	上漆墙		28
徐　墙	124	518	后祁村	20	88
淳化镇	382	1805	中漆墙	28	161
东焦村	89	505	三里店	7	28
西焦村	54	300	松　棵	28	180
宋墅村	190	934	涧　边		
刘家边	40	209	侯家场		
王家坟	30	183	张　山		
倪家边*	33	137	南岗头		
上王墅	121	714	未　详		
塘南头	9	73	未　详		
总　计	2344		总　计	12117	

续表

村名＼庙别	宗镜庵		村名＼庙别	三官庙	
	户数	人口数		户数	人口数
管　头	52	297	上　村	40	249
下　村	110	592	建茂村	26	147
耿　岗	65	332	王家边	18	90
西　焦	54	300	戴家边	27	175
宋墅村	190	934	下　村	110	592
东　焦	89	505	管　头	52	297
淳化镇	382	1805	耿　岗	65	332
新林村	33	151			
侯家场					
未　详					
总　计	975	4916	总　计	338	1882

村名＼庙别	古松庵		村名＼庙别	宗镜庵	
	户数	人口数		户数	人口数
许　墙	38	220	淳化镇	382	1805
死　塘	6	30	新林淳	33	151
孙家边	105	825	未　详		
巷　口	7	30	未　详		
石子涧	80	650	未　详		
七里岗	18	90	未　详		
未　详					
总　计	254	1845	总　计	415	1956

* 表格中出现重复的村名，原文如此。——编者注

第六表（下） 淳化镇农民崇拜偶像之范围

村名 \ 庙别	云居寺	
	户数	人口数
许　墟	38	220
徐　墟	124	518
孙家边	105	825
戴马墅	17	82
花　塘	6	30
总　计	290	1675

村名 \ 庙别	四里庵	
	户数	人口数
松　樑	28	180
三里店	7	28
中漆墟	28	161
总　计	63	369

村名 \ 庙别	林　庙	
	户数	人口数
吴　墅	36	223
后　村	20	107
郝　墅	37	183
李　墅	60	303
总　计	153	816

松岗庙是淳化镇乡村社会里最大的社庙，祠山大帝是这庙内的主神。此外还有什么龙王，雷公，蝗虫等等的菩萨。此庙的组织共有 48 个团体，每一个团体，叫做一“社”，每一个“社”，有一个“社的菩萨”。该庙的附近，有一个村庄，村名也称松岗庙，据该处附近一般农人传说：松岗庙 48

社组织的历史，完全是为地方自卫。本来这个庙是属于一村的，当前清咸丰年间，南京为洪秀全占领，附近农村，受害最巨，房屋焚烧，人口流离，当地领袖王延长，出而组织48社，借宗教信仰的力量，联络农民，响应清兵，后与洪军开战，连获胜利，当地农人，莫不悦服。王氏名松，远近农人，都称他王老松，后来大家为纪念王氏保卫地方的勋劳，因此把他们首次集会的社庙，也称为松岗庙。

松岗庙每年的会期，在阴历三月十一至三月二十日，共计十天，在这十天的当中，凡加入这个庙会的村庄，都要来这庙中敬香，因此每天人山人海，异常热闹。这种庙会，不但是一种农民宗教的集会，也还是一种经济同娱乐的集会。在这个时候农人也可以顺便购买些什么农具什物，所以这个会，原初虽为一种因自卫而组织的庙会，现在这会已经变到含有宗教经济与娱乐性质的三方面去了，这很明显的是一种重要的变迁。

松岗庙四十八社的组织，各社大约相同，我们单拿宋墅村的组织，研究一下，就可明白。宋墅神社，是由48家出头组织而成，共分六号（即六社），每号有头家一人，共有六人，普通称为大头家。由每号推派年长者二人，共十二人，叫做小头家，来协助大头家处理事务。每年庙会的费用，都由六个大头家摊派，其余的社内各家，只出铜元两枚，作为香资。全年约共费洋100元，每家大头家约费20元，大头小头，每年轮流处理社务。权利义务，家家平等，每年三月十一日，在本村护国庵，先行挂起祠山大帝神像，供献祭礼四十八盘，神锣一响，每社都得到齐，次乃焚香叩头，凡迟到者，处以铜元六枚的罚金，作为香资。十二日的清晨，大家集合，锣鼓旗伞行于前，龙亭殿其后，巡游全村一次，名曰消灾。然后抬至会所，在十三日这天，名曰出龙亭，就是将龙亭抬至松岗庙进香，在未行之前，先打麻雀奔（鼓点名称），后由头家将红绸一条，挂于龙亭之上，名曰挂红，取其吉祥如意的意思，然后再供八色祭礼，例如糕馒糖团，金花，猪头，鲤鱼，公鸡，蜡烛及香等。龙亭之内，置有木神位一个，上书“当今皇帝万岁万万岁”，以后出发时，仍以锣鼓旗伞在前，龙亭殿后，到了松岗庙的时候，要一齐奔跑，且须在庙内转一大圈子，名曰跑庙。然后大家齐集松岗庙神前，由头家执香叩首，团拜礼毕，大家出庙吃酒。每社由庙内供给酒菜各一碗，酒后再在庙内吃面一碗，到了十四日夜中，行收草礼，即每社拿瓦片一块，置于一处，然后用公鸡血滴于瓦上，以定吉凶，若某一瓦片上，并无血痕，即为该村不幸之兆。会毕，这六个大头家，将一切账目，公布大众，并再交卸一切手续与来年的头家。

当在松岗庙集会的时候，农人往往有不正当的事情发生，什么赌博，吸鸦片，是极普通的事，有些农人一年的劳苦所得，每在这几天中，把它全然消费了，这也是我们应当注意的一个乡村社会问题，我们应该用什么方法，去改良它，这实是我们应该负责的事。

在淳化镇乡村社会里，无论是单独村庄，或联合村庄，稍大一点的庙宇，除在每年庙会以外，平常也有和尚道士尼姑等，住在庙内守庙，每逢阴历初一十五，照例须向菩萨焚香化纸。他们的生活费用，大半是靠庙内的田产，以及祈福者的捐款，逢节期的时候，他们亦每向家家送佛，借此也可收入若干，以资弥补。在淳化镇乡村社会里，据调查所得，大小庙庵，共住有和尚 23，道士一，尼姑三（参看第七表）。

第七表　淳化镇乡村社会僧尼等数目

项别 庙名	地　点	数　目		
		和尚	道士	尼姑
松岗庙	松岗庙	3	0	0
地藏庵	余　村	1	1	0
文昌阁	同　上	1	0	0
观音庵	同　上	1	0	0
护国庵	宋　墅	1	0	0
朝真观	淳化镇	1	0	0
东岳庙	同　上	1	0	0
关帝庙	同　上	1	0	0
宋境庵	东焦村	1	0	0
老虎洞	老虎洞	1	0	0
四里庵	三里店	1	0	0
芳胜庵	孙家边	0	0	3
集庆庵	徐　壋	1	0	0
云居寺	许　壋	8	0	0
财神庙	同　上	1	0	0
总　　计		23	1	3

除以上所讨论的崇拜偶像之迷信生活外，还有很少一部分农民，信仰礼教、回教和耶教，三种信仰人的数目，礼教有 83 人，回教 24 人，耶教 30 人。礼教组织秘密，内容不易探知，回教与耶教，组织公开，在这三种宗教里边，耶教较有进步。淳化镇耶教的宗派，是属南京城内长老会的，办有教堂一，教友共有 30 余人，分布四周村庄，最远者还有不属淳化镇乡村社会范围以内的。主要的原因，由于乡村教会太少，不能不集中于此，因此在淳化镇乡村社会图上，未曾注明耶稣教堂之范围。

（四）社交的生活

社交的生活，系指日常过惯的生活，已成为一天不知不觉的照例的事情而言，例如吃茶，喝酒，吸鸦片，儿童的游戏，牧童的山歌，以及其他养生送死等等的人生习惯，都可说是社交的生活。虽然社交生活，每可包括在宗教及教育等生活当中，但是因为他已经有了相当的重要组织，很可独立一门，稍加研究。本节所述，虽都是些日常在无意中的拉杂生活，却是与农民不能时刻分离，姑就所得，略述如下。

1. 吃茶

吃茶是一般农人认为最重要的生活的一部分，他们可以借着上茶馆的机会，使他们的生活社会化。因为乡村的茶馆，是农人交际的中心，个人间的接触，外交文化的输入，都是借着茶馆作媒介，有的时候，农人互相争执或间有口角，也都要借着茶馆来调和，因为一般人认茶馆为公开的地方，是造成乡村舆论的中心，因此茶馆好似他们的法庭，茶馆在乡间如此风行，当然有他的存在的价值，所以近年来，许多从事乡村教育改良的人，多有改良乡村茶馆的计划，其目的就在利用茶馆，作为改良农村社会教育的一个有力量的中心。

农人吃茶，本无所谓好坏，可是乡间有很多的农人，受了茶馆种种不良的影响，结果每把上茶馆当作要事，一进茶馆，不单吃茶，什么赌博，吃鸦片，也不免偶尔尝试，这样就可使许多农人，堕落下去了。有一次，正是天暖农忙的时候，许多农人反荷锄去上茶馆聚赌，我向他们说："现在清早，天气正凉，你们为何不上田间耕作，反要打牌呢?"有一位农人回答说："天气凉快，正好打牌。"我们听了这种话，才知乡村的农人，不知道把多少宝贵的光阴，断送到牌场上去；每年农人倾家荡产者，又不知还有多少，我们有志改良乡村的人，应该注意到此。倘能用其他娱乐的方法，代替赌博，使农人可以得到正式的社交生活，那末茶馆就自然会变成了农人的正式娱乐及社会教育的场所了。

2. 娱乐游戏

娱乐在乡村，可分为成人与儿童两种，成人的娱乐，除了在宗教生活中，含有娱乐性质外，还有玩灯，演剧等等。玩灯的主要目的，是在热闹，淳化镇社会里稍大一点的村庄，差不多都要玩灯，地点或在本村，或在附近村庄和市镇上，并不一定。每年举行一次，消费约近百元，举行之时期，每在废历正月十四至十六日，当地农人之参加者，将近 50%。按宋墅全村，组织共分六号，每号迳派领袖二人，于废历正月初六日，即开始商酌玩灯手续，到了十四日，敲锣打鼓，结队游行，灯有龙灯、狮子灯、球灯等，玩灯者可往富家院中玩要，名曰送灯，俗云“送灯之家必生子”。

演旧剧多在废历春秋二季，目的仍在热闹和愉快，宋墅演剧，多在废历四月初四至初六日，剧价约值百余元，演员多来自外方，演剧时在村中搭一剧台，观剧者为本村及邻村之男女老幼，异常热闹，但不尽每年开演，若遇年岁丰收时，照例举行。

儿童游戏，在淳化镇乡村社会中，各处皆大同小异，据调查所得，约有四五十种，今择其最有兴趣者，选录若干如下。

（1）跳采茶灯。在丰年的时候，人各手有余钱，即由村长为首，召集各家，随能力之多寡，捐款若干，作为费用，然后选择本村会玩之儿童扮演各种故事，大半由各种小说探集，例如“水漫金山寺”“西天取经”等，玩时多在夜间，灯彩辉煌，载歌载舞，一夜始息，如有邻村来请，则全班出发，有时可连续玩要四五日，始止，故幼童精神，皆极度疲乏。

（2）猫捉老鼠。为普通儿童游戏之一，地点多在广场，人数无定，玩时各以手相牵作一圆圈，一儿为猫在圈外，一儿为鼠在圈内，猫以捉鼠为务，窜出窜入，直至捉住为止。

（3）剖莲花。玩要地点多在空场之上，人数无定，有十余人即可开始玩要。玩时一人背立，谓之望月姑娘，余均席地而坐，另有一人站立，两手藏一小砖，向地上之人逐一作揖。在作揖时，坐地上之人，手皆举起，如还揖状，此一人在作揖时，可将手中之砖，任置何人手中，揖时，口中唱云：“剖莲花，剖莲花，剖到阔人家，东头开饭店，西头插金花，望月的姑娘，来吃牛屎罢。”唱毕，望月姑娘即须开始找寻小砖，可以指名试猜，猜着即可坐下，以藏砖之人代为望月姑娘，猜不着则仍望月，继续试猜。

(4) 城门高。儿童十数，手牵手，做一缺圆形，唱曰，“城门城门几多高，三丈八尺高，骑花马，带腰刀，腰刀长，杀猪羊，猪羊毙，打开城门踢一踢。”唱毕，然后由末一人起，鱼贯由第一人腋下穿过。

(5) 打跪跪。儿童数人，每人二砖，一砖竖立，一人用其余一砖轮流抛打，被扎倒者即跪。

(6) 当当对（冲砖头）。儿童数人，即可玩耍，玩耍步骤可分为六：

第一，将砖竖立为一排，名为城门，人立砖外，或名关上，以另砖打去，倒即再打，名开城门。

第二，将砖放在关内，跨两步即推起打之。

第三，将砖放在脚背上，用脚抛打。

第四，将排列之砖直竖，以手中之砖掷近之，再以两脚夹起，跳以打倒。

第五，将竖立之砖，仍改横列，以手中砖掷去，跨五步，用一脚踢砖打倒之。

第六，跨六步一脚接起，以一脚后转将砖踢倒。

第七，再作如开始时，谓之关城门，先完者胜，胜者可以一手打输者口云“当七当八当当对”，即随便作各种姿势，此时输者须一一效尤，姿势相同，可不再打，否则可由胜者继续打输者之口，直至其姿势相同为止。

(7) 数脚底板板。儿童十余人坐为一排，由一人持木棍在各人之脚上逐一点数，数一脚，唱一声，说一字，其歌曰：“脚底脚底板板，搬到南山，南山有位，珍珠宝贝，金三锅，银三锅，十八罗，罗罗肥，小脚姑娘缩只狗腿”，数末一字之脚，即须缩起，如此再数再缩，直至两脚时，即改行对数，歌辞亦换，其辞曰：“东边靠，西边靠，靠到那个作强盗。”数在末一字之脚之人，即被打，打时仍须歌唱，其辞复行更改，曰：“捶金鼓，过金桥，问问大老爷饶不饶。”盖第一次两脚缩进之人，即为大老爷，大老爷若不饶，即须再打，直到饶时为止。

3. 歌唱

歌唱本是人类的感情的一种流露，有的是因为快乐而发的，有的是因为忧闷而发的，惟这系对创作者的本意而言，目下乡村通行的各种山歌小调，却早已失了作者的本旨，不过完全系一种摹仿歌唱，在农村工作苦闷时，随意呻吟，藉以兴奋而已，惟仔细推求，真意亦未始不可获得，近年来许多学者，专事搜集各处民歌小调，作为研究民俗的开始，以便了解社会进化的阶

段，及一般人民思想的变迁，意即在此，据我们所知道的，通行乡间的一般歌唱，

(1) 不是“受经济与自然的拘束，而发生的呻吟”。

(2) 就是“受性的压迫而生出来的反感”！

关于自然的与经济方面的，多系暗示务农如何的困难，辛劳，常受气候地理的限制遇到水旱病虫各灾，农人毫无阻止的办法等等而言。关于性的方面，社会向来是不公开的，尤其对于女性，更是羁约万分，在公开社会里边，男女的性的教育，从来未曾见过，所以一般人把性生活，看得非常神秘，结果就有许多地方，表示出来性的暗示，比方在乡间所唱的山歌，就都是性方面的一种发泄，兹将淳化镇农人普通的歌曲，选录数首如下。

（甲）经济方面

(1) 歌儿不唱忘掉多，大路不走草成窝，镰刀不磨易生锈，坐立不正背成驼。

歌儿好唱口难开，樱桃好吃树难栽，白饭好吃田难种，鱼汤鲜美网难抬。

(2) 口唱山歌荷荷，脚踏稀泥如梭，荷荷梭梭，不知秋时可能到窝。

（乙）性的方面

(1) 正月里来梅花开，大雪飘飘落下来，大雪落在梅子上，推窗扫雪望郎来。(其一)

二月里来杏花开，一双卢燕向南来，嘴含紫泥高梁住，脚搭梁头望郎来。(其二)

三月里来桃花开，桃花开的红歪歪，桃子结的颠倒挂，摘下山桃望郎来。(其三)

四月里来蔷薇开，墙里栽花墙外采，双手采来花一束，身靠篱笆望郎来。(其四)

五月里来栀子花儿开，栀子花开白歪歪，一年一个端午节，手挥酒杯望郎来。(其五)

六月里来荷花开，一对官船向南来，官船落在沙滩上，脚搭船头望郎来。(其六)

七月里来菱角花儿开，姐儿搬盆下塘来，左手翻来右手采，采下菱角望郎来。(其七)

八月里来桂花开，姑嫂二人到园来，姑娘采花嫂子戴，嫂子采花望郎来。(其八)

九月里来菊花开，黄杨叉帚齐上来，叉扬帚扫临地转，场光稻净望郎来。（其九）

十月里来芙蓉花儿开，姐儿洗手做花鞋，大鞋小鞋总做起，做双花鞋望郎来。（其十）

十一月里来月季花儿开，姐儿拎桶下池来，手擂棒槌叮当响，勒把寒花望郎来。（其十一）

腊月里来腊梅花儿开，姐儿端灯进房来，灯盏摆在莲桌上，铺床桑被望郎来。（其十二）

（2）天上星多月不明，地上牛多草不生，塘里鱼多混了水，姐儿郎多乱了心。

天上大星对小星，地下南京对北京，朝中文官对武将，十八罗汉对观音。

（3）太阳上来渐渐高，姐儿拿棍打樱桃，打下樱桃让人吃，打下柴草平分烧。

姐儿携饭过田中，过路哥哥问我是什么？虾米炖菜满堂红。

太阳下山望西游，姐儿拾瓶去打油，油瓶摆在油缸上，打一瓶清油抹光头，一抹光来，二抹光，十二把牙梳配成双。

4. 协助

协助就是指农人互相帮助的意思，在乡间是很普通的，例如在农忙的时候，换工车水，与遇到邻人有嫁娶葬丧的事时，许多人都去给他帮忙，这都是表示一种合作的精神。我们单拿丧葬说罢：在淳化镇乡村中，一遇到某一家有人逝世，什么掘墓移棺，无须雇人，都是邻居出来帮忙，只要事主预备饭食就好，工资是绝对不取的。这种精神，真是乡村农人的美德，决非城市的居民所可比拟。或者因为住在城市中的邻居，不是土著，时常移动，感情自然很少，没有互相帮忙的动机，农家多系土著，故交情厚而互助亦较多。

5. 节令

乡村节令，多含有迷信性质，推其原始，或有历史的记载，或系神话的传说，但是在农民心理方面，对于实行各种节令的仪式，反能得到一点精神上的安慰。固然这种种迷信，在民智开通的地方，本可扫除一空，但是在文化低落的地方，一时颇难革除，因为农民对于各种自然现象，不能加以解释时，就发生了多少的疑惑。这是社会进化的一种自然程序，兹将淳化镇方面之各种节令及习俗，摘其重要者述之于下。

（1）阴历正月初一，为元旦节，家家敬拜祖先，天，地，及五路财神，亲近邻居，且互相亲谒贺年，凡普通本村农人见面，必拱手说几句“恭喜发财”的话，自元旦日起至五日止，每饭必先祀祖，又在此五日内，不扫地，不泼水，名曰“聚财”。

（2）二月二日为土地会期，届期十数农家，自相集合，敬拜土地，并制办酒肉，共同聚餐。

（3）三月三日农人家中皆用荠花煮蛋，互相啖食，据谓食蛋以后，一则可以免除头昏，二则可以使眼发亮。

（4）清明节。亦称寒食节，系纪念介子推焚死绵山的故事，是日家家门旁插柳却灾，据一般人传说：当黄巢作乱时，杀人无数，有柳和尚者，与巢友善，恐遭误杀，特用柳枝为号，乃免遭劫，故遗传至今，世守罔替云。再在此时节，农人皆上坟祭扫，兼做野外之游。

（5）四月初八日农人大家都吃乌饭，因为据普通传说，这天是佛爷的生日，吃了乌饭，是可以免灾的。也有一般人，以为这是由木莲僧救母的故事脱胎而来，据说木莲僧之母，因犯冥罪，打入地狱，木莲僧纯孝性成，屡以白饭相飧，不料均被魔鬼抢去，因是改用乌草煮成乌饭，使魔鬼不易发现，而其母始得救，故后人为避灾计，亦相习成风云。

（6）端阳节。阴历五月五日，俗名端阳节，湘赣等处，为纪念屈原的汨罗自尽，角黍龙舟，非常热闹。淳化镇乡村社会里，这种概念非常薄弱，到了这日，农家门口，不过插点菖蒲和艾，以避五毒。这一天是农人们比较快乐的日子，大家都一齐休息，不做农事，因为春季作物，已经收完，比较尚不过忙，不妨休息一日，以舒劳力。小孩子更为快乐，穿新衣，作游戏，有如新年一般，吃中饭的时候，农人们皆将艾叶同雄黄和酒以饮，且每以之熏洒卧房，以除五毒。按五毒即蜈蚣，蝎，蛙，蛇，壁虎，我们细心研究一下，这种节令，很有意义。因为五月天气渐热，正是各种毒虫及病菌活动的时候，借着这个节令，洒洒雄黄也未尝不可使农家把房子消消毒呢，倘能因利乘便，与以普通消毒智识，其有利于农村卫生，决非浅鲜。

（7）盂兰会。阴历七月初一日，相传是地狱开放的日子，禁锢孤魂，多乘此出外觅食，每年七八月间病死者较多之故，即系孤魂作孽，故一般迷信男女，到了这日，每集款来作盂兰会，于七月十五日前后延僧焚香诵经施食，以求免灾。其实七月间多病是极普通的现象，因为这个时候，气候炎热，病菌繁殖甚快，且蚊蝇又多，传播更速，故死亡较多，固与异域孤魂并无关系的啊，农人未受教育，智识不充，仅知七月间之多死亡，而不知死亡较多之自有其故，以致附会神鬼虚糜金钱，可叹可惜！

（8）中秋节。阴历八月十五日俗名中秋节，这个时候，夏季作物，大致收获完毕，故普通农人，皆借着这个日子，大家来快乐一宵，到了晚间，月亮东升的时候，农人每用石榴，菱角，藕，和月饼等来敬拜月亮，并烧盘香，全家老幼，都环坐明月之下，共同欢乐。

（9）重阳秋。阴历九月九日，俗称重阳，农人家中，皆须吃重阳糕，以取步步登高之意，是日农人多到山上旅行，近山者多登山，近城者则多登城，效桓景避灾难的故事，萸囊未备，而避灾固自有心。

（10）十月一日为农人冬季扫墓之秋，因为十月以后，天气渐凉，上坟烧纸，意在送衣，农村中有祠堂的，是日亦有祭祀仪式。

（五）政治的生活

淳化镇这个称呼，是指江宁县十个普通行政单位之一，这种政治的区划方法，是按着田地好歹来分别，并不按人文与自然环境来作根据，所以含政治意义的淳化区，范围很大，全区共有 36 乡、镇，包括 261 村，他的人口与土地面积在最近由区公所调查的结果，与立法院的统计比较，稍有出入，这是因为调查的时间不同的关系。该区的详细土地面积与人口数目，可参看第八表，当能明了。不过行政范围，在官厅方面，当然有政治的用处，若是要拿这个范围来当作改良农村社会的区域，这还是一个问题，因为改良社会的基础，决不能以呆板的政治范围为准绳，应以该处居民共同生活的中心影响所及的自然范围为标的，这种范围，在乡村社会学中，就叫“乡村社会”。在淳化行政区中的村庄，有许多的市场交易中心点，并不是淳化镇，甚至有从来没有到过淳化镇的，所以在本篇里，这些不来淳化镇买卖东西的村庄，用图特为揭出，表示与政治区域有特殊之点。换言之，与淳化镇附近之村庄，并无共同生存意义的那些村庄，皆未划入该区，因为本篇研究的目的，是在研究乡村自然的区域，所注意的是人群事业联络的单位，而不是政治的范围，所以淳化镇“乡村社会”的范围，要比淳化行政区政治的范围小得多，同时在政治范围内的村庄，终年不一定有什么共同利益的联络，可是在乡村社会里的村庄，他们是有共同生活的中心，彼此却都有连带关系的，这就是想改良乡村社会的人，所肯孜孜的研究的一点理由。

第八表　淳化镇行政区域内之人口及土地

乡镇名	村数	闾数	邻数	户数	人口数	男子数	女子数	土　地		
								熟田	熟地	可开荒地
淳化镇		17	82	382	1805	972	833	1325	200	
古淳乡	8	18	77	351	1617	885	732	3420	345	
云淳乡	7	13	65	330	1529	802	727	2950	1005	1100
南淳乡	10	17	84	384	2063	1064	999	4400	100	1500
王淳乡	1	8	40	202	879	453	426	800		
咸淳乡	7	13	65	261	1150	600	550	2430	1070	115
灵淳乡	5	11	46	230	1169	631	538	2000	358	
庆淳乡	3	10	50	212	920	500	420	2000		
宋淳乡	9	17	85	439	2166	1134	1032	3390	1510	
建淳乡	7	15	75	339	1869	985	884	2700	700	
佘淳乡	14	13	56	283	1454	748	706	2000	340	
桥头镇	5	6	30	136	1056	550	506			
印淳乡	3	5	25	121	488	230	258	1400		
骆淳乡	4	9	45	200	804	349	455	1950	150	
济淳乡	8	14	70	362	1543	808	735	2300	1500	
天淳乡	6	14	70	317	1612	823	789	3400	330	
高淳乡	5	15	75	308	1602	803	799	2730	315	
东淳乡	6	18	90	434	2181	1118	1063	3650	850	
西淳乡	4	15	74	372	1900	981	919	2900	400	100
西北镇		7	35	157	689	398	291	2000	100	
解溪头		11	55	289	1350	793	557	3000	300	
北淳乡	4	4	20	163	861	452	409	3200		
殷淳乡	3	15	75	380	1785	976	809	4800		
乐淳乡	14	14	70	350	1550	839	711	2810	1210	
方淳乡	7	14	70	348	1604	820	784	3974	60	
正淳乡	10	17	85	341	1871	927	944	5100		

续表

乡镇名	村数	间数	邻数	户数	人口数	男子数	女子数	土地		
								熟田	熟地	可开荒地
索墅镇	4	15	75	324	1771	966	805	1830	400	150
丹淳乡	8	18	82	401	2048	1084	964	4680	445	130
龙淳乡	11	17	85	363	1851	1000	851	4000	400	
福淳乡	10	17	76	381	2095	1101	994	4100	200	
孟淳乡	24	16	80	400	1905	1055	850	4250	310	
鹤淳乡	9	13	65	262	1339	724	615	2800	230	
陵淳乡	15	18	90	387	1888	1005	883	4400	140	
清淳乡	7	10	50	202	1024	554	470	2070	800	
厚淳乡	12	16	60	302	1756	945	811	4000	600	
溪淳乡	8	12	60	263	1170	610	560	2200	200	
总　计	258	482	2337	10976	54364	28685	25679	104959	14568	3095

综上所言，可知乡村自然区域的划分，是按着人民的共同生活作根据，政治区划的划分，是按着人口数目作标准的，在中华民国十九年七月七日，国民政府修正公布之县组织法第六条说："各县按户口及地方情形，分划为若干区；除因地方习惯或地势限制及其他特殊情形者外，每区以十乡镇至五十乡镇组成之。"第七条说："凡县内百户以上之村庄地方为乡，其不满百户者，得联各村庄编为一乡，百户以上之街市为镇，其不满百户者为乡，但因地方习惯，或受地势限制及其他特殊情形之地方，虽不满百户，亦成为乡镇，乡镇均不得超过千户。"第十条说："乡镇居民以二十五户为间，五户为邻，但一地方因地势或其他情形而户数不足时，仍得依县政府之划定，成为间邻。"

假使我们再要知道乡镇的功用，我们看国民政府公布的乡镇自治施行法，就可以知道，第三十条说："乡公所或镇公所于现行法令区域自治公约及乡民大会决议交办之范围内，办理下列事项，由乡长或镇长执行之。"

一，户口调查及人事登记事项

二，土地调查事项

三，道路桥梁公园及一切公共土木工程建筑修理事项

四，教育及其他文化事项

五，保卫事项

六，国民体育事项

七，卫生疗养事项

八，水利事项

九，森林培植及保护事项

十，农工商业改良及保护事项

十一，粮食储借及调查事项

十二，垦牧渔猎保护及取缔事项

十三，合作社组织及指导事项

十四，风俗改良事项

十五，育幼养老济贫救灾等设备事项

十六，公共营业事项

十七，自治公约拟定事项

十八，财政收支及公款公产管理事项

十九，预算决算编造事项

二十，县政府及区公所委办事项

二十一，其他依法赋予该乡镇应办事项

我们看了以上乡镇应举办的事业，就知道一个乡或镇所负的责任，总算很大了，但推究实际在淳化镇行政区域以内，究有多少乡镇曾经按此实行？恐怕连一个都没有罢！他们所感觉的困难，一定很多，最重要的，恐怕还是经济问题，因为经济的筹措，与土地人口两个问题，息息相关，在一个乡镇里边，要农民出钱来办以上所举的他们应办的事情，恐怕江宁县目下所分的乡镇自治区域范围有点太小吧！江宁县第五区原有258个村庄，目下共区划了36个乡镇，482闾，2337邻，每一个乡镇，都有他们的乡镇公所，这就是他们的一个乡镇的自治机关。按他们最大的乡，有439户，2166人，最小的乡有121户，488人，再按他们的土地而论，最大的约有5000亩，最小的仅及千亩，我们暂且把小的乡镇不谈，最大的乡镇，他的人口约近3000，土地面积将近5000亩，试问他们的能力，是否能够举办什么事业，这是很值得讨论的一个问题。好比我们要改良乡村教育及卫生，试问一个乡镇里边，他们的财力，是否能办得起一个完善的小学，乡村的医院？即使财力能够担负，我们也还要计算究竟经济不经济？现在我用我们已经调查到的新式小学的事实，作个例子，来证明一个镇的，是否能办得起一个很好的小学校？在淳化镇乡村社会中，有五个新式小学，平均每月经费，约需25元，每校学生，平均约50人，我们把他全年计算，每年一个学校，最少要用500元，每一个学生需洋6元，假定一个学生代表一家，那就是每家平均送一个学生读书，须纳学费6元，照我们看来，现在的乡村，每年能够纳6元学费的农家，真很不多。就以宋淳乡（宋墅村）说他是一个最大的乡，有439户农家，新式小学内，亦只有学生51人，假定每个学生，来自不同的家庭，那末能够有钱可送子弟读书的农家，只占全体11%了，但这还是以最大的乡而言，最普通的乡镇，不过只有300户左右，所以用一个乡镇，作乡村改良的单位，面积恐怕有点太小吧。

据我们在淳化镇所区划的农村自然区域，即农民共同生活的范围而言，是要比他们政治最下级的乡镇单位大的多。拿淳化镇做中心，大约五里以内的村庄都与该镇发生关系，他的人口约比一个乡要大6倍，我们若把淳化镇乡村自然区域的界线，放在一个江宁县乡镇图上，更使我们明了得多，那就是说，在这个自然区域内，包括了6个乡镇，此外在江宁县尧化门西善桥两处，也曾作同样的调查，结果尧化门自然区域内，有12个乡镇，西善桥有6个乡镇，尧化门乡村社会范围之所以大的原因，因为该处地势多山，土地瘠瘦，村落散漫的关系，淳化镇与西善桥土地较佳，人口居住较为集中，故乡村区域亦较小也。

按我们在江宁县区划的这三个自然乡村社会而言，他们的面积，差不多都在10~15方里，户数有2000~3500左右，人口有10000~18000，照这样大的范围，要办一个新式小学，似乎可以办得较好。即以淳化镇乡村社会中宋淳乡的事实，来加推论，户数方面，乡村社会区域要比政治区域多了6倍，即使每一个农家，捐助不到一元的款，也就可以办一个较为完备的农村小学了，学生的数目，既可增加，学校的设备，自比较更能完善。所以改良乡村事业的基本条件有二：第一，须看组织地理范围的大小，第二，须看每种组织人口的数目，假使一个地方，能合乎土地及人口之相当分量，他的改良事业，是决不至于不能成功的。但是照现在江宁县所划分的乡镇自治单位而论，似乎有点太小，不能合乎以上的两个条件，盖能合乎“适当人口”及“适宜土地”的条件的，只有农民共同生活的自然区域，也就是乡村社会的范围（参看第九表）。

第九表 江宁县三市镇商业范围内之人口分配

第一区 尧化门商业范围

乡名	户数	人口数		人口总数
		男	女	
第一乡	87	213	168	381
第二乡	484	1161	1053	2214
第三乡	513	1459	1341	2800
第四乡	770	2154	1810	3964
第五乡	326	953	855	1808
第六乡	326	953	855	1808
第七乡	392	1030	878	1908
第八乡	392	1030	878	1908
第九乡	241	594	563	1157
第十乡	214	550	525	1075
第十一乡	131	338	309	647
第十二乡	296	768	687	1455
总计	3454	9220	8189	17409

第二区 淳化镇商业范围

乡名	户数	人口数		人口总数
		男	女	
第一乡	382	972	833	1805
第二乡	439	1134	1032	2166
第三乡	339	985	884	1869
第四乡	283	748	706	1454
第五乡	384	1064	999	2063
第六乡	351	885	731	1616
总计	2178	5788	5185	10973

第三区 西善桥商业范围

乡名	户数	人口数		人口总数
		男	女	
第一乡	400	1168	920	2088
第二乡	1023	3767	3182	6949
第三乡	668	1876	1735	3611
第四乡	500	1361	1252	2613
第五乡	277	752	653	1405
第六乡	424	1105	1030	2135
总计	3292	10029	8772	18801

五 认识乡村社会共同事业的利益

吾人对于一个乡村社会，必须先将他内部的各种事业明了了以后，方能根据事实发生见解，日后着手改革时，方能措施裕如，程序方面，不致弄误。无论是经济，教育，宗教，社交，政治各方面，都得须知道他的背景方可下手，这就是我们研究乡村社会事业的目的。现在根据我们的研究事业，对于淳化镇的乡村社会可能改革的地方，略述于下。

（一）经济事业

经济事业至广，但其最重要者，莫如农业借贷与农产贩卖两大问题。因为大半农民，田场狭小，收入至微，再加资本短少，无力改良，倘使农民能以低利贷款，作为改良农业之用，其生产自可增加，若再能辅之以适当的农产贩卖的组织和方法，农人收入更可增高，农民生活，自然从此宽裕了。

以上的两种组织，可说是解决现在乡村经济枯窘的惟一方法，而其成功，则端在农民之是否能团结合作，一个单独的农家绝对是不可能的，合作固然是要依赖有忠诚的农民，热忱的领袖，同时我们也不能不注意于自然与人文环境两方面，作为实施改良一种组织的根据，如此方可驾轻就熟，比较的容易成功了。好比在一个乡村社会里农民已经有了一种金融组织的雏形，我们就很可以利用这种组织，加以逐渐的改良，比较自可减轻不少的阻力。或者他的固有的会员，已经有了相当的信仰，成功的可能，或者也能格外大些。现在我举一个很简单的例子来做比方，就是在安徽和县乌江的地方，地沿长江，田地低洼，夏季雨量过多时，每易发生水灾，故此处一部分沿江的农村，差不多都有堤坝会的组织，以便修堤防灾。民国二十年，长江一带雨量过多，被灾区域极广，乌江低洼的农村，均受重大损失，国民政府救济水灾委员会，施用工赈办法，命农民修堤防水，事先未经调查，当地已有同样略具雏形的防水机关，贸然另行组织，方法既不完善，办事又多掣肘，结果农民怨声载道，工作效率异常低微。日后当地领袖王楚江君出而建议当局，应利用其固有的组织，采仿按田亩摊工的办法，计划三月完成的工程，按王君的办法，两星期中，竟从容竣事，这就是给我们一个很好的例证。我们若要改良一个乡村社会，我们先得知道这个乡村社会的背景，若果贸然改革，恐怕农民利益未见增加，害处即时可见，这是服务乡村社会者所不可轻忽的一点。

（二）教育事业

在区划出来的乡村社会图中，可以看出来乡村学校的分布，同时用询问的方法，也可了解各学校的内容。凡是一个改良乡村的教育家，要在一个地方推广乡村教育，就不得不对此等地方加以注意。因为一个乡村地方，要办多少学校，办在什么地点，一个学校预备多少经费，要收若干学生，这都是与当地的人口和土壤大有关系。所以一个乡村教育家，或是教育行政家，要在每一个乡村社会作一点教育上的改良工作时，绝对不能不注意学校区（School district）的范围和大小。例如创办乡村小学，除注意地点外，学校周围的村庄数目，和每个村庄距离学校的远近，也不能不同时加以注意，因为这都是一个学校除过本身充实设备外的必要条件。例如著者从前在南京尧化门区划乡村社会时，发现了一个很好的例证，就是尧化门与甘巷的中间，有一个学校，里边的设备，教师的人选，都是很好，可是不能发达，到了现在，听说已经停办了。他的失败的主因，不在经费与教师，而在地位之不适当，因为这个学校周围，人烟稀少，土地瘠瘦，一则不能供给足额的学童，二则不能得地方上精神的与物质的帮助，此种因果，都是由于开始办学的人，太不注意乡村情形所致。他们每以为办学，就是把学校的房屋设备办好，即算完事，不知学校的位置与附近居民财力的多寡、人口之密度，有极大关系，办学的人若不顾这些条件，单去开设学校真是毫无用处。所以一个乡村教育家，要在一个地方试办教育，就应得先明了这个学校将来所在地的乡村社会的情形。

（三）宗教事业

在乡村社会里，要改良宗教事业与教育事业并无二致，就是人口与财富，也得兼筹并顾，方能使一个教堂逐渐发达。好比淳化镇的松岗庙，虽然有四十八社的组织，但因每个村庄都相距不远，而且加入的农家大半系村民全体，所以组织既很严密，农民的负担也比较的轻，相延数十年，组织毫无破坏的基本原因，就是因为这种集团，是合乎自然区域与农民共同生活的条件的。淳化镇的基督教堂设立的地点，确是不错，可是它的教友，虽然只有三十余个，但是他们所住的地方，多不在淳化镇自然区域以内，而且距淳化镇很远，来往既属不便，所以教友对于教堂的感情，也甚隔膜，教会自不能日形发达了。所以此后倘要使该处教堂能够自立发展，第一应先注意教堂所应在之地点及可能影响到之范围，在此范围中，若能利用其固有之宗教团体，或者尚有发展希望，因为他们固有的组织是根据共同需要而组成的，绝不是像现在淳化镇教堂中的教友分居遥远，散漫凌乱呢。所以我以为：在乡村社会里，若打算办一个教堂，那末这个教堂应该办在什么地方，这实是最要紧的一个问题。关于这一点，我们要看教堂所在地点是否靠近许多的村庄？因为教堂总是设在居民较多的地方，因为居民就是财富，教堂的发展，全是依赖附近入教的教友能在经济上与精神上予以适当的协助的，若是办教会的人不注意这些事，只将教会的内容充分的设备，就觉心满意足，同时并不顾虑到本处能切实扶助教会的人，究有多少？那末仍须归于失败的。因为任何一个乡村教会，都得建筑在磐石之上，磐石非他，即能够在经济上与精神上协助教会发展的当地教友们呢。

现在提出两种假设以明这个问题的重要。

（甲）假使该处教堂的房屋，系为人捐赠，并请一位薪金低廉的牧师，那么这个教堂每年的预算是应该。

（一）房屋及器具每年修理费（价值二千元，年利二厘半）	50.00 元
（二）牧师薪金（每月 30 元）	360.00
（三）牧师房租（每月 10 元）	120.00
（四）灯油杂费	30.00
共计	590.00

（乙）假使在该处系借款建筑教堂，并请一位高俸的牧师，那末这个教堂每年的预算应该是。

（一）借款二千元（以二十年为期，每年利息八厘）	80.00 元
（二）每年归还款项	100.00
（三）房屋及器具修理费（价值二千元，年利二厘半）	50.00
（四）牧师薪金（每月 50 元）	600.00
（五）牧师房租（每月 15 元）	180.00
（六）灯油杂费	60.00
总计	1074.00

照以上的估计，第一个教堂每年经费约需 590 元，第二个却要 1074 元，才可维持下去。这些钱当然是要靠当地的教友们来供给，绝对不能靠其他城

市的教会来辅助的。因为永久靠人补助，那个乡村教会，是永不会发达的。换言之，这种教会，就永远不会变成自己的了，因为不能自立，就是表示当地人民或教友，对于这个教堂，并没有发生什么密切的关系。

若是以上的两种教会，完全都要当地人民来维持，那末，这两个教会应有多少当地教友呢？关于这一点，我可根据金陵大学农业经济系的调查来证明一下。根据他们的报告，在有教会的地方教友每年捐助教会最低的数目，是二元一角八分，最高的是三元六角五分，那么若创办前一种教堂，最多的教友应有 272 人，最少亦须 162 人，得其捐款，方足维持该教会。若要创办后一种的教会，则最高教友人数，须 493 人，最少亦须 294 人，然后集腋成裘，方足维持该教会于不替。这样一比较，我们当时就要有几个问题发生。（1）照本处的人口与财富情形应办何种教堂？（2）这个教堂与那个教堂应相距多远？（3）本处办理教堂，应当办在什么地点？要解决以上这三个问题，他的惟一的关键，就是应先区划本处的乡村社会图，然后，才能知道该处的人口，都聚集在什么地方？财富是否相称？然后才能决定办哪种教堂，我这个教堂，应设在什么地方？所以我以为凡是从事乡村社会事业者，以及乡村教会的牧师，决不能不注意区划自己的乡村社会图，与将要开办教会的那个乡村社会图。否则盲人瞎马，欲达到所想象的目的，难了。

结　论

本篇所研究的，系乡村社会，而关于种种生活的范围及组织，各有特殊的情形，现在把它归纳数点，而加以说明，为将来改良乡村社会的参考。

一、乡村社会共同生活的范围，以市镇商业范围影响为最大。所以我国乡村社会的领域，应以商业范围为根据。

二、市镇范围以内的村庄大小不一，较大的村庄，因为生活上的要求人口财力的许可，自然各种生活比较的复杂，但也有很多初级的简单经济与社会的组织，为适应生活上的要求。如小杂货店，豆腐店，肉店，茶馆，私塾等等，都存在较大一点的单独村庄。而简单初级的小村庄，因生活之需要，不得不集中于市镇或较大的村庄了。

三、关于教育方面的表现，私塾要占大多数，新式的小学，只有五处。所影响的范围很小，全数学生仅有 300 人左右。欲探知新式小学不发达的主要原因，约有以下的数点。（1）乡村农民，脑筋极其顽固，对于现在之新式小学，均视为洋学堂，读洋书，绝不生信任心理。（2）现在所定之课程与科目，不能与乡村农民生活发生密切关系，因所学与所用，往往绝不相类，而农民所感觉的或适得其反，对于改良乡村教育，关于取材及科目等等，必须特别注意。（3）关于交通方面，与教育亦有极大的关系，如现在迂曲的小路，一遇天雨，泥泞没胫，儿童步履，困苦异常，倘使路政修理较为完善，加宽路面，铺以砂泥，或砖石，使得道途平坦，不致感觉到步行之苦，附近儿童，得以往来方便，所以交通与教育的关系，很为重要的。以上三点嗣后谋改良乡村教育者，应首先注意及此。

四、乡村宗教的生活，含有迷信的一半，娱乐的亦半。查各庙社的范围，远不及商业范围之大。但是数目却系不在少数，而考其组织，亦觉得很为完密，在农民生活之中，颇占重要部分。如果因势利导，一方维系，一方改良，未始不可收事半功倍之效，苟操切从事，将原有之庙社等，积极的破坏与毁弃，易引起农民的误会，那就利未见而害以随，殊非改良乡村社会者的本意了。但只需利用机会，使其渐次改良，对于迷信之心理，无形的淡薄，久而久之，庙社迷信的生活，自归淘汰。改革我国农村，不能不注意到这点，以作将来着手进行的张本。

五、社交的生活，包含愈觉广泛，大都根据于自然的趋势，及有共同生活的联络，而形成如此的现象。兹举各点如下：研究社交的生活，亦即可见一斑呢。例如茶馆吃茶者之集合，娱乐游戏之征逐，及种种的歌词唱曲，或感觉到生活的单调，或表现那社交的神秘，从事于乡村事业者，每每有得听到。又如遇到婚丧喜庆均互相协助，这种美德，在都会与城市间，罕有见到。又如一年所经过的各节会，亲戚故旧往来酬酢，在在都有愉快的表现，倘于此等机会，而能佐以引人入胜之正当娱乐，俾得潜移默化，吾知对于乡村社会的改善，所收效率，当非浅鲜。

六、政治区域与乡村社会情形，目下尚属不能一致。政治范围，系以土地赋税为标准，所以行政区域庞大。而乡村社会范围，系以农民共同生活，互相联络为根据。在较政治范围为小，甚至同隶于一个行政区范围内的乡村，而彼此曾未发生关系的，习见不鲜，再加以农民政治观念异常淡薄，除缴纳赋税奉行公令外，漫不相关，将来改革乡村社会，划分行政区域，对于乡村共同生活，不能不特加注意，使农民得有了解于政治的机会，并且能使商业范围、教育范围、宗教范围、行政范围都能打成一片，和得到乡村社会化了。

七、研究以上各点，乡村社会的组织，及其共同生活的根据，均能明了其性质内容，将来改良乡村社会，就这方面按图索骥，研究探讨，自不致漫无标准，无的放矢了。

英文参考书

1. Sanderson, Dwight., *The Farmer and His Community*. Harcourt Brace & Company, 1922, New York
2. Butterfield, Kenyon L., *The Farmer and the New Day*. The Macmillan Company, New York, 1919.
3. Sanderson, Dwight., *Locating the Rural Community*, Lesson 152, Cornell Reading Course for the Farm, Coranell University, June 1920.
4. Sanderson, Dwight. and Thompson, Warren S., *The Social Areas of Otsego County*, Bulletin No. 422, 1923, Cornell University Agricultural Experiment Station.
5. Hayes, Augustus W., *Rural Community Organization*. The University of Chicago Press, Chicago, Illinois, 1921.

中文参考书

1. 乔启明：《乡村社会区划的方法》，金陵大学农林丛刊第三十一号，民国二十年七月再版。
2. 杨开道：《农村社会》，上海世界书局出版，民国十九年一月。

中国农民生活程度之研究*

一　叙言

自西洋文化输入中国以后，新的学者，方才注意到中国人民的生活程度上去。民国六年，清华学校教授狄特谟氏（C. G. Dittmer）调查北平西郊195家居民的生活费用。在中国，这可算是第一个调查研究平民生活程度的人。以后民国十二年，该校教授陈达博士，继起调查该校附近的成府村91家与安徽休宁县56家居民的生活费用。陶孟和博士，根据北平60家居民半年间日用账簿的记录，著成一本《北平生活状况》的书，把中国平民生活的状况，表白出来不少。所以西洋各国的社会学家，也常常拿狄特谟教授等研究的结果，来代表中国人民的生活。可是这些调查，只能说是：在中国是研究人民生活程度的惟一的材料，若是要拿这些材料，来代表中国人民生活程度的全部状况，那是不可能的。因为第一，以上的研究，多偏于一个地方，未能普遍；第二，中国的人民，农民占80%，他们是住在乡间，与都市附近情形完全两样，这些研究的材料多偏重于都市附近，所以也不能代表全体的。金陵大学农林科农业经济乡村社会学系，前八年时，即注意于此点。但是因为中国幅员太大，逐户调查，决非区区一个学校所能奏功，所以就照统计学所说的"标本调查"的方法，在中国南北各省，选择十几个模范的地区，自1922年起，至1925年止，从事详细的调查，虽然在理论上仍

* 原载《社会学刊》1930年第1卷第3期。

不能算是成功，但在实际上，中国南北各处一般农民的生活状况，比较的总算已经有点系统的叙述。现在把它的一部分略为整理，作为中国农民生活程度的研究，敬献于诸位读者之前。倘蒙加以教正，无任欢迎之至！

二 生活程度之意义

凡研究过社会学的，都知道“生活程度”这个名词，可是要讨论起它的意义来，确是千变万化，意见分歧。就中以美国农部经济学专家史别迈氏（C. J. Spillman）之说最为透辟。史氏说：“要我们下一个‘适当的生活程度’的定义，确是难乎其难。若叫我给一个‘理想的生活程度’的定义，倒反容易。‘理想的生活程度’，就是一个人要有充分较好的食粮，以便维持健康；衣服，保护身体；充分的燃料，可以御寒；适宜的住屋，可避风雨；平时所得的金钱，可以储蓄一部分作为养老之需；染有疾病，即可求医诊治；社会团体，并可略有资助；此外对于奢侈品享用的数量和选择上，也应有相当的权利。而且这些享受，都应和服务社会与彼有同等身份的人相同才好。”

读了史氏所下“理想的生活程度”的定义，我们知道“生活程度”一名词，确是十分难解。不仅当从主观的方面去计量，还须从客观的事实上去评定。对于主观的方面，那就是说各人有各人的欲望，怎样能满足他的欲望，这就是量他的生活程度的方法。就中又可分为两种：从生理方面说，就是他的衣、食、住、行、健康，及精神疲乏后的休息要求是怎样？从社会环境方面说，就是他的教育、宗教、娱乐、社交的情形是如何？至于客观方面，那就是说：“生活程度”里边，虽包含着要用生理与社会的效能的标准做根据，要从一个人的生理的要求上，同心理的或社会的欲望上着想，可是我们同时还要用社会一般的情形，来做一个比较的标准，决不能因为能够满足他的欲望，就算是适当的“生活程度”的。

上边已经把“生活程度”的范围规定，现在要研究农民的生活程度应该怎样？这是我们目下先决的问题。欧美各国，在过去的历史上，凡研究家庭生活程度的人，多用金钱来代表估量。如某家某年吃用了多少钱，穿用了多少钱等等都是。但是到了现在，已确实知道以前的错误。因为照以前的研究，仅为生活费用多寡的问题，并不是生活程度高低的问题。譬如有两个农家，他们一年的家庭进款，一个是1000元，一个是800元。那个收入较多的农家，把他的钱都用在赌博吸烟及不正当的事业上去，那个收入较少的，却能在房屋设备上、教育上、社会和慈善事业上，用了些钱。以生活的费用而论，前一家多于后一家，以生活程度而论，后一家却比前一家高。所以我们估计生活程度，要在所用的金钱，能否使身体健康，精神愉快，欲望满足上，换言之，即精神的及物质的享受上，去仔细评量。不能专在用费多少及进款多少上去估计的。有些人以为物价贵贱，与生活程度之高低，有正切之比例，亦是误解。譬如一个人一天要吃八合米，才能饱了肚子，可以做事。若米价贵了一倍，那我们决不能吃了四合，还说我们的生活程度，反比从前高了一倍的。同理，西洋人生活费用高，日用所需，每不足一饱，但其费用，或已超过我们平常的家庭多多了。所以“生活程度”，绝不是“生活费用”，这是应该注意的。

根据上述的解释，可知生活程度的高低，不单在费用方面价值的多寡，而在日常生活费用分配方面的是否适当，和实在享用方法的是否相称。所以将两个环境不同的家庭，拿来比较他们的生活程度，一定要用他们生活费用分配的百分率的。因为各处的生产费用不高，市价高低，当然亦因之而异，根据生活费用的多寡，是绝难精确的。现在讲中美两国的情形，拿来做个比较。美国生活费用高，所以美国人民在美国要多花钱。若果他把美金换成中国银洋，到中国来过日子，因为生活费用低，那用钱就要少些，但是他的享用上，或与本国相等，甚且超过在本国时的享用。所以我们不能说这位美国人，在美国的生活程度，反比在中国高些。我在南京，尝听美国人说：他们在本国，没有老妈子用的，到了中国，他一家竟用了四个。因为美国工人，工值太贵，实用不起，不比中国的便宜呢。这样一看，我们不能不说他们的生活程度，在中国实在是比美国高些的了。

三 调查之方法及其范围

本篇材料，系根据金陵大学农林科农业经济乡村社会系，自 1922 ~ 1925 年之四年中，在我国各处所调查农家地经济的和社会的情形记录，调查的期限，统系一年。调查的方法，以每个农家作调查的单位，来记载他们过去一年的事实。农家的选择，完全以能代表该处一斑生活状况为限，绝不采取那有特殊情形的农家，以免不能代表该处农家生活真正的事实。各调查人员，多系本地人。因为口音相同，调查时可以减少误会，他的结果，也比较确实些。

此次调查范围，有河北、河南、山西、安徽、江苏、福建六省。共计11县区，安徽有怀远、宿县、来安三县，河北有平乡、盐山两县，河南有新郑、开封两县，山西有武乡县，福建有连江县，江苏有江宁、武进两县。就中河北盐山、江苏江宁两县之内，每县有两个调查地点。故共计调查地点为十有三处，在所调查2370农家中，每一家庭（Household）平均为5.94人，每家（family）平均为5.70人。若按成年男子单位（Adult male unit）计算，每“家庭”平均为4.56人，每家平均为4.32人。至于详细情形，可参看第一表。

第一表　我国6省13处农家家庭数目平均人口以及成年男子单位数

调查地点	调查家数	每家庭之人数	每家之人数	成年男子单位	
				每家庭	每家
中国北部					
安徽怀远	124	5.64	5.20	4.38	3.95
宿县	286	7.29	6.74	5.68	5.16
河北平乡	152	4.62	4.44	3.57	3.39
盐山（1922年）	150	5.39	5.35	4.09	4.06
盐山（1923年）	133	5.37	5.17	4.09	3.89
河南新郑	144	7.15	6.97	5.54	5.37
开封	149	8.05	7.83	5.96	5.74
山西武乡	251	4.80	4.51	3.72	3.43
平均	1389	6.04	5.78	4.63	4.37
中国中东部					
安徽来安	100	5.92	5.72	4.69	4.50
福建连江	161	5.06	5.02	3.99	3.95
江苏江宁（淳化镇）	203	6.20	5.77	4.70	4.27
江宁（太平门）	217	6.67	6.57	4.88	4.79
武进	300	5.09	4.87	3.94	3.73
平均	981	5.79	5.59	4.44	4.25
总平均	2370	5.94	5.70	4.56	4.32

上表内所用之“家庭”与“家”两个名词，略有分别。“家庭”系包括与家长常年同居共食的家属及雇工等而言，“家”系单指同居的家属，凡在外家属和佣工，不算在内。再上表所用“家”字的含义，与西洋风俗不同。我们系指大家庭而言，不是仅仅包含夫妇子女的。

以前研究“生活程度”时所用的单位，每以“家”或“家庭”来代表。可是每“家”或“家庭”的人口多少，年龄大小，男女数目，各各不同，因此常发生困难。后来经过许多学者的研究，所用单位，方渐渐由“人”“成人”，以至于“成年男子单位”。因为“成年男子单位”，是按着食物消费量的多寡计算出来的。发明者为化学专家爱德华特尔氏（Atwatei），故名曰爱德华特尔标准单位（参看第二表）。

第二表　各组年龄各类性别的人称化为“成年男子单位”的计算标准

年　龄		2岁以下	2～5岁	6～9岁	10～11岁	12岁	13～14岁	15～16岁	16岁以上
关于成年男子单位之数目	男	0.3	0.4	0.5	0.6	0.7	0.8	0.9	1.0
	女	0.3	0.4	0.5	0.6	0.6	0.7	0.8	0.8

四　生活费用之分类

在未研究生活程度的事实以前，我们首先应该把研究生活程度的事项确定。各国的社会学家，普通多将日常生活费用，分为食物、衣服、房租、器具设备、燃料及杂类六大项，作为研究生活程度的事项，但照美国农部经济专家克儿培屈克（E. L. Kickpatrik），在1923～1924年中，研究美国11州2886农家生活程度的分类，却不是这样。他在以上六项之外，再加上医药、生活改进、个人嗜好、及保险储蓄等四项，共计十大项，分析自较详细。本篇分类，即依照这种主张。特再为详细解释于后。

（一）食物　包括田场出产的，市场买进的，及他人赠送的各种可供食用的产品而言。

（二）衣服　包括田场内所产之棉花、麻、丝，或买进之成衣、褥、被、袜、鞋等。

（三）房屋　专指房屋之捐费、修理费，及房屋总值十分一之租费。

（四）器具设备 包括一切家庭用具与房屋之设备，例如桌、椅、床、凳、箱笼等等可提携之物品。

（五）燃料　专指柴草、煤、炭、灯油等而言。

（六）医药　包括卫生费及医药费。

（七）生活改进费　专指交际、教育、宗教，及娱乐等费用。

（八）个人嗜好　包括烟草、理发、装饰及各种嗜好等。

（九）保险与储蓄　包括保寿险及各种储蓄费。

（十）杂类　凡不能列入以上项目中的各种费用，均列入此项。例如丧葬、婚娶、诉讼等费用皆是。

五　生活用品之价值

我国农家生活用品的价值，是按着食物、衣服、燃料、房屋、生活改进、房屋设备、医药、个人嗜好，与杂项九类分配的（参看第三表）。可是要表示他的生活程度，我们不能不再计算出他的百分率。因为费用百分率，是表示生活程度最好的标尺（参看第四表与第一、二图）。

第三表　我国6省13处2370农家平均每一家庭各种物品之总价值

单位：元

调查地点	食物	房租	衣服	燃料	医药	生活改进	个人嗜好	器具设备	杂项	总计	每一成年男子单位平均用值
中国北部											
安徽怀远	107.17	6.70	16.41	19.27	3.77	16.09	6.43	2.63	6.69	185.16	42.27
宿县	153.48	4.35	21.68	22.93	3.03	28.27	10.47	2.13	12.92	259.26	45.64
河北平乡	58.83	9.24	4.03	11.63	0.05	2.88	0.86	1.10		88.62	24.82
盐山（1922年）	62.20	9.24	6.68	20.52	0.40	10.34	3.40		0.35	113.13	27.66
盐山（1923年）	88.02	8.59	7.23	26.63	0.72	9.21	6.79	2.49	5.52	155.20	37.95
河南新郑	194.31	8.40	6.07	28.42	1.20	11.65	3.39	1.16	4.05	258.65	46.69
开封	268.16	12.99	24.66	20.44	1.10	8.32	6.06	4.62	3.32	349.67	58.67
山西武乡	57.64	6.59	11.09	18.35	0.97	15.54	5.16			115.34	31.01
平均	123.73	8.26	12.23	21.02	1.40	12.79	5.33	1.77	4.10	190.63	39.34
中国中东部											
安徽来安（1922年）	108.58	13.56	18.36	43.72	1.23	24.92	12.00	0.69		223.06	47.56
福建连江	178.27	17.57	43.07	27.64	5.58	28.58	35.98			336.69	84.38
江苏江宁（淳化镇）	179.56	24.80	37.10	26.81		54.59	15.94			338.80	72.09
江宁（太平门）	123.55	5.85	21.88	37.34	2.50	34.55	15.74	4.48	5.44	251.33	51.50
武进	191.99	19.23	6.78	25.43	3.52	22.96	11.19	1.89	10.27	293.26	74.43
平均	156.39	16.20	25.44	32.19	2.57	33.12	18.17	1.41	3.14	288.63	65.99
总平均	136.29	11.32	17.31	25.32	1.85	20.61	10.26	1.63	3.73	228.32	49.59

第四表　我国6省13处2370农家平均每一家庭各种物品之总百分率

调查地点	食物	房租	衣服	燃料	医药	生活改进	个人嗜好	器具设备	杂项	总计
中国北部										
安徽怀远	57.9	3.6	8.9	10.4	2.0	8.7	3.5	1.4	3.6	100
宿县	59.2	1.7	8.4	8.8	1.2	10.9	4.0	0.8	5.0	100
河北平乡	66.4	10.4	4.5	13.1	0.1	3.3	1.0	1.2		100
盐山（1922年）	55.0	8.2	5.9	18.1	0.4	9.1	3.0		0.3	100
盐山（1923年）	56.7	5.5	4.7	17.1	0.5	5.9	4.4	1.6	3.6	100
河南新郑	75.1	3.3	2.3	11.0	0.5	4.5	1.3	0.4	1.6	100
开封	76.7	3.7	7.0	5.9	0.3	2.4	1.7	1.3	1.0	100
山西武乡	50.0	5.7	9.6	15.9	0.8	13.5	4.5			100
平均	62.1	5.3	6.4	12.6	0.7	7.3	2.9	0.8	1.9	100
中国中东部										
安徽来安（1922年）	48.7	5.4	11.2	0.5	19.6	8.2	6.1	0.3		100
福建连江	52.9	5.2	12.8	8.2	1.7	8.5	10.7			100
江苏江宁（淳化镇）	53.0	7.3	11.0	7.9		16.1	4.7			100
江宁（太平门）	49.2	2.3	8.7	14.8	1.0	13.7	6.3	1.8	2.2	100
武进	65.5	6.6	2.3	8.7	1.2	7.8	3.8	0.6	3.5	100
平均	53.8	5.5	8.6	11.8	0.9	11.5	6.2	0.5	1.2	100
总平均	58.9	5.3	7.3	12.3	0.8	8.9	4.2	0.7	1.6	100

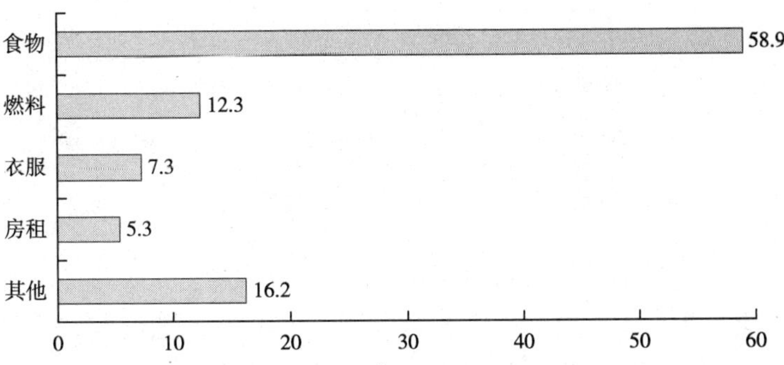

第一图　我国6省13处2370农家各种生活用品分配的百分比

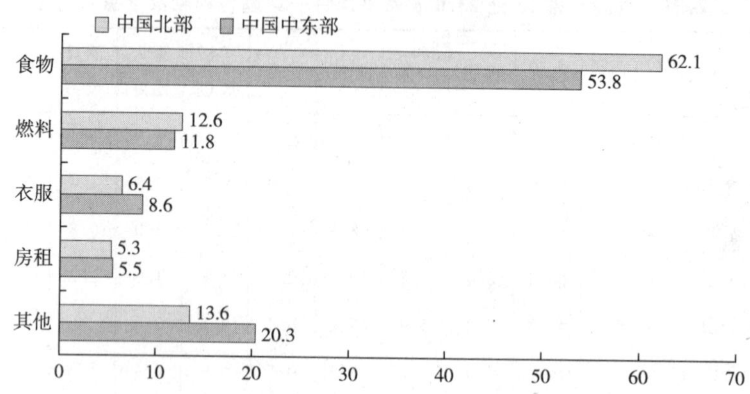

第二图　我国北部及中东部6省13处2370农家各种生活用品分配的百分比

由第三表研究，我国农家每一家庭全年的生活用品价值，为228.32元。最低为河北平乡，每一农家用品的价值仅为88.62元。河南开封最高，平均为349.67元。以上两处用费高低的差别，完全因为平乡那年作物的收成不佳，农民的费用，不得不略为减省，开封较为富裕，生活自然较为舒适了。其他如武乡、盐山，用费皆不甚多，他的原因，也并不是节俭，实因家庭赚款很低，不得不如此的。若总起来说，以成年男子为标准单位，那末，该13处的农家平均，每单位的生活用品的价值，每年仅为50.07元。其中食物占22.94元，燃料4.26元，衣服3.04元，房租1.91元，其他6.68元（参看第五表）。

第五表　我国6省13处2370农家每一成年男子单位全年用品的价值

单位：元

地　区	生活用品总价值	食物	燃料	衣服	房屋	其他
中国北部	41.17	20.52	3.49	2.12	1.37	4.39
中国中东部	65.01	27.01	5.56	4.55	2.80	10.45
总平均	50.07	22.94	4.26	3.04	1.91	6.68

注：本表食物、燃料、房租，系按农家“家庭”计算的，衣服与其他用费是按“家”计算的。

再以衣、食、住、燃料四大要项计算，在全部调查中，每一家庭用于食物者，为136.29元，燃料25.32元，衣服17.31元，房租11.32元，其他为38.08元（参看第三表）。如果用百分率计算，那末，这四大项的用费要占全部费用83.8%。就中北部较高，占86.4%，中东部较低，占79.7%

(参看第四表)。照普通讲，生活程度愈高，那生活四大要素的百分率愈低。因为农民除衣食住燃料之外，应该有一部分的金钱，用到其他的事项上去。须知人活世上，不单单为的是维持肉体的生活，其他精神的与心理方面的快乐，也应该享受一点才好。

所以根据第四表的中国北部与中东部农家用费的百分率，很明显地证明中国北部农民的生活程度，是不若中东部的。虽然其中还有一个问题，不能不加以考量，即他们所吃的东西虽然不同，他们费用的价值虽然不同，而食物中所含的养分与适口程度，是否两处一样？假使他的养分及适口程度，不及中东部的农民，那末中东部农民的生活程度，的确比北部农民高些。不幸本篇调查未曾涉及此项研究，所能表示的，只有北部和中东部农民生活费用的支配百分率，所以我们也不能不承认中东部的农民比较有稍高的生活程度了。再按百分率分起类来，中东部的农民，用在食物一方面的费用较少，衣服与他方面的费用，皆比北部农民为多。可知北方农民对于食料的问题，比中东部农民来得重要，什么穿好的衣服，受高深的教育，农暇的娱乐等等，皆较中东部农民的欲望为低。一天忙到头，恐怕为的仅是吃饭问题。

兹再将中国农民的情形，与美国一为比较。据美国 2886 农家的调查，家庭人口，平均每家为 4.8 人，而每年的家庭用费，平均每家却为美金 1598 元，约合中国 2988 元。若与本调查相较，我国农家，每一家庭为 5.94 人，而全年的用费，却仅有 228.32 元，约为 1 与 16.6 之比。这不是十分惊人么？再看他们费用的分配，也是迥然不同。中国的农民，在衣、食、住、燃料四大项中，共占总费用 83.8%，而美国农民，却不过是 73.7%。两者相较，中国农民反较美国多占 10.1%。这点比较，看来更是惊人，实则美国生活费用大，所以他们的支出也大。他们除穿的好，吃的好，住的好而外，还要享受些人生必需的快乐，消费些人生必需的用途，所以衣、食、住、燃料的费用，在百分率中所占的数目反小。绝对不像我们农民整年的忙，专为的是吃饱肚子。衣服可以穿破烂的粗布，甚至冬季不足以御寒；房屋可以住茅草泥土筑成的陋室，甚至阳光不足以四照。其他种种，如教育、娱乐、社交等，更可以敷衍了事，得过且过的。因为美国农民的生活费用，分配得适宜，对于物质精神两方面，兼筹并顾，所以他们的生活程度高，而我国农民殊难“望其项背”的。

六 生活用品之来源

本调查全数的农家，他们生活用品的来源有65.9%系由自己的田场供给（参看第六与第七表）。若以北部与中东部比较，那末北部农民的日用品，由自己田场供给的为73.3%，同时中东部仅为58.1%。这种现象，完全表现我国中东部的农业，因人口稠密，交通便利，比我国北部要商业化些。换言之，就是我国中东部的农民，所用的熟货要比北部农民多，购买能力亦较大，生活程度自然也较高于北方的农民了。假使以我国与美国相较，那末，美国农民的用品，由自己田场供给的仅为42.8%，比我国减少23.1%，可知美国农民的生活程度实较高于我国。因为我国目下还是一种自给的农业国，所以农民的食物，多取给于田场。西人常谓中国农业，还没有到那商业化的时代，这确是不错的。我们按人类进化上说，先由渔猎、游牧，而进化为农业，然后再进化到工业及商业的时代。现在我国还正在农业时代的中间，故普通农民所用的多系生货，且大半都由自己田场供给的。美国的农业，目下虽仍在进展当中，但一方面确已进步到工商业的时代了。所以他的农民生活，不专靠着自己田内所出产的东西，他已用了各种工厂的制造品很多了。

再就衣食两项而论，全部调查的平均，食一方面由田场供给的占83.2%，衣一方面为18.3%。就中北部农民食占88.5%，衣占39.7%，中东部农民食占76.5%，衣占1.9%（第四图）。而同时据美国农民之调查，食仅占66.9%，衣服却系完全购买。观此比较，也足证明前段结论的正确了。

以燃料论，全部平均中，出自田场的占88.7%。就中北部占80.9%，中东部占86.8%。他们相差的原因，因为北部农民多用煤炭，中东部则多用自己荒山上的柴草。

至于住一方面，大半房屋皆是自己有的，不过北方恒较中东部为差。北部多系草顶土壁，构造极形简单，中东部则瓦顶居多，内部陈设亦较完备。

第六表　我国6省13处2370农家平均每一家庭的田场供给和市场购买的各种物品之价值

单位：元

调查地点	食物		房租	衣服		燃料		医药	生活改进	个人嗜好		器具设备		杂项		总计	
	田场供给	市场购买	田场供给	田场供给	市场购买	田场供给	市场购买	市场购买	市场购买	田场供给	市场购买	田场供给	市场购买	田场供给	市场购买	田场供给	市场购买
中国北部																	
安徽怀远	90.99	16.18	6.70	8.65	7.76	18.10	1.17	3.77	16.09	0.15	6.283		2.63		6.69	124.59	60.57
宿县	126.45	27.02	4.35	5.90	15.78	18.45	4.47	3.03	28.27	0.15	10.32		2.13		12.92	155.32	103.94
河北平乡	48.60	10.23	9.24	1.19	2.84	11.24	0.39	0.05	2.88		0.86		1.10			70.27	18.35
盐山（1922年）	48.74	13.46	9.24		6.68	20.52		0.40	10.34		3.40			0.35		78.85	34.28
盐山（1923年）	70.74	17.28	8.59	0.27	6.96	21.41	5.22	0.72	9.21	0.04	6.75		2.49		5.52	101.05	54.15
河南新郑	178.61	15.70	8.40		6.07	13.34	15.08	1.20	11.65	0.02	3.37		1.16		4.05	200.37	58.28
开封	254.45	13.71	12.99	22.16	2.50	14.60	5.84	1.10	8.32		6.06		4.62		3.32	304.20	45.47
山西武乡	57.53	0.11	6.59	0.61	10.48	18.35		0.97	15.54		5.16	1.04				4.12	32.26
平均	109.52	14.21	8.26	4.85	7.38	17.00	4.02	1.41	12.99	0.05	5.28	0.13	1.77	0.04	4.06	139.85	51.12
中国中东部																	
安徽来安	104.74	3.84	13.56	2.02	16.34	43.72		1.23	24.92		12.00	0.69				164.73	58.33
福建连江	155.33	22.94	17.57	0.06	43.01	27.64		5.58	28.58		35.98					200.60	136.09
江苏江宁（淳化镇）	105.02	75.54	24.80	0.07	37.03	26.81			54.59		15.94					156.70	182.10
江宁（太平门）	65.18	58.37	5.85		21.88	34.63	2.71	2.50	34.55	0.02	15.72	0.07	4.41		5.44	105.75	145.58
武进	168.37	23.62	19.23	0.18	6.60	23.01	2.42	3.52	22.96		11.19	0.23	1.66		10.27	211.02	82.24
平均	119.73	36.66	16.20	0.47	24.97	31.16	1.03	2.57	33.12		18.17	0.20	1.21		3.14	167.76	120.87
总平均	113.44	22.85	11.31	3.16	14.15	22.45	2.87	1.85	20.61	0.03	10.23	0.16	1.55	0.03	3.71	150.58	77.82

第七表　我国6省13处2370农家平均每一家庭的田场供给和市场购买的各种物品之百分率

调查地点	食物		房租	衣服		燃料		医药	生活改进	个人嗜好		器具设备		杂项		总计	
	田场供给	市场购买	田场供给	田场供给	市场购买	田场供给	市场购买	市场购买	市场购买	田场供给	市场购买	田场供给	市场购买	田场供给	市场购买	田场供给	市场购买
中国北部																	
安徽怀远	84.9	15.1	100	52.7	47.3	93.9	6.1	100	100	2.3	97.7		100		100	67.3	32.7
宿县	82.4	17.6	100	27.2	72.8	80.5	19.5	100	100	1.4	98.6		100		100	59.9	40.1
河北平乡	82.6	17.4	100	29.5	70.5	96.6	3.4	100	100		100.0		100			79.3	20.7
盐山（1922年）	78.4	21.6	100		100.0	100.0		100	100		100.0			100		69.7	30.3
盐山（1923年）	80.4	19.6	100	3.7	96.3	80.4	19.6	100	100	0.6	99.4		100		100	65.1	34.9
河南新郑	91.9	8.1	100		100.0	46.9	43.1	100	100	0.6	99.4		100		100	77.5	22.5
开封	94.9	5.1	100	89.8	10.1	71.4	28.6	100	100		100.0		100		100	87.0	13.0
山西武乡	99.8	0.2	100	89.9	10.1	71.4	28.6	100	100		100.0					72.0	28.0
平均	88.5	11.5	100	39.7	60.3	80.9	19.1	100	100	0.9	99.1		100	1.0	99.0	73.3	26.7
中国中东部																	
安徽来安	96.5	3.5	100	11.0	89.0	100.0		100	100		100.0	100				73.8	26.2
福建连江	87.1	12.9	100	0.1	99.9	100.0		100	100		100.0					59.6	40.4
江苏江宁（淳化镇）	58.5	41.5	100	0.2	99.8	100.0			100		100.0					46.2	53.8
江宁（太平门）	52.8	47.2	100		100.0	92.7	7.3	100	100	0.1	99.9	1.6	98.4		100	42.1	57.9
武进	87.7	12.3	100	2.7	97.3	90.5	9.5	100	100		100.0	12.2	87.8		100	72.0	28.0
平均	76.5	23.5	100	1.9	98.1	86.8	3.2	100	100		100.0	14.2	85.8		100	58.1	41.9
总平均	83.2	16.8	100	18.3	81.7	88.7	11.3	100	100	0.3	99.7	4.9	95.1	0.8	99.2	65.9	34.1

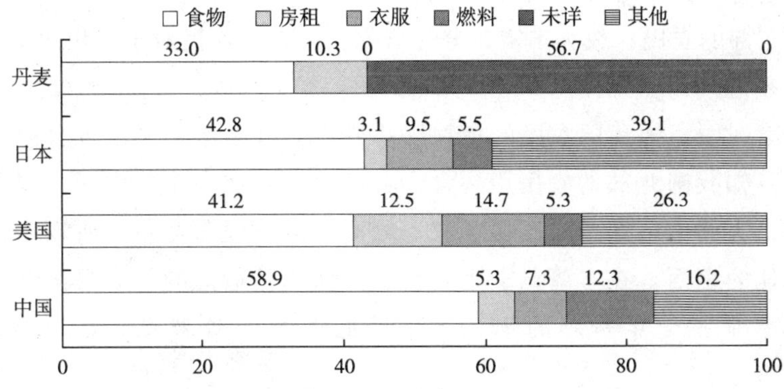

第三图 丹日美中四国农民家庭费用分配之百分比

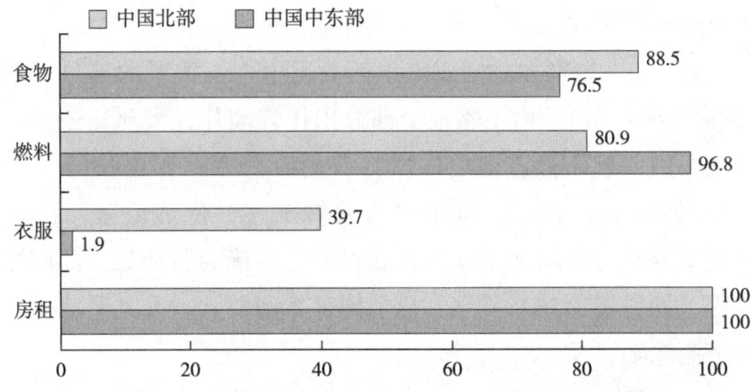

第四图 我国北部及中东部6省13处2370农家田场供给之各种生活用品之百分比

七 生活费用之分配

生活用品的各类，前文已详细述过，兹便于研究起见，再将食物、燃料、衣服、房屋、生活改进、房屋设备、医药、个人用费、及杂项九大类分述于下。

（一）食物——食物费用，不论是田场供给或市场购买，平均每年每一成年男子单位，只合到22.94元，若按月估计，每一成年男子单位仅有1.91元，用到食物方面，似乎太少。可是事实是这样的，北方农民每每自己欢喜吃那最便宜的食粮，如河北平乡、河南新郑等处，所收割的麦子，即作为出售的作物，不愿自己享用。自己吃的仅是些高粱、豆子，比较廉价的食物。还有时到了冬季，没有工作的时候，自己仅吃些面汤，苟且敷衍的。惟就中东部的农民，较为丰富，分开研究，中东部农民对于食物的费用，约较北方多31.6%。

看第一图，知我国农民的食物用费要占家庭全年用费之五分之三。看第二图，知我国北部的农民用到食一方面的，要比中东部农民来得高。这个原因，大约中东部的农民田场收入较高，经济较为宽裕，所以有钱可以购买其他的东西。在本篇调查中，食物方面用费最高的，为河南开封，它的百分率是占全年费用的76.7%，最低的为安徽来安（1922年），约占48.7%。

若与世界各国比较，用于食物方面的费用百分率，不消说仍是我国最高（看第三图），可见我国农民的生活程度实在太低。但这还是普通的年成，若像去年及今年的天灾人祸，那更是例外危险的了。

（二）燃料——燃料在我国农民生活费用中也占重要的部分。它的百分率为12.3%（第一图）。内中除极少部分用作灯油外，大部分还是作烹饪的原动力。别个国家就不然，他们的燃料费用百分率，皆比我国低得多（第三图）。这个原因很重要。因为他们的燃料丰富，价值低廉，我国确是相反，山间既无森林，煤矿又未开采，燃料缺乏，确为目前最大的问题。扫树叶，扒草皮，掘树根，到处可见，凡是到过乡间的人，尤其是北方，想都能顾虑到这个问题吧。

论到我国农民的燃料费用来，每家庭全年平均约为25.32元，就中北部农民较中东部约少三分之一。因为北部农民多用作物秆作为燃料，中东部的农民除了用相同的燃料外，大半还要靠山上的枯柴和茅草，尤其是长江一带的地方。凡在南京住过多年的人民，都知道现在的茅草何等地贵起来。据本篇南京太平门外农家的调查，茅草一项，也是他们极重要的卖钱的作物。据目下普通计算，有山还是给他长草来得有利。同时又能利用冬闲的时候进城卖柴。这不是对于工作的分配上，比较的更来得经济么？许多西国的人，初次来到南京，还未了解我国农民的生活状况，他们看见许多农人有整天的抓草斫柴，觉得十分的不经济，不经济固然是不经济的，把这么有用的人工，作到寻些柴火上去，然而今日不寻柴，或者明日就有缺乏柴火之虑，这真是无可如何的了。

（三）衣服——衣服用费，据全部调查，约占全费用之7.3%。就中北部农民占6.4%，中东部农民占8.6%（第一图与第二图）。若以每处有此费用的农家相比较，则以福建连江为最高，每家每年平均用费为 43.07 元，河北平乡为最低，每家每年平均用费仅为 4.03 元。全部平均每家为 17.31 元。普通而论，凡是生活程度较高的地方，农民衣服用费也按着适当的比例增高。中东部的农民，似乎不但衣服方面要比北部农民的费用大，就是其他也是如此。再以我国与美国比较，美国农家每年平均要用到 234.90 元美金，或占其全年家庭总费用中 14.7%，比我国农民为多。实则其他国家也是比我们多些的（第三图）。

（四）房屋——房屋用费的计算，系按房屋本身的价值，抽 10% 作为租价，来做标准的。依此计算，我国农民的房屋用费约占全费用 5.3%，价值为 11.32 元。惟就中各处不同，北部的房屋比较中东部的为劣。例如江苏江宁的淳化镇，在全部调查中房值最高，平均每家约为 24.8 元。安徽宿县最低，平均每家为 4.35 元。因为淳化镇农民的房屋皆用砖瓦造成，木料亦佳，内容比较宽大。安徽宿县的房屋皆系草房，房顶大半系用茅草所盖，墙是用高粱秆合泥土筑成的。这两处房屋的比较，也可作为代表我国北部与中东部农民房屋不同的地方。若与美国比较，则美国农民房屋的费用，要占全年总费用中的 12.5%，合起钱来，约为美金 199.6 元。我们看他们的这一笔费用，却比我们全年家庭的用费还要高，因为我国农民全年家庭的费用不过是 228.32 元呢。因此之故，所以美国的农民房屋，内部结构颇为完备，什么客房、卧房、厨房、书室等件件都有，比不得我国的普通农家，他们的厨房、会客室、卧房等都在一块，甚至还有些地方，他们的牛栏猪栏都和他们自己的住房靠在一块呢。

（五）生活改进——生活改进的费用，在这里是用以代表农民各种关于心理和精神及智识方面的生活建设费用的一个总名词。什么教育、宗教、慈善、娱乐、交际等各项费用，都包括在内。就实际情形而论，其中有好几种，实不能算是改进生活的。例如宗教、娱乐里边，固然有些是名副其实的，可是还有多少，如迎神赛会、求神拜佛等，说他是有宗教娱乐的意义，也未尝不可，若说这样能改进生活，恐怕不见得罢！至于这里把它列入的原因，完全是为便于比较的。就全部调查而论，农民对于生活改进的费用，约占全数的 8.9%。同时美国却仅有 6.6%。从数字看，好像我国农民对于生活改进一方面要比美国来得彻底。实则他们的宗教，是有“积极的意味”的，教育是有“目的”的，娱乐是有益身心的，绝不像我国的农民，未得到它的好处，却得到它的坏处。

谈到农民的交际，在这里是单指农民的送礼、听戏、上茶馆、赶集，种种与朋友来往的行为。在全部调查中，有这交际费的农家约占 73.5%。费用数目，凡是有这项费用的农家平均起来，共为 12.16 元。就中北部农家有此费用的约占 71.0%，中东部约占 77.0%。北部农家费用数目平均为 5.28 元，中东部为 21.14 元。若将北部与中东部的费用比较一下，中东部农民似较高于北部农民 4 倍。从可证明我国中东部的农民性情比较活泼，与社会的接触较为密切，不像北部的农民那样呆板，与人没有十分往来的。虽然，北方农民的收入较低，或者也是他们不敢浪费的一个原因。

农民教育，在我国是极幼稚的。80% 以上的农民，全是没有受过教育的。照普通讲，教育不发达，原是政府的责任，可是农民受经济的压迫，生活问题尚待解决，哪里能有余力让儿童去读书呢？我们到乡间向老农谈话时，如果询问小孩子为什么不给他们读书，普通的答案，就是“没有钱”。这是的确的情形，儿童在家，可以帮家里放放牛，割割草，这种简单的生活，也省得另外再雇一个童工。不比欧美各国，有节省人工的农具，所以为生活计，为省钱计，目下的贫农，势不能让儿童读书，并非农民性情特别，不愿儿子读书的。就我们的调查，在 2370 农家之中，受过教育的竟有 3.2%，平均用费为 11.44 元，真已超出我们的意想之外。就中北部农家受过教育的为 26.7%，平均费用为 15.17 元。中东部农家受过教育的为 39.4%，费用平均为 7.87 元。费用方面，北方农家似比中东部为多，这是因为中东部农家所出的一部分教育费，已经含在赋税里边，如什么教育捐等等，读者或者能了解吧！

讲到宗教，这里可以分为两种：一种是佛教，一种是耶稣教。信佛教的很多，全体农家中竟有 66.4%，同时信耶教的仅有 5.9%。因为耶教传入较迟，历史较短，若以全中国农家比较起来，恐怕还不到 1% 吧！若将北部与中东部一为比较，则北部农民信教的百分率，皆比中东部为多。我想这对于文化方面，是有关系的。至于宗教的费用，有此费用的农家全体平均起来，佛教每家为 2.78 元，耶教为 2.18 元。就中北部农民每家平均拜佛费为 1.24 元，中东部为 5.08 元，耶教费用北部为 2.18 元，中东部为 2.15 元。

关于宗教信仰的性质，在农民方面，约可分做两种基础：一种是心理的，完全是要得到心中的安慰。焚香拜佛，觉得可以免灾却祸，求子求孙。

敬耶稣的，觉得死后可进天国，心既得慰，思想自能单纯，作业也较固定了。一种是经济的，求神拜佛，可以保护他们的五谷丰登，六畜兴旺。凡此种种，虽皆含有迷信的心理，然亦有时可以“济法律道德之穷”，对于社会方面，不能谓之有损无益的。且教育若渐渐发达，信仰咸趋正轨，宗教的观念，自然也就会逐渐稀薄了。

本调查中，有慈善费用的农家，约占10.0%，就中北部农家占15.2%，中东部仅占2.5%。相差的原因，大概北部所调查的地方附近咸有耶稣教堂，中东部仅有江苏武进一处，其调查区域是靠近耶稣教堂的。耶稣教徒多喜捐助慈善事业，且性质较为积极的缘故。费用数目，凡有此种费用的家数平均起来，每年约为1.96元。

爆竹一声，万象更新，这是农民庆祝新年的景象。大家小户，不论贫富，每年到了此时，总是要庆祝的。甚至极贫的农家，不费一文，他的心理中，也仍是十分快乐的。据本篇调查，全体农家中，庆祝新年的要占97.8%。这可说是差不多家家都庆祝的了。费用方面，就庆祝的每家平均，约为6.94元。但是其中也有高低的不同。安徽来安每年每家约费18.06元，河北平乡则仅为1.70元。大概此种费用，称家有无，并不一定的。至于费用的分配，大半在食物衣服两方面居多，其他如偶斗纸牌，以资消遣，在道德极好的农家中，一遇新年，也不禁止。惟“赌不过五”，一过初五日以后，就又要恢复普通的常态，专务正业了。

我国农民，多无正当娱乐，迎神赛会，可说稍含娱乐性质，但又过于迷信。本篇调查，只有北部四处有此费用，其他各处俱无。其重要原因，大概由于中国农民的娱乐每与崇拜偶像混在一起。调查者观念不同，因此有的将迎神赛会看作娱乐，有的当作宗教的迷信仪式。所以本调查内凡有娱乐费用的地方，皆无崇拜偶像的费用，这是希望读者注意的。至于费用数值方面，有此种开支的农家平均起来，仅为1.92元，同时美国农家，却用到美金22.50元，相差仍是很巨。而且质的方面，美国农民的娱乐为运动、游戏、音乐会、电影、野外同乐会、跳舞等等，也较我国农民为高尚积极。关心农运的同志们，关于这一点，也觉得有改良提倡的必要吧！

（六）器具设备——论到农民的器具设备来，可称是十分简单。据本调查的全体农家平均，其生活费用充作器具设备的，不过有0.7%，价值为1.63元。我们试想，一年中每家只有一块多钱用到器具设备上去，可能买些什么呢？凡到过农村的人，都知道一进农民房屋，所看到的，不过是些日用必需的少数东西。什么睡床、卧炕、碗、筷、锅、笼，还有几条烂板凳、旧桌子，此外就是一些必要的农具了。这一块多钱，拿来修补修补已嫌不足，遑论新添。所以我们不必说美国的农民，有钢丝床，洗衣机、窗幕、皮箱、乐器，以及种田机，如何的充实适意。就是以此为足，也殊觉难乎为继吧。据美国农部调查，该国普通农民关于器具设备的费用，每家约占县费用2.5%，数值为美金40.20元，约较中国农民大60倍。

（七）医药——本调查全体农家报告中，有医药费的，不及一半。就中北部农家有医药费的，仅占39.1%，中东部农家稍多，亦仅占53.6%。费用数值方面，就已出账的家数平均，为4.40元，若以全体农家计算，仅合到1.85元。这是何等的稀少呢！美国农家对于此种费用，每年要平均用到美金61.60元，占全费用6.3%。与中国农民相较，真有天壤之别。实则并非美国农人常常生病，不过表示他们对于身体卫生方面非常注意。不比我国农人，即有病状，亦不医治，犯了大病，或者求神问卜，格外殷勤，反对于医药费用不甚措意的。这么一看，可知中国农民对于卫生方面，智识还很幼稚，这是生活程度较低的一种证明。

（八）个人嗜好——看到中国农民个人嗜好的费用，确值使人惊奇。全年费用中，倒有4.2%用在这种。若以北部与中东部农民分开而论，则北部农民占2.9%，而中东部农民却占6.2%。数值方面，全体平均是10.26元，北部平均每家为5.33元，中东部为18.17元。根据以上的分析，北部农家因为进款较低，故对于此项费用竟较中东部农民减少三分之二。同时美国农民对于此项费用仅占全费用中2.6%，倒反较中国为少。其重要原因，盖美国农民的吸烟、赌博种种不正当的嗜好，没有我国农民的厉害。留下来的钱，或者贮蓄起来，留作其他的正当用途。决不像我国农民，衣住上不讲究，教育上不注意，省下来的钱，都消费到不正当的嗜好中去的。若再详细研究分析，则我国农家中，染有鸦片癖的，约占全体农家中0.9%，赌博的占30.1%，吃酒的占70.9%，吸香烟的占83.1%。以费用数值言，染鸦片癖的，每人每年平均须耗费52.00元，赌博的平均耗费12.00元，吸香烟的，每人每年须3.70元，饮酒的每人每年须2.60元，虽此种耗费量，皆系指染有该种嗜好者的平均数而言，并非全体农家的平均数，但是已经可观的了。我国农民每年收入本微，净利更少，而不正当的费用，竟如此之高，真足令人寒心。从可知农民道德的提倡，与风纪的改良，确为目下的一件很重要的事。美国农民多有储蓄，我国却等于零，节省有用的金钱，留作他日正当之用，是所望于我国农民的。

（九）杂项——本调查中，此项费用约占全费用中1.6%，数值为3.73元。若仔细分析，其中项目，约有婚丧、诉讼、仆役等费用。在全体农家中，报告有婚嫁者占3.8%，丧葬者占2.8%，诉讼者占0.6%，有仆役者占0.9%，其他占0.6%。数值方面，凡报告的农家，平均每家每年用于婚嫁者为69.43元，丧葬者52.68元，诉讼者40.50元，仆役者11.09元，其他6.14元。其中费用之最不正当的，为诉讼费，我国农民贫苦已极，此种费时伤财的举动，实与农业经济、社会进步大有关系，改良农村自治的人们，对于此种社会的病态，确是应该加以纠正的。

八　生活程度与农民土地耕种权的关系

以上诸节，论我国农民的生活程度，尚系指一般的农民而言，并未分出他们的阶级来。现在再按他们的土地耕种权，分为自耕农、半自耕农和佃农三等来比较。在现在的中国，解放佃农、平均地权呼声正高的时候，此种研究，或者尚有一点的价值，足资他人的参考的。据本篇调查的材料，按土地耕种权分析比较，佃农的生活程度，实在是比自耕农与半自耕农的生活为低。现就有佃农的地方，先拿来和自耕农比较他们的衣、食、住、燃料四种费用的百分率，结果佃农高出3.7%，就是说自耕农除了这四项费用以外，用到其他方面的数值，要比佃农多出3.7%。照吾人的见解，凡是衣、食、住、燃料，四项费用总和之百分率愈低，即该处农民之生活程度愈高，所以自耕农的生活程度是确较佃农为高的。还有一个最明显的例子，就是安徽宿县自耕农的费用，除去四种生活必需费以外，用到其他方面的占有24%，而佃户却仅占12%（参看第八表）。其不同的原因，就是因为食物一项，佃农占到全年费用67.2%，而自耕农只占57.4%。虽此处分别不见甚大，但佃农比自耕农进款较少，这是真确的事情，所以佃农的生活程度，不及自耕农为佳。若以我国北部与中东部相比较，则中东部佃农的生活，是确优于北部的佃农。这有两点可以证明。第一，中东部佃农生活必需品的百分分配率，较北部为低。第二，所用生活的必需品，不论在质与量方面，中东部佃农均较北部为优。不过若与美国及其他各国比较，那是又瞠乎其后了。

第八表　我国 10 处 6 省 1887 农家之自耕农半自耕农与佃农家庭费用之百分比

调查地点	食物			房租			衣服			燃料			其他		
	自耕农	半自耕农	佃农	自耕农	半自耕农	佃农	自耕农	半自耕农	佃农	自耕农	半自耕农	佃农	自耕农	半自耕农	佃农
中国北部															
安徽怀远	57.7	59.4		3.7	3.2		8.8	9.2		10.7	7.9		19.1	20.3	
宿县	57.4	60.1	67.2	1.8	1.5	1.3	8.5	8.5	7.7	8.3	8.6	11.8	24.0	21.3	12.0
河北平乡	66.5	65.5		10.9	7.4		4.6	4.2		12.5	17.5		5.5	5.4	
河南新郑	75.9	73.6		3.0	3.3		2.4	2.3		11.5	9.9		7.2	10.9	
开封	76.4	77.4		3.9	3.3		7.0	7.3		5.8	5.9		6.9	6.1	
山西武乡	49.6	52.5		5.9	4.6		9.6	10.0		15.7	17.4		19.2	15.5	
中国中东部															
福建连江	53.6	52.0	54.4	4.6	5.8	5.1	13.3	13.6	8.3	8.4	8.0	8.5	20.1	20.6	23.7
江苏江宁（淳化镇）	52.4	54.6		7.8	6.5		11.8	9.7		7.4	8.6		20.6	20.6	
江宁（太平门）	49.4	51.5	47.5	2.8	2.1	2.0	7.9	7.8	10.0	14.3	14.4	15.7	25.6	24.2	24.8
武进	65.3	61.4	70.8	6.9	7.2	3.5	2.4	2.2	1.8	8.0	10.2	12.1	17.4	19.0	11.8
平均(自耕农与佃农)	56.4		60.0	4.0		3.0	8.0		6.9	9.8		12.0	21.8		18.1
平均(半自耕农与佃农)		56.2	60.0		4.2	3.0		8.0	6.9		10.3	12.0		21.3	18.1
平均(自耕农与半自耕农)	60.4	60.8		5.1	4.5		7.6	7.5		10.3	10.8		16.6	16.4	

至于佃农和半自耕农的生活比较，佃农的程度还是较低。我们试看他们食物一项所占的百分率，就易明白。佃农食物所占之百分率是 60.0，而半自耕农仅为 56.2，相差至 3.8%。佃农所用以为食物之资，半自耕农早以之为他种的享受。其生活之程度，自然有差了。大概的原因，因为半自耕农有一部分田地的收入全属自己的利益，而佃农确要把他的全部收入之一大半交给地主的。同时半自耕农对于农场的管理经营上，也比较的经济，所种的田地多少，多适合自己资本劳力的分配，不像佃农有时租地常租不到，决不能讲究那些什么经济的原理的。关于此点，可拿他们的场主工价来作比较。场主工价（Labor earnings）系指场主一人，在一个农场内经营一年后所获得的利益而言。据金陵大学农林科 15 处 2583 农家的调查，半自耕农的场主工价，每年是 137.27 元，佃农则仅为 103.31 元。同是一个人的经营，每一年中，佃农就要比自耕农少了 33.96 元的收入。这种分别，完全是农场经营的经济不经济的分别。

再就自耕农与半自耕农的生活比较一下，两者的相差程度，确是甚微。好像没有什么大分别。盖农人之所以愿为半自耕农的最大原因，是为要求有充分的土地，可以利用多余的劳力与资本。谈起资本来，自耕农较半自耕农所投的为多。据2583家的平均，自耕农单对农场房屋的投资，已有247.29元，而半自耕农只有217.16元。这是显而易见的，自耕农的投资比半自耕农要来得多。所以我们也可以说：半自耕农的成因，不是为利用多余的资本，乃是利用多余的劳力，多余的劳力既得调剂，那末，生活程度自然不会比人再低了。据调查平均，自耕农每一家庭的成年男子单位是4.37人，而半自耕农是4.57人，即为前说之证。

综上所说，可知佃农的生活程度，比自耕农和半自耕农都来得低。所以要解决农民的痛苦，须先解决农佃问题。最好能使耕者皆能有其田，否则土地的分配，既不均匀，农民的生活是决难以改进的。

九　结论

我国农民生活程度，从事实上看去，实已低到极限。而其所以致此之由，概括起来约有四种。

第一，农村人口过多，家庭过大，生产者少而消费者多。

第二，农场面积过狭。据美国农部经济专家贝克尔氏（O. E. Baker）的估计，我国农场面积，在北部种杂粮的区域内，每一农家只有三又三分之一英亩，若以1英亩合6华亩计，那就是只有20华亩左右了。在南部种稻的区域内，每一农家只有一又三分之二英亩，约合10华亩。若以中国全部而论，每一农家平均约有3.1英亩，等于华亩18亩6分。同时美国每一农家平均摊到57英亩，即等于342华亩，与我国比较，约大19倍。农场面积既狭，人工的劳力，田地的产量，每年经营的收入，自然跟着缩小，收入缩小，生活当然不能充裕满意了。

第三，生产效力过低。因为农场狭小，不能利用机器，凡所工作，每单凭人工，故结果费时多而生产量不能加多。据美国及我国统计，美国生产1公亩（约合16华亩）的棉花，从种到收，需要的人工共计289点钟，而我国则需1620点钟。甘薯美国只需203点钟，我国则需1184点钟。玉蜀黍美国只需47点钟，我国则需663点钟。高粱美国只需48点钟，我国则要637点钟。小麦美国需要26点钟，我国倒要600点钟。黄豆美国只要86点钟，我国倒要610点钟。从此比较，美国人工虽贵，生产费用仍甚低廉，我国人工虽廉，而生产费用，反或者远在美国之上。美国的农产品，常能在我国市场与我竞争，其关系即在于此。生产效力既低，净利收入自少，生活程度，自然不能抬高了。

第四，交通方面幼稚。因交通不便，农产物的销售，就难扩大。"谷贱伤农"的事情，就逃不了这自然的逼迫。听说四川云南两省，本来农产甚丰，竟因运输上大感困难之故，而将肥美的良田，改种害人的鸦片，因为鸦片的输运较捷，农民的收入自然较丰了。四川的米橘，很是著名，但川米川橘，在外省殊少看见，就受这交通不便的害处。农产不能外输，现款无从内进。生活程度，又怎能提高呢?

以上四种原因，是目下制裁我国农民生活程度增高的铁链。我们要想提高农民生活程度，非先排除这四种障碍不可。排除之法，依作者之主张，应有以下的改进。

第一，应实行多移民殖边，提倡实业，使内部人口不至过密，农场人口可以被一部分的工场吸收，他若节制生育，在某种范围以内，亦可实行。

第二，根据以上的结果，农场面积自能增大，农家进款自能增高，生活状况亦自然能够较为舒畅了。

第三，农场既然增大，当可利用机器，对于生产效力上，当能增加。效率增加，生产费用即可随之而减低。获利厚，而生活程度自然提高了。

第四，交通发展，实为目下的急务，倘国家方面能尽力提倡发展，那末农产物的销路，自然随之而增高继涨，由是可得之净利，农民当能较多，不致再有谷贱输不出的苦况了。

以上四项，皆为提高农民生活程度的方法，惟各项类有相互关系，忽略其一，农民的生活终受制裁，提倡增高农民生活的实行家，应当注意到先提倡这四件事才好。

参考书

1. Spillman, W. J., "What is a satisfactory standard of living for the farmers?" *Farm Income and Farm Life*, The University of Chicago Press, 1927.
2. Kirkpatrick, E. L., *The Farmer's Standard of Living. U. S. D. A.*, Dept. Bul. 1466, Washington, 1926

3. Baker, O. E., "Agriculture and the Future of China". *Foreign Affairs* Vol. 6, No. 3, April 1928.
4. Funk, W. C., *Value to Farm Families of Food, Fuel, and use of house*, U. S. D. A. Dept. Bul. 410, Washington. 1906.
5. 《河北盐山县150农家之经济及社会调查》，卜凯著，孙文郁译，金陵大学《农林丛刊》第五十一号，民国十八年九月刊印。
6. 《农林汇刊》，金陵大学农林学会出版，民国十八年七月。

卜凯的《中国农村经济》*

中国的国本是不在城市，而在农村。所以研究中国社会问题，就不能不研究农村社会。中国在世界上算是一个最古的农国，可是受了那几千年的传统的思想，到了现在依然还有学优则仕的观念，而不知顾虑到农民的前途。在我们中国关于其他方面的文字著述倒也不算很少，可是整个的国本农民生活倒反被人漠视了。近年虽然受了新文化思潮，才有人去专研究农业，亦不过只尚空谈，不求实际；因此关于农村问题可说一点都莫有研究与贡献。可是我们中国人尽管可不去研究，但同时就不能不让其他外国人在那里研究了。金陵大学农学院美国教授卜凯先生在中国十余年之久，专门实地研究中国农村经济，第一本巨著已于1930年与我们见面。该书的内容据评者的意见，爰为一一介绍于后，以饷阅者。

第一，本书共十二章，所根据的材料是从中国七省十七个地方的调查。所包括的年限，最早的地方是1921年，最晚的地方是1925年，共计调查农家2866家，调查主要的目的是在明了中国农场经济的组织，如何经营才不致使农场失败，同时也顾到农场经营失败与成功，怎样可以影响到农民生活方面。这一本书不仅在经济方面将中国田场布置之不经济，人工分配之失当，田场之大小，土地权之所有与栽培作物之种类，有详确之调查统计。在社会方面亦将农村人口，农民食物，农民生活程度，也详论无遗。真算是中国农业经济界空前的巨著。凡攻农业经济学者不可不读这本书。

第二，对于本书的编制方面，可说是极为新颖，能将十七个地方单独调

---

* 原载《社会学刊》1931年第2卷第4期。

查的材料拼合在一起，而天衣无缝。这实在是一件极艰难的工作。就是在外国的农场调查也从未看见此种编制，大半不过都是一时一地的片断的材料。卜凯先生居然能将各个调查连合在一起，而能使我们对于中国整个的农业有一更深切的认识，这真是卜凯教授的大成功。

第三，本书的分析统计方法是极实用，尤其是能应用实用的材料而证明统计学的理论，什么较量平均（Weighted average）或差（Probable Error）标准差（Standard deviation）以及相互的关系（Correlation）等都见引用，同时增加了该书质的方面不少的分量。此外也可以说是试验此种调查方法（Survey method）能否在中国实行的一种试验。这种试验已经成功，给了我研究农村经济的一个新的途径。

第四，在中国研究农村经济者，第一种困难就是各处度量衡的不一致，因此不易作一比较。卜凯教授能将各处之度量衡化合一律，易于比较。这是开农业统计界第一先河。虽然在一处的农家亩之大小，尺之长短，各有所异，可是他的多少两相平均适得其中。这并不算什么大缺点。

第五，本书结论甚为得体，确是认清病象，对症下药，改良中国农业目标，这算是第一个公允的结论。

卜凯教授处于外国人的地位，能于不数年内对于中国农业界有如此的巨大贡献，我们当然是很佩服的。可是该书也稍有几点，不能不令人怀疑。这并不是评者故意吹毛求疵，其实是我希望以后的中国农村经济研究者引用卜君方法时，得一更完善的机会。

第一，本书调查的地方太少，不足以代表中国，故该书的命名不应称为《中国农村经济》（*Chinese Farm Economy*），应称为《中国农村经济之研究》（*A Studies of Chinese farm Economy*）较为适当。

第二，对于本书采取的分析方法前后不大一致。卜凯教授也承认柴山面积是作物面积之一部分，不过有时又不如此。如第六章第七表各种作物所占作物面积的百分比。江苏江宁县（太平门）的柴山就未列入作物面积之内。

第三，本书的图表甚多，而文字的解释甚少，甚至表内已有的数字，卜君在文字叙述中又重写一回。如此不但不能增加该书读者的兴趣，反失了读者的意味。据评者本人的意见，本书应多加文字的解释，才不致使人将此书当作十七处农业的一本枯燥无味的账簿看待。

第四，本书的材料调查或系卜先生的学生，或是当地的雇员，其中有多少地方，卜君未曾到过。虽然该书立论多系根据调查员的报告，可说著者本人未曾亲身到过，总觉不免有点遗漏。例如在河南新郑县调查的地点，除种五谷外，红枣即是农产大宗，本书未见及此。该处农人俗谚常云：“上打枣，下种田，树根底下种的矮矮蔓。”此话表示该处土地利用之精密，甚至枣树根下还须种一种芜菁也。再该处地势不平，土含砂质，卜君皆未之闻，所以也未曾注意及此。故我说调查的工作固然甚难，但是解释尤难。因为解释要按着事实，下笔方有精彩。若是“闭门造车”反失了调查的真谛。

第五，本书调查年度不一，同时比较似觉不当。因为农业与工业不同，所受气候、雨量季节的影响有差异，因此形成丰年常年与荒年三种，若是比较的时候不注意此点，致使结论失实。

抗战对于各界人民生活之影响*

抗战军兴，全国各地的物价普遍上涨，人民生活所受这种物价高涨的影响不尽相同，有较战前好转的，有日趋窘困的，现在为求明了各界人士所受这种影响的程度及其成因起见，本文特就我国旧有的普通职业分类的几种人民来互相比较，并以数字表示之，来略窥梗概。文中所引用的材料，因为取用便利的关系，多限于成都及平原区一带，但是亦可看出一般的情形（当为全国的缩影来看），其他的地方当不会相差过甚。

一　由各种农产品价格的变动来看地主和佃农所受的影响

川中水田租佃惯例，佃户向地主纳租多采取谷租制，规定一亩田地纳稻谷几石或熟米几斗作租。大体来说，“大春”作物完全交给地主了。其他“小春”作物的收成，完全归于佃户自用。旱地多半采取钱租制，规定一亩地缴钱若干，不过近来因为粮价的高涨，许多地方地主有对佃户增加租谷的，对于旱地的钱租，亦多改收实物，大斗改收玉蜀黍若干斗。若是要比较地主和佃农所受这种价格变动的影响，我们要选定佃农自有的“小春”作物，食粮类如小麦、大麦和蚕豆，工艺作物类如油菜籽、叶菸和大麻等来与地主所收的租米作个比较，最好之方法系求每单位米对于“小春”作物的购买力，计算方法是用每单位的“小春”作物价格去除米的每单位价格即得对米的交换数量。亦即每单位米对各“小春”作物的购买力。

* 原载《中农月刊》1941 年第 2 卷第 8 期。

如将每升白米所能交换各种产品最多的月份和战前（民国二十六年一月至六月，下同此解释）相比较，变动情形如下：战前需小麦1.31市升即可换得白米1升，本年六月则需2.41升；大麦与白米交换，战前需2.65升，二十七年七月则需3.93升；战前需蚕豆1.44升换白米1升，在二十七年五月则需2.07升；油菜籽与白米1升交换，战前需要0.91升，本年六月则需2.4升；叶菸战前需0.77斤即可换白米1升，本年六月则需3.87斤；大麻战前仅需0.85斤换白米1升，目前六月止则需1.64斤。这种变动情形多半由各年稻谷收成的丰歉和各种产品的供需情形而定。

依据各种产品计算的白米价值变动很大，在二十八年下半年和二十九年上半年这段期间比较低落，佃农拿自有的“小春”产品来和米交换是比较有利。二十九年八月由于米价的短期统制，米价曾一度暂时降落。惟自二十九年八月以后，米价即继续急剧上涨，故米的依其他产品来计算的价值亦同时增高。在这期间地主囤户即可坐享不劳而获的横利。由于米价和“小春”产品价格相差太大，所以佃农要想拿自有产品来交换与战前数量相等的白米必须要更多的数量，才能够换到。所以目前这种产品间的价格相差对佃农是很不利的。因为佃农经营农场的费用中工资与伙食占了重要的部分，此项开支皆随米价而上涨，故佃农以“小春”作物收入来支付随米价上涨的支出，是处于极不利的地位。

目前我国为争取自由与强敌相抗，人民都愿意忍受暂时生活上的痛苦。在这抗战期以薪俸阶级所受痛苦最深，由于生活费用的高涨，消费者手中存有的法币购买力亦日趋降低，因是依恃固定薪资收入者殊觉维生之不易，迫而降低其原先的生活程度。但地主阶级在此期中则坐享高价的利益，再由地主负担的地税来看，如下表所示，前数年以迄目前为止，据成都县县政府所告知，田赋每两税率在二十六年折合22.49元，本年规定折合27.49元，较前增加22%，但是在同一期内米的价格较二十六年已增加有30倍之多。如果拿当时的米价和税率来计算，在廿六年时候完纳一两粮需要售白米1.939市石，在今年六月完纳一两粮还摊不到一斗米，只要七升八合就行了。所以税值如以米来说，已跌落到廿六年的4%。如我们要想消除民间对战时经济负担的不均而发的怨感，对于田赋必需增加而来均衡各界的负担，是件刻不容缓的事情。目前征收实物这种办法，实在是很合时宜的财政上的措施。

成都县缴纳每亩田赋所需白米之数量

年份	每亩田赋附加之税率①		成都市每市斗米之批发价格		缴纳每亩田赋所需之米量	
	税率（元）	指数	价格（元）	指数	市斗	指数
民国廿六年	22.49	100	1.16	100	19.39	100
廿七年	22.49	100	1.11	96	20.26	104
廿八年	22.49	100	1.21	104	18.59	96
廿九年	27.49	122	5.15	444	5.34	28
卅年	27.49	122	35.44②	3057	0.78	4

①田赋数字系由成都县政府供给。每两税征包括面积约为46.5市亩。

②系引用6月份平均价格。

二　由原料和制成品价格的变动看农民与制造商所受的影响

这里选了成都平原佃农自有的几种主要经济作物如小麦、油菜籽、叶菸和温江大麻来比较其对各个制成品交换数量的变迁。就是用每单位农产品的价格去除它的制成品价格而得两者间交换的数量。

如以每种物品和原料品交换数量最多的月份和战前比较，则得到了以下的结果：如以小麦交换1斤面粉战前需要1.21升，在廿八年六月则要2.34升；如换1斤菜油在战前要菜籽1升，廿八年十二月则需要1.85升；如以叶菸来换十支装土制的淡芭菰一小盒，在战前需要叶菸0.52斤，本年一月则需0.92斤；如用麻皮交换麻布1匹（一丈九尺长一尺五寸宽）在战前需要1.55斤，本年一月则要2.56斤。

平均而论，小麦与面粉的交换额在二十七年及廿八年内已较战前期间为高。菜籽对菜油的交换额尚属稳定。叶菸对卷烟的交换额当廿六年至廿八年七月期间是没有多大变动的。但是自廿八年八月至三十年五月止，因为叶菸价格涨得快，卷烟对他的交换数量已降低到战前的水准。近来因为香烟公司的停购和交通运输上的困难，叶菸价格又降落而趋于稳定，它和卷菸的交换额又恢复到战前的水准，有时还要超过。但在一年的首尾期间，叶菸每以供不应求，价格特高。麻布因为廿八年后军政部统制收购需要大增价格涨得很快，但是同时麻皮的价格赶不上麻布价格的增涨，所以需要更多的麻皮来交换定量的麻布。由这价格的相差来观察，我们知道因物价高涨而受惠者非系直接生产者，多半是从中渔利的制造商和居间商。这儿还更注意他们的利润，不仅仅是加工时得到一部分，他们还从购买原料品中得到大部分，因此直接生产者与消费者，均遭受了价格上涨的痛苦。

三　物价高涨对各薪资收入者的影响

（一）大学教授和木工的比较

当物价急遽增涨的时候，不单工资与物价两者间要失调，就是工作不等阶级相互间的薪资亦失了一致的步趋，我们拿成都市大学教授和木工来比较，亦就可以看出。当物价涨的时候，批发价格总是比较零售价格涨的快，所以比生活费用的上涨亦就快。生活费用有所变动时，木工工资亦随时受它感应。当生活费用涨得很快时，木工工资迟早亦必随而提高，所以木工的工资可以能够赶得上生活费用的增涨。木工为维持最低限度的生活，不得不将工资提高，所以木工工资的增加几乎可以追得上生活费用的上涨。反过来看，大学教授的薪金（包括现金津贴及米贴）则不能和工资等率的增加，增加甚为微小。但无论如何，一般地讲起来，工资及薪水的增加在时间上较生活费用的上升总是落后，这是毫无疑问的。在今年六月的时候，成都市的生活费指数已升到1655，木工工资已升到1840，但是大学教授的薪金仅升至236。

当我们要知道物价高涨对各种薪资收入者的影响时，如计算实际薪资（即用生活费指数去除货币薪资而得所能换得物品的数量，亦即可称为薪资的购买力）来比较，则更为显著。大学教授的薪俸，多半在月底才支付，在下个月内才能用在消费上，当物价变动很急剧的时候，每月货币的购买力亦有很大的差异，所以大学教授实际薪金的求得，是用下一月的军政教育界生活费指数（该指数系金陵大学农业经济系所编）来除本月的薪金而得。大学教授薪金的增加较生活费用的升涨很为缓慢，换句话说，亦就是实际薪金的降低。在卅年五月内大学教授的实际薪金已跌到14.8%。木工工资因为当日即可拿到，次日即可用于消费，所以木工实际工资的求得，是用本月的劳动负贩界生活费指数来除本月工资而得。在卅年六月木工实际工资仅跌至89.4%。

（二）人力车夫

抗战以来，黄包车上的配件，因为输入的减少，价格飞涨，同时由于生活费用的上涨，所以一般车主阶级，遂将车租增加。自廿七年七月起人力车车租已属继续增加。至本年六月止车租指数已升至1108，劳动负贩界生活费指数已升达2501。人力车夫为适应最低生活需要，不得不用力多拉几趟车，同时亦被迫而提高车价，至卅年六月止，人力车夫每日平均收入的指数已升至2697。人力车夫的收入是具有伸缩性的，能随生活费及车租之升涨而提高，因是车夫的平均实际收入较战前水准高出，生活似较以前改善。但是自从廿九年九月，米价一直飞涨，车价不能相应的提高，否则，乘客将以减少。食米是劳动者家庭的重要支出，故目前车夫以生活费用计算的实际收入已较一年以前为低。

（三）商店店员

自抗战爆发以来，全国各地物价普遍上涨，在后方更以人口激增，运输困难，物价增涨更快。物价上涨时，恒较租金、工资、税率、债务等的增加为速。因是物价高时，商业易于获利，很多商业亦随而繁荣。

自民国廿五年底以至廿九年年终，成都市的油米钱店数目年有增加。在这时期内，成都市的批发物价正在继续上涨。自廿八年年终至廿九年年底时，新店员的数目增加更多。这种变动很为明显，同时停业的店数亦属增加，其主因由于其营业违反物价平准处的条例所致。

成都的商业既然繁荣，商人的赢利亦很丰厚，店员每年的薪给及分的红利遂有增加。当二十九年年终时，店员的红利已较战前增加5倍。店员的薪给待遇能随生活费用的上涨而增加，有时还超过生活费用的上升，故其实际薪金亦较战前高出。至卅年六月止，实际薪金已较战前增加48.2%。

（四）各薪资收入者的比较

物价高涨对各薪资收入者的影响既有如上述的不同，如将其各个实际薪资同时比较，则更为显著。商店店员、木工和人力车夫的实际薪资是时有涨跌，这就要看薪资或生活费用何者涨的较快而定。但是往往视战前的水准为高，大学教授的情形则与之相反。薪金增加很少，生活费用则继涨无已，所以大学教授的实际薪金是日趋下降。由这可以看出平日从事高尚职业而薪金很高的位置者的薪金不能随时增加，而平日收入很少的增加则甚多。因而我们可得一结论：一种职业需要很少训练或无须训练的，它能随时适应物价的变动而调整薪资，凡需要长期高深训练的职业的薪金调整最缓。这正和一种物品生产或制造需要较长时间的不能随时适应物价的变动是同一的道理，这真是一件很有趣味的事情。

四　结论

物价高时，物品价格的增涨恒较薪金工资和税率等为快，这是不易的定律。物价高涨期，不单各种物品价格的升涨不能一致，就是各类工作者的薪给亦是彼此互异的。在物价水准高涨时，有些人是得到利益，但是吃亏的人亦有。由“小春”农产品和“大春”农产品的价差变动来看，在目前物价情况下，地主阶级是坐享不劳而获的巨利，而佃农则很吃亏。再由“小春”农产品及其与制成品的价差来比较，亦是佃农吃亏，而渔利者则全为居间商人，在物价高涨期中，直接生产者如佃农不但享受不到利益，反而蒙受损害，这是我们不能不特为留意的。物价高涨对各薪资收入者的影响是各别不同，据本文研究，仅大学教授是处于很不利的情形。

在战时，政府因为要支持战时财政上巨大的开支，有时就得增加通货的流行，这是一种最简单而易行的办法。但是我们要想避免这种物价水准高涨所引起的社会不均衡现象不要长久存在起见，最好采用征税方法来作战时财政主要的源泉。自抗战以来，因了利用战时反常现象，不劳而获发暴利者，如地主商人之类很多，所以对这种人应该采取重征政策，依累进税率来抽征，如是才可使全体人民对战时的经济负担均衡，社会上亦不致发生不平的忿怨了。同时采取这种征税办法，不单战时财政收入可以大为增加，亦可帮助防止物价的再涨。年来财政当局对于增加税源，整理田赋，积极努力推行，足见政府高瞻远瞩已注意到这方面，可谓为我国战时财政措施的一大转变，其裨利于抗战前途当可拭目以待。

中国农村社会之文化基础*

一 文化与社会建设

人类各种活动目的，无非为满足其衣食住行等生活上之需要，然欲满足上述生活需要，必须谋得调适环境之方法。所谓有效之调适方法，即系经验，而各种经验形成之复杂体，乃为文化。夫人类由经验而知，欲保护其身体，必须制作衣服；欲维持其安全，必须建筑房屋；欲饱饫其饥肠，必须谋取饮食；欲便利其往来，必须平道路、架桥梁、造舟楫，藉以开辟交通；欲传达其情意，必须创造言语，发明文字。更进，则须树立社会秩序，解决生活困难，提高人生享受，奠群己之界，定权义之分，遂从而有道德、法律、艺术、宗教、政治等等之创立。凡此种种活动，固无非经验之结晶，亦即无一而非文化之表现。由此以观，文化实为一种复杂体，包括身体之实物，与夫抽象之知识、信仰、艺术、道德、法律、风俗，以及其他由社会所学得之能力与习惯。此则自非一朝一夕之功与一手一足之劳所克办，必集多人之思想，经多次之试验，始能以臻此。农村社会所以能成立，即因其有世世累积之文化，支配其人口之衣食住行等活动；非然者，倘无文化，即无活动；无活动即无社会可言。此所以文化为农村社会最重要之基础；而农村社会在文化上之贡献，亦不仅因其人口足以创造文化，且因其人口之繁衍广遍，并得以传布延续之也。

---

* 原载《农业推广通讯》1944 年第 6 卷第 9 期。

抑有进者：构成农村社会之要件，曰：人口；曰：土地；曰：文化。三者关系极为密切。若一国文化进步，则其利用土地之技术必甚精良；因而其土地生产必甚丰富；足供其人口之消耗，并增高其生活程度。反之，若一国文化落后，则其利用土地之技术必甚拙劣，因而其土地生产必甚缺少，不足以供人口之消耗，结果不但降低生活程度，且酿成人口问题，是故文化能以影响土地利用技术之优劣，与人民生活程度之高低。然则欲建设吾国合理健全而丰满之农村社会，其宜先自文化之振兴发扬着手从事，当无疑义。

中国为世界开化最早之一国，综其文化之蝉联与蜕嬗，约可分为三大时期。自远古以迄两汉为上古文化时期，此时我国民族悉本自有创造能力，独立建设文化。自东汉以迄明季为中古文化时期，此时我国文化发扬滋长之精神，较诸太古及三代秦汉相去甚远，而印度文化，则于此时输入，始则与我国固有文化牴牾，继而两相配合；亦可证我国民族吸收异族文化力量之强。自明季以迄今日，可谓为近世文化时期。此时期中印两国文化均告衰落，而西洋之学术、思想、宗教、政治，以次输入，相激相荡，形成中国近代之东西混合的文化。凡此三大时期之嬗变，对于我国整个文化虽有莫大影响；顾在农村方面言之，惜以地处偏僻，一般农民梗塞自甘，保守性成；新文化之作用，尚未能深入农村，广被久远；有之，反徒使新旧脱节，社会失调；引为我国近年农村积贫致弱之主要原因。建国运动，方在发轫，此构成国家基本条件之农村社会建设所宜特别致力之事业也。本篇愿就学理立场，分析吾国农村文化方面之各项有关因素与问题，冀能略备研究参考之资而已。

二　农村家庭

家庭为社会之基本组织。我国农村社会向以农村家庭为中心，一切社会风俗制度，莫不赖其推广传递。且家庭为社会之经济单位，农村家庭之经济功能较诸城市者，尤其重要。我国农事，特重传统因袭，故所有文化、风俗、机械方法、社会习惯等等，均由父母传与其子女，而农村社会生活遂藉此得以绵延不绝。故欲研究我国农村社会经济问题，首应充分明了我国农村家庭之性质、组织、大小以及职业等项而后可。

我国农村家庭特质，可得而言者：其一，就夫妇结合观之，农村家庭较诸都市者为安定整合，旧道德依然有其控制社会之潜势力，致离婚现象较为罕见。其二，就父母子女之结合观之，虽子婚女嫁以后，大多仍旧同居，结果形成一种“联合大家庭”，各人伙合其所得，集成全家经济之基础；纵有人迁徙异乡，仍视同家人，从不与家庭脱离其关系。其三，就各种亲属之结合观，我国家庭不独包括父母及成年子女两代亲属，且包括直系旁系亲属，故向心力恒较离心力为大。其四，再就家人联系的立场观之，各个分子除有其血统之关联外，复为各种共同经济活动所联系，如共居一室，共耕一地，形成共同致富，共同消费，集团工作之经济单位。夫由此而蔚成之社会心理，则家族观念深重，社会意识薄弱；且具有一种家长权威，家主掌握整个家庭大权，其他分子皆处于附属地位。致所属分子，各依其性别年龄及能力分任各种不同职务，分工合作，亦为我国农村家庭之特殊情形。因此与外界接触机会既少，思想陷于故旧，抱残守缺，坐成新农村发展之障碍。更就家庭之功用特质言之，我国农村家庭建于宗法社会下，对于绵延种族之观念，远较各国为强。故农村人口之生育率甚高；然以保育不周，死亡率亦大。在经济上，家庭为集合机体，对于其分子之经济福利及存在皆负无限责任。尝有“养儿防老积谷防饥”之谚。他如家庭之共同生活，富具社会功能，农村家庭尤为唯一之训育机构，所有教育事宜，亦须家庭兼负其责。

我国农村家庭之组织甚为复杂，大抵属于大家庭者居多，积习日久，流弊滋生；近年工商发达，日见有溃败之势；惟据历年调查，每家平均人数仍有5.4人。在此过渡演进期中，失调脱节之现象因所不免。一般论之，我国农村家庭大小每随经济与教育状况及佃权而异。其经济状况教育程度愈佳者，其人口愈多，适与欧西各国情形相反。佃权方面之表现，则半自耕农较自耕农与佃农为大。至农村职业分配，当以农业所占之百分率为最多。我国工业不振，农民舍农业外，更无其他职业可图，惟就兼非农业之职务如家务、商业、手工业、家庭工业、运输、专门职业、渔业及公务者计算，其数亦不为少，特系副业性质，关系影响初不甚大耳。

农村家庭问题之所由起，在于旧制度渐趋废除新制度尚未建立，以致社会文化失调而产生。综合言之，其表现于婚姻方面者，有早婚、纳妾、童养媳、守寡等问题。早婚则影响个人幸福与民族健康；纳妾不仅蔑视女性之人格，亦为造成家庭纠纷不和之根源；童养媳之习惯虽日渐消除，华南各地恶风犹盛。守寡盖由于礼教之束缚，亦属不人道之恶制。其表现于社会方面者，则为贫穷之困顿，住宅之卑浊，卫生之不讲求，娱乐之极缺乏，在此情况之下，生活无由改善，文化难谋发展。吾故言：我国农村家庭之改造，实无疑为今日我国农村社会运动之主要问题。

三　农村教育

我国农民不仅文盲众多，即已受教育者之教育程度，亦甚低下。全国文盲数量向无确实统计，据 1929～1933 年调查 22 省 7 区 59 处男女存在人口教育状况，男子文盲数逾 80%，而女子竟在 90% 以上。历年以来，教育部对于扫除文盲工作不遗余力，义务教育社会教育同时并进，自民国十七年度至二十年度间，各地文盲在量的方面确已减少半数以上，估计全国现有文盲至多为 150000000 人，约占全国总人数 33%。顾在实际方面，以施教期间过短，殊难令人满意。盖吾人不仅期望不识字者能识字，且须更进一步使一般民众常识完备，具有做公民之最低条件。按普通民众所受教育不外旧式学校（私塾）、新式学校及新旧式学校三种。据金大农业经济系调查，我国农村教育，属于旧式者，占 65.1%，属于新式者，仅占 29.7%，前者刻板而缺乏弹性，空泛而不切实用，自非发展身心之合理场所。据同一调查，受旧式教育者平均读书 4 年，受新式者 3.6 年，两者兼有者 7.4 年。徒以办理不善，受教期内未易融会贯通，学习时光每多空耗。

我国各种农村教育机关，在初等教育方面有公私立小学及私塾；在社会教育方面有教育馆、民众夜校、民众学校、民众补习学校、民众图书馆、民众阅报处等等；在职业教育方面有农业学校、工业学校、商业学校、贫民习艺所、职业学校及平民工厂等等。关于此等农教机关在农村中所占数量之多寡，战前中农所（即中央农业实验所——编者注）曾有调查，以小学占最多数，公私立合计达 64.5%；私塾虽各省差异殊巨，然全国平均亦达 30.3%，可见在社会上仍然未失其重要地位。至于社教及职教机关合计仅占 4.5%，而中学则不及 1%。

农村教育经费甚形支绌，农村以经济能力薄弱，所能担负之教育费极少；学校设备类多简陋不堪，校舍多系租用，或改用祠堂庙宇；农村小学教师，以初中毕业者为最多，计占 35.7%；次为师范学校毕业者，占 28.1%，再次为小学毕业者，占 14.6%，此外则乡村师范毕业者占 9.5%，专科、高中、职业学校、师范讲习所及简易师范毕业者占 8.4%，未在学校毕业及未详者占 3.7%。故教师素质问题，殊堪注意。

课程教材方面，历来因袭城市，颇多书生式之科目，盖与日常生活少有联系。私塾之历史已久，内容腐败，缺点甚多，实属时代落伍之物；惟其设置简易，塾舍大小可以随便，儿童多寡可以不拘，儿童学龄可大可小，教材数量少，价格低，且个别教学，假期可以伸缩，适应农村生活之环境，其能屹立至今，夷考其故，亦自有其存在之原由。目前新县制方在积极推行，国民教育之实施计划，将使每保设一国民学校，每乡（镇）设一乡（镇）中心小学，我国教育之衰弱，当可日见改观。惟于过去农村教育衰弱原因，惩前毖后，有不可不察者，闲尝综合分析为数点，可供今后改进之参证。

我国教育一若专为资产阶级而设，平民鲜有读书机会，而一般乡农又辄妄自菲薄，以为受教非其权利。此心理误解者一。由私塾数目之多，可见旧思想之犹笼罩于整个乡村社会，以此违背时代潮流之旧式教育，何能担负促进文化之责任。即新式小学，以囿于传统观念，困难亦多。此则由于新旧教育失调之结果者二。同时学校本身不能健全，与外界接触既鲜，教师之学识与修养不足为农民之表率；并此类人才，亦因生活辛苦，待遇菲薄，难以罗致，造成我国农村教育人才普遍缺乏之现象；益以主持欠当，不合农情，糜费增多，无补实际。此学校方面种种缺点影响于农民信仰者三。我国农村儿童学习农业技术，本属艺徒式之传授，复以经济困难，书本无用，更加漠视教育之功能。他如治安未靖，政治不良，道路不修，交通闭塞，以及上级机关之辅导无效，社会人士之赞助难求。此则环境条件之未备坐视农村教育之衰弱者四。现欲谋农村文化之发达，农业改进之彻底，农村教育之推进，实应列为基本之工作。

四　农业技术

我国素以农业生产落后，见讥于世。此固由于农场设备简陋，规模狭小，而根本则由于农业技术幼稚，故力虽耗而生产微，外不能任世界产品之竞争，内不能供民众生活之需求，是欲改良农业，促进生产，非自技术入手不易见效。所谓农业技术，包括新式农具之使用，优良品种之育成，种植方法之改良，病虫灾害之防除，土壤之管理与夫天然及人造肥料之施用。就我国农业技术演进言之，自原始木制之耒耜，进而为铁器之使用，主要农具代有发明；远在春秋战国时代，即已利用畜力耕种，水利建设与灌溉制度之兴盛，多有足称。至于耕作方法，随生产工具而改进；复以人口繁滋，生产不足分配，亦非与时进步，以应需要不为功；自昔实行轮耕，以休养地力；或实行区种，以增加耕地；各收成效。憾以工商企业不振，经济能力薄弱，耕地面积狭小，农作制度约束，人工供给低廉等故，我国农业技术，自唐朝以迄今日，因循传袭，即处于发展停滞之状态。而欧西各国自18世纪中叶产业革命以后，农业技术发展，大有一日千里之势，现各国耕作多已机械化，吾则仍偏于人力劳动，与原始工具，效率低微，瞠乎其后。

农业技术之幼稚，所及于生产、作物产量及农具诸方面之影响，关系甚大。就农场劳力观察，我国生产可称为地积经济（Acre Economy）而非人力经济（Man Economy），盖因土地甚少，惟求单位面积之增产，而人力之浪费，未加计及。所谓集约生产，几全凭人工；使用畜工者已少，无论农业机器之应用。姑不问何种作物，所需人工常超出外国数倍，以至几十倍。譬如棉花，每公顷所需人工，中国为1984小时，美国仅289小时，相差几近7倍。小麦生产每公顷所需人工，中国者竟超出美国29倍有余。比较畜工方面，如高粱所需畜工，中国为189小时，美国仅99小时，未若人工悬殊之甚。同时以各种农业技术不精，故作物品种低劣，灌溉方法粗疏，年有水潦旱魃之为患，致使各种作物产量几莫不较诸欧美各国为低，直接固影响于生产之收入，间接则足以加重消费者之负担。

至于农具，在农业技术上之地位极为重要，诚如前言，我国农具发明最早，而其进展则甚迟滞。民国二十四年及二十六年金大农业经济系曾先后于扬子平原及北方平原作中国农具之经济研究结果，我国农民于耕种、灌溉、打落各方面所用之农具，大多保持原始状态，其能使用机器者绝无仅有。凡此亦足为我国农业技术衰落之佐证，试据前述调查，平均扬子平原田场有50%以上，北方平原田场有60%以上，购置价低用广之农具，而牛车、推车、船只、耘锄、辘辘、风车、土车等，为数甚少。若再检视牛车之工作效率远较脚车及手车为大，徒以价昂，置备之农家遂仅有18%。于此可知我国农民非不知或不愿使用新式有效之农具，殆因经济能力所限耳。关于农场重要农具使用情形，每因农场面积大小及作物种类而异，有因耕地狭小，丘块零散，虽明知大件农具工作效率较高，或且为经济能力所许，每多不能使用；即勉强使用，在经济上亦未必有利。扬子平原之灌溉用具及船只，与北方平原之耘锄、辘辘及伞镰等，并非每一农场均有，使用时间与工作面积亦较其他农具为少。其使用最广者为犁、耙、锄、木耙、镰刀、石磙、木叉、木锨等，中如锄头，不惟几乎每种作物均须使用，且有一种作物须用数次者，故全年动用之面积甚多，时间特长。扬子平原之耕犁与钉耙，三种水车，两种打落农具，以及北方平原之耘锄与锄头，伞廉与镰刀等，均为交替农具（Alternative Implements）。据考察：耕犁工作效率较诸钉耙大 5 倍有余，而每市亩费用尚不及钉耙二分之一；伞镰工作效率较镰刀几大 4 倍，费用则少三分之一；其他交替农具，或则工作效率较高，或则费用较省，或则二者均见优点。足以今后从事于农具改进者所应多所注意也。

最后值得一提之事：生产能力系于人口数量之中古思想，原已刺谬不适于今日科学昌明时代；顾以我国农业生产几全凭人力，农家以人多为贵，一般之心目中无不希冀早养儿孙早得力。现阶段农村人口，可谓已达饱和点，致成农民贫穷之根源。盖人口多，则农民所得少，经济能力薄，农场投资微。因人口繁庶，人工必然低廉，农民生产乐于雇用工资低廉之人工，无须采用新式农业技术。从此人口愈有被奖励繁育之趋势，农业技术将更无发展改进之机会。结果所致，则人口过剩，土地不敷分配，永为农业技术改进之阻碍，此点亦是研究我国农业技术问题所未可忽视者。

五 农村卫生

卫生为一种文化之表现，其优劣状况，互为因果。我国农村文化落后，若以卫生状况与文化进步之国家相较，实属望尘莫及。一般农村人民在卫生方面，除享受自然利益外，几无人为利益可言。死亡率之高，直占世界之首席，而平均人寿，亦极短促。吾人测度一国农村卫生程度，可以普通死亡率、生育率与死亡率、疾病记录三种方法，以觇验之。惜我国关于此项材料，向感缺乏，然一般现状，其皆低于水准，可无疑异。据局部调查及个人估计，我国农村普通死亡率多较城市为高，与欧西各国情形适成相反现象。如我国自 1922 迄 1934 年间各地抽样调查之普通死亡率为 30.0‰，一般城市死亡率则均较低，例如北平为 22.2，武汉为 22.3，杭州为 12.9，广州为 17.2，天津为 15.9，上海为 12.7，威海卫为 26.4。美国城市人口在 1 万以上者，自 1920～1924 年为 13.0，农村则为 11.2。两相对照，情状判然。民国二十一年夏，金大农业经济系与中央卫生署调查浙江杭县良渚镇 20 村 298 农家之卫生状况，在调查人数中，残病者计男子 16 人，女子 12 人，尤以盲目为众，而年龄愈大，残疾者愈多。二十三年卫生署在江苏句容举办户口调查时，所得结果亦属相同，即每千人中之总残废率为 6.4 人。在杭县调查周年中，患病者计 136 人，占全体 9.6%，其中男子为 88 人，女子为 48 人。如按主要疾病种类，将男女分成各年龄组，可知 25 岁以上之男女疾病较多，其中以肺痨最为盛行。此因农民营养不足，操劳过度，以及对于潜伏病症漫不经心与延宕诊治所致。各地农家经济困难，每年医药费用所占比例极少。且农民多相信"生死有命"，非人力所能左右，更养成农民懒于卫生轻视疾病之习惯。加以缺乏卫生知识，不明疾病性质及其传布与预防方法，如住居饮水及食物，动辄为传染疾病之媒介，及至病象严重，则或误解医理，或妄投药石，或滥用手术，或托命于迷信，如求签问卜，延僧聘道，转为流行，徒误病人，枉死而已。具见我国农村对于卫生之疏忽，一般体格之衰老病弱，非无因也。

按我国举办农村科学卫生事业，为时甚迟，迄今仅有十余年历史。民国十七年上海市吴淞镇卫生公所可为滥觞；惜成立不久，以人事更替，致未著若何成效。十八年上海市卫生局择定浦东高桥镇为农村卫生实验区，并在该镇设立卫生事务所，办理全区农村卫生事宜。同年秋，河北定县实验区设立卫生教育部，办理农村卫生事宜。自此以后，农村卫生设施渐见发展，有由全国经济委员会卫生实验处协助举办者，有由地方卫生行政机关组织者，有由社会团体组织者。抗战以来，后方各省对于卫生事业颇多积极建树，各县多已成立县立医院，惟因经济困难，人才缺乏，现有者犹无异沧海一粟。金宝善氏曾主张农村卫生组织须根据下列五大原则：（1）要能普遍推行；（2）要使政府与民众合作；（3）要使医疗卫生实施到民间去；（4）要经济；（5）要使在村、镇、乡区及县各处有相当之组织。国内现有之农村保健与卫生组织在理论上或能合乎此等原则，然在实际上则仍多差爽与缺陷，有待于改进也。

六 农村娱乐

游戏对于人生之价值，为现代最重要之一种发现。游戏欲望与其价值对于个人情绪及社会结构，同有重要之作用与影响。就农民个人及社会两方面而论，农村娱乐均所必需。盖寒来暑往，终岁辛劳，宜藉游戏娱乐，以改善人生，而充实丰裕其生活。且我国农村多缺娱乐场所与娱乐方法，因此于农隙时节，每易宴安游荡，或相聚于赌博酗酒之途，或趋于下流之低级趣味，儿童青年原为人生最需要娱乐活动时期，我国农村对此尤乏提倡，对于儿童青年兴趣之培养，习性之陶冶，影响殊多。故就改良社会风气言，正当娱乐之倡导，亦有其重要性。夫社会文明，固大多由工作所造成，但游戏亦有其莫大助力。游戏之生理价值，尽人皆知。苟儿童时代能获得适宜之游戏环境与机会，则其肌肉神经等配合，必能发育完善，一般农村人民大多拙笨呆钝，若能从事游戏，使各种感觉反应敏捷，自然养成良好习惯。

游戏之心理价值较其生理价值为尤大，足以顺畅思想，活泼精神，并藉以发展敏捷之决断力，养成热诚愉快与乐观勇敢之态度及促进自信力之正确与创造之技能。在实际上，农民心智能力并不亚于城市之工人，惟以日常工作以外之刺激机会较城市为少，尤需积极设备游戏，用谋补救。同时，提倡农村游戏，则增加农民接触机会，促动团体结合，激发合作精神，养成一优秀公民所应具备之条件，其于我国散漫自私之农村社会，必有裨益。

农村娱乐之特质，在须以农村环境为转移，并受农事季节之影响，其设施亦偏于联欢同乐性质，不若商业娱乐之以营利为目的。其活动多以家庭为中心，男女老幼共同参加享受。析其种类，可分定期及不定期两种，前者每含有宗教及爱国之意义，如元旦贺年、元宵观灯、清明扫墓、端午竞渡、七夕乞巧、中秋赏月、重九登高等；后者如婚丧喜庆各种集会称觞，多富社会意义。此外，关于迎神赛会，大多涉于迷信。不独劳民费财，抑且伤风败俗。

综上所述，我国农村娱乐，缺点甚多。如缺少娱乐活动，缺少团体娱乐，缺乏活动精神，或人数不足，或地点不备，或倡导乏人，无组织，无演进，不合现代娱乐生活之需要。此其故亦多。我国农民殆缺少游戏哲学，不信游戏之意义；次因经济贫困，所能消耗于娱乐之费用，为数至微。而农事工作繁忙，终日汲汲然为生活谋，致鲜娱乐之闲情。他如交通不便，缺少社会生活习惯与合群心理，亦与有影响关系焉。

七　农村宗教

宗教起源于农业，是见其与农民关系之密切。农村宗教信仰，多与人生经验相和谐，具有安慰、鼓励与劝导之功能，为农民及农村社会所不可缺。实际一般农民每富于宗教观念，笃于宗教信仰，且每染濡农业现象之意象。中国古代宗教仪式，莫如天子，亦每岁于冬至之日，祭天于南郊圜丘。其始宗教为一种农村组织，即今日各地农村仍留有此种特质。农民每借各种宗教活动，如庙会、酬神、演戏等集成一团体组织，发生社会关系。且如我国北方农村之庙会，隐然为农村经济之中心，其潜势力迄今不替。在文化方面，美术最早之发展多与宗教有关，进而农民之诗歌、音乐、舞蹈、故事、文化、戏剧、建筑、绘画、雕刻等文化表现，亦莫不富有宗教色彩。宗教之于文化，实具有潜移默化之功。

我国现代农村宗教之特质，首为混合信仰，所谓儒、释、道三教兼收并蓄，互相化合。次为多神主义。以崇拜祖先为主，农民在家设置神位，分季祭祀，其余各种菩萨，亦在家庭设置神座，虔心膜拜，以致缺乏社会性。佛教传入中土后，寺庙建立日增月盛，历代帝王，多有好佛者，故虽穷乡僻壤，居恒有金碧辉煌市庙之充塞。除佛庙外，如土地庙、城隍庙、财神庙、娘娘庙、英雄庙等，遍布全国。所谓南桥北寺，北方之寺庙尤多。据调查定县有庙宇达千座，山西阳曲县 20 乡村，共有庙宇 68 座，平均每 63 人有庙宇一座，河南林县竟达 1580 座之多。内政部内政年鉴曾有统计，全国各省庙宇总数为 127054 座，中以江苏为最多，计 12814 座，河北次之，计 12690 座，浙江又次之，计 12358 座，最少者为宁夏，只 182 座。各寺庙皆自拥有不动产与动产，以供僧尼方丈或住持生活之用。他如各种赛会，如进香会、祈雨会、猛将会、盂兰会、灶君会、浴佛会、掸尘会等，每次赛会，僧俗辐辏，凡圣溷杂，幡幢铙吹，百戏毕集，形形色色，盛极一时，所费不赀。此则宗教活动之涉于迷信者。综计我国农村主要宗教，有儒教、道教、佛教、基督教、回教等，皆各有其优点与缺点，亦皆各有其在农村社会中之潜势力，直接间接影响于农村文化之发展也。

八　中国农村社会文化之改进

综上论述，中国农村社会文化基础之现况与各方面特有之问题，不难概见。我国农村家庭问题，大多源于大家庭制度。余以为农村家庭之改造，能采用欧西之标准家庭固佳，果不能，至多亦仅可包括直系亲属，旁系亲属除特种情形外，应一律分居。家庭中男女之主权地位必须平等，纳妾为戕害家庭和睦之蠹贼，应以法律严禁。传宗接代为宗法社会之思想，更当澄清。通常结婚年龄，亦不宜过早过迟，并宜适当倡导自由恋爱之风气，端趋正俗，则其他一切问题自可无形减少。

顾学校为社会之中心，为适合现代潮流，革新农村家庭，改造农村社会，尚须从推行农村教育，以新知识、新学理、新道德灌输农村新青年，励行其衣食住行教育之新生活。以言农村教育，则首赖政府机关之督促倡导，宽筹经费，并开发交通，保障治安，以减少推行之阻碍。在教育计划之实施方面，尤应以普及为原则，而以扫除农村文盲为第一要务；进而改进私塾，造就师资，注重社教应以增加生产为中心目标，并整顿视导制度，俾使整饬。在学校方面，则赖教师力行，严择教材，充实设备，联络社会；地方人士亦不能放弃督促及鼓励之责任，庶求学校与社会打成一片，以促进建设事业之进步。

农业建设，莫重于农业技术之改进。针对我国农业技术发展停滞之原因，我国农业技术之改进，第一须促进工业化。使农业广用机械，俾过剩之农民，可以工业为出路，工商发达，制造原料之需要激增，更足以促使农民加速改良其技术，增加其产量。不过我国地少人稠，盖以遗产分割及租佃制度之不合理，农场面积狭小而零碎，为此种农业技术改进之绝大阻碍，故于扩大农场面积一端，自宜力加注意，根据国情，借镜外邦，或采合作组织，或用集体方式，妥筹周详适当之办法，藉获解决。目前之急要者，则应加强农业推广机构，提倡农业科学，如改良品种，防治病虫害，研究肥料，改良农具及耕种方法。战前江苏曾设农具制造所，各种出品，销路颇广，贡献良多。今后我国如能积极发明与制造适合我国情形之农具，于农业技术之改进实有莫大助益。

闲尝思之：吾国民族，其聪明才智与能力，与并世各国较，未必落后；但一般体力之衰退，健康之低劣，弥堪隐忧。故农村卫生之改进，刻不容缓。我国农村缺少卫生建设，不外二因：一为人才缺乏，一为经济拮据。是以今后建设农村卫生，首宜培植人才，筹划经济，治疗与预防同时策进。在预防方面，尤应注意调查工作及改良环境卫生；进一步再与其他各项农村社会事业，如教育、农业及经济组织发生密切充分之联络，使整个农村社会得以共同推进。

惟前已言之，欲求身心之健全，仍不可忽视娱乐之作用。而我国农村娱乐，则亟待于改进。改进农村娱乐，可自提倡家庭娱乐着手，例如阅读书报、讲述故事、举行游戏、举行野餐及郊游，皆属正当有益。次须设立农村娱乐中心，如经济能力许可，最理想者为在一乡建筑农民会堂。否则，亦应利用农村学校或农村庙宇，布置固定性之娱乐场地。对于流行之歌剧内容及节期娱乐，须予适当之改良，余如电影，已为现代最普遍之娱乐，亦值得提倡。

至于宗教，原可谓为人生哲学美满之发展，更宜发挥其社会价值，促进社会之关系。严格言之，我国现有宗教实不能适应人民之需要，改进之道，首须革除迷信，凡一切愚妄之宗教仪式或活动，概应导化废除。并须注重宗教组织，刷新积弊，渐求合理。再则增加设备，以庄严完善为依归。藉此增厚信仰者之宗教情绪。固不独资以改善社会风气已也。

总之，吾国农村社会文化问题，复杂多端，互有牵连，而吾人权衡轻重，每觉教育程度实为其中之关键，今日农村文化落后，农业技术幼稚，农业生产不高，农村娱乐缺乏，以及农村人口生育不知限制，迷信愚昧，农村生活无由增高，形成贫弱愚散之状态，其基因乃由于大多数农民无知无识之结果。换言之，即在农村缺乏教育而已。农村教育不振，则农村文化衰落；而农村卫生不良，民族健康每况愈下，瞻念前途，隐忧无穷。目前农业推广工作，不啻为一种广义的农民教育，经济、生产、教育、社会事业，同为致力之鹄。如何建设，提高当前农村社会之文化水准，全国各级农业推广机关，及人员固责无旁贷也。

（三三、八、二四深夜，渝。）

农民节和农村复兴*

今天是抗战胜利以来第一次举行全国性的农民节，我们在欢欣庆祝之余，瞻望农村实况，疮痍满目，默察农民生活，贫苦困乏，届此令节，感慨无穷。

农民在八年抗战中，献粮秣，供劳役，征兵卒，捐钱财，支持抗战，赢得胜利，他们唯一的目的在挽救国难，求得自身安居乐业的生活。

日本投降到现在已五个多月了，农村仍是一片愁苦声，我们愿乘此令节，对当前农政设施作下列之希望。

第一，完成复员，安定农民经济生活 蒋主席在元旦昭告，“今年须致力的两项任务是完成复员与实现宪政”。农村在此次战争中，牺牲最大，破坏惨烈，黔南桂西农村荒芜一片，赤地千里，河南则蝗害水灾并作，其他兵戎之地，农具毁损种子无存，农业生产，急待协助恢复，国际善后救济总署有大批棉花、蔬菜种子、化学肥料、牲畜、农业器械运华，我们希望每一物资均有善良用途，在农业复员上尽其贡献，此有赖于全国农友们协助推动，群策群力，以收实效。

第二，开放农运，树立农村民主风气 民主政治为世潮所趋，中国农民占全国人口三分之二以上，施政重点，当以农民生活之改善为首，目前大部分农村风气闭塞，缺乏组织，散沙一盘，任令土劣操纵剥削，我们当教育农民，启发自觉，使能顺应时趋，组织农会，作农运开展之中心，自治自助，以培养农村民主风气。

---

* 原载《农业推广通讯》第8卷第2期，1946。

第三，推广农业，建立收复区农业基础 农业推广为新兴事业，抗战八年，后方基础始奠，日本投降，复地千里，复苏农困，以恢复农业生机，和周转农业金融为上，介绍良种，贷给资金，使荒芜之田园重耕，败毁之舍宇再建，减少高利贷剥削，达到农民安居乐业的目的。

农民是中国的主人，今后国家经济建设农工并重，我们要运用一切方法和力量，解除农民生活的桎梏，善用国际救济物资，即点滴之微，必用于农业生产之途，协助农民组织团体，减少苛扰剥削，安定社会秩序，建设乡村，以符中央明定农民节，改善农民生活的本意。

附录　乔启明著述一览

一　论文

1. “Mapping the Rural community of Yao Hua Men”, *Chinese Recorder*, 1924 年 12 月。
2. 《我理想中的一个农村社会组织是什么》,《农林新报》总第 37 期，1925 年 7 月。
3. 《农业的出产要以人力为基础》,《农林新报》总第 38 期，1925 年 7 月。
4. 《划分农村社会与乡村服务的关系》,《农林新报》总第 53 期，1926 年 2 月。
5. 《划分农村社会是乡村服务的关键》,《农学》1926 年（第 3 卷）第 3 期。
6. 《乡村道路建筑的方法》，金陵大学农林科，1926 年。
7. 《农佃问题纲要》,《农林新报》总第 63 期，1926 年 5 月。
8. 《乡村社会区划的方法》,《农林新报》总第 70 ~ 71 期，1926 年 8 月；金陵大学农林丛刊第 44 号，1928 年 5 月刊印。
9. 《江苏昆山南通安徽宿县农佃制度之比较以及改良农佃问题之建议》，金陵大学农林丛刊第 30 号，1926 年 5 月初版；第 49 号，1931 年 7 月重刊。另载《农林新报》总第 101 ~ 103、108 ~ 110 期，1927 年 6 ~ 9 月。
10. 《对于浙江省农佃减租初步办法应举行调查意见书（乔启明、徐澄著）》,《农林新报》总第 118 期，1927 年 12 月。
11. 《对于浙江省佃农减租初步办法应举行调查意见（乔启明、徐澄著）》,

《农林新报》总第 118 期，1927 年 12 月。

12.《中美农民生活程度之比较》，《农林新报》总第 119 期，1927 年 12 月。

13.《农村野外同乐会之组织》，《农林新报》总第 129 期，1928 年 3 月。

14.《乡村道路建筑的方法》，《津浦之声》1928 年第 5 期。

15.《乡村医药之新设施》，《农林新报》总第 130 期，1928 年 4 月。

16.《农村社会调查》，《农林新报》总第 146～148 期、153 期，1928 年 9～11 月。

17.《佃农纳租评议（卜凯、乔启明著）》，金陵大学农林丛刊第 46 号，1928 年 12 月。

18.《中国乡村人口问题之研究》，《东方杂志》1928 年（第 25 卷）第 21 号。

19.《农佃问题纲领》，《农林新报》总第 162、163 期，1929 年 2～3 月。

20.《对于我国举行全国农业统计之建议》，《农业周报》1929 年第 7～8 期。

21.《农村社会调查的研究》，《社会学刊》1929 年（第 1 卷）第 2 期。

22.《中国农民生活程度之研究》，《社会学刊》1930 年（第 1 卷）第 3 期。

23.《黄枯桐编的农业调查》，《社会学刊》1930 年（第 2 卷）第 2 期。

24.《山西人口问题的分析研究》，《社会学刊》1930 年（第 2 卷）第 2 期。

25.《租佃问题（乔启明讲、王士勉记）》，《农业周报》第 47 期号，1930 年 9 月。

26.《卜凯的〈中国农村经济〉》，《社会学刊》1931 年（第 2 卷）第 4 期。

27.《怎样区划乡村社会》，《农业周报》1931 年（第 1 卷）第 4 期。

28.《山西清源县一百四十三农家人口调查之研究》，中国社会学社编《中国人口问题》，世界书局，1932。

29.《乡村服务者应认识自己所在的乡村社会》，《农林新报》总第 277～279 期合刊，第 9 卷第 13～15 期，1932 年 5 月。

30.《中国乡村经济组织及社会组织之概况》，《新农村》1933 年第 5 期。

31.《改良乡村组织应注意的三件事》，《农林新报》1933 年（第 10 卷）第 30 期。

32.《农业推广与农村复兴——十一月廿四号在中央广播无线电台讲演》，《农林新报》1933 年（第 10 卷）第 35 期；《农村经济》1933 年（第 1 卷）第 1 期。

33.《银价与中国物价水准之关系》，《银行周报》1934 年（第 18 卷）第 1 期；《新农村》1934 年第 8 期。

34.《山西棉业改良计划刍议》，《新农村》1934 年第 8 期。

35.《农业贷款与农场投资》，《农林新报》，1934 年（第 11 卷）第 25 期；《新农村》1934 年第 16 期。

36.《安徽宿县原有乡村组织之概况（乔启明、姚颙著）》，《实业统计》1934 年（第 2 卷）第 5 期。

37.《近六十年来中国农村人口增减之趋势》，《新农村》1934 年第 13 ~ 14 期；陈长蘅编《统计论丛》，中国统计学社丛书，上海：黎明书局，1934。

38.《介绍一个合作银行的模范章程》，《农林新报》1935 年（第 12 卷）第 21 期。

39.《修改我国合作社法之管见》，《农林新报》1935 年（第 12 卷）第 24 期。

40.《对阎百川氏土地村公有之我见》，《农林新报》1935 年（第 12 卷）第 33 期。

41.《中国农村人口之结构及其消长》，《东方杂志》1935 年（第 32 卷）第 1 号。

42.《一个乡村的人口和土地的变迁（与蒋杰合著）》，《农林新报》1936 年（第 13 卷）第 1 期。

43.《江宁秣陵的农村人口和农村土地》，《时兆月报》1936 年（第 31 卷）第 4 ~ 5 期。

44.《发刊词：农学为研究农业之科学》，《农林新报》1936 年（第 13 卷）第 16 期。

45.《设立农本局之使命与任务（乔启明、陈鸿根著）》，《农林新报》1936 年（第 13 卷）第 19 期；《乡村建设》1936 年（第 6 卷）第 1 期；《现代读物》1937 年（第 2 卷）第 26 期。

46.《农本局计划之商榷（乔启明、陈鸿根著）》，《农业周报》1936 年（第 5 卷）第 22 期。

47.《金陵大学推行农村合作事业之理论与实际》，《农林新报》1936 年（第 13 卷）第 28 期。

48.《中国今日应采之人口政策之商榷》，《现实生活》1937 年（第 1 卷）第 1 期；《农林新报》1937 年（第 14 卷）第 5 期。

49.《中国生育率之成因（中英文对照，乔启明、陈彩章著）》，《经济统计》1937 年（第 14 卷）第 4 期。

50.《农业贷款与佃权（中英文对照，乔启明、应廉耕著）》，《经济统计》

1937 年（第 14 卷）第 4 期。

51.《豫鄂皖赣四省之田租高度测验（乔启明、应廉耕著）》，《农林新报》1937 年（第 14 卷）第 7 期。

52.《豫鄂皖赣四省土地投资之报酬（乔启明、应廉耕著）》，《农林新报》1937 年（第 14 卷）第 13 期。

53.《豫鄂皖赣四省十四地区之土地制度（乔启明、应廉耕著）》，《农林新报》1937 年（第 14 卷）第 19 期。

54.《非常时期乡村工作计划纲要（乔启明、章之汶著）》，《农林新报》1937 年（第 14 卷）第 24 ~ 25 期；《经世》1937 年（战时特刊）第 3 号。

55.《中国今后乡村建设应有之途径》，《农林新报》1937 年（第 14 卷）第 24 ~ 25 期。

56.《中国乡村建设问题的过去与将来》，《现代读物》1937 年第 2 卷（一周年特大号）。

57.《温江乡村建设之原则与组织》，《农林新报》1938 年（第 15 卷）第 28 ~ 29 期。

58.《论中国工业合作制度》，《新经济》1939 年（第 1 卷）第 9 期；《经济动员》1939 年（第 2 卷）第 10 期。

59.《现阶段农会之认识与推行》，《新经济》1939 年（第 1 卷）第 12 期。

60.《一年来之我国农业推广》，《农业推广通讯》1940 年（第 2 卷）第 2 期。

61.《敬悼姚石庵先生》，《农业推广通讯》1940 年（第 2 卷）第 5 期。

62.《今后农业生产之方针》，《农业推广通讯》1940 年（第 2 卷）第 7 期。

63.《农会经费自给问题》，《新经济》1940 年（第 4 卷）第 4 期。

64.《释农业经济与农村经济》，《农林新报》1940 年第 17 卷第 34 ~ 36 期合刊。

65.《农业推广材料问题》，《农业推广通讯》1941 年（第 3 卷）第 9 期。

66.《如何健全人地间之合理关系》，《时事类编》（特刊）1941 年第 66 期；《农业推广通讯》1942 年（第 4 卷）第 4 期。

67.《发展农业的前提》，《福建农业》1941 年第 1 卷第 10 期（转载）。

68.《抗战以来各省地权变动概况（乔启明等主编）》，农产促进委员会研究专刊第 2 号，1942 年 2 月。

69.《农村组织及其改进（乔启明等主编）》，农产促进委员会研究专刊第4号，1942年4月。
70.《抗战对于各界人民生活之影响》，《中农月刊》1941年（第2卷）第8期。
71.《物价与农民生活》，重庆《大公报》1941年11月10日；《中国农村战时特刊》1942年（第8卷）第5～6期合刊。
72.《战后农业之资金需要》，《中农月刊》1942年（第3卷）第11期。
73.《农村社会福利事业之研讨》，农产促进委员会研究专刊第5号，1942年5月。
74.《贯彻农业金融之使命》，《农林新报》第19卷第19～21期合刊，1942年7月。
75.《农业金融政策》，《中农月刊》1943年（第4卷）第10期。
76.《农林部成立以来之农业推广动向》，《农业推广通讯》1943年（第5卷）第7期。
77.《悼念穆藕初先生》，《农业推广通讯》1943年（第5卷）第11期。
78.《战后农贷与粮政之配合》，《粮政月刊》1944年（第2卷）第2～4期；《中农月刊》1945年（第6卷）第2期。
79.《一年来之农业推广》，《农业推广通讯》1944年（第6卷）第1期。
80.《本会历年来棉花增产工作之回顾》，《农业推广通讯》1944年（第6卷）第5期。
81.《中国农村社会之文化基础》，《农业推广通讯》1944年第6卷第9期。
82.《我国农会事业的回顾与展望》，《农会导报》1945年（第1卷）第1期。
83.《地方自治与农业推广》，《农业推广通讯》1945年（第7卷）第6期。
84.《当前农业推广之紧急任务》，《农业推广通讯》1946年（第8卷）第1期。
85.《农民节和农村复兴》，《农会导报》1946年（第2卷）第2期；《农业推广通讯》1946年（第8卷）第2期。
86.《中美农业技术合作之展望》，《农业推广通讯》1946年（第8卷）第7期。
87.《农业推广与农业复员救济》，《农业推广通讯》1946年（第8卷）第8期。

88.《现阶段农业推广之成就与今后方针》，《农业通讯》1947 年第 1 卷第 2 期。

89.《农业推广与农村组织》，《农业通讯》1947 年第 1 卷第 7 期。

90.《荣军与私有小农》，《残不废月刊》1947 年（第 1 卷）第 1 期。

91.《中国农民银行怎样办理小本贷款（乔启明、邹枋著）》，《中农月刊》1947 年（第 8 卷）第 3 期。

92.《农民节勉全国农会》，《农会导报》1947 年第 4 期。

二 著作

1.《江宁县淳化镇乡村社会之研究》，金陵大学农学院，1934。

2.《农村生活》，世界书局，1930。

3.《农会组织须知》，农产促进委员会印行，1939。

4.《中国今后乡村建设应有之途径》，金陵大学农学院农业经济系，1937。

5.《中国农业经济建设方案》，金陵大学农学院农业经济系，1937。

6. 乔启明、蒋杰著《中国人口与食粮问题》，中华书局，1937 年初版。

7.《农业推广论文集》第 1 ~ 4 辑，农产促进委员会，1940 ~ 1943。

8.《中国农村社会经济学》，商务印书馆，1945 年 4 月重庆初版，1946 年 5 月上海初版、1947 年 5 月上海再版。

社会科学文献出版社网站

www.ssap.com.cn

1. 查询最新图书　　2. 分类查询各学科图书

3. 查询新闻发布会、学术研讨会的相关消息

4. 注册会员，网上购书，分享交流

本社网站是一个分享、互动交流的平台，“读者服务”、“作者服务”、“经销商专区”、“图书馆服务”和“网上直播”等为广大读者、作者、经销商、馆配商和媒体提供了最充分的互动交流空间。

“读者俱乐部”实行会员制管理，不同级别会员享受不同的购书优惠（最低 7.5 折），会员购书同时还享受积分赠送、购书免邮费等待遇。“读者俱乐部”将不定期从注册的会员或者反馈信息的读者中抽出一部分幸运读者，免费赠送我社出版的新书或者数字出版物等产品。

“网上书城”拥有纸书、电子书、光盘和数据库等多种形式的产品，为受众提供最权威、最全面的产品出版信息。书城不定期推出部分特惠产品。

咨询/邮购电话：010-59367028　　邮箱：duzhe@ssap.cn

网站支持（销售）联系电话：010-59367070　　QQ：1265056568　　邮箱：service@ssap.cn

邮购地址：北京市西城区北三环中路甲 29 号院 3 号楼华龙大厦　社科文献出版社　学术传播中心　邮编：100029

银行户名：社会科学文献出版社发行部　　开户银行：中国工商银行北京北太平庄支行　　账号：0200010009200367306

图书在版编目(CIP)数据

乔启明文选／乔启明著．—北京：社会科学文献出版社，2012.10

ISBN 978-7-5097-3726-2

Ⅰ.①乔… Ⅱ.①乔… Ⅲ.①农村社会学—中国—文集 Ⅳ.①C912.82-53

中国版本图书馆CIP数据核字（2012）第204468号

乔启明文选

著　　者／乔启明

出 版 人／谢寿光
出 版 者／社会科学文献出版社
地　　址／北京市西城区北三环中路甲29号院3号楼华龙大厦
邮政编码／100029

责任部门／社会政法分社（010）59367156
电子信箱／shekebu@ssap.cn
项目统筹／童根兴
经　　销／社会科学文献出版社市场营销中心（010）59367081　59367089
读者服务／读者服务中心（010）59367028

责任编辑／谢蕊芬　史雪莲
责任校对／白秀君　白桂和
责任印制／岳　阳

印　　装／北京鹏润伟业印刷有限公司
开　　本／787mm×1092mm　1/16
印　　张／27.5
版　　次／2012年10月第1版
字　　数／478千字
印　　次／2012年10月第1次印刷
书　　号／ISBN 978-7-5097-3726-2
定　　价／79.00元